中国科普法律法规与政策汇编（1994—2018年）

科技部政策法规与监督司　编

科学技术文献出版社
SCIENTIFIC AND TECHNICAL DOCUMENTATION PRESS
·北京·

图书在版编目（CIP）数据

中国科普法律法规与政策汇编：1994—2018年 / 科技部政策法规与监督司编.
—北京：科学技术文献出版社，2018.8
ISBN 978-7-5189-4510-8

Ⅰ．①中… Ⅱ．①科… Ⅲ．①科学普及—教育法—汇编—中国 ②科学普及—条例—汇编—中国 Ⅳ．① D922.179

中国版本图书馆 CIP 数据核字（2018）第 097983 号

中国科普法律法规与政策汇编（1994—2018年）

策划编辑：周国臻　　　责任编辑：周国臻　　　责任校对：文　浩　　　责任出版：张志平

出　版　者	科学技术文献出版社
地　　　址	北京市复兴路15号　邮编 100038
编　务　部	（010）58882938，58882087（传真）
发　行　部	（010）58882868，58882870（传真）
邮　购　部	（010）58882873
官 方 网 址	www.stdp.com.cn
发　行　者	科学技术文献出版社发行　全国各地新华书店经销
印　刷　者	北京教图印刷有限公司
版　　　次	2018 年 8 月第 1 版　2018 年 8 月第 1 次印刷
开　　　本	787×1092　1/16
字　　　数	629千
印　　　张	27.25
书　　　号	ISBN 978-7-5189-4510-8
定　　　价	68.00元

前　言

改革开放以来,特别是 2002 年 6 月《中华人民共和国科学技术普及法》(以下简称《科普法》)颁布实施以来,党中央和国务院及有关部门出台了促进科普事业发展的相关政策文件,各级地方政府也制定实施了促进地方科普事业发展的科普条例和政策文件。这些法规与政策的实施,为我国科普事业发展营造了良好的政策环境,对弘扬科学精神,普及科学技术知识,提高全民科学素质发挥了重要作用。

为方便社会各界全面系统地了解现行科普法律、法规和政策,促进《科普法》及相关法规政策的深入实施,加快创新型国家和世界科技强国的建设,我们对改革开放以来国家和地方制定颁布的科普法律、法规和政策文件进行了汇总和整理,编辑形成了《中国科普法律法规与政策汇编(1994—2018 年)》。

本书包括科普法律与条例和科普相关政策两部分内容。科普法律与条例部分收录了全国人大颁布的《科普法》和《中华人民共和国科学技术进步法》,以及各省、自治区、直辖市、计划单列市、副省级城市人大或人民政府颁布的"科学技术普及条例"、"科学技术普及办法"或"实施《科普法》办法"等 33 项。科普相关政策部分收录了改革开放以来,特别是《科普法》实施以来党中央、国务院及有关部门发布实施的相关政策 59 项。

本书可作为党政机关干部、科研机构和大学科技、教育、科普工作者的参考资料,也可供广大科普专兼职人员学习参考。

编　者

2018 年 8 月

目　录

一、科普法律与条例

二、科普相关政策

一、科普法律与条例

中华人民共和国科学技术普及法

(2002 年 6 月 29 日第九届全国人民代表大会常务委员会
第二十八次会议通过)

目 录

第一章 总 则

第一条 为了实施科教兴国战略和可持续发展战略,加强科学技术普及工作,提高公民的科学文化素质,推动经济发展和社会进步,根据宪法和有关法律,制定本法。

第二条 本法适用于国家和社会普及科学技术知识、倡导科学方法、传播科学思想、弘扬科学精神的活动。开展科学技术普及(以下称科普),应当采取公众易于理解、接受、参与的方式。

第三条 国家机关、武装力量、社会团体、企业事业单位、农村基层组织及其他组织应当开展科普工作。公民有参与科普活动的权利。

第四条 科普是公益事业,是社会主义物质文明和精神文明建设的重要内容。发展科普事业是国家的长期任务。国家扶持少数民族地区、边远贫困地区的科普工作。

第五条 国家保护科普组织和科普工作者的合法权益,鼓励科普组织和科普工作者自主开展科普活动,依法兴办科普事业。

第六条 国家支持社会力量兴办科普事业。社会力量兴办科普事业可以按照市场机制运行。

第七条 科普工作应当坚持群众性、社会性和经常性,结合实际,因地制宜,采取多种形式。

第八条　科普工作应当坚持科学精神,反对和抵制伪科学。任何单位和个人不得以科普为名从事有损社会公共利益的活动。

第九条　国家支持和促进科普工作对外合作与交流。

第二章　组织管理

第十条　各级人民政府领导科普工作,应将科普工作纳入国民经济和社会发展计划,为开展科普工作创造良好的环境和条件。

县级以上人民政府应当建立科普工作协调制度。

第十一条　国务院科学技术行政部门负责制定全国科普工作规划,实行政策引导,进行督促检查,推动科普工作发展。

国务院其他行政部门按照各自的职责范围,负责有关的科普工作。

县级以上地方人民政府科学技术行政部门及其他行政部门在同级人民政府领导下按照各自的职责范围,负责本地区有关的科普工作。

第十二条　科学技术协会是科普工作的主要社会力量。科学技术协会组织开展群众性、社会性、经常性的科普活动,支持有关社会组织和企业事业单位开展科普活动,协助政府制定科普工作规划,为政府科普工作决策提供建议。

第三章　社会责任

第十三条　科普是全社会的共同任务。社会各界都应当组织参加各类科普活动。

第十四条　各类学校及其他教育机构,应当把科普作为素质教育的重要内容,组织学生开展多种形式的科普活动。

科技馆(站)、科技活动中心和其他科普教育基地,应当组织开展青少年校外科普教育活动。

第十五条　科学研究和技术开发机构、高等院校、自然科学和社会科学类社会团体,应当组织和支持科学技术工作者和教师开展科普活动,鼓励其结合本职工作进行科普宣传;有条件的,应当向公众开放实验室、陈列室和其他场地、设施,举办讲座和提供咨询。

科学技术工作者和教师应当发挥自身优势和专长,积极参与和支持科普活动。

第十六条　新闻出版、广播影视、文化等机构和团体应当发挥各自优势做好科普宣传工作。

综合类报纸、期刊应当开设科普专栏、专版;广播电台、电视台应当开设科普栏目或者转播科普节目;影视生产、发行和放映机构应当加强科普影视作品的制作、发行和放映;书刊出版、发行机构应当扶持科普书刊的出版、发行;综合性互联网站应当开设科普网页;科技馆(站)、图书馆、博物馆、文化馆等文化场所应当发挥科普教育的作用。

第十七条　医疗卫生、计划生育、环境保护、国土资源、体育、气象、地震、文物、旅游等国家机关、事业单位,应当结合各自的工作开展科普活动。

第十八条　工会、共产主义青年团、妇女联合会等社会团体应当结合各自工作对象的特点组织开展科普活动。

第十九条 企业应当结合技术创新和职工技能培训开展科普活动,有条件的可以设立向公众开放的科普场馆和设施。

第二十条 国家加强农村的科普工作。农村基层组织应当根据当地经济与社会发展的需要,围绕科学生产、文明生活,发挥乡镇科普组织、农村学校的作用,开展科普工作。

各类农村经济组织、农业技术推广机构和农村专业技术协会,应当结合推广先进适用技术向农民普及科学技术知识。

第二十一条 城镇基层组织及社区应当利用所在地的科技、教育、文化、卫生、旅游等资源,结合居民的生活、学习、健康娱乐等需要开展科普活动。

第二十二条 公园、商场、机场、车站、码头等各类公共场所的经营管理单位,应当在所辖范围内加强科普宣传。

第四章 保障措施

第二十三条 各级人民政府应当将科普经费列入同级财政预算,逐步提高科普投入水平,保障科普工作顺利开展。

各级人民政府有关部门应当安排一定的经费用于科普工作。

第二十四条 省、自治区、直辖市人民政府和其他有条件的地方人民政府,应当将科普场馆、设施建设纳入城乡建设规划和基本建设计划;对现有科普场馆、设施应当加强利用、维修和改造。

以政府财政投资建设的科普场馆,应当配备必要的专职人员,常年向公众开放,对青少年实行优惠,并不得擅自改作他用;经费困难的,同级财政应当予以补贴,使其正常运行。

尚无条件建立科普场馆的地方,可以利用现有的科技、教育、文化等设施开展科普活动,并设立科普画廊、橱窗等。

第二十五条 国家支持科普工作,依法对科普事业实行税收优惠。

科普组织开展科普活动、兴办科普事业,可以依法获得资助和捐赠。

第二十六条 国家鼓励境内外的社会组织和个人设立科普基金,用于资助科普事业。

第二十七条 国家鼓励境内外的社会组织和个人捐赠财产资助科普事业;对捐赠财产用于科普事业或者投资建设科普场馆、设施的,依法给予优惠。

第二十八条 科普经费和社会组织、个人资助科普事业的财产,必须用于科普事业,任何单位或者个人不得克扣、截留、挪用。

第二十九条 各级人民政府、科学技术协会和有关单位都应当支持科普工作者开展科普工作,对在科普工作中做出重要贡献的组织和个人,予以表彰和奖励。

第五章 法律责任

第三十条 以科普为名进行有损社会公共利益的活动,扰乱社会秩序或者骗取财物,由有关主管部门给予批评教育,并予以制止;违反治安管理规定的,由公安机关依法给予治安管理处罚;构成犯罪的,依法追究刑事责任。

第三十一条 违反本法规定,克扣、截留、挪用科普财政经费或者贪污、挪用捐赠款物的,由有关主管部门责令限期归还;对负有责任的主管人员和其他直接责任人员依法给予行政处分;构成犯罪的,依法追究刑事责任。

第三十二条　擅自将政府财政投资建设的科普场馆改为他用的,由有关主管部门责令限期改正;情节严重的,对负有责任的主管人员和其他直接责任人员依法给予行政处分。

扰乱科普场馆秩序或者毁损科普场馆、设施的,依法责令其停止侵害、恢复原状或者赔偿损失;构成犯罪的,依法追究刑事责任。

第三十三条　国家工作人员在科普工作中滥用职权、玩忽职守、徇私舞弊的,依法给予行政处分;构成犯罪的,依法追究刑事责任。

第六章　附　则

第三十四条　本法自公布之日起施行。

中华人民共和国科学技术进步法

(1993 年 7 月 2 日第八届全国人民代表大会常务委员会第二次会议通过
2007 年 12 月 29 日第十届全国人民代表大会常务委员会第三十一次会议修订)

目　　录

第一章　总　　则

第一条　为了促进科学技术进步,发挥科学技术第一生产力的作用,促进科学技术成果向现实生产力转化,推动科学技术为经济建设和社会发展服务,根据宪法,制定本法。

第二条　国家坚持科学发展观,实施科教兴国战略,实行自主创新、重点跨越、支撑发展、引领未来的科学技术工作指导方针,构建国家创新体系,建设创新型国家。

第三条　国家保障科学技术研究开发的自由,鼓励科学探索和技术创新,保护科学技术人员的合法权益。

全社会都应当尊重劳动、尊重知识、尊重人才、尊重创造。

学校及其他教育机构应当坚持理论联系实际,注重培养受教育者的独立思考能力、实践能力、创新能力,以及追求真理、崇尚创新、实事求是的科学精神。

第四条　经济建设和社会发展应当依靠科学技术,科学技术进步工作应当为经济建设和社会发展服务。

国家鼓励科学技术研究开发,推动应用科学技术改造传统产业、发展高新技术产业和社会事业。

第五条 国家发展科学技术普及事业,普及科学技术知识,提高全体公民的科学文化素质。

国家鼓励机关、企业事业组织、社会团体和公民参与和支持科学技术进步活动。

第六条 国家鼓励科学技术研究开发与高等教育、产业发展相结合,鼓励自然科学与人文社会科学交叉融合和相互促进。

国家加强跨地区、跨行业和跨领域的科学技术合作,扶持民族地区、边远地区、贫困地区的科学技术进步。

国家加强军用与民用科学技术计划的衔接与协调,促进军用与民用科学技术资源、技术开发需求的互通交流和技术双向转移,发展军民两用技术。

第七条 国家制定和实施知识产权战略,建立和完善知识产权制度,营造尊重知识产权的社会环境,依法保护知识产权,激励自主创新。

企业事业组织和科学技术人员应当增强知识产权意识,增强自主创新能力,提高运用、保护和管理知识产权的能力。

第八条 国家建立和完善有利于自主创新的科学技术评价制度。

科学技术评价制度应当根据不同科学技术活动的特点,按照公平、公正、公开的原则,实行分类评价。

第九条 国家加大财政性资金投入,并制定产业、税收、金融、政府采购等政策,鼓励、引导社会资金投入,推动全社会科学技术研究开发经费持续稳定增长。

第十条 国务院领导全国科学技术进步工作,制定科学技术发展规划,确定国家科学技术重大项目、与科学技术密切相关的重大项目,保障科学技术进步与经济建设和社会发展相协调。

地方各级人民政府应当采取有效措施,推进科学技术进步。

第十一条 国务院科学技术行政部门负责全国科学技术进步工作的宏观管理和统筹协调;国务院其他有关部门在各自的职责范围内,负责有关的科学技术进步工作。

县级以上地方人民政府科学技术行政部门负责本行政区域的科学技术进步工作;县级以上地方人民政府其他有关部门在各自的职责范围内,负责有关的科学技术进步工作。

第十二条 国家建立科学技术进步工作协调机制,研究科学技术进步工作中的重大问题,协调国家科学技术基金和国家科学技术计划项目的设立及相互衔接,协调军用与民用科学技术资源配置、科学技术研究开发机构的整合以及科学技术研究开发与高等教育、产业发展相结合等重大事项。

第十三条 国家完善科学技术决策的规则和程序,建立规范的咨询和决策机制,推进决策的科学化、民主化。

制定科学技术发展规划和重大政策,确定科学技术的重大项目、与科学技术密切相关的重大项目,应当充分听取科学技术人员的意见,实行科学决策。

第十四条 中华人民共和国政府发展同外国政府、国际组织之间的科学技术合作与交流,鼓励科学技术研究开发机构、高等学校、科学技术人员、科学技术社会团体和企业事业组织依法开展国际科学技术合作与交流。

第十五条 国家建立科学技术奖励制度,对在科学技术进步活动中做出重要贡献的组织和个人给予奖励。具体办法由国务院规定。

国家鼓励国内外的组织或者个人设立科学技术奖项,对科学技术进步给予奖励。

第二章 科学研究、技术开发与科学技术应用

第十六条 国家设立自然科学基金,资助基础研究和科学前沿探索,培养科学技术人才。

国家设立科技型中小企业创新基金,资助中小企业开展技术创新。

国家在必要时可以设立其他基金,资助科学技术进步活动。

第十七条 从事下列活动的,按照国家有关规定享受税收优惠:

(一)从事技术开发、技术转让、技术咨询、技术服务;

(二)进口国内不能生产或者性能不能满足需要的科学研究或者技术开发用品;

(三)为实施国家重大科学技术专项、国家科学技术计划重大项目,进口国内不能生产的关键设备、原材料或者零部件;

(四)法律、国家有关规定规定的其他科学研究、技术开发与科学技术应用活动。

第十八条 国家鼓励金融机构开展知识产权质押业务,鼓励和引导金融机构在信贷等方面支持科学技术应用和高新技术产业发展,鼓励保险机构根据高新技术产业发展的需要开发保险品种。

政策性金融机构应当在其业务范围内,为科学技术应用和高新技术产业发展优先提供金融服务。

第十九条 国家遵循科学技术活动服务国家目标与鼓励自由探索相结合的原则,超前部署和发展基础研究、前沿技术研究和社会公益性技术研究,支持基础研究、前沿技术研究和社会公益性技术研究持续、稳定发展。

科学技术研究开发机构、高等学校、企业事业组织和公民有权依法自主选择课题,从事基础研究、前沿技术研究和社会公益性技术研究。

第二十条 利用财政性资金设立的科学技术基金项目或者科学技术计划项目所形成的发明专利权、计算机软件著作权、集成电路布图设计专有权和植物新品种权,除涉及国家安全、国家利益和重大社会公共利益的外,授权项目承担者依法取得。

项目承担者应当依法实施前款规定的知识产权,同时采取保护措施,并就实施和保护情况向项目管理机构提交年度报告;在合理期限内没有实施的,国家可以无偿实施,也可以许可他人有偿实施或者无偿实施。

项目承担者依法取得的本条第一款规定的知识产权,国家为了国家安全、国家利益和重大社会公共利益的需要,可以无偿实施,也可以许可他人有偿实施或者无偿实施。

项目承担者因实施本条第一款规定的知识产权所产生的利益分配,依照有关法律、行政法规的规定执行;法律、行政法规没有规定的,按照约定执行。

第二十一条 国家鼓励利用财政性资金设立的科学技术基金项目或者科学技术计划项目所形成的知识产权首先在境内使用。

前款规定的知识产权向境外的组织或者个人转让或者许可境外的组织或者个人独占实施

的,应当经项目管理机构批准;法律、行政法规对批准机构另有规定的,依照其规定。

第二十二条　国家鼓励根据国家的产业政策和技术政策引进国外先进技术、装备。

利用财政性资金和国有资本引进重大技术、装备的,应当进行技术消化、吸收和再创新。

第二十三条　国家鼓励和支持农业科学技术的基础研究和应用研究,传播和普及农业科学技术知识,加快农业科学技术成果转化和产业化,促进农业科学技术进步。

县级以上人民政府应当采取措施,支持公益性农业科学技术研究开发机构和农业技术推广机构进行农业新品种、新技术的研究开发和应用。

地方各级人民政府应当鼓励和引导农村群众性科学技术组织为种植业、林业、畜牧业、渔业等的发展提供科学技术服务,对农民进行科学技术培训。

第二十四条　国务院可以根据需要批准建立国家高新技术产业开发区,并对国家高新技术产业开发区的建设、发展给予引导和扶持,使其形成特色和优势,发挥集聚效应。

第二十五条　对境内公民、法人或者其他组织自主创新的产品、服务或者国家需要重点扶持的产品、服务,在性能、技术等指标能够满足政府采购需求的条件下,政府采购应当购买;首次投放市场的,政府采购应当率先购买。

政府采购的产品尚待研究开发的,采购人应当运用招标方式确定科学技术研究开发机构、高等学校或者企业进行研究开发,并予以订购。

第二十六条　国家推动科学技术研究开发与产品、服务标准制定相结合,科学技术研究开发与产品设计、制造相结合;引导科学技术研究开发机构、高等学校、企业共同推进国家重大技术创新产品、服务标准的研究、制定和依法采用。

第二十七条　国家培育和发展技术市场,鼓励创办从事技术评估、技术经纪等活动的中介服务机构,引导建立社会化、专业化和网络化的技术交易服务体系,推动科学技术成果的推广和应用。

技术交易活动应当遵循自愿、平等、互利有偿和诚实信用的原则。

第二十八条　国家实行科学技术保密制度,保护涉及国家安全和利益的科学技术秘密。

国家实行珍贵、稀有、濒危的生物种质资源、遗传资源等科学技术资源出境管理制度。

第二十九条　国家禁止危害国家安全、损害社会公共利益、危害人体健康、违反伦理道德的科学技术研究开发活动。

第三章　企业技术进步

第三十条　国家建立以企业为主体,以市场为导向,企业同科学技术研究开发机构、高等学校相结合的技术创新体系,引导和扶持企业技术创新活动,发挥企业在技术创新中的主体作用。

第三十一条　县级以上人民政府及其有关部门制定的与产业发展相关的科学技术计划,应当体现产业发展的需求。

县级以上人民政府及其有关部门确定科学技术计划项目,应当鼓励企业参与实施和平等竞争;对具有明确市场应用前景的项目,应当鼓励企业联合科学技术研究开发机构、高等学校共同实施。

第三十二条　国家鼓励企业开展下列活动：

（一）设立内部科学技术研究开发机构；

（二）同其他企业或者科学技术研究开发机构、高等学校联合建立科学技术研究开发机构，或者以委托等方式开展科学技术研究开发；

（三）培养、吸引和使用科学技术人员；

（四）同科学技术研究开发机构、高等学校、职业院校或者培训机构联合培养专业技术人才和高技能人才，吸引高等学校毕业生到企业工作；

（五）依法设立博士后工作站；

（六）结合技术创新和职工技能培训，开展科学技术普及活动，设立向公众开放的普及科学技术的场馆或者设施。

第三十三条　国家鼓励企业增加研究开发和技术创新的投入，自主确立研究开发课题，开展技术创新活动。

国家鼓励企业对引进技术进行消化、吸收和再创新。

企业开发新技术、新产品、新工艺发生的研究开发费用可以按照国家有关规定，税前列支并加计扣除，企业科学技术研究开发仪器、设备可以加速折旧。

第三十四条　国家利用财政性资金设立基金，为企业自主创新与成果产业化贷款提供贴息、担保。

政策性金融机构应当在其业务范围内对国家鼓励的企业自主创新项目给予重点支持。

第三十五条　国家完善资本市场，建立健全促进自主创新的机制，支持符合条件的高新技术企业利用资本市场推动自身发展。

国家鼓励设立创业投资引导基金，引导社会资金流向创业投资企业，对企业的创业发展给予支持。

第三十六条　下列企业按照国家有关规定享受税收优惠：

（一）从事高新技术产品研究开发、生产的企业；

（二）投资于中小型高新技术企业的创业投资企业；

（三）法律、行政法规规定的与科学技术进步有关的其他企业。

第三十七条　国家对公共研究开发平台和科学技术中介服务机构的建设给予支持。

公共研究开发平台和科学技术中介服务机构应当为中小企业的技术创新提供服务。

第三十八条　国家依法保护企业研究开发所取得的知识产权。

企业应当不断提高运用、保护和管理知识产权的能力，增强自主创新能力和市场竞争能力。

第三十九条　国有企业应当建立健全有利于技术创新的分配制度，完善激励约束机制。

国有企业负责人对企业的技术进步负责。对国有企业负责人的业绩考核，应当将企业的创新投入、创新能力建设、创新成效等情况纳入考核的范围。

第四十条　县级以上地方人民政府及其有关部门应当创造公平竞争的市场环境，推动企业技术进步。

国务院有关部门和省、自治区、直辖市人民政府应当通过制定产业、财政、能源、环境保护等政策,引导、促使企业研究开发新技术、新产品、新工艺,进行技术改造和设备更新,淘汰技术落后的设备、工艺,停止生产技术落后的产品。

第四章　科学技术研究开发机构

第四十一条　国家统筹规划科学技术研究开发机构的布局,建立和完善科学技术研究开发体系。

第四十二条　公民、法人或者其他组织有权依法设立科学技术研究开发机构。国外的组织或者个人可以在中国境内依法独立设立科学技术研究开发机构,也可以与中国境内的组织或者个人依法联合设立科学技术研究开发机构。

从事基础研究、前沿技术研究、社会公益性技术研究的科学技术研究开发机构,可以利用财政性资金设立。利用财政性资金设立科学技术研究开发机构,应当优化配置,防止重复设置;对重复设置的科学技术研究开发机构,应当予以整合。

科学技术研究开发机构、高等学校可以依法设立博士后工作站。科学技术研究开发机构可以依法在国外设立分支机构。

第四十三条　科学技术研究开发机构享有下列权利:

(一)依法组织或者参加学术活动;

(二)按照国家有关规定,自主确定科学技术研究开发方向和项目,自主决定经费使用、机构设置和人员聘用及合理流动等内部管理事务;

(三)与其他科学技术研究开发机构、高等学校和企业联合开展科学技术研究开发;

(四)获得社会捐赠和资助;

(五)法律、行政法规规定的其他权利。

第四十四条　科学技术研究开发机构应当按照章程的规定开展科学技术研究开发活动;不得在科学技术活动中弄虚作假,不得参加、支持迷信活动。

利用财政性资金设立的科学技术研究开发机构开展科学技术研究开发活动,应当为国家目标和社会公共利益服务;有条件的,应当向公众开放普及科学技术的场馆或者设施,开展科学技术普及活动。

第四十五条　利用财政性资金设立的科学技术研究开发机构应当建立职责明确、评价科学、开放有序、管理规范的现代院所制度,实行院长或者所长负责制,建立科学技术委员会咨询制和职工代表大会监督制等制度,并吸收外部专家参与管理、接受社会监督;院长或者所长的聘用引入竞争机制。

第四十六条　利用财政性资金设立的科学技术研究开发机构,应当建立有利于科学技术资源共享的机制,促进科学技术资源的有效利用。

第四十七条　国家鼓励社会力量自行创办科学技术研究开发机构,保障其合法权益不受侵犯。

社会力量设立的科学技术研究开发机构有权按照国家有关规定,参与实施和平等竞争利用财政性资金设立的科学技术基金项目、科学技术计划项目。

社会力量设立的非营利性科学技术研究开发机构按照国家有关规定享受税收优惠。

第五章　科学技术人员

第四十八条　科学技术人员是社会主义现代化建设事业的重要力量。国家采取各种措施，提高科学技术人员的社会地位，通过各种途径，培养和造就各种专门的科学技术人才，创造有利的环境和条件，充分发挥科学技术人员的作用。

第四十九条　各级人民政府和企业事业组织应当采取措施，提高科学技术人员的工资和福利待遇；对有突出贡献的科学技术人员给予优厚待遇。

第五十条　各级人民政府和企业事业组织应当保障科学技术人员接受继续教育的权利，并为科学技术人员的合理流动创造环境和条件，发挥其专长。

第五十一条　科学技术人员可以根据其学术水平和业务能力依法选择工作单位、竞聘相应的岗位，取得相应的职务或者职称。

第五十二条　科学技术人员在艰苦、边远地区或者恶劣、危险环境中工作，所在单位应当按照国家规定给予补贴，提供其岗位或者工作场所应有的职业健康卫生保护。

第五十三条　青年科学技术人员、少数民族科学技术人员、女性科学技术人员等在竞聘专业技术职务、参与科学技术评价、承担科学技术研究开发项目、接受继续教育等方面享有平等权利。

发现、培养和使用青年科学技术人员的情况，应当作为评价科学技术进步工作的重要内容。

第五十四条　国家鼓励在国外工作的科学技术人员回国从事科学技术研究开发工作。利用财政性资金设立的科学技术研究开发机构、高等学校聘用在国外工作的杰出科学技术人员回国从事科学技术研究开发工作的，应当为其工作和生活提供方便。

外国的杰出科学技术人员到中国从事科学技术研究开发工作的，按照国家有关规定，可以依法优先获得在华永久居留权。

第五十五条　科学技术人员应当弘扬科学精神，遵守学术规范，恪守职业道德，诚实守信；不得在科学技术活动中弄虚作假，不得参加、支持迷信活动。

第五十六条　国家鼓励科学技术人员自由探索、勇于承担风险。原始记录能够证明承担探索性强、风险高的科学技术研究开发项目的科学技术人员已经履行了勤勉尽责义务仍不能完成该项目的，给予宽容。

第五十七条　利用财政性资金设立的科学技术基金项目、科学技术计划项目的管理机构，应当为参与项目的科学技术人员建立学术诚信档案，作为对科学技术人员聘任专业技术职务或者职称、审批科学技术人员申请科学技术研究开发项目等的依据。

第五十八条　科学技术人员有依法创办或者参加科学技术社会团体的权利。

科学技术协会和其他科学技术社会团体按照章程在促进学术交流、推进学科建设、发展科学技术普及事业、培养专门人才、开展咨询服务、加强科学技术人员自律和维护科学技术人员合法权益等方面发挥作用。

科学技术协会和其他科学技术社会团体的合法权益受法律保护。

第六章　　保障措施

第五十九条　国家逐步提高科学技术经费投入的总体水平;国家财政用于科学技术经费的增长幅度,应当高于国家财政经常性收入的增长幅度。全社会科学技术研究开发经费应当占国内生产总值适当的比例,并逐步提高。

第六十条　财政性科学技术资金应当主要用于下列事项的投入:

(一)科学技术基础条件与设施建设;

(二)基础研究;

(三)对经济建设和社会发展具有战略性、基础性、前瞻性作用的前沿技术研究、社会公益性技术研究和重大共性关键技术研究;

(四)重大共性关键技术应用和高新技术产业化示范;

(五)农业新品种、新技术的研究开发和农业科学技术成果的应用、推广;

(六)科学技术普及。

对利用财政性资金设立的科学技术研究开发机构,国家在经费、实验手段等方面给予支持。

第六十一条　审计机关、财政部门应当依法对财政性科学技术资金的管理和使用情况进行监督检查。

任何组织或者个人不得虚报、冒领、贪污、挪用、截留财政性科学技术资金。

第六十二条　确定利用财政性资金设立的科学技术基金项目,应当坚持宏观引导、自主申请、平等竞争、同行评审、择优支持的原则;确定利用财政性资金设立的科学技术计划项目的项目承担者,应当按照国家有关规定择优确定。

利用财政性资金设立的科学技术基金项目、科学技术计划项目的管理机构,应当建立评审专家库,建立健全科学技术基金项目、科学技术计划项目的专家评审制度和评审专家的遴选、回避、问责制度。

第六十三条　国家遵循统筹规划、优化配置的原则,整合和设置国家科学技术研究实验基地。

国家鼓励设置综合性科学技术实验服务单位,为科学技术研究开发机构、高等学校、企业和科学技术人员提供或者委托他人提供科学技术实验服务。

第六十四条　国家根据科学技术进步的需要,按照统筹规划、突出共享、优化配置、综合集成、政府主导、多方共建的原则,制定购置大型科学仪器、设备的规划,并开展对以财政性资金为主购置的大型科学仪器、设备的联合评议工作。

第六十五条　国务院科学技术行政部门应当会同国务院有关主管部门,建立科学技术研究基地、科学仪器设备和科学技术文献、科学技术数据、科学技术自然资源、科学技术普及资源等科学技术资源的信息系统,及时向社会公布科学技术资源的分布、使用情况。

科学技术资源的管理单位应当向社会公布所管理的科学技术资源的共享使用制度和使用情况,并根据使用制度安排使用;但是,法律、行政法规规定应当保密的,依照其规定。

科学技术资源的管理单位不得侵犯科学技术资源使用者的知识产权,并应当按照国家有关规定确定收费标准。管理单位和使用者之间的其他权利义务关系由双方约定。

第六十六条　国家鼓励国内外的组织或者个人捐赠财产、设立科学技术基金,资助科学技术研究开发和科学技术普及。

第七章　法律责任

第六十七条　违反本法规定,虚报、冒领、贪污、挪用、截留用于科学技术进步的财政性资金,依照有关财政违法行为处罚处分的规定责令改正,追回有关财政性资金和违法所得,依法给予行政处罚;对直接负责的主管人员和其他直接责任人员依法给予处分。

第六十八条　违反本法规定,利用财政性资金和国有资本购置大型科学仪器、设备后,不履行大型科学仪器、设备等科学技术资源共享使用义务的,由有关主管部门责令改正,对直接负责的主管人员和其他直接责任人员依法给予处分。

第六十九条　违反本法规定,滥用职权,限制、压制科学技术研究开发活动的,对直接负责的主管人员和其他直接责任人员依法给予处分。

第七十条　违反本法规定,抄袭、剽窃他人科学技术成果,或者在科学技术活动中弄虚作假的,由科学技术人员所在单位或者单位主管机关责令改正,对直接负责的主管人员和其他直接责任人员依法给予处分;获得用于科学技术进步的财政性资金或者有违法所得的,由有关主管部门追回财政性资金和违法所得;情节严重的,由所在单位或者单位主管机关向社会公布其违法行为,禁止其在一定期限内申请国家科学技术基金项目和国家科学技术计划项目。

第七十一条　违反本法规定,骗取国家科学技术奖励的,由主管部门依法撤销奖励,追回奖金,并依法给予处分。

违反本法规定,推荐的单位或者个人提供虚假数据、材料,协助他人骗取国家科学技术奖励的,由主管部门给予通报批评;情节严重的,暂停或者取消其推荐资格,并依法给予处分。

第七十二条　违反本法规定,科学技术行政等有关部门及其工作人员滥用职权、玩忽职守、徇私舞弊的,对直接负责的主管人员和其他直接责任人员依法给予处分。

第七十三条　违反本法规定,其他法律、法规规定行政处罚的,依照其规定;造成财产损失或者其他损害的,依法承担民事责任;构成犯罪的,依法追究刑事责任。

第八章　附　则

第七十四条　涉及国防科学技术的其他有关事项,由国务院、中央军事委员会规定。

第七十五条　本法自 2008 年 7 月 1 日起施行。

北京市科学技术普及条例

（1998 年 11 月 5 日北京市第十一届人民代表大会
常务委员会第六次会议通过）

第一章 总 则

第一条 为实施科教兴国和可持续发展战略，加强科学技术普及工作，提高公众的科学文化素质，根据本市的实际情况，制定本条例。

第二条 本条例所称的科学技术普及（以下简称科普），是指采用公众易于理解和接受的方式向其传播科学技术知识、科学方法和科学思想。

第三条 本条例适用于本市行政区域内的国家机关、社会团体、企业、事业单位、其他组织以及公民的科普活动。

第四条 科普活动应当坚持经常性和群众性的原则，结合首都经济、社会发展的需要以及群众工作、生活的实际，充分利用各种现代化手段，通过多种渠道、多种形式、多个层次开展。

第五条 科普工作应当坚持科学态度。在科普活动中不得将违背科学原则和科学精神或者尚无科学定论的主张或者意见，作为科学知识传播和推广。禁止以科学为名从事封建迷信、反科学、伪科学的活动。禁止以科学为名传播不健康、不文明的生活方式和有损社会公共利益的内容。

第六条 市和区、县人民政府应当制定政策，鼓励和支持社会力量兴办科普事业，促进科普工作国内、国际间的合作与交流。

第七条 各单位应当组织或者支持本单位人员接受科普教育。

第八条 本市公民有依法接受科普教育，参加科普活动的权利。

未成年人的监护人有责任使未成年人接受科普教育。

第二章 管理与组织

第九条 市和区、县人民政府应当加强对科普工作的领导，将科普工作纳入国民经济和社会发展计划。市和区、县人民政府建立科普工作联席会议制度，加强对科普工作的指导和协调。

第十条 乡、镇人民政府应当组织开展辖区内的科普活动。

街道办事处应当支持和协调辖区内的社区科普活动。

第十一条　市科学技术行政部门负责全市科普工作,其职责是制定科普工作总体规划和年度计划,并进行政策引导、组织管理和监督检查。

第十二条　市人民政府有关部门应当根据各自职责,做好本市科普工作规划和计划的实施工作。

第十三条　科学技术协会是科普工作的主要社会力量。市科学技术协会应当组织所属学会、协会、研究会开展日常性、群众性科普活动,协助制定科普工作的规划、计划,对各部门、各单位的科普工作进行业务指导。

第十四条　工会、共青团、妇联等群众团体应当结合职工、青少年、妇女的特点,开展多种形式的科普活动。

第三章　社会责任

第十五条　各单位应当建立领导干部学习现代科学知识、接受科普教育的制度,并把学习情况纳入对其考核的范围。

第十六条　中小学校应当开展多种形式的科普活动,把提高青少年的科学技术素质作为全面实施素质教育的重要内容。

市和区、县青少年科技馆、少年宫等校外教育机构,应当组织开展青少年专题科普活动和日常校外科普教育,并做好中小学科技辅导教师的培训工作。

第十七条　农村地区应当根据当地经济与社会发展的需要,围绕科学生产、文明生活,面向农民开展科普工作。

各类农业技术推广(培训)机构、农业技术学校和农村专业技术协会,应当结合技术推广、技术培训向农民普及科学知识。

乡、镇和村文化站、广播站等应当向农民宣传科学、文明的生产和生活方式。

第十八条　综合类和自然科学类报纸、刊物应当开设专栏,刊登科普文章;电影制作、发行、放映单位应当制作、发行、放映科普电影;广播电台、电视台应当开办固定科普宣传栏目,增加科普节目的播出时间。

第十九条　博物馆、图书馆、文化馆等社会公益场所应当结合自身业务,增加科普宣传的内容。

动物园、植物园、自然保护区等场所应当结合各自特点,开展有关环境、生态和生物多样性保护等方面的科普活动。

第二十条　本市大型医院、公园、旅游景点、影剧院、体育场馆、商场、车站、机场等公共场所的经营管理单位,应当根据各自特点,开展面向公众的科普宣传。

第二十一条　适宜向公众开展科普宣传的科研机构、高等院校和企业的实验室或者产车间等应当有组织地向社会开放。

第二十二条　本市于每年五月举办"北京科技周"活动,社会各界应当根据"北京科技周"确定的主题开展科普活动。

第四章　科普场所

第二十三条　天文馆、自然科学类博物馆、科技馆、青少年科技馆(活动中心)等专业科普场所,应当充分发挥科普教育功能,面向公众开展科普活动,对中小学生给予优先和优惠。

第二十四条　国家投资兴建的科普场所、设施,禁止出租、出借或者以其他形式改作他用。如有特殊情况需要临时改作他用的,须经上级主管部门批准,但不得改变其科普场所的基本性质,妨碍开展科普活动。

第五章　科普工作者

第二十五条　本条例所称的科普工作者,包括专业和非专业科普工作者。在科普场所中从事科普工作的人员和中小学科技辅导教师为专业科普工作者,其他从事科普工作的人员为非专业科普工作者。

第二十六条　科普工作者享有下列权利:

(一)依法创办或者参加科普组织,自主开展科普活动;

(二)从事科普研究、创作,参加科普学术交流;

(三)申请科普项目经费,获得科普创作、出版资金资助;

(四)评定专业技术职称并享受相应待遇;

(五)接受专业技术培训;

(六)对科普工作提出意见和建议。

第二十七条　科普工作者应当履行下列义务:

(一)坚持科学精神,遵守职业道德;

(二)按照本条例的规定,面向公众开展科普工作,传播科学技术知识、科学方法和科学思想;

(三)抵制反科学、伪科学,同封建迷信、愚昧落后现象作斗争;

(四)加强现代科学知识的学习,提高自身业务水平。

第二十八条　科普工作者依法抵制反科学、伪科学,同封建迷信、愚昧落后现象作斗争受法律保护。

第二十九条　申请进行市级科技成果鉴定或者申报科技进步奖的科技人员在提交科技成果的同时,应当提供介绍该成果或与该成果相关的科普文章,在鉴定通过或者获奖以后,以多种形式向公众进行宣传。

第三十条　科普工作者在参加相应系列的专业技术职称评审时,其所完成的科普方面的作品和直接参与指导的科普竞赛成绩以及获得的科普奖励,应当作为晋升专业技术职称的依据之一。

第六章　保障措施

第三十一条　市和区、县人民政府应当保证科普经费的投入,科普经费应当列入同级财政预算,专款专用。

市科普活动经费应当在科学事业费中列项,逐年增长,其增长幅度应当不低于科学事业费的增长幅度。

区、县科普活动经费应当按照本辖区常住人口每人每年0.5元的标准由区、县财政予以保证,并逐年增长。

第三十二条 本市以发展科学、教育为宗旨的基金会可以设立科普发展专项资金,用于资助科普读物的创作、出版、科普影视制作、科普理论研究以及贫困地区的科普活动。

第三十三条 出版科技类图书、期刊,依照国家有关规定,可以享受税收优惠政策。

第三十四条 本市各级人民政府应当将科普基础设施建设纳入城市规划和基本建设计划,加快对科技馆、青少年科技馆、科普画廊等科普场所、设施的建设、改造、充实和利用。

第三十五条 本市各级人民政府应当采取措施,鼓励境内外组织和个人捐助或者投资建设科普设施,开展科普活动。

第三十六条 本市各级人民政府和有关部门应当采取措施,逐步提高科普工作者的待遇,改善科普工作者的工作和生活条件。

第七章 奖励与处罚

第三十七条 本市有关行政部门和社会团体对在科普工作中做出突出贡献的集体和个人,给予表彰和奖励。

第三十八条 违反本条例第五条第二款规定,以科学为名从事封建迷信活动,扰乱社会秩序,危害公共利益或者骗取财物尚不够刑事处罚的,由公安机关依照《中华人民共和国治安管理处罚条例》予以处罚;构成犯罪的,依法追究刑事责任。

第三十九条 违反本条例第二十四条规定,出租、出借科普场所、设施的,改变科普场所、设施性质,妨碍开展科普活动的,由上级主管部门责令改正;情节严重的,对直接责任人员给予行政处分。

第四十条 违反本条例第三十一条规定,挪用、克扣、截留科普经费的,由上级机关责令限期改正,并对直接责任人员给予行政处分;构成犯罪的,依法追究刑事责任。

第四十一条 违反本条例规定,侵害科普工作者和公民的合法权益并造成损失的,依法承担民事责任。

第八章 附 则

第四十二条 本条例具体应用中的问题,由市科学技术行政部门负责解释。

第四十三条 本条例自1999年1月1日起施行。

天津市科学技术普及条例

(1997 年 6 月 18 日天津市第十二届人民代表大会常务委员会第三十三次会议通过　根据 2010 年 9 月 25 日天津市第十五届人民代表大会常务委员会第十九次会议通过的《天津市人民代表大会常务委员会关于修改部分地方性法规的决定》第一次修正　根据 2013 年 9 月 24 日天津市第十六届人民代表大会常务委员会第四次会议通过的《天津市人民代表大会常务委员会关于修改〈天津市科学技术普及条例〉的决定》第二次修正)

第一章　总　则

第一条　为了加强科学技术普及工作,提高公民的科学文化素质,推动经济发展和社会进步,根据《中华人民共和国科学技术普及法》和有关法律、法规,结合本市实际情况,制定本条例。

第二条　本条例所称科学技术普及(以下简称科普),是指用公众易于理解、接受和参与的方式,普及科学技术知识、倡导科学方法、传播科学思想、弘扬科学精神、推动科学技术应用的活动。

第三条　科普工作是国家基础建设、基础教育和科学技术工作的重要组成部分,是一项社会公益事业。

第四条　科普工作应当坚持普及与提高相结合,具有针对性、趣味性和通俗性,符合实际,注重实效。

第五条　科普工作应当有利于经济建设、政治建设、文化建设、社会建设和生态文明建设。

科普工作应当反对迷信、愚昧和反科学、伪科学行为;不得以科普为名宣传不健康、不文明的生活方式和有损社会公共利益的内容。

第六条　科普工作应当坚持科学态度,不得将尚无科学定论、违背科学原则和科学精神的主张或者意见,作为科普知识传播和推广。

第七条　市和区、县人民政府应当加强对科普工作的领导,将科普工作纳入国民经济和社会发展以及科学技术发展的规划,作为精神文明建设的考核内容。

乡、镇人民政府和街道办事处,应当做好本辖区的科普工作。

第八条　本市各级人民政府应当采取措施,支持社会力量兴办科普事业。社会力量兴办科普事业可以按照市场机制运行。

第九条　市和区、县科学技术行政管理部门是科普工作的主管部门,负责本行政区的科普工作。

第十条 全社会应当尊重科普工作者的劳动成果,支持他们的工作,保障其合法权益。

第二章 重点、形式和内容

第十一条 科普工作应当提高全体公民的科学文化素质,其重点是:

(一)增强青少年对科学技术的兴趣和爱好,培养他们的观察能力、思维能力、实践能力和创造能力,使其树立科学的世界观和人生观;

(二)向工人普及科学技术知识,提高其生产技能和技术创新能力;

(三)向农民普及科学技术知识,提高农民科学文化素质,增强其采用先进适用技术的能力;

(四)提高国家机关领导人员和企业事业单位负责人员的科学决策能力和科学管理能力。

第十二条 科普工作可以采取下列形式:

(一)举行科普讲座、专题报告、研讨会和科普作品展示会;

(二)举办科学技术咨询、服务、信息发布和示范活动;

(三)在中学、小学中开设科技活动课;

(四)在学校中开展科技发明、制作,撰写科技论文,申请专利和组织科学考察等课外活动;

(五)组织科学技术下厂下乡,开展科学技术兴工兴农活动;

(六)组织科学技术培训和岗位技术培训,举办技术、技能竞赛;

(七)编写、制作、出版科普读物和科普影视作品;

(八)设立科普画廊(橱窗),展示科普图片、模型或者实物;

(九)参观科学技术场馆,阅读科普图书、报刊,使用科普信息网络,观看科普电影、录像,收听收看广播、电视的科普专题节目;

(十)开展科学技术周和社会科学普及周等活动;

(十一)其他形式。

第十三条 科普工作的内容:

(一)介绍当代科学技术发展动向、前景、问题和对策等方面的知识,以及当代科学技术的新思想、新理论、新方法、新成果;

(二)推广先进适用的新技术、新工艺、新材料、新产品;

(三)普及有关计划生育、环境保护、资源合理开发利用和抵御自然灾害等方面的科学知识;

(四)普及有关卫生、保健、婚姻、殡葬、商品使用等日常生活中的科学知识,倡导科学、文明、健康的生活方式;

(五)宣传科学方法,介绍运用唯物辩证法和现代科技手段解决实际问题的知识;

(六)普及科学思想,介绍科学对人类社会发展的引导和促进作用,树立正确的科学价值观和科学技术是第一生产力的观念;

(七)其他有关内容。

第三章　　组织和管理

第十四条　本市建立有科学技术行政管理部门和其他有关部门、社会团体参加的科普工作联席会议制度,统筹协调和组织全市的科普工作。

第十五条　市科学技术行政管理部门负责制定全市科普工作的总体规划和工作计划,实行政策引导,实施监督检查。

第十六条　科学技术协会、社会科学界联合会应当发挥各自优势,组织开展群众性、社会性、经常性的科普活动,支持有关社会组织和企业事业单位开展科普活动,协助政府制定科普工作规划,为政府科普工作决策提供建议。

第十七条　教育行政管理部门应当会同有关部门、社会团体制定青少年科普工作计划并组织实施。

第十八条　卫生和计划生育、体育、环境保护行政管理部门,应当结合医疗卫生、计划生育、健康教育、全民健身和环境保护做好科普工作。

第十九条　国土资源、气象、地震等行政管理部门,应当结合国土资源保护和防灾减灾做好科普工作。

第二十条　旅游、市容园林和文物行政管理部门,应当利用自然和人文景观、科普场所和旅游设施做好科普宣传工作。

第二十一条　民政行政管理部门,应当结合婚姻登记和殡葬管理做好科普工作。

第二十二条　商务和质量技术监督行政管理部门,应当结合商品性能的宣传和产品质量监督检查做好科普工作。

第二十三条　工业和农业行政管理部门,应当结合生产、保障劳动者的身心健康、维护劳动者的合法权益做好科普工作。

第二十四条　人力资源和社会保障行政管理部门,应当加强对国家机关工作人员和企业事业单位负责人员的科普教育,制定计划,组织实施,定期考核。

第二十五条　文化、新闻出版、广播电视、工商、公安以及其他有关行政管理部门,应当根据各自的职责,做好科普工作。

第四章　　社会责任

第二十六条　普及科学技术是全社会的共同责任。社会各界应当支持和组织开展科普工作。

第二十七条　报纸、刊物应当加强科普宣传,刊登科普文章;广播电台、电视台应当开设科普节目;影视制作、发行放映单位应当保证科普影视作品的制作、发行和放映;综合性互联网站应当开设科普网页;公共场所设置的电子屏幕应当有科普宣传内容。

出版单位应当加强科普书籍和科普音像制品的出版。

第二十八条　各类学校应当结合学生特点制定科普工作计划并组织实施。

第二十九条　区、县、乡、镇农业技术推广机构和农业技术研究会,应当通过技术培训,普及先进实用的技术以及有关安全生产的知识,提高农业综合效益。

第三十条 企业应当向职工普及与生产经营、职业卫生、安全防护等有关的科学技术知识,提高职工的科学技术水平。

第三十一条 商业、服务业机构,应当结合商品销售和服务工作做好科普工作。

第三十二条 医疗、卫生和计划生育机构,应当结合医疗保健和计划生育工作做好科普工作。

第三十三条 工会、共青团、妇联,应当结合职工、青年、妇女的特点开展群众性科普活动。

第三十四条 科研机构、企业和学校,应当支持科技人员和教师参加科普活动。

第三十五条 科研机构、高等学校的实验室和企业的生产车间,能够对外开放的,可以有组织地向青少年开放。

第三十六条 教育、科技、新闻工作者,国家机关工作人员和企业事业单位管理人员,应当结合本职工作积极参与科普工作。

第三十七条 居民委员会、村民委员会应当利用所在地的科普资源,通过举办科普讲座、建立科普宣传栏和科普活动室(站)等方式,结合居民的生活、学习、健康、娱乐等需要开展科普活动。

鼓励有关单位为居民委员会、村民委员会开展科普活动提供便利和支持。

第三十八条 在住宿、餐饮、文化、体育、商业等公共活动场所不得进行封建迷信活动。

新闻媒介不得对迷信、愚昧和反科学、伪科学行为以及不健康、不文明的生活方式,作正面肯定性的宣传和报导。

第五章 科普组织和场所

第三十九条 科技馆、博物馆、天文馆、图书馆、青少年科技中心(宫)是专业科普活动场所。

国家投资兴建的科普场所不得挪作他用。

第四十条 科普组织和科普场所在开展科普工作中享有以下权利:

(一)获得活动经费;

(二)接受合法的资助与捐赠;

(三)申请科普专题项目;

(四)享受有关财税优惠政策;

(五)依照国家和本市有关规定,兴办经济实体,开展有偿服务,所得收入用于科普工作;

(六)获得名誉、荣誉、奖励和有关知识产权;

(七)为加强和改进科普工作,向有关部门提出批评和建议;

(八)法律、法规规定的其他权利。

第四十一条 科普组织和科普场所有下列义务:

(一)改进科普工作的形式和内容,提高科普工作质量;

(二)面向公众的科普活动,不得以营利为目的;

(三)科普场所应当向社会公众开放,并优先、优惠向青少年开放;

(四)抵制伪科学、反科学和封建迷信的活动;

(五)遵守本条例有关科普工作的规定;

(六)法律、法规规定的其他义务。

第六章　科普工作者

第四十二条　在科普场所中从事科普工作的人员和中学、小学专设的科技辅导员为专业科普工作者。

其他从事科普工作的人员为非专业科普工作者。

第四十三条　科普工作者享有下列权利:

(一)依法创办或者参加科普组织,自主开展活动;

(二)申请科普项目经费;

(三)接受专业技术培训,提高工作水平;

(四)向有关部门就科普工作提出批评、意见和建议;

(五)法律、法规规定的其他权利。

第四十四条　科普工作者应当履行下列义务:

(一)开展或者参加科普活动,传播普及科学技术知识,推广应用科学技术成果;

(二)学习新知识、新技术,提高科学文化素质,增强工作能力;

(三)遵守本条例规定的科普工作原则;

(四)法律、法规规定的其他义务。

第四十五条　专业科普工作者按照国家和本市有关规定参加相应系列的专业技术职务评审时,其科普著作、论文、直接参与指导的科普竞赛成绩和开展科普工作的其他优秀成绩,应当作为晋升专业技术职称的依据。

非专业科普工作者的科普著作、论文、直接参与指导的科普竞赛成绩,可以作为晋升专业技术职务或者其他职务的参考条件。

第七章　保障措施

第四十六条　各级人民政府应当保证对科普经费的投入,并随着经济的增长每年有所提高。科普经费应当列入同级财政预算,及时划拨,专款专用。

第四十七条　各级人民政府应当将科普设施建设纳入当地城乡建设规划和基本建设计划,并保障科普设施的正常运行。

第四十八条　有关部门、社会团体和企业事业单位,应当安排必要的人力、物力、财力用于科普工作。

第四十九条　本市鼓励下列活动:

(一)采用先进技术开展科普活动;

(二)境内外组织和个人捐款、捐物,兴办或者联办科普设施,发展科普事业;

(三)境内外组织和个人捐助建立科普基金;

(四)开展国际间、地区间的科普交流活动。

第五十条　科普组织和场所按照国家有关规定享受减免税收的优惠待遇,税收的免除部分用于发展科普事业。

第五十一条 出版、发行科普图书、报纸、期刊和音像制品,根据国家有关规定享受优惠待遇。

第五十二条 在街头设立科普画廊(橱窗),有关部门应当按照国家规定减免各项费用。

第五十三条 各级人民政府和有关部门,应当逐步改善科普工作者的工作和生活条件。

第八章 奖励与处罚

第五十四条 各级人民政府、科学技术协会、社会科学界联合会和有关单位,应当按照国家和本市的有关规定,对在科普工作中做出突出贡献的集体和个人,予以表彰或者奖励。

第五十五条 市教育、科技等有关行政管理部门,应当按照国家和本市的有关规定,对在市级以上青少年科学技术竞赛活动中取得优异成绩的在校学生和指导教师予以奖励。

第五十六条 国家工作人员在科普工作中滥用职权、玩忽职守、徇私舞弊的,由其所在单位或者上级机关给予处分;构成犯罪的,依法追究刑事责任。

第五十七条 毁损科普设施,擅自改变政府财政投资建设的科普场所和设施用途,克扣、截留、挪用科普财政经费的,由其所在单位或者上级机关给予处分;由有关主管部门责令限期改正或者恢复原来场所和设施的用途,交回被克扣、截留、挪用的经费,赔偿由此所造成的经济损失;构成犯罪的,依法追究刑事责任。

第五十八条 以科普为名进行有损社会公共利益的活动,扰乱社会秩序或者骗取财物的,由有关主管部门给予批评教育,并予以制止;违反治安管理规定的,由公安机关依法给予治安管理处罚;构成犯罪的,依法追究刑事责任。

第五十九条 各级科学技术行政管理部门,对违反本条例的单位和个人,有权进行监督检查,并向其上级主管部门或者所在单位提出处理意见。有关上级主管部门和单位应当作出处理。

第六十条 本条例自公布之日起施行。

河北省科学技术普及条例

(1995年11月15日河北省第八届人民代表大会常务委员会
第十七次会议通过)

第一章 总 则

第一条 为了实施科教兴冀战略,加强科学技术普及(以下简称科普)工作,推动科学技术进步,建设经济强省,根据《中华人民共和国宪法》和有关法律、法规,结合本省实际,制定本条例。

第二条 本省行政区域内的机关、团体、企业事业单位及其他组织和公民,均应遵守本条例。

第三条 科普工作是一项社会公益事业,是国家基础建设、基础教育和科学技术工作的重要组成部分,是推动经济和社会发展的一项长期战略任务。

第四条 科普工作的内容是传播科学思想、科学方法,普及科学和技术知识;中心任务是提高全体公民的科学文化素质,保障国民经济持续、快速、健康发展,促进社会主义物质文明和精神文明建设。

第五条 各级人民政府应当加强对科普工作的领导和管理,并将其纳入国民经济和社会发展计划;研究解决重大问题,动员全社会力量共同参与,为科普工作创造良好的条件和社会环境。

第二章 组织与管理

第六条 省科学技术行政主管部门会同有关部门和人民团体建立科普工作联席会议制度,统筹协调和组织全省的科普工作。各市(地)、县(市、区)可以根据当地情况,建立相应的工作制度。

第七条 各级科学技术行政主管部门在科普工作中负责组织制订有关政策和总体规划、工作计划;部署工作并督促检查;承担同级人民政府有关表彰、奖励的具体实施工作。

第八条 各级农业、工业等行政主管部门应当结合各自职能和任务制定本行业科普工作计划,并组织实施;组织技术培训,提供技术信息服务;传播和普及先进适用技术。

第九条 各级教育行政主管部门应当会同有关部门、团体制定青少年科普教育和活动计划,并组织实施;组织教师学习现代科学文化知识,加快知识更新;结合教学实验,组织青少年开展科学技术竞赛活动;办好职业技术学校、职教中心,将其建设成为科普教育的阵地。

第十条 各级卫生、计划生育和环境保护行政主管部门应当结合爱国卫生、预防保健、健康教育、常见病与多发病防治和计划生育、优生优育及环境保护等工作,加强科学技术知识的宣传和普及。

第十一条 各级旅游、文物行政主管部门应当利用人文景观、自然景区、旅游设施,加强科普宣传;配合有关部门采取行政和法律手段,清理整顿带有封建迷信色彩的神怪洞府。

第十二条 各级文化、新闻出版、广播电视、商业、公安及其他有关行政主管部门,应当根据本地区科普工作总体规划,确定各自的工作任务,各负其责,多形式、多层次、多渠道地组织开展科普工作。

第十三条 各级科学技术协会应当发挥普及科学技术主力军的作用,参与制定有关政策、总体规划和工作计划;组织开展社会性、群众性科普活动;加强对所属团体和专业技术研究会科普工作的组织管理与活动指导。

第三章 社会责任

第十四条 普及科学技术是全社会的共同责任,社会各界都应当积极参与和支持,广泛深入地开展科普工作;全体公民应当自觉参加科普活动,接受科普教育,使科普工作群众化、社会化、经常化。

第十五条 各级工会、共青团、妇联应当组织职工、青年、妇女参加技术培训、技术推广等多种形式的群众性科普活动。

第十六条 各种报纸、刊物应当开辟科普宣传专栏、专版;电台、电视台应当开设科普专题节目;影视生产、发行、放映单位应当加强科普影视作品的制作、发行和放映。

各出版单位应当多出群众喜闻乐见的大众、少年儿童科普读物及音像制品。

第十七条 厂矿企业特别是大中型企业,应当结合技术革新、新产品开发推广新技术、新工艺,组织职工开展岗位练兵、技术培训和技术竞赛等活动;在进行产品广告宣传时,应当增加有关科普宣传内容的公益性广告。

第十八条 科研单位、大专院校应当支持和组织科学技术人员、教师参加科普活动。科研中试基地和重点实验室应当有选择地向社会开放,组织青少年参观学习。

第十九条 各类学校应当充分发挥教育在科普工作中的主渠道作用。中、小学校应当加强对学生的科学技术教育,增强他们对科学的兴趣,培养他们的科学思维能力、动手能力和创造能力。

第二十条 国家工作人员特别是各级领导者,应当加强对现代科技知识和科学思想、科学方法的学习,增强科技意识,禁止参与封建迷信活动,自觉抵制反科学、伪科学行为。

第二十一条 从事科技、教育工作的专家、学者应当走向社会,带头宣传科技知识,传授科学技术。

第二十二条 新闻工作者应当利用其传播手段,做好科普宣传工作,坚持科普宣传的科学性、准确性。

第四章　科普组织与队伍建设

第二十三条　担负着科普工作的全省性、地方性科学技术社会团体和科技馆、科学宫、青少年科技中心、青少年宫等公益性科普事业单位,以及乡镇科普协会、厂矿企业科学技术协会与职工技术协会和农村专业技术研究会等基层科学技术群众组织,应当加强组织建设,建设一支稳定的、素质较高的科普工作队伍。

第二十四条　担负科普工作的单位、团体和人员享有下列权利:

(一)依法创办或者参加科普组织,自主地开展活动;

(二)组织或者参与科普理论研究、科普创作,编辑、出版科普读物及音像制品;

(三)接受国内外组织和个人为发展科普事业而提供的资助、捐赠;

(四)获得名誉、荣誉、奖励和有关知识产权;

(五)为加强和改进科普工作提出批评或者建议;

(六)国家法律、法规规定的其他权利。

第二十五条　担负科普工作的单位、团体和人员应当履行下列义务:

(一)坚持科学真理,宣传科学技术是第一生产力的思想;

(二)传播、普及科学技术知识,推广应用科学技术成果;

(三)开展或者参加科学技术教育活动;

(四)同封建迷信、愚昧落后现象作斗争,抵制反科学、伪科学行为;

(五)国家法律、法规规定的其他义务。

第二十六条　担负科普工作的单位、团体和人员可以在国家规定范围内,按照社会主义市场经济规律兴办科技实体,开展多种形式的有偿服务,走自我发展的道路。

第二十七条　从事科普工作的科学技术人员,应当加强学习,不断更新知识,提高科学文化素质和创造能力。

第二十八条　各级人民政府和有关部门应当鼓励和支持科学技术人员从事科普工作和青少年科技教育活动,培养中青年科普人才,发展和壮大科普工作队伍。

第五章　保障措施

第二十九条　各级人民政府应当保证对科普经费的投入。科普经费应当列入同级财政预算,及时划拨,专款专用,并随着经济的发展,确保每年有所增长。其中,省、市(地)、县(市、区)科学技术协会的科普活动经费应当按原科目、渠道划拨。

第三十条　全社会应当多形式、多渠道增加对科普工作的投入。各有关部门、团体和企业事业单位在各自的工作中,应当安排必要的人力、物力、财力用于科普工作,保证科普事业的发展。

第三十一条　各级人民政府应当将科普、文化设施建设纳入当地市政、文化建设规划和社会主义精神文明建设计划,加快对现有科普、文化设施的改造与利用,并提供必要的活动条件。设区的市应当建立具有一定规模和功能的科技馆;县(市)也应当积极创造条件逐步建立科普设施和场所。

第三十二条　各级人民政府鼓励和支持境内外组织和个人兴办、联办科普设施,捐助建立科普基金,发展科普公益事业。

第三十三条　有关行政主管部门应当对科普性图书、报纸、期刊及音像制品的出版、发行制定优惠政策,给予扶持。

第三十四条　各级人民政府和有关部门应当采取有效措施,逐步提高科普工作人员的待遇,改善其工作和生活条件。

全社会应当尊重科学技术人员的科普劳动成果,支持他们的工作,维护他们的合法权益。

第六章　奖励与处罚

第三十五条　省人民政府设立科普奖励项目,并将其纳入省科学技术进步奖励范围,具体奖励标准、管理办法,由省人民政府另行制定。

第三十六条　在科普工作中,对贡献突出或者捐资数额较大的集体和个人,由人民政府给予表彰或者奖励。

第三十七条　省有关行政主管部门应当对在全省性青少年科学技术竞赛活动中取得优异成绩的在校学生,给予适当奖励。

第三十八条　有关部门、单位和团体可以设立科普奖励项目,评选科普工作先进集体或者个人。

第三十九条　国家工作人员以及有关人员在科普工作中,因玩忽职守给科普事业造成重大损失对社会造成危害或者滥用职权侵犯科普工作人员合法权益的,由其所在单位或者上级机关给予行政处分;构成犯罪的,依法追究刑事责任。

第四十条　国家工作人员参加封建迷信、反科学、伪科学活动的,由其所在单位或者上级机关给予批评教育或者行政处分。

第四十一条　对打着科学的旗号,进行反科学、伪科学活动以及扰乱社会秩序、图财行骗的个人或者团伙,由公安机关会同有关部门和团体责令其停止活动,没收非法所得,并给予相应处罚;构成犯罪的,依法追究刑事责任。

第七章　附　则

第四十二条　本条例具体应用中的问题由省人民政府科学技术行政主管部门负责解释。

第四十三条　本条例自公布之日起施行。

山西省实施《中华人民共和国科学技术普及法》办法

（二○○七年七月二十六日山西省第十届人民代表大会
常务委员会第三十一次会议通过）

第一条 为实施《中华人民共和国科学技术普及法》,结合本省实际,制定本办法。

第二条 本办法所称科学技术普及(以下简称科普)是指以公众易于理解、接受和参与的方式,普及科学技术知识、倡导科学方法、传播科学思想、弘扬科学精神、提高科学素质的活动。

第三条 科普是公益事业,是全社会的共同责任,社会各界都应当支持和组织参与科普活动。科普工作的对象是全体公民。

第四条 科普工作应当根据当地实际宣传科学技术知识,普及节约资源、保护生态、改善环境、安全生产、应急避险、防病防疫、健康生活、合理消费、循环经济等观念和知识,倡导建立资源节约型、环境友好型社会,形成科学、文明、健康的生活方式和工作方式。

科普工作应当反对和抵制伪科学,不得以科普为名从事有损社会公共利益的活动。

第五条 各级人民政府应当根据科学技术发展规划,加强对科普工作的领导,将科普工作纳入国民经济和社会发展计划,采取有效措施,确保科普事业健康发展。

第六条 县级以上人民政府应当建立由科学技术、教育、发展改革、财政、新闻出版、广播电视等行政主管部门和科学技术协会等社会团体组成的科普工作联席会议制度。联席会议应当履行下列职责:

(一)研究提出科普工作规划建议;

(二)研究提出科普事业发展的政策、措施和建议;

(三)讨论、研究科普工作年度工作要点;

(四)协调解决科普工作重大问题。

科普工作联席会议办公室设在县级以上人民政府科学技术行政主管部门。

第七条 县级以上人民政府科学技术行政主管部门负责本行政区域内的科普工作,编制科普工作规划,实行政策引导,进行督促检查,推动科普工作发展。

县级以上人民政府其他行政部门按照各自的职责范围,负责有关的科普工作。

第八条 科学技术协会是科普工作的主要社会力量。科学技术协会组织开展群众性、社会性、经常性的科普活动,支持有关社会组织和企业、事业单位开展科普活动,协助政府制定科普工作规划,为政府科普工作决策提供建议。

工会、共青团、妇联等社会团体应当以职业技能培训等方式,组织开展多种形式的科普宣传活动。

第九条 国家机关、社会团体、企业、事业单位、村(居)民委员会及其他组织,应当根据自身的特点开展科普工作。

第十条 每年5月的第3周为本省科技活动周。社会各界应当根据科技活动周的主题开展科普活动。

第十一条 县级以上人民政府应当将科普场馆、设施建设纳入城乡建设规划和基本建设计划,对现有科普场馆和设施应当加强利用、维修、改造;省、设区的市应当建立科技馆。鼓励有条件的县(市)建立科技馆。尚无条件建立科技馆的县(市),应当利用现有的科技、教育、文化等设施开展科普活动,设立科普画廊、橱窗等。

第十二条 政府投资建设的科技馆、博物馆、图书馆、科技文献馆、文化馆、群艺馆、青少年宫等科普场馆,应当建立健全向公众开放的制度,配备必要的专职人员,发挥其科普教育功能,并向公众提供科普产品和服务,在寒暑假、法定节假日和科技活动周期间向中小学生免费开放。

前款规定的科普场馆运营困难的,同级财政应当给予补贴,保证其正常运行。

科普场馆、设施不得擅自改作他用。任何单位和个人不得侵占、毁损科普场馆、设施。

第十三条 有条件的科研机构、高等院校,自然科学和社会科学类社会团体应当向公众开放实验室、陈列室和其他场地、设施。鼓励有条件的单位实行长期开放。

政府举办的科研机构、高等院校向公众开放实验室、陈列室和其他场地、设施的,应当坚持公益性原则,不得以营利为目的。

政府举办的科研机构、高等院校应当定期举办面向公众的公益性科普讲座。

第十四条 报刊、广播、电视等新闻媒体应当开设科普宣传专版、专栏和专题节目,制作、发布公益性科普广告;省级电视台应当在专门频道中开展科普宣传。影视生产、发行和放映单位应当加强科普影视作品的制作、发行和放映;书刊出版、发行单位应当扶持科普书刊的出版、发行;综合性互联网站应当开设科普网页。

第十五条 学校和其他教育机构应当把科普作为素质教育的重要内容,配备必要的科普设施,有计划地组织学生参加科普活动,开展科技发明、科技制作、科技论文撰写、科技考察等科普活动。

第十六条 企业应当根据自身特点开展科普宣传,组织职工进行技术创新和发明活动,提高职工科学文化素质。

第十七条 鼓励有条件的企业向公众开放科普场馆和设施。

鼓励企业制作公益性科普广告、科普展品,并在产品广告中增加相关科普内容。

第十八条 乡(镇)人民政府应当根据当地实际采取措施,引导农民移风易俗,革除陋习,反对愚昧迷信活动;组织农民学习先进实用的种植、养殖和农产品加工技术,引导农民学习商品生产、市场营销和经营管理等方面的知识。

鼓励科技人员到农村开展各种形式的科技服务活动。

乡(镇)、村的文化站、广播站、电视站等场所应当结合当地的特点,宣传科学、文明的生产和生活方式。

第十九条　公园、医院、动物园、旅游景点、影剧院、体育场馆、商场、车站、机场等公共场所的公共宣传栏,应当有一定比例的科普内容。

第二十条　申请认定科普基地的,应当具备下列条件:

(一)有适合常年向公众开放的科普设施、器材和场所;

(二)有常设内部科普工作机构并配备有必要的专职科普工作人员;

(三)有明确的科普工作规划和年度科普工作计划;

(四)对中小学生实行优惠或者免费开放的时间每年不少于 30 天。

符合前款规定条件的,申请人应当向县级以上人民政府科学技术行政主管部门提出申请,经所在地设区的市人民政府科学技术行政主管部门审核后,报省人民政府科学技术行政主管部门批准,并在批准后 1 个月内,向同级人民政府财政、税务部门备案。

经认定的科普基地开展科普活动的门票收入,可以依法免征营业税以及享受其他税收优惠。

第二十一条　县级以上人民政府应当将科普经费列入财政预算,其中,省级财政投入不低于人均 0.30 元,设区的市、县(市、区)财政各投入不低于人均 0.20 元,并随着经济社会的发展逐步增加。

科普经费应当及时拨付,专款专用,任何单位和个人不得克扣、截留、挪用。科普经费的使用、管理和监督办法,由省人民政府制定。

国家机关、社会团体、企业、事业单位、村(居)民委员会及其他组织,应当安排一定的经费用于科普工作。

第二十二条　鼓励社会力量兴建或者参与经营科普场馆。鼓励有条件的单位或者个人建立专业科普场馆。

捐赠财产用于科普事业或者投资建设公益性科普场馆、设施的,可以依法享受土地、建设或者税收等方面的优惠。

第二十三条　鼓励和支持科普工作的国内外合作与交流,促进科普资源的合理利用。

鼓励境内外的社会组织和个人设置科普基金用于资助科普事业。

第二十四条　出版发行科普类图书、期刊、报纸、音像制品以及电子出版物,依照国家有关规定享受优惠。

第二十五条　各级人民政府、科学技术行政主管部门、科学技术协会对在科普工作中做出重要贡献的组织和个人,应当予以表彰和奖励。

省人民政府应当将科普成果纳入省级科学技术奖励范畴。

第二十六条　违反本办法规定,将政府投资建设的科普场馆、设施擅自改为他用的,由县级以上人民政府科学技术行政主管部门责令限期改正;情节严重的,对直接负责的主管人员和其他直接责任人员,依法给予行政处分。侵占、毁损科普场馆、设施的,依法责令其停止侵害、恢复原状或者赔偿损失;构成犯罪的,依法追究刑事责任。

第二十七条　违反本办法规定,克扣、截留、挪用科普经费或者贪污、挪用捐赠款物的,由县级以上人民政府科学技术、财政等行政主管部门依法责令限期归还；对直接负责的主管人员和其他直接责任人员依法给予行政处分；构成犯罪的，依法追究刑事责任。

第二十八条　国家工作人员在科普工作中滥用职权、玩忽职守、徇私舞弊的，依法给予行政处分；构成犯罪的，依法追究刑事责任。

第二十九条　本办法自 2007 年 9 月 1 日起施行。

内蒙古自治区科学技术普及条例

（2002 年 12 月 3 日内蒙古自治区第九届人民代表大会
常务委员会第三十三次会议通过）

第一条 为了促进科学技术普及工作，提高公民的科学文化素质，推动自治区经济发展和社会进步，根据《中华人民共和国科学技术普及法》和有关法律、法规，结合自治区实际，制定本条例。

第二条 在自治区行政区域内普及科学技术知识、倡导科学方法、传播科学思想、弘扬科学精神的活动，适用本条例。

开展科学技术普及（以下简称科普），应当采取公众易于理解、接受和参与的方式。

第三条 科普是一项社会公益事业，是科学技术工作的重要组成部分，是实施科教兴区和可持续发展战略的一项长期任务。

第四条 科普工作应当适应经济建设和社会发展的需要，坚持群众性、社会性、经常性和因地制宜的原则，其内容和形式要有针对性、通俗性、趣味性和多样性。

第五条 科普工作应当坚持科学精神，反对和抵制迷信、伪科学。任何单位和个人不得以科普为名传播有违科学原则和科学精神的内容，从事有损于社会公共利益、道德风尚和公民身心健康的活动。

第六条 各级人民政府应当加强对科普工作的领导，将其纳入本地区国民经济和社会发展计划，为开展科普工作创造良好的环境和条件。

旗县级以上人民政府应当建立科普工作协调制度，统筹协调科普工作。

第七条 自治区人民政府科学技术行政部门负责制定全区科普工作规划，实行政策引导，督促检查，推动科普工作发展；其他行政部门按照各自的职责范围，负责有关的科普工作。

各盟行政公署、设区的市和旗县级人民政府科学技术行政部门及其他行政部门按照各自的职责范围，负责本地区有关的科普工作。

第八条 科学技术协会是科普工作的主要社会力量，负责组织开展群众性、社会性和经常性的科普活动，支持有关社会组织和企业事业单位开展科普活动，协助政府科学技术行政部门制定科普工作规划，提供决策建议。

第九条 各级人民政府、科学技术协会和有关单位应当对在科普工作中做出突出贡献的组织和个人，给予表彰和奖励。

第十条 各级各类学校及其他教育机构应当把科普工作纳入素质教育计划，组织学生参加科普活动,开展科技发明、科技制作、科技考察和科技论文撰写等课外活动。

第十一条 科研机构、高等院校以及自然科学和社会科学类社会团体应当组织、支持和鼓励科学技术工作者和教师开展科普活动;有条件的,应当向公众开放科技园区、实验室、陈列室和其他科研场所,举办讲座和提供咨询。

科学技术工作者和教师应当发挥自身优势和专长,积极参与和支持科普活动。

第十二条 文化、新闻出版、广播影视等机构和团体应当发挥各自的优势广泛开展科普宣传活动。

各类传播媒体和科技馆(站)、图书馆、博物馆、文化馆(站)等文化场所及乌兰牧骑等文艺团体应当利用其资源和设施,用蒙汉两种语言文字开展科普宣传活动。

第十三条 医疗卫生、计划生育、环境保护、国土资源、体育、气象、地震、文物、旅游等国家机关、事业单位应当结合各自的工作开展科普活动。

第十四条 各级工会、共青团、妇联等社会团体根据本行政区域内的科普工作规划并结合各自的特点和优势开展多种形式的科普活动。

第十五条 农村牧区基层组织应当围绕发展农村牧区经济和建设科学文明的生产、生活方式,开展科普工作。

农村牧区各类经济组织、农牧业技术推广机构和专业技术协会,应当结合推广先进适用技术向农牧民普及科学技术知识,提高农牧民的科学文化素质。

城镇基层组织及社区应当结合居民的生产生活、健康娱乐等需要开展科普活动。

第十六条 公园、商场、机场、车站、广场等各类公共场所的经营管理单位,应当在所辖范围内加强科普宣传,城镇公共广告栏、街区灯箱广告中应当有一定比例的科普宣传内容。

第十七条 各级人民政府应当重点扶持农村牧区、边远贫困地区的科普工作,对使用少数民族语言文字进行的各类科普活动给予大力支持。

第十八条 旗县级以上人民政府应当将科普场所、设施建设纳入城乡建设规划和基本建设计划,加强对现有科普场所、设施的改造和利用,保障其正常运行,不得擅自改作他用。

以政府财政投资建设的科普场所,应当常年向公众开放,对青少年实行优惠。

第十九条 旗县级以上人民政府应当按照本辖区常住人口每人每年不低于0.3元的标准,将科普经费列入本级财政预算,及时划拨,专款专用,并随着财政收入的增长逐步增加。

各级人民政府有关部门应当安排一定的经费用于科普工作。

第二十条 自治区鼓励和支持社会组织和个人设立科普基金,用于资助科普事业,择优支持科普项目。

第二十一条 自治区鼓励社会组织和个人对科普事业捐赠款物或者投资建设科普场所、设施,各级人民政府应当依法减免其相关费用。

第二十二条 科普经费和社会组织、个人捐赠的款物,必须用于科普事业,任何单位或者个人不得克扣、截留、挪用。

第二十三条 依照国家和自治区有关规定,对下列从事科普方面的经营及其他活动实行优惠:

(一)科普图书、刊物、影视作品、音像制品、电子出版物的制作、出版、发行;

(二)科普设备的生产、制造、销售、进口；

(三)科普场所、科普组织开展不以营利为目的的有偿服务所得及门票收入；

(四)在公共场所开展科普活动。

第二十四条　科普工作者的科普著作、论文和其他优秀科普成果应当作为评聘专业技术职务的依据。

第二十五条　自治区人民政府教育、科技等有关行政部门应当对在全区青少年科学技术竞赛活动中取得优异成绩的青少年给予升学照顾,具体办法由自治区人民政府制定。

第二十六条　以科普为名进行迷信或者伪科学活动,扰乱社会秩序、危害人身安全或者骗取财物,违反治安管理规定的,由公安机关依法予以处罚;构成犯罪的,依法追究刑事责任。

第二十七条　贪污、侵占、克扣、截留、挪用科普经费或者捐赠款物的,由有关主管部门责令限期归还,并对负有责任的主管人员和直接责任人员依法给予行政处分;构成犯罪的,依法追究刑事责任。

第二十八条　擅自将各级人民政府投资建设的科普场所改作他用的,由有关主管部门责令限期改正;情节严重的,对负有责任的主管人员和直接责任人员依法给予行政处分。

扰乱科普场所秩序或者毁损科普场所、设施的,依法责令其停止侵害、恢复原状或者赔偿损失;构成犯罪的,依法追究刑事责任。

第二十九条　国家工作人员在科普工作中玩忽职守、滥用职权、徇私舞弊的,由其所在单位或者主管部门依法给予行政处分;构成犯罪的,依法追究刑事责任。

第三十条　本条例自 2003 年 1 月 1 日起施行。

辽宁省科学技术普及办法

(2011 年 9 月 5 日辽宁省第十一届人民政府第 51 次常务会议
审议通过　辽宁省人民政府令第 259 号)

第一条　为了加强科学技术知识普及工作,提高公众科学文化素质,促进经济社会发展,根据《中华人民共和国科学技术普及法》,结合我省实际,制定本办法。

第二条　本办法所称科学技术普及(以下简称科普),是指采取公众容易理解、接受和参与的方式普及自然科学、社会科学和技术知识,倡导科学方法,传播科学思想,弘扬科学精神,提升公众的思想道德素质、科学文化素质和健康素质,推广应用科学技术知识的活动。

第三条　我省行政区域内的国家机关、社会团体、企事业单位及其他组织和个人开展科普活动,适用本办法。

第四条　科普是公益事业,遵循政府主导、依靠社会力量、全民共同参与的原则,推动自然科学普及与社会科学普及同步发展。不同领域、不同专业之间的科普组织应当开展科普交流,共享科普资源。

鼓励企事业单位、社会团体、民间组织、农村和城镇基层组织及社区参与科普工作。

支持企业、其他社会组织和个人采取捐赠、投资等方式兴办科普事业。社会力量兴办科普事业的,可以采用市场机制运作方式。

第五条　各级人民政府领导科普工作,省政府有关部门和市、县人民政府应当将科普工作纳入国民经济和社会发展规划,将科普工作作为公共文化服务和文明城市评价体系的重要内容,加强科普设施建设,完善城乡科普网络。

乡(镇)人民政府应当结合社会主义新农村建设和科普惠农政策的实施,组织开展适合农村需要的科普工作。

第六条　科学技术行政部门负责制订本行政区域科普工作的发展规划和政策,引导推动科普工作的发展。

教育、文化、新闻出版、广播影视、农业等有关行政部门按照各自职责,推动开展相关领域的科普工作。

第七条　科学技术协会、社会科学界联合会是科普工作的主要社会力量,应当发挥各自优势,统筹利用科普设施,协助政府制定科普工作发展规划、计划,支持和指导企事业单位、社会团体和基层科普组织和个人开展科普活动。

第八条　省、市、县人民政府建立由科学技术行政部门等有关部门和科学技术协会、社会科学界联合会及其他有关社会团体组成的科普工作联席会议制度。科普工作联席会议负责审议科普工作的发展规划和计划,统筹协调、研究解决科普工作中的重大问题,督促有关工作的落实。

第九条 每年 5 月第三周为全省科普周,9 月 17 日为全省科普日。

第十条 农村基层组织应当根据当地特点和生产、生活实际需要开展各类科普活动,倡导科学文明的生产和生活方式。

农业、科学技术等有关行政部门和科学技术协会及有关社会团体应当加强农村科技知识培训,建立农业科技试验、示范基地,推动农业先进实用技术的推广、普及和应用。

第十一条 教育行政部门应当将科普作为素质教育的重要内容,支持建立科普教育基地,鼓励学校、幼儿园开设科普课程。

各类学校应当结合教学活动和学生特点,每学期安排一定的教学时数,组织学生开展科技教育、科技发明、科普讲座、参观考察等多种形式的科普活动。

义务教育学校应当配备专职或者兼职科普教师。鼓励义务教育学校从社会上聘请科普志愿者作为科普辅导员。

第十二条 有条件的科研机构、高等院校,自然科学和社会科学类社会团体,应当向公众开放实验室、陈列室和其他适宜的科普设施。

第十三条 政府举办的科技馆、图书馆、博物馆、文化馆、青少年宫等文化场馆,应当向公众开放,每天开放时间不少于八小时,国家法定节假日和学校寒暑假期间,应当适当延长开放时间;科普周(日)、国家法定节假日期间,应当免费向公众开放。科普设施出现运营困难的,政府应当采取措施,保证其正常运行。

科普设施管理单位应当定期举办面向公众的科普展览、科普讲座等活动,对青少年团体科普活动应当优先安排,并给予减免收费的优惠。

第十四条 新闻出版、广播影视、互联网等传媒机构,应当在媒介传播中安排科普内容,开展信息化远程科普教育。

第十五条 企业应当结合技术创新和职工技能培训开展科普活动。

鼓励企业创办行业或者企业展馆等科普设施,利用自身的产品、技术和设施优势,制作公益性科普广告,面向公众开展形式多样的科普活动。

第十六条 城镇基层组织和社区应当充分利用所在地的科技、教育、文化、卫生、体育、旅游等资源,通过举办科普讲座、建立科普画廊、科普宣传栏、科普活动室、社区学校等方式开展科普活动,其所在地的有关单位应当提供支持。

第十七条 行业性、专业性会展和博览会等大型活动的承办单位,应当利用设施开展相关科普活动。

第十八条 鼓励科研机构、高等院校等学术研究单位培养科普带头人,提倡学术带头人从事科普工作。

承担政府科研项目的专家、学者、科研人员,应当撰写科普文章,宣传科普知识。

科学技术协会、社会科学界联合会应当建立专兼职结合的科普工作队伍,培养壮大科普志愿者队伍。

科技工作者和社会科学工作者所在单位应当鼓励其依法创办或者参加科普组织和科普学

术交流,为其从事科普研究创作、申请科普项目经费、接受相关培训和进修提供便利。

第十九条　科学技术行政部门、科学技术协会、社会科学界联合会应当定期开展科普统计调查,共享科普统计数据,建立科普信息数据库和科普专家库。

第二十条　科普经费应当列入财政预算,逐步提高科普投入水平,保障科普工作顺利开展。

科普经费使用和管理的具体办法,由省财政部门会同省科学技术行政部门、科学技术协会、社会科学界联合会制定。

政府应当对农村地区、经济欠发达地区和少数民族地区的科普工作予以扶持。

第二十一条　市、县人民政府应当将科普设施建设纳入城乡建设规划和基本建设计划,合理设置科普设施,提高使用效率。

对社会力量兴办的科普设施,有关部门应当按照国家规定给予优惠。

第二十二条　政府有关部门应当保障政府投资建设的科普设施正常运行和维护费用。

禁止任何单位和个人擅自拆除、侵占或者改变科普设施的用途。因社会公共利益确需占用或者改变功能和用途的,应当经本级人民政府批准,并按照有关法律、法规规定择地重建。

科普设施因特殊需要临时改作他用的,应当征得主管部门同意,但一般不得超过 10 日;使用者应当在期满后恢复原状,不得影响原功能、用途,不得妨碍科普活动正常开展。

第二十三条　政府科学技术行政部门、科学技术协会、社会科学界联合会对在科普工作中做出贡献的单位和个人,予以表彰和奖励。

第二十四条　新闻出版、广播影视及其他有关行政部门应当支持、鼓励有关组织和个人创立以图书、刊物、讲坛、画廊等各种形式为载体的科普品牌,对其开展科普研究、推广科普成果、开发原创性科普产品等科普活动以及出版、发行、进口科普读物、影视作品等,按照国家有关规定给予优惠。

个人撰写的科普著作、科普论文、科普读物等科普成果,指导科普实践活动所取得的业绩(以下统称科普成果),在专业技术职称评审、评比考核、学术奖励等方面,与其他学术成果享有同等待遇。

科普成果应当纳入省科学技术和哲学社会科学成果奖励评选范围。

第二十五条　违反本办法规定,以科普活动为名从事损害国家安全、封建迷信和反科学、伪科学活动的,由科学技术行政部门及有关主管部门予以制止,并给予批评教育;违反治安管理规定的,由公安机关依法给予治安管理处罚;构成犯罪的,依法追究刑事责任。

第二十六条　违反本办法规定,擅自拆除、侵占或者改变政府投资建设的科普设施的用途的,由有关主管部门责令停止侵害、恢复原状或者赔偿损失;情节严重的,对负有直接责任的主管人员和其他直接责任人员依法给予处分;构成犯罪的,依法追究刑事责任。

第二十七条　违反本办法规定,单位在专业技术职称评审、科研立项、评比考核、学术奖励等方面拒绝将科普成果给予与其他学术成果同等待遇的,对负有责任的主管人员和其他直接责任人员,依法给予行政处分。

第二十八条　本办法自 2011 年 11 月 1 日起施行。

黑龙江省科学技术普及条例

（2005 年 10 月 17 日黑龙江省第十届人民代表大会
常务委员会第十七次会议通过）

第一章　总　则

第一条　为加强科学技术普及工作，提高公民的科学文化素质，推动全省经济发展和社会进步，根据《中华人民共和国科学技术普及法》及有关法律、行政法规，制定本条例。

第二条　本条例所称科学技术普及（以下简称科普），是指用公众易于理解、接受和参与的方式，宣传科学技术知识、倡导科学方法、传播科学思想、弘扬科学精神的活动。

第三条　在本省行政区域内的国家机关、社会团体、企业事业单位、居民委员会、村民委员会及其他组织和公民从事科普活动，适用本条例。

第四条　科普工作是公益事业，是科学技术工作的重要组成部分，是科教兴省的一项战略任务。

科普工作的对象是全体公民，重点是青少年、农民和工人。

第五条　科普工作应当坚持科学态度，反对迷信和反科学、伪科学行为。任何组织和个人不得以科普为名传播不健康、不文明的行为方式、进行其他有损社会公共利益的活动，不得将违背科学原则和科学精神的主张和观点，作为科普知识传播和推广。

第二章　组织和管理

第六条　县级以上人民政府应当加强对科普工作的领导，将科普工作作为社会主义物质文明、政治文明和精神文明的重要组成部分，将科普事业纳入本地区国民经济、社会发展计划和科学技术发展规划，作为创建文明单位的考核内容。

第七条　县级以上人民政府应当建立由政府主管领导负责，科学技术行政部门和其他有关部门以及社会团体参加的科普工作联席会议制度。

第八条　科普工作联席会议负责协调本地区的科普工作，履行下列职责：

（一）审议科普工作总体规划；

（二）研究确定科普事业发展的重大政策、措施；

（三）审议科普工作年度工作要点；

（四）促进各部门及全社会支持并参与科普工作；

（五）协调本地区和部门间的科普工作；

科普工作联席会议办公室设在县级以上科学技术行政部门。

第九条 县级以上科学技术行政部门是科普工作的主管部门，负责制定科普工作总体规划，实行政策引导，进行监督检查，并组织实施本条例。

县级以上人民政府其他有关行政部门应当制定并实施本部门的科普工作计划，并根据各自的职责，做好相关的科普工作。

第十条 科学技术协会应当发挥科普工作的主要社会力量的作用，参与制定本地区科普工作的总体规划和实施计划，为政府科普工作决策提供建议。充分利用并发挥其科普网络和组织优势，加强对所属团体和农村专业技术协会（研究会）科普工作的组织管理与业务指导，鼓励并支持科技人员进行科普研究和科普创作；组织开展经常性、群众性、社会性的科普工作。

第三章 青少年、农民和工人科普

第十一条 县级以上教育行政部门应当发挥中小学校开展青少年科普教育的主渠道作用，将科普教育纳入素质教育内容，并安排一定的教学时数，在校本教材和乡土教材中适当增加科普内容。

第十二条 各类学校及其他教育机构应当制定科普教育活动方案，组织学生参加科普兴趣小组、科技创新大赛、具有科普内容的夏令营、冬令营和小发明、小创造等活动。

第十三条 中小学校应当根据需要组织学生参观科技馆、博物馆等科普教育基地。

具备开放条件的国家和省重点实验室应当定期向青少年免费开放。

第十四条 中小学校应当设立专职或者兼职科普辅导教师，提供科普读物，保证必要的讲座时间，并定期组织培训。

第十五条 科技、教育、新闻出版等有关部门和科学技术协会应当有针对性地向青少年推荐科普课外读物，组织有关专家编写适合青少年特点的科普课外读物，并向青少年优惠提供。

图书、电子、音像出版部门应当将青少年科普读物纳入出版计划，保证每年制作和出版一定数量的符合青少年特点的科普图书、电子和音像制品。

第十六条 县级以上农业行政部门应当会同有关单位，根据农村实际情况，制定并组织实施农村科普工作计划。

社会各界应当采取多种形式，参与并支持农村科普工作。

第十七条 每年的农历正月十六为农民科技节。

县级以上人民政府应当在农民科技节期间，组织开展农民科技竞赛、举办农业科技讲座等活动。

第十八条 乡（镇）人民政府、村民委员会应当发挥乡（镇）科普组织的作用，根据当地经济与社会发展的需要，围绕科学生产、文明生活，开展科普活动。

乡（镇）、村文化站（室）、广播站应当宣传科学、文明的生产和生活方式。

农村各类经济组织和农村专业技术协会应当利用自身优势，为农民提供科技咨询、技术推广、技术指导等服务。

第十九条 县级以上农业行政部门及科学技术协会应当组织农业院校、农业科研院所、农业技术推广机构及其他涉农单位,开展面向农民的农业科技培训,为农民提供科技信息服务,并会同有关部门适时开展进城务工农民的技能培训。

第二十条 县级以上农业行政部门及科学技术协会应当定期组织乡(镇)农业技术干部培训,扶持并发挥重点科技示范户、种养殖大户等的引导和带动作用。

第二十一条 县级以上人民政府文化、科技、卫生和农业等有关部门每年应当开展以文化、科技、卫生和农业等为主要内容的下乡活动,并落实经费,制定奖励、考评等相关制度。

文化、科技和农业等有关部门应当每年根据农民需要,组织捐赠科普图书,放映科技电影,演出文艺节目,举办农村实用技术讲座、咨询、培训等活动,并协助建设农村文化、科普图书室。

医疗卫生单位应当每年组织医务人员向农民开展医疗保健咨询等服务,宣传疾病防治、优生优育、健康保健等知识。

第二十二条 科学技术协会应当协助政府组织科技人员开展科普之冬活动,并组织有关单位开展科普大集和科普村镇建设等活动。

第二十三条 县级以上工会和产业工会组织应当组织职工开展以提高技术水平和创新能力为重点的科普宣传教育活动。

第二十四条 各级工会组织应当利用现有的文化宫(馆)、职工干部培训学院(校)、技术交流馆等场所开展职工技术创新、技能培训、技术推广等科普活动。

第二十五条 企业应当结合技术改造、新产品开发、新技术和新工艺推广应用,组织职工技能培训,普及与生产经营、职业卫生、安全防护等有关的科学技术知识,提高生产技能。

第二十六条 有条件的企业可以创办行业博物馆、科技馆,建立科普组织,开展科普活动。

第四章　社会责任

第二十七条 普及科学技术是全社会的共同责任,社会各界应当参与和支持,提倡公民参加科普活动。

鼓励各类社会组织和个人兴办科普事业。

第二十八条 县级以上人事行政部门应当将科普教育纳入国家工作人员、专业技术人员继续教育培训内容。

各级干部教育培训机构应当根据培训对象的需要,开设现代科技基础知识课程或者举办科技知识专题讲座。

第二十九条 各级领导干部应当每年参加一次以上的现代科技知识、科学思想和科学方法的科普学习讲座。

第三十条 工会、共青团和妇联等社会团体应当根据科普工作规划和计划,并结合职工、青少年和妇女的特点开展科普活动。

第三十一条 广播电台、电视台和综合性互联网站应当开办固定科普宣传栏目,制作科普节目,在科技活动周和重大科普活动期间应当免费播放科普公益性广告。

综合类和自然科学类报纸、期刊应当开设科普专栏、专版,宣传科普知识。

影视生产、发行和放映单位应当制作、发行、放映科普影视作品。

第三十二条 科研机构、高等院校应当组织科技工作者和教师、学生开展科普活动。

具备开放条件的科研机构、高等院校应当向公众开放具有科普功能的陈列室、生产车间、实验基地、实验室和其他场地、设施。

第三十三条 省重点科技攻关项目和重大产业化项目,项目承担单位或者项目负责人应当根据项目特点,开展相关科普宣传。

鼓励省科学技术奖的申报人提交相关的科普成果。

具备开放条件的省重大建设和技改项目完成后,应当提供向公众开放、通俗易懂的科普宣传模型和展示等。

第三十四条 科技馆、博物馆、图书馆、气象站、公园、医院、商场、车站、影剧院、体育场馆等公共场所的经营管理单位,应当结合自身的业务和特点,面向公众开展经常性的科普宣传。

第三十五条 大型洽谈会、博览会、重大体育赛事等大型活动的承办单位,应当利用场馆和设施设置相关的科普宣传内容。

第三十六条 居民委员会应当利用所在地的科技、教育、文化、卫生等资源,定期向居民开办环境保护、医疗卫生、婚育知识、公共安全、节约等贴近百姓生活的科普讲座,并设置固定科普画廊、科普宣传板,开展创建科普文明社区活动。

第三十七条 鼓励大学生、专家、学者和专业技术人员参与各种科普志愿活动。

第三十八条 每年五月的第三周为全省科技活动周。社会各界应当根据全省科技活动周的主题开展科普活动。

第五章 保障措施

第三十九条 各级人民政府应当将科普经费列入同级财政预算,并随着国民经济和社会事业的发展逐步增加对科普经费的投入。

各级人民政府有关部门应当安排一定的科普经费。

提倡社会团体和企业事业单位安排一定的经费用于开展科普活动。

科普经费和社会组织、个人资助科普事业的财产,必须用于科普事业,任何单位或者个人不得克扣、截留、挪用。

第四十条 省级人民政府、设区的市及有条件的县(市)人民政府应当将科普场馆、设施建设纳入城乡建设规划和基本建设计划,并加强对现有科普场馆、设施的利用、维修和改造。

县级以上人民政府应当利用现有的科技、教育、文化等设施和场所,做好科普工作。

第四十一条 利用政府投资建设或者享受政策优惠的博物馆、科技馆、青年宫、少年宫(中心)、文化宫、妇女儿童活动中心等场馆不得擅自改作他用。对青少年、六十周岁以上老年人及残疾人应当免费或者优惠开放;科技活动周期间及重大科普宣传日应当免费向社会开放;经费困难的,同级财政应当予以补贴,使其正常运行。

第四十二条 鼓励和支持省外、境外博物馆、科技馆到我省布展、巡展;向青少年、六十周岁以上老年人及残疾人免费或者优惠开放的,按照国家有关规定,可以享受优惠政策。

第四十三条 获得县级以上科普奖项或者具有科普创作成果的,在专业技术职务任职资格评审中,同等条件下予以优先。

第四十四条 县级以上人民政府应当加强科普组织和科普队伍建设,建立、健全科普组织,提高科普工作者待遇,改善科普工作者条件,依法维护科普组织和科普工作者的合法权益,鼓励科普组织和科普工作者自主开展科普活动,依法兴办科普事业。

　　第四十五条　县级以上人民政府、科学技术协会和有关单位应当对在科普工作中作出突出贡献的组织和个人给予表彰和奖励。

第六章　　法律责任

　　第四十六条　违反本条例规定,未履行法定职责的,由上级行政机关或者有关部门予以通报批评,并责令改正。

　　第四十七条　以科普为名传播不健康、不文明的行为方式、进行其他有损社会公共利益的活动,扰乱社会秩序或者骗取财物的,由有关主管部门给予批评教育;违反治安管理规定的,由公安机关依法给予治安管理处罚;构成犯罪的,依法追究刑事责任。

　　第四十八条　违反本条例规定,克扣、截留、挪用科普财政经费或者贪污、挪用捐赠款物的,由有关主管部门责令限期归还,对负有责任的主管人员和其他直接责任人员依法给予行政处分;构成犯罪的,依法追究刑事责任。

　　第四十九条　擅自将政府投资建设的科普场所改为他用妨碍开展科普活动的,由上级主管部门责令限期改正;情节严重的,对直接负责的主管人员和其他直接责任人员依法给予行政处分。

　　第五十条　国家工作人员在科普工作中,玩忽职守、滥用职权、徇私舞弊的,依法给予行政处分;构成犯罪的,依法追究刑事责任。

第七章　　附　　则

　　第五十一条　本条例自 2006 年 1 月 1 日起施行。

江苏省科学技术普及条例

(1998 年 10 月 31 日江苏省第九届人民代表大会常务委员会第六次会议通过
根据 2001 年 10 月 26 日江苏省第九届人民代表大会常务委员会第二十六次会议
《关于修改〈江苏省科学技术普及条例〉的决定》修正)

第一章 总 则

第一条 为加强科学技术普及工作,弘扬科学精神,培养创新意识,提高全民科学文化素质,实施科教兴省战略,促进社会主义物质文明和精神文明建设,根据有关法律、法规,结合本省实际,制定本条例。

第二条 本条例所称科学技术普及(以下简称科普),是指用公众容易理解和接受的方式,传播推广科学技术知识、科学思想和科学方法的行为。

第三条 科普工作应当贯彻长期、稳定、有效发展的方针,坚持普及与提高相结合的原则,因地制宜,讲求实效,面向经济、面向基层、面向公众。

第四条 科普工作应当坚持科学态度,反对迷信和反科学、伪科学行为。

任务组织和个人不得以科普为名宣传不健康、不文明的生活方式和有损社会公共利益的内容;不得将违背科学原则和科学精神的主张或者意见,作为科普知识传播和推广。

第五条 地方各级人民政府应当加强对科普工作的领导,将科普工作作为社会主义精神文明建设的重要组成部分,纳入国民经济与社会发展计划,为科普工作创造良好的环境和条件。

第六条 县级以上科学技术行政主管部门牵头负责本行政区域内的科普工作,其主要职责是:贯彻执行有关科普工作的法律、法规、规章和方法、政策;制定科普发展规划和计划;指导协调和检查督促本行政区域内的科普工作。

第七条 本条例适用于本省行政区域内的机关、团体、企业事业单位及其他组织和公民。

第二章 组织、管理与协调

第八条 省科学技术行政主管部门会同省科学技术协会等有关部门和单位建立省科普联席会议制度。科普联席会议负责审议全省科普工作的重大政策和发展规划、计划;督促规划、计划和有关重大工作的落实;组织协调部门、地方间重大科普工作。

市、县(市、区)科普联席会议制度,由当地人民政府结合实际情况确定。

第九条　县级以上科学技术协会是发展科普事业的主要力量,应当按照本行政区域科普发展规划,制定相应的工作计划并组织实施;充分利用并发挥其科普网络和组织优势,加强对所属团体和专业技术协会、研究会科普工作的组织管理与业务指导;组织开展各种日常性、群众性、社会性的科普活动;为各级人民政府提供科普工作决策咨询。

第十条　县级以上工业、农业、教育、卫生、文化、新闻出版、广播电视、民政、旅游等部门,应当结合本部门的实际情况,制定并组织实施本部门的科普工作计划,并报同级科学技术行政主管部门备案。

第十一条　工会、共青团、妇联等群众团体和其他学术组织,应当充分利用自身优势,有计划地开展各种群众性的科普教育活动。

第三章　对象、内容和形式

第十二条　科普工作的对象是全体公民,重点是青少年、农民、工人、国家机关工作人员和企业事业单位管理人员。

对青少年开展的科普活动,应当注重培养青少年对科学技术的兴趣和爱好,增强他们的观察能力、思想能力、实践能力和创造能力。

对农民和工人开展的科普活动,应当注重向他们传播先进实用技术知识,提高生产技能和技术创新能力;宣传科学思想,增强识别反科学、伪科学和破除封建迷信的能力。

对国家机关工作人员和企业事业单位管理人员开展的科普活动,应当帮助他们了解科技发展动态,认识科学技术对促进经济和社会发展的作用,提高他们的科学决策能力和科学管理能力。

第十三条　科普工作的内容包括:

(一)传播科学思想,介绍科学对人类社会发展的引导和促进作用;

(二)宣传科学方法,介绍运用唯物辩证法和现代科技手段解决实际问题的知识;

(三)介绍科学技术发展进程、动向、前景等方面的知识以及当代科学技术的新思想、新理论、新方法、新成果;

(四)推广先进适用的新技术、新材料、新工艺、新产品、新品种;

(五)普及有关计划生育、环境保护、资源合理开发利用、抵御自然灾害和军事科技等方面的知识;

(六)普及有关卫生、保健、婚姻、殡葬、商品使用等日常生活中的科学知识,倡导科学、文明、健康的生活方式;

(七)其他有关内容。

第十四条　科普工作的形式包括:

(一)举办科普讲座、专题报告、研讨会和科技成果、科普作品展示会;

(二)举办科技咨询、服务、信息发布和示范活动;

(三)在学校开设科技活动课,开展科技发明、制作,组织科学考察、科普夏(冬)令营活动;

(四)建立经常性科技下乡、下厂制度,开展科技帮扶和技术培训等活动;

(五)编写、制作、出版科普读物和音像电子作品,开展科普文艺活动;

（六）运用报刊、广播、电视等各种大众传媒，刊载、播放科普公益广告；

（七）制定科普教育大纲，实施科普教育工程；

（八）其他形式。

第四章　社会各界的科普义务

第十五条　一切单位和个人都应当参与、支持科普活动。全体公民都应当接受科普教育。

第十六条　企业应当采取多种形式对全体职工进行各类科普教育；结合技术革新、新产品开发和新技术、新工艺推广应用，组织开展职工岗位技能培训、技术竞赛等活动。

第十七条　科研单位应当支持和组织科技人员参加科普活动，有条件的科研基地、实验室和科研设施应当向社会开放。

第十八条　学校及其他教育机构应当把科普教育纳入教学计划；支持和组织教师参加科普活动；组织开展科技发明、科技制作、科技论文撰写、科技考察等课外活动。有条件的学校应当向社会开放教育设施，供公众参观学习。

第十九条　报纸、刊物、电台、电视台应当开设科普宣传的专版、专栏和专题节目；影视生产、发行和放映单位应当加强科普影视作品的制作、发行和放映；出版单位应当加强科普图书的出版工作。

第二十条　文化馆站、演出团体等文化事业单位应当结合自身特点，开展科普宣传教育和演出等活动。

第二十一条　科普场馆等公益性科普事业单位应当大力加强面向全社会的科普活动，全省科普宣传周和法定节日期间向公众免费开放。

第二十二条　农技推广机构和农村专业技术协会应当采取科技宣传、咨询、示范等多种形式，推广先进适用的农业技术，普及安全生产知识。

社会各界应当支持农村科普工作，帮助农民提高科学文化素质，宣传倡导先进的生产方式和文明的生活方式。

第二十三条　医疗卫生单位应当积极宣传疾病防治、优生优育、健康保健等知识，每年定期组织医务人员向公众开展医疗保健咨询，送医下厂、下乡等活动。

第二十四条　旅游经营管理单位应当加强对旅游设施和导游人员的管理，结合景点规划，建设科普宣传设施，利用自然和人文景观做好科普宣传工作。

导游人员在导游过程中不得宣传迷信。

第二十五条　体育场馆应当结合各项体育活动，并利用广告屏、牌等设施增加有关科普宣传内容。

第二十六条　商场、商店应当结合商品销售做好科普宣传工作。

第二十七条　环境保护、资源开发、监测等相关单位在开展工作的同时，应当宣传可持续发展的有关知识。

第二十八条　公共场所管理部门应当取缔求神问卜等迷信活动，并结合市容和环境卫生管理，开展科普宣传活动。

城镇公共广告栏、街区灯箱广告应当有一定比例的科普宣传内容。

第二十九条   从事教育、科技工作的专家学者应当向公众宣讲科技知识;新闻工作者、国家机关工作人员和企业事业单位管理人员,应当结合本职工作积极参与科普工作。

第五章   保障措施

第三十条   县级以上地方各级人民政府应当将科普经费列入同级财政预算,实行专款专用。并随着国民经济和社会事业的发展,逐步增加对科普经费的投入。

第三十一条   政府有关部门、社会团体和企业事业单位应当安排必要的人力、物力和财力用于科普工作,保证科普事业的发展。

第三十二条   地方各级人民政府应当将科普场馆及其设施的建设纳入当地市政、文化建设规划,作为现代文明城市的主要标志之一。设区的市和有条件的县(市)应当将科普场馆建成当地标志性工程。

加快对现有科普设施的改造和利用,保证公益性科普场馆正常开展活动。

改善科普设施的管理机制,有条件的科技场馆在明确产权的基础上组成独立法人,依法自主管理经费。

第三十三条   鼓励和支持境内外组织和个人捐助支持科普事业、兴建、联建科普设施。

第三十四条   地方各级人民政府及其有关部门和单位应当对科普类图书、报纸、刊物及音像制品、电子出版物等制作、出版、发行给予支持和鼓励,重点科普文艺作品纳入文化建设事业专项资金资助范围。

第三十五条   各级、各类科学技术社会团体和科技馆、科学宫等公益性科普事业单位,应当加强组织建设,发展壮大一支稳定的、高素质的科普工作队伍。

第三十六条   地方各级人民政府及其有关部门应当逐步改善科普工作人员的工作和生活条件。专兼职从事科普教育、科普创作、科普宣传、科普培训的专业技术人员,其工作业绩作为技术职务晋升的重要依据。

全社会应当尊重科普工作人员的劳动成果,鼓励和支持他们的工作,维护他们的合法权益。

第三十七条   每年五月的第三周为全省科普宣传周。在省人民政府的统一部署下,动员和组织全社会力量集中开展全省范围的系列科普活动。

第六章   奖   惩

第三十八条   地方各级人民政府及其有关部门可以设立科普奖励项目,用于奖励在本地区、本系统内对科普工作做出突出贡献的组织和个人。各企业事业单位和社会团体可以设立科普奖励项目,用于奖励在本单位、团体内科普工作中做出突出贡献的组织和个人。

第三十九条   国家机关工作人员参与或者支持迷信活动的,由其所在单位或者上级机关给予批评教育或者行政处分。

第四十条   从事反科学、伪科学活动,骗取钱财、扰乱社会秩序的,由公安机关依照《中华人民共和国治安管理处罚条例》予以处罚;情节严重构成犯罪的,依法追究刑事责任。

第四十一条   将科普专用资金挪作他用的,对有关责任人员由所在单位或上级机关给予行政处分;构成犯罪的,依法追究刑事责任。

第七章 附 则

第四十二条 本条例自1999年1月1日起施行。

浙江省科学技术普及办法

（2006 年 9 月 30 日浙江省人民政府第 77 次常务会议审议通过
浙江省人民政府令第 222 号）

第一条 为加强科学技术普及工作，提高公众科学文化素质，实施科教兴省和可持续发展战略，促进经济发展和社会进步，根据《中华人民共和国科学技术普及法》，结合本省实际，制定本办法。

第二条 本办法所称科学技术普及（以下简称科普），是指用公众容易理解、接受和参与的方式，普及自然科学和社会科学知识，倡导科学方法，传播科学思想，弘扬科学精神，推广科学技术。

第三条 本省行政区域内国家机关、社会团体、企事业单位及其他组织和个人开展科普活动，必须遵守有关法律、法规和本办法。

第四条 科普是公益事业，必须纳入科学技术发展规划和计划。

各级人民政府应当鼓励、支持社会力量兴办科普事业。社会力量兴办科普事业可以采用市场机制运作方式。

第五条 科普是全社会的共同责任。社会各界、公众都应当参与和支持科普工作。

第六条 各级人民政府应当加强对科普工作的领导，将科普工作纳入国民经济与社会发展计划，保障科普经费，完善科普设施，加强科普队伍建设，推动科普事业的发展。

县级以上人民政府应当建立和完善科普工作联席会议制度。科普工作联席会议负责审议科普工作的重大政策和发展规划、计划；督促规划、计划和有关工作的落实；协调科普工作。

第七条 县级以上人民政府科学技术行政主管部门负责本行政区域内科普工作的统筹协调和督促检查，制定科普工作总体规划和年度计划。

县级以上人民政府其他部门，按照各自职责负责相关的科普工作。

第八条 科学技术协会、社会科学界联合会是科普工作的主要社会力量，应当组织有关学会、协会、研究会开展科普活动，协助制定科普工作总体规划和年度计划，为政府科普工作决策提供建议，支持和指导企事业单位及有关基层科普组织开展科普活动。

第九条 各级宣传部门应当充分利用报刊、广播、电视、互联网等媒体，加大科普宣传力度，提高全社会对科普工作重要性的认识。

工会、共青团、妇联等团体应当发挥各自优势开展科普工作。

第十条 学校应当把科普作为素质教育的重要内容，加强对学生的科普教育，组织学生开展科学技术发明、竞赛、论文撰写和参观考察等多种形式的科普活动。

第十一条 农业、科技等有关部门和科学技术协会应当加强农村科技培训,建立农业科技试验、示范基地,促进农业先进实用技术的推广、普及和应用,提高农业科技创新和转化能力,倡导科学文明的生产和生活方式,切实推进新农村建设。

农村、城镇基层组织及社区应当根据各自特点和生产、生活、娱乐、健康以及公共安全、防灾减灾、应急救援等需要,充分利用当地资源,广泛开展各类科普活动。

第十二条 各级人民政府应当将科普经费列入同级财政预算,并随着经济社会发展水平的提高同步增加;加大对社会科学知识宣传、普及工作的支持力度;扶持农业农村、欠发达地区、边远贫困地区的科普工作。

县级以上人民政府有关部门以及社会团体、企事业单位应当安排一定的经费用于科普工作。

各级财政安排的科普经费,其使用和管理的具体办法由省财政行政主管部门会同省科学技术行政主管部门、科学技术协会、社会科学界联合会共同制定。

第十三条 县级以上人民政府应当将科普场馆、设施建设纳入城乡建设规划和基本建设计划;规范完善科普馆、设施的管理,提高使用效率。

县级以上人民政府所在地应当建立科普场馆;乡镇、街道(社区)应当设置科普宣传画廊、橱窗、科普活动室等设施。

公共宣传栏和城镇户外广告,应当有科普内容。

有条件的科研基地、重点实验室应当向社会开放,举办科普展览、讲座,提供科技咨询和培训;有条件的企事业单位、旅游景点应当面向社会开展科普教育活动。

第十四条 任何单位、个人不得损坏、侵占科普场馆、设施。

政府财政投资建设的科普场馆,因基本建设和城市改造确需改变功能、用途的,应当报上一级人民政府批准,并按照有关法律、法规规定择地重建。

科普场馆因特殊情况需要临时改作他用的,应当征得主管部门同意,但一般不得超过十日;期满后,使用者应当恢复原状,不得影响该场馆的功能、用途,不得妨碍开展正常科普活动。

第十五条 政府投资设立的科普场馆,应当根据其功能、特点向公众开放,每天开放时间不少于八小时,国家法定节假日和学校寒暑假期间,应当适当延长开放时间。

科普场馆应当充分发挥科普教育功能,对面向青少年的科普活动应当优先安排,并给予减免收费的优惠。政府投资设立的科普场馆在科技活动周、科普节、国家法定节假日应当向公众免费开放。

第十六条 科普类出版物、经科技行政主管部门认定的科普场馆和高校及科研机构等科普教育基地开展科普类公益活动的门票收入、县级以上党政部门和科学技术协会开展的科普活动的门票收入、从境外购买自用科普影视播映权而进口的拷贝和工作带,依据国家有关规定享受税收优惠。

对捐赠财产用于科普事业或者投资建设科普场馆、设施的,依法享受税收优惠。

第十七条 县级以上人民政府有关部门和科学技术协会、社会科学界联合会应当加强科普组织建设,建立健全科普组织网络,提高科普队伍的整体素质,改善科普工作者的工作、生活条件。

第十八条 科普工作者的科普成果,应当作为相应专业技术资格评审和工作业绩考核的依据。

第十九条 县级以上人民政府科学技术行政主管部门和科学技术协会、社会科学界联合会,应当加强对科普技术、理论研究的组织和指导,扶持科普作品的创作。科技计划应当安排一定的科普研究项目。

承担政府科研项目的专家、学者、科研人员,应当撰写科普文章,宣传科普知识。

第二十条 各级人民政府及其有关部门、科学技术协会、社会科学界联合会和有关单位都应当支持科普工作者开展科普工作,对在科普工作中做出重要贡献的组织和个人,予以表彰和奖励。

第二十一条 每年五月的第三周为全省科技(科普)活动周。科技(科普)活动周由省人民政府统一组织和部署,动员全社会力量开展系列科技活动。

第二十二条 违反本办法规定,以科普为名从事伪科学活动的,由科学技术行政主管部门予以制止,并给予批评教育;违反治安管理规定的,由公安机关依法给予治安管理处罚。

第二十三条 违反本办法第十四条第一款规定的,由有关部门责令停止侵害、恢复原状或者赔偿损失。

第二十四条 违反本办法第十四条第三款、第十五条规定的,由有关主管部门责令改正;造成严重后果的,对负有责任的主管人员和其他直接责任人员依法给予行政处分。

第二十五条 违反本办法规定,构成犯罪的,依法追究刑事责任。

第二十六条 本办法自 2006 年 12 月 1 日起施行。

安徽省科学技术普及条例

（2009 年 10 月 23 日安徽省第十一届人民代表大会
常务委员会第十四次会议通过）

第一章　总　则

第一条　为了加强科学技术普及工作，提高公民的科学文化素质，增强自主创新能力，推动经济发展和社会进步，根据《中华人民共和国科学技术普及法》和有关法律、行政法规，结合本省实际，制定本条例。

第二条　本条例适用于本省行政区域内的科学技术普及活动。

本条例所称科学技术普及（以下称科普），是指采取公众易于理解、接受和参与的方式，普及科学技术知识、倡导科学方法、传播科学思想、弘扬科学精神的活动。

第三条　科普工作应当遵循政府主导、全民参与、提升素质的原则，坚持群众性、社会性、经常性，结合实际，分类指导，因地制宜，采取多种形式组织开展。

第四条　本省行政区域内的国家机关、社会团体、企业事业单位、基层群众性自治组织和其他组织应当开展科普工作。

第五条　科普是公益事业。各级人民政府应当发展科普事业，支持社会力量兴办科普事业，扶持贫困地区的科普工作，鼓励科普资源共享，促进科普工作交流和合作。

第六条　科普工作应当坚持科学精神，弘扬崇尚科学、鼓励创新的社会风尚，反对和抵制伪科学，遏制愚昧、迷信活动。

任何单位和个人不得以科普为名从事危害国家安全、有损社会公共利益和他人合法权益的活动。

第二章　组织管理

第七条　各级人民政府应当加强对科普工作的领导，将科普工作纳入本地区国民经济和社会发展规划及年度计划，制定促进科普工作发展的措施，为开展科普工作创造良好的环境和条件。

第八条　县级以上人民政府应当建立科普工作联席会议制度。科普工作联席会议负责审定科普工作规划和计划，统筹、协调本行政区域的科普工作，研究、解决科普工作中的重大问题。

第九条　县级以上人民政府科学技术行政部门负责拟订本行政区域科普工作规划和计划并组织实施，实行政策引导，指导、监督、检查本行政区域科普工作，推动科普工作发展。

县级以上人民政府有关部门按照各自的职责范围,负责有关的科普工作。

第十条　科学技术协会是科普工作的主要社会力量。

科学技术协会应当组织开展群众性、社会性、经常性的科普活动,支持有关社会组织和企业事业单位开展科普活动,协助政府制定科普工作规划和年度计划,为政府科普工作决策提供建议。

第三章　科普的对象、内容与形式

第十一条　科普的对象是全体公民,重点人群是未成年人、农民、城镇劳动者和公务员。

各级人民政府以及教育、农业、人力资源和社会保障等行政部门和有关组织应当采取措施,做好重点人群的科普工作,提升公民的整体科学素质。科普对象应当接受科普教育,参与科普活动。

第十二条　科普的主要内容:

(一)介绍当代科学发展的新思想、新理论、新方法和新成果;

(二)普及先进适用的新技术、新工艺、新材料、新能源、新产品的知识;

(三)普及信息技术、生态与环境保护、资源合理开发与综合利用和抵御自然灾害等方面的科学技术知识;

(四)普及有关医药卫生保健、疾病预防控制、优生优育和商品使用等日常生活中的科学技术知识;

(五)普及其他科学技术知识。

第十三条　科普工作应当结合实际,采取下列形式组织开展:

(一)举办科学技术活动周、科普日、科普讲座和科普展览;

(二)举办科普论坛和科普产品博览会;

(三)创作、编写、出版、传播科普、科幻作品或者读物;

(四)组织文化、科学技术、卫生等面向基层的科普活动以及新技术推广、科学技术竞赛和创新创业大赛等活动;

(五)开展与科学技术创新有关的咨询、服务、培训和试验示范等活动;

(六)创建各种类型的科普基地和科普示范单位;

(七)开展科学技术创新宣传、科学考察和科普夏(冬)令营等活动;

(八)社会公众易于理解、接受和参与的其他形式。

第十四条　科普工作应当因地制宜,根据不同区域、不同产业的发展要求,有针对性地组织开展。

国家和省确定的试验区、示范区、开发区等应当围绕培育创新企业、承接产业转移等区域经济发展的重点,建立科普基地,发展科普产业,培养科普人才,提高从业人员的科学技术素质。

第四章　科普组织和科普工作者

第十五条　各级人民政府应当保护科普组织和科普工作者的合法权益,鼓励科普组织和科普工作者自主开展科普活动。

本条例所称科普组织,是指以科普工作为主要职责的各级科学技术社会团体、各类群众性组织和有关单位。

本条例所称科普工作者,是指从事科普工作的专兼职人员。

第十六条 科普组织和科普工作者享有下列权利:

(一)依法创办或者参加科普组织,自主开展科普活动;

(二)从事科普研究、创作,依法出版科普书刊,参加学术交流;

(三)申请科普项目及其经费,获得科普创作资金和出版资金的资助;

(四)依法获得与科普有关的资助、捐赠和优惠待遇;

(五)依法兴办与科普有关的经济实体,获取报酬;

(六)提出加强和改进科普工作的批评、意见和建议;

(七)法律、法规规定的其他权利。

第十七条 科普组织和科普工作者应当履行下列义务:

(一)坚持科学精神,遵守职业道德;

(二)学习科学技术知识,提高业务水平;

(三)依法开展科普活动,传播科学知识、科学方法、科学思想;

(四)抵制和揭露伪科学、反科学行为和迷信活动;

(五)法律、法规规定的其他义务。

第十八条 科普组织和科普工作者在科普活动中创造显著社会效益的,可以依照国家和省有关规定申报科学技术奖。

科普工作者的科普著作、发表的论文、直接参与或者指导的县级以上科普竞赛取得的成绩、获得的科普奖励等科普工作业绩,作为相应专业技术职务资格评审和业绩考核的依据。

第十九条 科普组织和科普工作者不得弄虚作假、采取欺骗手段,骗取表彰和奖励。

第五章 社会责任

第二十条 科普是全社会的共同责任。社会各界应当组织、参加、支持科普活动。

第二十一条 中小学校应当制定科普活动方案,组织学生参加科普兴趣小组、科技创新大赛、科普夏(冬)令营等活动,组织学生参观博物馆和科技馆等其他科普教育基地,以及对外开放的实验室。

中小学校应当配备专职或者兼职科普辅导员,提供科普读物,开设科普讲座,定期组织科普辅导员进行培训。

第二十二条 职业学校、职业培训机构应当开展以增强就业能力为导向、提高职业技能为重点的科普活动。

第二十三条 高等院校、科研机构和自然科学、社会科学类社会团体应当组织和支持教师、学生、科研人员开展科普活动、科普研究。

具备条件的高等院校、科研机构应当向公众开放实验实训基地、实验室、陈列室和其他具有科普功能的设施。

鼓励教师、科研人员、大学生、离退休人员发挥专长参加科普志愿活动。

第二十四条　申报科学技术奖的单位或者科技人员在提交创新成果时,应当提供介绍该成果或者与该成果相关的科普文章,并在获奖后,对该成果进行多种形式的科普宣传。

第二十五条　综合类和自然科学类报纸、期刊应当开办科普宣传栏目;广播电台、电视台应当开设科普栏目或者播放科普节目,免费播放科普公益广告;影视生产、发行和放映机构应当加强科普影视作品的制作、发行和放映;图书、音像出版、发行机构应当扶持科普图书、音像制品的出版、发行;综合性互联网站应当开设科普网页。

第二十六条　科技馆、科普基地等科普场所和博物馆、图书馆、文化宫、青少年宫(中心)、妇女儿童活动中心等文化场所应当发挥科普教育功能,通过展览、培训、影视播放、报告、讲座等形式,开展科普活动。

第二十七条　工会、共产主义青年团、妇女联合会、残疾人联合会等社会团体应当结合各自联系对象的特点,组织开展科普活动。

第二十八条　行业协会、企业事业单位、民办非企业单位和其他社会组织应当结合本行业、本单位的实际,组织开展以提高技术水平和创新能力为重点的科普活动,普及与生产经营、职业卫生、安全防护等有关的科学技术知识。

鼓励企业事业单位、行业协会、民办非企业单位和其他社会组织自办行业博物馆、科技馆,建立科普组织,开展科普活动。

第二十九条　居民委员会应当利用所在地的科技、教育、文化、卫生、旅游等资源,结合居民的生活、学习、健康娱乐等需要,开展健康知识、图书展览等科普活动。

第三十条　村民委员会应当根据实际情况,举办科普讲座,设立科普活动室、宣传栏,提供科普读物,开展科普活动。

农村各类经济组织、农业技术推广机构、农村专业技术协会应当结合推广先进适用技术,向农民提供科学技术咨询、技术推广、技术指导等服务。

第三十一条　医疗卫生机构、公园、商场、机场、车站、码头、体育场馆、影剧院、风景名胜区等各类公共场所的经营管理单位,应当根据各自特点,面向公众开展经常性的科普宣传。

第六章　保障措施

第三十二条　各级人民政府应当将科普经费列入同级财政预算,并逐步增加科普经费投入。县级以上人民政府有关部门应当安排经费用于科普工作。

县级以上人民政府和有关部门应当加强贫困地区的科普资金支持。

科普经费和社会组织、个人资助科普事业的财产,应当用于科普事业,任何单位或者个人不得克扣、截留、贪污、挪用。

科普经费专款专用,依法接受财政、审计部门的监督。

第三十三条　省、设区的市,以及有条件的县(市)人民政府应当将科普场馆、设施建设纳入城乡建设规划和固定资产投资计划,并加强对现有科技馆等科普场馆、设施的利用、维修和改造。

政府投资或者享受政府优惠政策投资建设的科普场馆不得擅自改变用途,应当对科普重点人群免费或者优惠开放。

第三十四条 经省人民政府科学技术行政部门会同财政、税务等部门认定的科普基地,以及经省科学技术协会认定的科普教育基地,依照国家和省有关规定享受优惠政策。

第三十五条 出版发行科普类图书、期刊、报纸、音像制品,依照国家有关规定享受优惠政策。

高等院校、科研机构、企业与研究开发项目直接相关的科普经费可以计入研究开发经费。

第三十六条 鼓励科普产(展)品的创作和生产,培育和发展科普产业。鼓励和支持企业、高等院校、科研机构合作创作和生产科普产(展)品。鼓励开展科普产品的知识产权质押贷款。

有关国家机关应当加强对科普产品的知识产权保护,维护科普产品创作者和生产者的合法权益。

第三十七条 鼓励和支持企业、高等院校、科研院所、行业协会建立多种形式的科普载体,针对本地区经济社会发展要求,发挥优势,为科普活动提供支持。

第三十八条 鼓励境内外的社会组织和个人依法设立科普基金,用于资助科普事业。

鼓励境内外的社会组织和个人捐赠财产资助科普事业或者投资建设科普场馆、设施。对捐赠财产用于科普事业或者投资建设科普场馆、设施的,依照国家有关规定享受优惠政策。

第三十九条 县级以上人民政府和有关部门、科学技术协会应当对科普工作中做出重要贡献的组织和个人予以表彰和奖励。

第七章　法律责任

第四十条 有关部门和单位违反本条例规定,未履行科普工作职责的,由其上级机关或者有关部门通报批评,并责令改正。

国家工作人员在科普工作中玩忽职守、滥用职权、徇私舞弊,未构成犯罪的,依法给予处分。

第四十一条 违反本条例第六条规定,以科普为名从事伪科学、迷信活动,以及损害社会公共利益和他人合法权益,未构成犯罪的,由有关主管部门责令改正,依法处罚。

第四十二条 违反本条例第十九条规定,弄虚作假、采取欺骗手段,骗取表彰和奖励的,由授予单位取消其表彰和奖励,并依法给予处分。

第四十三条 违反本条例第三十二条规定,克扣、截留、贪污、挪用科普经费,未构成犯罪的,由县级以上人民政府有关主管部门责令限期归还;对直接负责的主管人员和其他直接责任人员依法给予处分。

第四十四条 违反本条例第三十三条规定,擅自改变政府投资建设的科普场所用途的,由有关主管部门责令限期改正;情节严重的,对直接负责的主管人员和其他直接责任人员依法给予处分。

第八章　附　则

第四十五条 本条例自 2010 年 1 月 1 日起施行。

福建省科学技术普及条例

（2007 年 6 月 1 日福建省第十届人民代表大会
常务委员会第二十九次会议通过）

第一条 为了实施科教兴省、人才强省和可持续发展战略，加强科学技术普及工作，提高公民的科学文化素质，增强自主创新能力，推动经济发展和社会进步，根据《中华人民共和国科学技术普及法》等有关法律、法规，结合本省实际，制定本条例。

第二条 在本省行政区域内开展科学技术普及（以下简称科普）活动，适用本条例。

本条例所称科普活动，包括普及科学技术知识、倡导科学方法、传播科学思想、弘扬科学精神。

第三条 科普是公益事业，是社会主义物质文明和精神文明建设的重要内容，是全社会的共同任务。

科普工作应当遵循政府推动、全民参与、提升素质、促进和谐的方针；坚持群众性、社会性和经常性的原则；注重实效，因地制宜，采取公众易于理解、接受和参与的方式进行。

科普工作应当坚持科学精神，反对和抵制伪科学。倡导科学、文明、健康的生活方式，禁止以科普为名传播不健康、不文明的生活方式和进行有损社会公共利益的活动。

第四条 各级地方人民政府应当加强对科普工作的领导，将科普工作纳入本级国民经济和社会发展规划，制定促进科普工作发展的政策措施，建立健全科普信息资源共享和交流机制，加强科普队伍建设，培训基层科普人员，增加科普经费投入，加强科普基础设施建设，完善城乡科普网络，提高为公众提供科普服务的能力和水平，并将科普工作作为科技进步和精神文明建设的考核内容。

第五条 县级以上地方人民政府应当建立由政府分管领导负责，科学技术行政部门、科学技术协会和其他有关部门、有关社会团体参加的科普工作协调制度，定期召开会议，研究本行政区域科普工作重大事项，协调解决科普工作重要问题。

第六条 省人民政府科学技术行政部门负责制定全省科普工作规划，实行政策引导，进行督促检查，推动科普工作发展。

省人民政府其他行政部门按照各自的职责范围，负责有关的科普工作。

设区的市、县（市、区）人民政府科学技术行政部门及其他行政部门在同级人民政府领导下按照各自职责范围，负责本行政区域内有关的科普工作。

第七条 科学技术协会是科普工作的主要社会力量，组织开展群众性、社会性、经常性的科普活动,支持有关社会组织和企业事业单位开展科普活动;协助政府制定科普工作规划,为政府科普工作决策提供建议;利用并发挥科普网络和组织的优势,组织开展学术交流和民间国际科学技术交流与合作。

第八条 县级以上地方人民政府科学技术、教育、文化、卫生、人口与计划生育、经贸、农业、环境保护、国土资源、体育、气象、地震、旅游等部门,科学技术协会及其他有关单位、社会团体应当结合各自的工作,举办科普展览、科普讲座,进行科技咨询、科技培训等经常性科普活动。

县级以上地方人民政府有关部门应当根据农村的特点和实际需要,开展科技、卫生、文化等下乡服务,宣传科普知识。

农业院校、科学研究和技术开发机构应当向农民传播和推广农业科学技术知识。

第九条 县级以上地方人民政府科学技术、教育、新闻出版和文化等有关部门应当制定科普作品出版计划,组织有关专家进行科普创作,编写科普读物,每年出版一定数量的科普图书、电子和音像制品。

开展优秀科普作品评选,评选办法经省科普工作协调制度会议确定后,由省科学技术协会负责组织评选,评选结果报省科学技术行政部门备案。对评选为优秀科普作品的,向社会推荐,并对其作者和出版单位给予奖励。

第十条 县级以上地方人民政府人事行政部门应当将科普教育纳入公务员教育培训计划。

各级干部教育培训机构应当根据培训对象的需要,开设科技知识课程或者举办科技知识专题讲座。

第十一条 各类学校及其他教育机构应当把科普作为素质教育的重要内容,开展校园科普活动,积极组织学生参加科技发明、科技制作、科技论文撰写、科技考察等科普活动,培养学生学科学、爱科学的兴趣和科技创新精神。

在中小学校建立科技辅导员制度。

对中小学生参加科技竞赛取得优异成绩的,教育行政部门应当对其及所在学校和辅导教师给予表彰和奖励。

第十二条 城市街道办事处、居民委员会(社区居民委员会)应当利用所在地的科技、教育、文化、卫生、旅游等资源,开展经常性的科普活动,提高居民生活质量。有条件的社区可以设立科普学校,组织居民学习科学技术知识。

第十三条 农村基层组织应当发挥农村科普组织的作用,推动农村科普活动站、科普宣传栏和科普队伍的建设,提高科普服务能力。

各类农村经济组织、农业技术推广机构、农村成人教育机构和农村专业技术协会,以及村农民技术员、计划生育管理员、文化协管员、国土资源和规划建设环保协管员、乡村医生等应当根据各自职责,向农民推广先进适用技术,普及科学技术知识。

第十四条 企业应当在组织职工开展岗位技能竞赛、技能培训等活动中,宣传、普及与生产经营、职业卫生、安全防护等有关的科技知识。

鼓励有条件的企业成立科普组织,充分利用自身科技资源,面向社会开展科普活动。

第十五条　工会、共产主义青年团、妇女联合会等社会团体应当以提高职工、青少年和妇女的科学文化素质和技术素质为重点,组织开展多种形式的科普宣传活动和职业技能培训。

鼓励和支持社会志愿者、老年科技工作者发挥自身专长开展科普活动。

第十六条　广播电台、电视台应当加强科普宣传,增加科普节目的播出时间,免费播放公益科普广告;综合类报纸、期刊和互联网站应当开设科普专栏、专版、网页,宣传科普知识。

宣传单位和广告业主应当在城镇公共宣传栏和户外公益广告中,安排一定比例的科普内容。

第十七条　医疗卫生机构、影剧院、体育场馆、文化馆、图书馆、宾馆饭店、车站、码头、公园、商场(店)、机场、网吧等各类公共场所的经营管理单位,应当根据各自特点,开展面向公众的科普宣传。

旅游景区管理机构或者经营单位应当结合景观特点,在景区设立科普宣传栏,在景点介绍中增加科普内容。

第十八条　高等院校、科学研究和技术开发机构、自然科学和社会科学类社会团体,应当组织和支持科学技术工作者和教师开展科普活动,鼓励其结合本职工作进行科普宣传;有条件的,应当向公众开放实验室、陈列室和其他场地、设施,举办讲座和提供咨询。

第十九条　科技馆、博物馆、天文馆、气象台(站)、文化馆、图书馆、科技活动中心、工人文化宫、青少年宫以及动物园、植物园、自然保护区等是开展科普活动的主要场所。科普网站或者网页是虚拟的网上科普场所。

科普场所应当发挥展示和教育的功能,面向社会开展科普活动。

政府财政投资建设的科普场馆、设施除向公众常年开放外,还应当对青少年实行免费或者优惠开放。对现有科普场馆、设施应当加强管理,做好利用、维修和改造工作,并不得擅自改变用途;经费困难的,同级财政应当予以补贴,使其正常运行。

第二十条　科普组织和科普工作者享有以下权利:

(一)开展科普宣传、展览展示、研究、创作等各种形式的科普活动;

(二)承担政府部门、企业、事业单位、社会团体和其他组织委托的科普项目;

(三)向政府部门和有关社会团体和组织提出加强和改进科普工作的意见和建议;

(四)享受优惠政策,获得报酬、奖励和其他合法权益。

科普工作者的科普著作、论文、直接参与或者指导的县级以上科普竞赛的成绩、获得的科普奖励等科普工作业绩,作为其评审晋升专业技术职务任职资格的依据之一。

本条例所称科普工作者,包括各类专职或者兼职从事科普研究、创作、编译、教育、展示、出版和青少年科技教育的人员,企业事业单位、社会团体、社区组织等机构的科普工作人员,以及科普工作志愿者。

第二十一条　鼓励和支持社会力量以投资兴建科普场所、提供科普展品和教具、维护场所运行等方式兴办科普事业。

社会力量兴办科普事业可以按照市场机制运行,培育科普展览、展品等市场,发展科普产业。

第二十二条　鼓励多渠道筹措资金开展多种形式的科普活动。

鼓励境内外社会组织和个人捐助科普事业。

支持和促进科普工作对外合作与交流。鼓励和支持闽台、闽港、闽澳间开展科普合作与交流。

第二十三条 从事下列活动的,依照国家有关规定享受税收优惠政策:

(一)经认定出版综合类科技报纸、科技音像制品;

(二)经认定的科技馆、博物馆等科普基地开展的各类科普活动;

(三)经认定的科技馆、博物馆等科普基地非商业用途进口科普影视作品;

(四)各级政府及其部门、科学技术协会、其他有关单位举办的经认定的各类科普活动;

(五)企业事业单位、社会团体对科普事业的捐赠。

科普基地、科普活动等的认定工作按照国家有关规定执行。

第二十四条 县级以上地方人民政府应当将科普经费纳入本级财政年度预算,逐步提高科普投入水平,增加对农村和少数民族地区、边远贫困地区的科普资金扶持,保障科普工作顺利开展。

各级地方人民政府有关部门应当安排一定的科普经费用于科普事业。社会团体和企业事业单位应当安排一定的经费用于开展科普活动。

科普经费以及社会组织、个人捐助科普事业的财产,必须用于科普事业,任何单位和个人不得侵占、挪用、截留。

第二十五条 县级以上地方人民政府应当将科普场馆及设施的建设纳入城乡建设规划、土地利用总体规划和投资计划。设区的市和县(市、区)应当建立科技馆或者科技活动中心。乡(镇)、城市街道办事处应当建立科普画廊(橱窗)、科普活动室。在社区和街头设立科普画廊(橱窗)的,有关部门应当免收有关费用。

任何组织和个人不得侵占、破坏科普场馆、设施。

因国家建设需要拆迁科普场馆和设施的,应当同时给予重建。重建的科普场馆、设施的规模和标准不得低于原有的规模和标准。

第二十六条 省人民政府设立科普奖励项目,对在科普工作中做出突出贡献的组织和个人进行表彰和奖励。具体办法由省人民政府制定。

设区的市、县(市、区)人民政府、企业事业单位、社会团体,可以参照前款规定,对科普工作先进组织和个人进行表彰和奖励。

第二十七条 违反本条例第三条第三款规定,以科普为名进行有损社会公共利益的活动,扰乱社会秩序,危害人身安全或者骗取财物的,由有关主管部门予以制止;违反治安管理规定的,由公安机关依法给予处罚;构成犯罪的,依法追究刑事责任。

第二十八条 违反本条例第十九条第三款规定,擅自将政府财政投资建设的科普场馆、设施改变用途的,由有关主管部门或者监察机关责令限期改正;情节严重的,对负有责任的主管人员和其他直接责任人员依法给予行政处分。

第二十九条 违反本条例第二十四条第三款规定,侵占、挪用、截留科普经费以及社会组织、个人捐助科普事业的财产的,由有关主管部门或者监察机关责令限期归还;对负有责任的主管人员和其他直接责任人员依法给予行政处分;构成犯罪的,依法追究刑事责任。

第三十条　违反本条例第二十五条第二款规定,侵占、破坏科普场馆、设施的,由县级以上地方人民政府科学技术行政部门或者有关部门依法责令其停止侵占、恢复原状或者赔偿损失;构成犯罪的,依法追究刑事责任。

第三十一条　本条例自 2007 年 9 月 1 日起施行。

江西省科学技术普及条例

(2007年9月21日江西省第十届人民代表大会
常务委员会第三十一次会议通过)

第一章 总 则

第一条 为了实施科教兴赣战略和可持续发展战略,加强科学技术普及工作,提高公民的科学文化素质,增强自主创新能力,推动经济发展和社会进步,根据《中华人民共和国科学技术普及法》和其他有关法律、行政法规,结合本省实际,制定本条例。

第二条 本省行政区域内的国家机关、社会团体、企业事业单位、城乡基层组织及其他组织开展科学技术普及(以下简称科普)活动,适用本条例。

本条例所称科普,是指采用公众易于理解、接受和参与的方式,普及科学技术知识、倡导科学方法、传播科学思想、弘扬科学精神的活动。

第三条 科普是公益事业,是社会主义物质文明和精神文明建设的重要内容。发展科普事业是本省的长期任务。

第四条 科普工作应当坚持群众性、社会性和经常性,结合实际,因地制宜,针对不同对象采取多种形式进行。

科普工作应当坚持科学精神,维护科学尊严,反对和抵制伪科学,遏制愚昧、迷信活动。任何单位和个人不得以科普为名从事危害国家安全、有损社会公共利益或者他人合法权益的活动。

第五条 县级以上人民政府应当加强对科普工作的领导,将科普工作纳入国民经济和社会发展规划,制定促进科普工作发展的措施,为开展科普工作创造良好的环境和条件。

县级以上人民政府应当建立健全科普工作联席会议制度。科普工作联席会议负责审议科普工作规划和年度计划,统筹、协调本行政区域内的科普工作,研究、解决科普工作中的重大问题。

乡镇人民政府、街道办事处具体负责组织开展本辖区内的科普活动。

第六条 县级以上人民政府科学技术行政部门,负责拟定本行政区域内科普工作规划和年度计划并组织实施,指导、督促检查本行政区域内的科普工作。

县级以上人民政府其他有关部门按照各自的职责范围,负责有关的科普工作。

第七条 科学技术协会是科普工作的主要社会力量。科学技术协会应当推动科普网络和组织建设,组织开展群众性、社会性、经常性的科普活动,支持或者联合有关社会组织和企业事业单位开展科普活动,协助政府制定科普工作规划和年度计划,为政府科普工作决策提供建议。

第二章　重点人群科普

第八条　科普工作的对象是全体公民。未成年人、农民、城镇劳动者、公务员是科普工作的重点人群。

各级人民政府、有关部门和单位应当采取有效措施,加强重点人群科普工作,提高重点人群的科学素质,带动全体公民科学素质的整体提高。

第九条　县级以上人民政府教育行政部门应当会同有关单位加强未成年人科普工作,在未成年人中倡导科学精神,培养对科学的兴趣和爱好,普及保护环境、节约资源、心理生理健康、安全避险等知识。

第十条　中小学校应当把科普作为素质教育的重要内容,结合教学活动和学生特点,组织学生开展科技发明、科技竞赛、科技制作、科技考察和科普夏(冬)令营等多种形式的科普活动,并利用公共科普资源,组织学生参观科技馆、博物馆、科技活动中心,以及其他科普场馆,培养学生学科学、爱科学、用科学的兴趣和精神。

第十一条　各级人民政府应当加强农村科普能力建设,建立健全农村科普网络。

农业、科学技术等有关部门和科学技术协会应当加强农村科技培训,帮助、扶持建立农业科技试验、示范基地,促进农业先进适用技术的推广、普及和应用,提高农业科技创新和科技成果转化能力。

文化、科学技术、卫生、农业等有关部门应当经常组织开展以文化、科技、卫生、农业等为主要内容的下乡服务,开展科普活动。

第十二条　农村基层组织应当根据当地经济与社会发展需要开展科普活动,向农民宣传、示范科学的生产方式和文明、健康的生活方式。

各类农村经济组织、农业技术推广机构和农村专业技术协会应当利用自身优势,结合推广先进适用技术,向农民普及科技知识。

第十三条　县级以上人民政府劳动保障行政部门应当会同有关单位,加强城镇劳动者科技教育培训的宏观管理和统筹协调,组织开展多种形式的劳动预备制培训、再就业培训、创业培训、农村进城务工人员培训、在职培训和继续教育。

第十四条　职业学校、职业培训机构及其他教育机构,应当面向城镇劳动者开展以就业为导向的科技教育与职业培训,提高在职职工的学习能力、职业技能和技术创新能力,增强失业人员的就业能力、创业能力和适应职业变化的能力。

第十五条　企业应当根据本单位生产经营和业务活动的需要,在职工中开展技能培训、技术竞赛和技术革新等活动,提高职工的科学素质和自我发展与创新能力,推动企业的技术创新。

第十六条　县级以上人民政府人事行政部门应当将科普教育纳入公务员教育培训计划。

公务员培训机构应当根据科技发展状况和培训对象的需要,开设现代科技基础知识课程或者举办科技知识专题讲座。

第十七条 各级机关应当组织公务员参与科普活动,学习科学知识,提高科学决策和科学管理能力。

公务员应当结合本职工作,加强对科学知识的学习,积极参与和支持科普活动。

第三章 社会责任

第十八条 科普是全社会的共同任务。社会各界都应当组织参加各类科普活动。

第十九条 科学研究和技术开发机构、高等院校、自然科学和社会科学类社会团体,应当组织和支持科学技术工作者和教师开展科普活动,鼓励其结合本职工作进行科普作品创作和科普宣传;有条件的,应当向公众开放实验室、陈列室和其他场地、设施,举办讲座和提供咨询。

科学技术工作者和教师应当发挥自身优势和专长,积极参与和支持科普活动,撰写科普文章,编写科普教材和读物。

鼓励大学生、离退休科学技术工作者和教师参加各种科普志愿活动。

第二十条 社会科学界联合会应当组织和支持其所属团体,发挥各自优势,在科普工作中发挥重要作用;应当加强科普组织建设,提高科普队伍的整体素质,改善科普工作者的工作条件,并加强对理论研究的组织和指导,扶持科普作品的研究和创作。

第二十一条 新闻出版、广播影视、文化等机构和团体应当加大科学技术传播力度,发挥各自优势做好科普宣传工作。

综合类报纸、期刊应当开设科普专栏、专版,广播电台、电视台应当开设科普栏目或者转播科普节目,制作并免费发布一定数量科普类公益广告;影视生产、发行和放映机构应当加强科普影视作品的制作、发行和放映;书刊出版发行机构应当扶持科普书刊的出版、发行;综合性互联网站应当开设科普网页;图书馆、博物馆、文化馆等文化场所应当结合各自特点,开展科普教育活动。

第二十二条 科普场馆应当充分发挥科普教育功能,通过展览、培训、实验、影视播放、报告、讲座等形式开展科普活动,并不断丰富、更新科普内容。

科普场馆应当将服务项目、开放时间、免费或者优惠开放的具体规定,通过媒体或者在场馆显著位置进行公告。

政府财政投资建设的科普场馆应当常年向公众开放,并按照有关规定对未成年人、老年人、残疾人、现役军人参观实行免费或者优惠。

第二十三条 国土资源、环境保护、医疗卫生、计划生育、地震、气象等部门和单位,应当按照各自的职责,做好节约资源、保护环境、医疗保健、优生优育和防灾减灾等方面的科普工作。

第二十四条 工会、共产主义青年团、妇女联合会等社会团体应当根据科普规划和计划,并结合职工、青少年和妇女的特点组织开展科普活动。

第二十五条 国家高新技术产业开发区应当根据高新技术企业密集、科普资源丰富的特点,面向公众集中展示高新技术产品和成果。

有条件的企业可以利用自身的产品、技术、服务和设施优势,面向公众开展形式多样的科普活动。

第二十六条　城镇基层组织及社区应当充分利用所在地的科技、教育、文化、卫生、旅游等资源,结合居民的生产、生活、学习、健康娱乐等需要,通过举办科普讲座、设立科普画廊、科普宣传栏或者科普活动室(站)等方式,开展科普活动。

第二十七条　医疗卫生机构、公园、商场、机场、车站、码头、体育场馆、影剧院等各类公共场所的经营管理单位,应当根据各自特点,在所辖范围内面向公众开展经常性的科普宣传。

第二十八条　在全国科技活动周和科普日等大型活动期间,社会各界应当根据活动的主题开展科普活动。

第四章　保障措施

第二十九条　各级人民政府应当将科普经费列入本级财政预算,逐年提高科普投入水平,保障科普工作顺利开展。

县级以上人民政府有关部门应当安排一定的经费用于科普工作。

鼓励省内外的社会组织和个人设立科普基金、捐赠财产资助科普事业。

科普经费和社会组织、个人资助科普事业的财产,必须用于科普事业。任何单位或者个人不得克扣、截留、挪用科普财政经费或者贪污、挪用捐赠款物。

第三十条　县级以上人民政府应当加强科普设施建设。设区的市和有条件的县级人民政府应当将科技馆、青少年科技活动中心等设施建设纳入城乡建设规划和基本建设计划;对现有科普场馆、设施应当加强利用、维修和改造。

鼓励省内外的社会组织和个人投资建设科普场馆、设施。

有关人民政府应当按照公益事业用地的规定,对符合城乡建设规划的新建、扩建科普场馆用地优先给予安排。科普场馆用地不得改作他用。

第三十一条　任何单位和个人不得毁损、侵占科普场馆、设施。

政府财政投资建设的科普场馆,不得擅自改作他用;政府应当安排运行和维护经费,以保障其正常运行。

第三十二条　县级以上人民政府和有关部门应当加强科普组织和科普队伍建设,依法维护科普组织和科普工作者的合法权益,鼓励和扶持科普组织和科普工作者自主开展科普活动,依法兴办科普事业。

第三十三条　经省人民政府科学技术行政部门按照国家有关规定认定的科普基地开展科普活动的有关收入、科普类出版物等,依法享受税收优惠。

省内外的社会组织和个人捐赠财产用于科普事业或者投资建设科普场馆、设施的,依法享受税收优惠。

第三十四条　科普工作者的科普成果纳入政府科学技术成果登记和奖励范围,并可以作为相应专业技术职务资格评审和工作业绩考核的依据。

第三十五条　有下列情形之一的,由各级人民政府、科学技术协会或者有关单位给予表彰、奖励:

(一)认真执行、宣传科普法律法规成绩显著的;

(二)积极普及科学技术知识、倡导科学方法、传播科学思想、弘扬科学精神,成绩显著的;

（三）为发展科普事业捐赠财产或者投资，有突出贡献的；

（四）科普著作、科普成果等产生重大社会效益的；

（五）在科普工作中做出显著成绩的其他情形。

第五章　法律责任

第三十六条　以科普为名进行危害国家安全、有损社会公共利益或者他人合法权益的活动，扰乱社会秩序或者骗取财物的，由有关主管部门给予批评教育，并予以制止；违反治安管理规定的，由公安机关依法给予治安管理处罚；构成犯罪的，依法追究刑事责任。

第三十七条　克扣、截留、挪用科普财政经费或者贪污、挪用捐赠款物的，由有关主管部门责令限期归还；对负有责任的主管人员和其他直接责任人员依法给予处分；构成犯罪的，依法追究刑事责任。

第三十八条　擅自将政府财政投资建设的科普场馆改作他用的，由有关主管部门责令限期改正；情节严重的，对负有责任的主管人员和其他直接责任人员依法给予处分。

扰乱科普场馆秩序或者毁损、侵占科普场馆、设施的，依法责令其停止侵害、恢复原状或者赔偿损失；违反治安管理规定的，由公安机关依法给予治安管理处罚；构成犯罪的，依法追究刑事责任。

第三十九条　有关部门和单位违反本条例规定，未履行在科普工作中的法定职责的，由其上级机关或者有关部门予以批评，并责令改正。

国家工作人员在科普工作中滥用职权、玩忽职守、徇私舞弊的，依法给予处分；构成犯罪的，依法追究刑事责任。

第六章　附　则

第四十条　本条例自 2007 年 12 月 1 日起施行。

山东省科学技术普及条例

（2003 年 9 月 26 日山东省第十届人民代表大会常务委员会第四次会议通过）

第一条 为了实施科教兴鲁战略和可持续发展战略，加强科学技术普及（以下称科普）工作，提高公民的科学文化素质，推动经济发展和社会进步，根据《中华人民共和国科学技术普及法》，结合本省实际，制定本条例。

第二条 本条例适用于本省行政区域内普及科学技术知识、倡导科学方法、传播科学思想、弘扬科学精神的活动。

第三条 科普是公益事业。发展科普事业是本省的长期任务。

各级人民政府应当保护科普组织和科普工作者的合法权益，鼓励科普组织和科普工作者自主开展科普活动，支持社会力量按照市场运行机制依法兴办科普事业，促进科普工作对外合作和交流。

第四条 各级人民政府领导科普工作，应当将科普工作纳入国民经济和社会发展计划，为开展科普工作创造良好的环境和条件。

县级以上人民政府应当建立科普工作协调制度，负责制定本行政区域内科普工作发展规划，协调、指导本行政区域的科普工作。

第五条 县级以上人民政府科学技术行政部门负责制定本行政区域内科普工作规划，实行政策引导，进行督促检查，推动科普工作的发展。

县级以上人民政府其他有关部门按照各自职责范围，负责做好有关的科普工作。

第六条 科学技术协会是科普工作的主要社会力量。科学技术协会应当依靠科技工作者和科普工作者组织开展群众性、社会性、经常性的科普活动，支持和指导有关社会组织和企业事业单位开展科普活动，协助政府制定科普工作规划，为政府科普工作决策提供建议。

第七条 科普是全社会的共同责任。全体公民、社会各界都应当参与和支持科普工作，自觉抵制反科学、伪科学和封建迷信活动。

第八条 各级人民政府应当将科普经费列入同级财政预算，逐年增加科普经费的投入。

各级人民政府有关部门以及社会团体和企业事业单位应当安排一定的经费用于科普工作。

第九条 各级人民政府应当采取措施，鼓励多渠道筹措资金开展多种形式的科普活动。

税务机关和有关行政部门应当按照国家有关规定落实科普税收优惠政策，支持科普事业的发展。

第十条 鼓励境内外的社会组织和个人设立科普基金或者捐赠财产资助科普事业；对捐赠财产用于科普事业或者投资建设科普场馆、设施的，依法给予减免税费等优惠。

第十一条 县级以上人民政府应当将科技馆等科普场馆、设施建设纳入城乡建设规划和基本建设计划，加快对科技馆、青少年科技活动中心、青少年宫、科普画廊、科普教育基地等科普场馆、设施的建设和改造。

设区的市应当建设一定规模和功能的科普场馆、设施，县（市）也应当逐步建立科普场馆、设施。

鼓励、支持社会力量依法建设独资、合伙、股份合作等形式的科普场馆、设施，开展无偿或者有偿服务活动。

第十二条 政府财政投资建设的科普场馆、设施，任何单位和个人不得擅自拆除或者改变用途；确需拆除的，应当坚持先建后拆或者建拆同时进行的原则，确保重新建设的科普场馆、设施规模和水平不低于原有的规模和水平。

第十三条 各级人民政府应当支持科学技术协会、农村专业技术协会、企业科学技术协会等组织的建设，为开展科普工作提供组织保障。

第十四条 科技工作者和科普工作者享有依法创办或者参加科普组织以及从科普有偿服务活动中获得合法报酬的权利。

第十五条 违反本条例第十二条规定，擅自拆除科普场馆、设施的，由房屋拆迁主管部门或者其他有关行政主管部门依法追究法律责任；擅自改变科普场馆、设施用途的，由有关行政主管部门责令改正，恢复原状，对直接负责的主管人员和其他直接责任人员给予行政处分；违反先建后拆或者建拆同时进行原则的，由建设行政主管部门或者其他有关行政主管部门依法追究法律责任。

第十六条 以科普为名非法收费或者摊派书籍、报刊、影视资料的，由各级人民政府或者有关主管部门给予批评教育、行政处分，责令改正或者依法给予行政处罚。

第十七条 以科普为名进行有损社会公共利益的活动，扰乱社会秩序或者骗取财物，由有关主管部门给予批评教育，并予以制止；违反治安管理规定的，由公安机关依法给予治安管理处罚，属于骗取财物的，依法没收财物；构成犯罪的，由司法机关依法追究刑事责任。

第十八条 在科普活动中弄虚作假，骗取奖励和荣誉称号的，由授奖单位取消其奖励和荣誉称号，并由主管部门或者所在单位给予行政或者纪律处分。

第十九条 本条例自 2004 年 1 月 1 日起施行。

河南省科学技术普及条例

（2003 年 9 月 27 日河南省第十届人民代表大会常务委员会第五次会议通过）

第一章 总 则

第一条 为了实施科教兴豫战略和可持续发展战略，加强科学技术普及工作，提高公民的科学文化素质，推动经济发展和社会进步，根据《中华人民共和国科学技术普及法》和有关法律、法规，结合本省实际，制定本条例。

第二条 本条例所称科学技术普及（以下简称科普）是指以公众易于理解、接受和参与的方式，普及科学技术知识、倡导科学方法、传播科学思想、弘扬科学精神。

第三条 本省行政区域内各级国家机关、社会团体、企业事业单位、农村基层组织及其他组织，应当按照国家科普法律、法规和本条例的规定开展科普工作。

公民有参加科普活动、接受科普教育的权利。

第四条 科普是公益事业，是社会主义物质文明和精神文明建设的重要内容。

科普工作应当坚持群众性、社会性和经常性，结合实际，因地制宜，采取多种形式。

第二章 组织管理

第五条 各级人民政府应当加强对科普工作的领导，将科普工作纳入国民经济和社会发展计划，采取有效措施，确保科普事业健康发展。

县级以上人民政府应当建立科普工作协调制度。

第六条 县级以上人民政府科学技术行政部门负责制定本行政区域的科普工作规划，实行政策引导，进行督促检查，推动科普工作发展。

县级以上人民政府其他行政部门按照各自的职责范围，负责有关的科普工作。

乡（镇）人民政府、街道办事处应当组织开展本辖区的科普活动。

第七条 科学技术协会是科普工作的主要社会力量。科学技术协会组织开展群众性、社会性、经常性的科普活动，支持有关社会组织和企业事业单位开展科普活动，协助政府制定科普工作规划，为政府科普工作决策提供建议。

第三章 社会责任

第八条 科普是全社会的共同任务。社会各界都应当支持和组织参与科普活动。

第九条 各级医疗卫生、计划生育和环境保护行政部门、事业单位应当结合爱国卫生、预防保健、健康教育,常见病、多发病、传染病与流行病防治和计划生育、优生优育、生殖保健及环境保护等工作,加强科学技术知识的宣传和普及。

农业、林业、水利、国土资源、体育、气象、地震、文物、旅游、新闻出版、广播影视、文化等行政部门、事业单位应当结合各自的工作和发挥各自的优势开展相关科普活动。

第十条 工会、共青团、妇联、社科联等社会团体应当结合自身特点,发挥各自优势,组织开展多种形式的科普活动。

第十一条 各类学校及其他教育机构应当把科普作为素质教育的重要内容,积极组织学生参加科普活动,开展科技发明、科技制作、科技论文撰写、科技考察等科普活动,培养学生学科学、爱科学的兴趣和科技创新精神。

第十二条 科研机构、高等院校、自然科学和社会科学类社会团体,应当组织和支持科技工作者和教师发挥专业优势,开展各种形式的科普活动。有条件的,应当向公众开放实验室、陈列室和其他场地、设施。

第十三条 农村基层组织应当根据当地经济与社会发展的需要,建立健全农村科普组织,完善科普网络,围绕促进科学生产、文明生活,开展农村科普活动。

各类农村经济组织、农业技术推广(培训)机构、农业技术学校和农村专业技术协会,应当结合推广先进适用技术向农民普及科学技术知识。

乡(镇)、村文化站、广播电视站等应当宣传科学、文明的生产和生活方式。

第十四条 城镇基层组织及社区应当利用所在地的科技、教育、卫生、旅游等资源,围绕提高居民生活质量,改善生活环境,宣传和倡导科学、文明、健康的生活方式,组织开展多种形式的科普活动。

第十五条 企业应当组织职工开展岗位技能培训、技术竞赛等活动,普及与生产经营、职业卫生、安全防护等有关的科学技术知识,促进技术革新、新产品开发和新技术、新工艺的推广应用。

有条件的企业可以设立向公众开放的科普场馆和设施。

鼓励企业制作公益性科普广告和在产品广告中增加相关科普内容。

第十六条 报刊、广播、电视等新闻媒体应当开设科普宣传专版、专栏和专题节目,制作、发布公益性科普广告;影视生产、发行和放映单位应当加强科普影视作品的制作、发行和放映;书刊出版、发行单位应当扶持科普书刊的出版、发行;综合性互联网站应当开设科普网页。

第十七条 科技馆、博物馆、图书馆、文化馆、群艺馆、青少年宫和其他科普基地,应当充分发挥科普教育功能,向公众开展科普活动;组织或配合中小学校开展青少年课外科普教育活动;在法定节假日和科技活动周期间向青少年减费或免费开放。

科普场所、设施不得被侵占或擅自改作他用。

第十八条 公园、动物园、旅游景点、影剧院、体育场馆、商场、车站、机场等公共场所的经营管理单位,应当向公众开展科普宣传。

公共宣传栏和城镇户外广告,应当安排一定比例的科普内容。

第四章　　科普组织和科普工作者

第十九条　科普组织和科普工作者的合法权益受法律保护。

第二十条　科普组织依法开展科普活动,承担科普项目,有权依法获得资助、捐赠和国家规定从事科普公益事业应当享受的有关优惠。

科普组织应当坚持科学精神,改进科普工作方式,提高科普工作质量,维护科普工作者的合法权益,反对和抵制伪科学。

第二十一条　科普工作者享有下列权利:

(一)对科普工作提出意见和建议;

(二)依法创办或参加科普组织;

(三)从事科普研究、创作,依法出版科普书刊,参加学术交流;

(四)申请科普项目和经费;

(五)接受专业技术培训;

(六)法律、法规规定的其他权利。

第二十二条　科普工作者应当履行下列义务:

(一)坚持科学精神,遵守职业道德;

(二)学习现代科学技术知识,提高自身业务水平;

(三)面向公众开展科普活动;

(四)反对和抵制伪科学;

(五)法律、法规规定的其他义务。

第五章　　保障措施

第二十三条　县级以上人民政府应当将科普经费列入同级财政预算,保证及时足额划拨,并随着财政收入的增长逐年增加。

科普经费应当专款专用,任何单位和个人不得克扣、截留、挪用。

各级人民政府有关部门、社会团体和企业事业单位应当安排必要的人力、物力、财力用于科普工作。

第二十四条　县级以上人民政府应当将科普场馆、设施建设纳入城乡建设规划和基本建设计划,对现有科普设施应当加强利用、改造和维修;有条件的市、县应当建立科技馆;尚无条件建立科普场馆的市、县,可以利用现有的科技、教育、文化等设施开展科普活动,设立科普画廊、橱窗等。

第二十五条　鼓励社会力量兴办科普事业。社会力量兴办科普事业可以按照市场机制运行。

县级以上人民政府对捐赠财产用于科普事业或者投资建设科普场馆、设施的,依法在划拨土地、减免征收城市建设配套费和税收等方面给予优惠。

出版发行科普类图书、期刊、报纸、音像制品,依照国家有关规定享受优惠政策。

鼓励和支持科普工作的国内外合作与交流,促进科普资源的合理利用。

第二十六条 科学、教育基金可以设立科普专项资金,用于开展科普活动。

第二十七条 各级人民政府、科学技术协会和有关单位对在科普工作中做出重要贡献的组织和个人,予以表彰和奖励。

第二十八条 科普工作者完成的科普作品和获得的科普奖励,应当按照有关规定作为评定专业技术职务的依据之一。

第六章　法律责任

第二十九条 违反本条例的,由科学技术行政部门或有关部门依照国家科普法律的规定追究法律责任。

第三十条 国家工作人员在科普工作中滥用职权、玩忽职守、徇私舞弊的,依法给予行政处分;构成犯罪的,依法追究刑事责任。

第七章　附　则

第三十一条 本条例自 2004 年 1 月 1 日起施行。

湖北省科学技术普及条例

（2006年7月21日湖北省第十届人民代表大会
常务委员会第二十二次会议通过）

第一条 为了加强科学技术普及工作，提高公民的科学文化素质，促进科教兴鄂，推动经济发展和社会进步，根据《中华人民共和国科学技术普及法》和其他法律、行政法规，结合本省实际，制定本条例。

第二条 本条例所称科学技术普及（以下简称科普），是指用公众易于理解、接受和参与的方式，宣传科学技术知识、倡导科学方法、传播科学思想、弘扬科学精神的活动。

本省行政区域内的国家机关、驻鄂部队、社会团体、企业事业单位、城乡基层群众性自治组织及其他组织，应当按照法律、行政法规和本条例的规定开展科普工作。

科普事业是公益事业，提高公众科学技术素养是全社会的共同任务，社会各界都应当积极支持、广泛参与各类科普活动。

第三条 科普工作应当坚持群众性、社会性、经常性的原则，因地制宜，根据不同对象的接受能力和需求，采取灵活多样的方式进行。

科普工作应当坚持科学求实的精神，反对迷信和伪科学。任何单位和个人不得以科普为名传播不健康、不文明的行为方式和从事其他有损社会公共利益的活动。

开展科普活动应当保守国家秘密，不得侵犯他人的知识产权和商业秘密。

第四条 各级人民政府领导科普工作，将科普事业纳入本行政区域国民经济和社会发展规划，采取切实有效措施促进科普事业发展。

县级以上各级人民政府应当建立科普工作联席会议制度，统筹、协调、指导本行政区域的科普工作，解决科普工作中的重大问题。

各级人民政府应当将科普事业经费列入本级财政预算，并根据财力情况和实际需要逐步提高对科普事业的投入水平；县级以上各级人民政府有关部门应当安排一定的经费用于科普工作。科普经费应当专款专用，任何单位和个人不得克扣、截留、挪用。

第五条 县级以上人民政府科学技术行政部门负责制定本行政区域内科普工作规划，部署科普工作，并开展督促检查，实行政策引导，推动科普事业的发展。

县级以上人民政府其他有关行政部门按照各自的职责，负责有关的科普工作。

第六条 各级科学技术协会是科普工作的主要社会力量，协助制定科普工作规划，为政府科普工作决策提供建议。各级科学技术协会应当充分发挥和利用自身优势，组织开展群众性、社会性、经常性的科普活动,支持有关社会组织和企业事业单位开展科普活动。

工会、共青团、妇联、社科联等社会团体应当根据自身特点和所联系群体的实际,组织开展多种形式的科普活动。

第七条 国家工作人员应当加强对现代科技知识、科学思想、科学方法的学习,增强科技意识,提高科学决策和科学管理能力。

第八条 科普工作应当将提高青少年科学技术素养作为重点,在青少年中倡导科学精神,培养科技创新意识,增强科学实践能力。

教育行政部门和中小学校应当结合教学活动和学生特点,加强对学生的科普教育,组织学生开展科技发明、科技制作、科技考察和科技夏(冬)令营等多种形式的校内外科普活动。

第九条 科研机构、高等学校应当把科普工作纳入其工作计划,组织和支持科技人员、教师开展科普活动,鼓励其结合本职工作进行科普宣传;有条件的科研基地和实验室应当向社会开放。中小学校组织学生到科研基地和实验室参观,有关单位应当提供方便。

第十条 企业事业单位应当结合本单位的生产经营和业务活动,鼓励职工学习生产技术和岗位技能,在职工中开展科技培训、技术竞赛和技术革新等活动,推动本单位的技术创新。

鼓励企业事业单位制作公益性科普广告。

第十一条 各级人民政府应当加强农村科普工作,采取有效措施,支持科普队伍建设,健全科普工作网络;省人民政府应当对民族自治地方和贫困地方的科普工作予以扶持。

第十二条 县级以上农业、科技、教育行政等部门及科学技术协会应当组织农业院校、农业科研院所、农业技术推广机构及其他涉农单位,开展面向农民的农业科技培训,为农民提供科技信息服务,并会同劳动和社会保障部门适时开展农民工的技能培训;定期组织乡镇农业技术人员培训,扶持并发挥重点科技示范户、种植养殖大户等的引导和带动作用。

第十三条 县级以上人民政府科技、文化、卫生、计划生育、环境保护等有关部门,应当组织下乡服务,开展科普活动。

第十四条 农村基层组织应当根据实际需要开展科普活动,向农民宣传科学、文明的生产和生活方式。

各类农村经济组织、农业技术推广机构和农村专业技术协会,应当结合推广先进适用技术向农民普及科学技术知识。

社会各界应当支持并参与农村科普工作,鼓励以捐建科普图书室、捐赠科普图书和科普器材等多种形式,帮助农民提高科学文化素质。

第十五条 城市居民委员会、社区组织和志愿者组织应当结合实际,开展以贴近居民生活为主要内容的科普活动。

第十六条 市、州人民政府和有条件的县级人民政府所在地应当建立科普场馆;乡镇、街道办事处应当建立科普宣传橱窗或者科普活动室等设施。

以政府投资为主建设的科普场馆和设施应当常年对公众开放,对青少年予以优惠和定期对中小学生免费开放,不得改变其用途;开展日常业务活动经费有困难的,同级财政应当给予必要的财政补贴,保证其正常运转。

科技馆、博物馆、图书馆、文化馆、青少年宫和其他科普基地,应当充分发挥科普教育功能,积极开展科普活动。

第十七条　鼓励科普创作和科普研究工作,培养科普创作人才。

新闻出版部门应当加强科普作品的出版工作,影视单位应当加强科普影视作品的制作、发行和放映。出版、发行机构应当对科普作品的出版发行予以扶持和优惠。

第十八条　报刊、广播、电视等媒体应当开设科普宣传专版、专栏和专题节目。

鼓励单位和个人利用互联网站等现代传播媒体开展科普活动。鼓励各类媒体免费发布公益性科普广告。

第十九条　医疗卫生机构和旅游景点、公园、商场、机场、车站、码头、影剧院、体育场馆等经营管理单位,应当根据各自的特点,利用相应的场所,面向社会开展科普宣传活动。

第二十条　省人民政府设立科普奖励项目,并将其纳入省科学技术进步奖励范围,具体办法由省人民政府规定。

第二十一条　鼓励社会组织和个人建立科普活动场所,兴办科普事业。

鼓励省内外的社会组织和个人在本省设立科普基金或者捐赠财物,资助本省科普事业。对捐赠财物用于科普事业或者投资兴建科普场馆设施的,依照国家规定予以优惠。

第二十二条　依法保护科普组织和科普工作者的合法权益,鼓励科普组织和科普工作者自主开展科普活动。科普组织和科普工作者依法兴办科普事业的,有关行政机关应当予以支持,提供方便,并依据国家规定给予优惠。

第二十三条　扰乱科普活动或者科普场馆秩序,损坏用于科普活动的设备、设施,或者以科普为名进行有损社会公共利益活动的,由有关行政主管部门予以制止,并给予批评教育,依法责令其恢复原状或者赔偿损失;违反治安管理规定的,由公安机关依法给予治安管理处罚;构成犯罪的,依法追究刑事责任。

第二十四条　违反本条例规定,将政府投资为主建设的科普场馆和设施改变用途或者克扣、截留、挪用科普经费的,由县级以上人民政府责令限期改正和归还;对负有责任的主管人员和其他直接责任人员依法给予行政处分;构成犯罪的,依法追究刑事责任。

第二十五条　国家工作人员不依法履行在科普工作中应当履行的职责,或者滥用职权、徇私舞弊的,依法给予行政处分;构成犯罪的,依法追究刑事责任。

第二十六条　本条例自 2006 年 10 月 1 日起施行。

湖南省科学技术普及条例

（1998 年 11 月 28 日湖南省第九届人民代表大会常务委员会第六次会议通过）

第一条 为了加强科学技术普及工作，提高公民的科学文化素质，促进经济发展和社会进步，根据《中华人民共和国科学技术进步法》和其他有关法律、法规的规定，结合本省实际，制定本条例。

第二条 科学技术普及（以下简称科普）工作是一项社会公益事业，是科学技术工作的重要组成部分，是科教兴湘的一项长期战略任务。

第三条 普及科学技术知识、传播科学思想和科学方法是全社会的共同责任。各部门、各单位应当重视和加强科普工作，为科普工作提供必要的条件。科普教育的重点对象是农民、青少年和各级领导干部。

公民应当接受科普教育、参加科普活动。各级领导干部应当带头学习科学技术知识，接受科普教育，积极参加各项科普活动。

第四条 开展科普工作应当坚持科学态度，反对封建迷信，不得将尚无科学定论、违背科学原则和科学精神的主张或者观点，作为科普知识传播和推广。

第五条 各级人民政府应加强对科普工作领导，将科普工作纳入国民经济和社会发展计划，加强科普设施和科普队伍建设，促进科普事业发展。

县级以上人民政府及其有关行政部门应当对边远贫困地区、少数民族地区的科普工作予以扶持。

第六条 县级以上人民政府科学技术行政部门负责本行政区域内的科普工作，编制、实施科普工作规划和计划，部署工作，督促检查，对科普工作实行政策引导。

县级以上人民政府科学技术行政部门会同有关部门和社会团体建立科普工作联席会议制度，统筹协调和组织本行政区域内的科普工作。

第七条 科学技术协会参与编制科普工作规划和计划，组织所属学会和基层组织开展日常性、群众性科普活动，发挥其在科普工作中重要作用。

工会、共青团、妇联等社会团体和学术组织应当根据自身特点开展各项科普活动。

第八条 县级以上人民政府农业行政部门应当会同有关部门、单位制定和组织实施农村科普工作规划和计划，培育、建设科普示范基地，发展、扶持科技示范户，推广和普及先进实用技术。

第九条 县级以上人民政府教育行政部门应当重视青少年学生的科普教育。中小学校应当利用实验教学、现代教育技术、劳动技术课和夏令营等形式,开展科普活动,实施素质教育;其他各类学校和幼儿园、托儿所应当根据学生和幼儿的特点,开展科普教育。

　　第十条　县级以上人民政府人事行政部门应当将科普教育纳入国家工作人员、专业技术人员继续教育培训内容。各级干部教育培训机构应当根据培训对象的需要,开设现代科技基础知识课程或者进行科技知识专题讲座。

　　第十一条　县级以上人民政府文化、新闻出版、广播电视行政部门应当根据本行政区域内科普工作的规划和计划,利用宣传媒介,多形式、多层次、多渠道地开展科普宣传教育。

　　第十二条　县级以上人民政府卫生、计划生育、民政行政部门应当结合爱国卫生、预防保健、健康教育、常见病与多发病防治、计划生育、优生优育和殡葬改革等工作,加强科学技术知识的宣传和普及。

　　第十三条　县级以上人民政府经贸、环境保护、工商行政管理、技术监督和其他有关行政部门应当结合各自职责,做好科普工作。

　　第十四条　乡镇人民政府应当采取措施,利用多种形式提高农民的科学文化素质,引导农民移风易俗,革除陋习,反对封建迷信活动;结合实际,组织农民学习先进实用的种植、养殖和农产品加工技术,引导农民学习商品生产、市场营销和经营管理等方面的知识。

　　第十五条　企业应当围绕技术革新、新产品开发、新技术应用和发明创造开展群众性科普活动。对职工进行职业技能培训考核,必须有科技基础知识的内容。

　　第十六条　科研开发机构、高等院校应当通过举办讲座、开放实验室、提供咨询等形式,向社会宣传科学思想、科学方法和科学知识。

　　第十七条　教育、科技、新闻工作者和国家机关工作人员以及企业事业单位管理人员,应当结合本职工作积极参与各项科普活动。鼓励离休、退休的专家、学者和专业技术人员参与各种科普活动。

　　第十八条　科普工作人员应当遵守职业道德,发扬奉献、求实、创新和协作精神,努力做好科普工作,不断提高科普工作水平。

　　第十九条　对从事科普工作的人员在专业技术职务晋升、科技成果评奖等方面,应当与从事科技工作的专业技术人员同等对待。

　　科普工作人员公开出版发表的科普著作、科普论文,应当作为晋升专业技术职务的重要依据。

　　第二十条　科普工作经费是一项重要科技投入。各级人民政府应当将科普工作经费纳入财政预算,及时划拨,并随着经济发展,按照国家有关规定确保增长。

　　科普工作经费应当严格按照国家和省的有关规定,专款专用,并接受财政、审计部门的监督。

　　严禁任何单位和个人克扣、截留、挪用科普工作经费。

　　第二十一条　有关部门、社会团体和企业事业单位应当安排必要的经费用于科普工作。

　　鼓励社会团体、企业事业单位和个人捐资开展科普活动或者兴建科普设施。鼓励利用境外资金发展科普事业。

　　第二十二条　县级以上人民政府应当加强科普设施建设,逐步增加投入,并把科技馆、文化馆、图书馆、青少年科技活动中心等设施建设纳入市政建设规划和计划。科普设施必须用于科普工作,不得挤占或挪作他用。

科技馆、文化馆、博物馆、图书馆、青少年科技活动中心等场所开展科普活动,应当注重社会效益,定期组织科普展览或者科技知识讲座,在节假日免费或者减费向中小学生开放。

第二十三条 在科普工作中取得显著成绩、作出突出贡献的单位和个人,由人民政府或者有关行政部门按照国家有关规定予以奖励。

第二十四条 违反本条例规定,克扣、截留、挪用科普工作经费的,由财政、审计部门责令其限期归还,并由科学技术行政部门建议有关行政部门依法对直接责任人员给予行政处分;构成犯罪的,依法追究刑事责任。

挤占科普设施或者挪作他用的,由科学技术行政部门责令其改正,限期恢复原用途。

第二十五条 科学技术行政部门和其他有关部门的工作人员在科普工作中玩忽职守、徇私舞弊、滥用职权的,依法给予行政处分;构成犯罪的,依法追究刑事责任。

第二十六条 本条例自 1999 年 1 月 1 日起施行。

广西壮族自治区科学技术普及条例

（2005 年 7 月 29 日广西壮族自治区第十届人民代表大会
常务委员会第十五次会议通过）

第一条 为了加强科学技术普及工作，促进科教兴桂，根据《中华人民共和国科学技术普及法》等法律法规，结合本自治区实际，制定本条例。

第二条 本自治区行政区域内的国家机关、社会团体、企业事业单位、农村基层组织、其他组织以及公民开展或者参与科学技术普及（以下简称科普）活动，适用本条例。

第三条 各级人民政府应当加强对科普工作的领导，将科普工作纳入国民经济和社会发展计划，加强科普设施和科普队伍建设。

县级以上人民政府应当建立和完善科普工作联席会议制度，统筹协调科普工作。

第四条 县级以上人民政府应当将科普经费列入同级财政预算，随本级财力的增长，逐步增加科普经费的投入。

第五条 县级以上人民政府应当加强对少数民族聚居地区、边远山区、贫困地区科普工作的扶持，大力培养少数民族科普人才，开展各种适合少数民族特点的科普活动。

自治区人民政府对少数民族聚居地区、边远山区、贫困地区的科普资金给予重点扶持。

第六条 乡镇人民政府应当采取措施，利用多种形式提高农民的科学文化素质，引导农民学习先进适用的科学技术知识，反对封建迷信活动。

第七条 县级以上人民政府科学技术行政部门负责本行政区域内的科普行政管理工作，贯彻执行国家有关法律法规，制定并组织实施科普工作总体规划和年度计划，对科普工作实行政策引导、业务指导和督促检查。

县级以上人民政府其他行政部门按照各自的职责范围，负责有关的科普工作。

第八条 各级科学技术协会是科普工作的主要社会力量。各级科学技术协会组织开展群众性、社会性、经常性的科普活动，充分发挥有关学会、协会和专业技术研究会在科普工作中的作用，支持各部门、各单位和基层科普组织开展科普活动，协助政府制定科普工作规划，为政府科普工作决策提供建议。

第九条 开展科普活动可以采取下列形式：

（一）举办科技活动周、科普讲座、专题报告、研讨会和科技成果、科普作品展示会；

（二）举办科技咨询、服务、信息发布和示范活动；

（三）在学校开设科技活动课，开展科技发明、制作，组织科学考察、科普夏（冬）令营活动；

（四）建立文化、科技、卫生下乡下厂制度，开展科技帮扶、技术培训和技术、技能竞赛活动；

（五）编写、制作、出版、发行科普读物、音像制品和电子出版物，开展科普文艺活动；

（六）开通科普网站，开设或者转播广播、电视科普节目，开辟报刊科普专栏、专版，运用各种大众传媒刊载、播放科普公益广告；

（七）实施科普教育工程和科普示范工程，创建并开放青少年科技教育基地、科普示范基地，开放科学技术场馆，开设科普图书、报刊阅读场所，放映科普电影、科普录像；

（八）设立科普画廊、科普橱窗和科普广告牌，展示科普知识文字、图片、模型和实物；

（九）其他科普活动形式。

禁止以科普为名从事反科学、伪科学活动。

第十条 学校和其他教育机构应当结合实际组织学生开展科技发明、科技论文撰写、科技考察等活动，培养学生学科学、爱科学的兴趣和科技创新精神。

第十一条 科研开发机构、高等院校、科学类社会团体、文化卫生等单位，应当组织、支持和鼓励科技人员、教师、文艺工作者、卫生医务人员及其他志愿者深入基层开展各种科普活动。

第十二条 农村基层组织应当根据实际需要开展科普活动。

乡镇、村文化、广播站（室）等应当向农民宣传科学、文明的生产和生活方式。

各类农村经济组织、农业技术推广机构和农村专业技术协会，应当结合推广先进适用技术向农民普及科学技术知识。

第十三条 企业应当向职工普及与新产品开发、生产经营、劳动保护等有关的科技知识，促进技术创新和新技术、新材料、新工艺的推广应用。

鼓励有条件的企业充分利用科技资源优势，在科普活动中发挥示范作用。

第十四条 科技馆、博物馆、群众艺术馆、文化馆（站）、图书馆（站）、青少年宫、动物园、植物园、自然保护区等各类公益场所和青少年科技教育基地，应当开展面向社会的科普活动。政府财政投资建设的科普场馆应当常年向公众开放，对青少年实行优惠或者免费开放。

科研开发机构、高等院校和企业、科学类社会团体的实验室、科研设施或者陈列室，在不影响科研、教学和生产的前提下有组织地向社会开放，供公众参观学习。

第十五条 设区的市和有条件的县（市）、乡镇人民政府，应当将科普场馆和设施建设纳入城乡规划和基本建设计划，对现有科普场馆和设施应当加强维修、改造和利用。

设区的市应当建设科普场馆，县级人民政府所在地应当设立固定的科普活动场所。鼓励在公共场所设立科普画廊、橱窗等科普设施。

第十六条 任何单位和个人不得非法侵占、破坏科普场馆、设施。

由政府财政投资建设的科普场馆、设施不得擅自拆除或者改作商业经营以及其他非科普活动用途。确需拆除的，应当及时在原址重新建设。易址重建的，应当先建后拆或者拆建同时进行。重建的科普场馆、设施的规模和标准不得低于原有的规模和标准。

第十七条 鼓励和支持社会力量按照市场机制兴办科普事业，鼓励多渠道筹措资金开展多种形式的科普活动。

鼓励和支持境内外社会组织和个人捐赠、投资科普事业；对捐赠财产用于科普事业或者投资建设科普场馆、设施的，在土地使用、城市建设配套费征收和税收等方面依照国家和自治区有关规定给予优惠。

第十八条　县级以上人民政府科学技术行政部门应当鼓励和支持科普作品的创作,组织开展科普方法、理论研究。

科普类图书、报纸、期刊、音像制品和电子出版物的制作、出版、印刷或者复制、发行,依照国家有关规定给予税收优惠。

第十九条　对公众开放的科普基地、科技馆、自然博物馆等科普场馆和举办科普活动的门票收入,按照国家和自治区有关规定,享受税收优惠待遇。

第二十条　科普组织和科普工作者可以自主开展科普活动,承担政府、企业事业单位及其他组织和个人委托的科普项目,依法创办科技型实体开展科普有偿服务,依法获得境内外社会组织和个人为发展科普事业而提供的资助,从科普有偿服务中获取合法报酬、收益,获得名誉、荣誉、奖励,提出有关加强和改进科普工作的意见或者建议。科普组织可以依法接受捐赠。

第二十一条　科普工作者及其他科技人员的科普著作、论文、直接参与指导的中小学生科普竞赛成绩、获得的科普工作奖励以及开展科普工作的其他业绩,可以列入评定相应专业技术职称的申报材料。

第二十二条　有下列情形之一的,由各级人民政府、科学技术协会或者有关单位给予表彰和奖励:

(一)认真执行、宣传科普法律法规成绩显著的;

(二)积极传播科学思想、弘扬科学精神的;

(三)为发展科普事业引进资金做出突出贡献的;

(四)发表的科普著作、论文产生重大社会效益的;

(五)其他在科普工作中做出显著成绩的。

第二十三条　违反本条例第十六条规定,非法侵占、破坏科普场馆、设施或者擅自拆除由政府财政投资建设的科普场馆、设施的,依法责令其停止侵害、恢复原状或者赔偿损失,构成犯罪的,依法追究刑事责任;擅自将政府财政投资建设的科普场馆、设施改作商业经营以及其他非科普活动用途的,由有关主管部门责令限期改正,情节严重的,对负有责任的主管人员和其他直接责任人员依法给予行政处分。

第二十四条　违反本条例第十七条第二款、第十八条第二款、第十九条规定,弄虚作假,骗取优惠待遇的,由有关机关取消其待遇,并依法予以处罚。

第二十五条　弄虚作假,骗取名誉、荣誉、奖励的,由授奖单位予以撤销,并由有关部门或者所在单位依法给予行政处分。

第二十六条　本条例自 2005 年 9 月 1 日起施行。

重庆市科学技术普及条例

(2008 年 11 月 27 日重庆市第三届人民代表大会常务委员会第七次会议通过)

第一章 总 则

第一条 为加强科学和技术知识普及工作,提高公民科学文化素质,实施全民科学素质行动计划纲要和科教兴渝战略,根据《中华人民共和国科学技术普及法》等有关法律、行政法规规定,结合本市实际,制定本条例。

第二条 本市行政区域内的科学和技术知识普及(以下简称科普),适用本条例。

第三条 本条例所称科普,是指采用公众易于理解、接受和参与的方式,向公众普及自然科学和社会科学知识、倡导科学方法、传播科学思想、弘扬科学精神,推广科学技术知识应用的活动。

第四条 科普是公益事业,是全社会的共同任务,应当坚持政府主导、全民参与的原则。

公民有参与科普活动的权利。

第五条 鼓励、支持社会力量兴办科普事业。

社会力量兴办科普事业可以按照市场机制运行。

第六条 鼓励不同领域、不同专业之间开展科普交流,共享科普资源。

第七条 支持和促进科普工作对外交流与合作。

第二章 组织管理

第八条 各级人民政府应当加强对科普工作的领导,将科普工作纳入国民经济和社会发展规划,制定促进科普工作发展的措施。

第九条 市、区县(自治县)人民政府应当建立健全由科学技术行政部门和其他有关部门以及社会团体参加的科普工作联席会议制度。科普工作联席会议负责审议科普工作规划和年度计划,统筹协调、研究解决科普工作中的重大问题。

第十条 科学技术行政部门负责拟定科普工作规划和年度计划,实行政策引导,指导、协调、督促检查科普工作,推动科普工作的发展。

其他行政部门按照各自职责,负责有关科普工作。

第十一条 科学技术协会、社会科学界联合会是科普工作的主要社会力量,应当发挥各自优势,组织开展群众性、社会性、经常性的科普活动,支持有关社会组织和企业事业单位开展科普活动,协助政府制定科普工作规划,为政府科普工作提供建议。

第三章　社会责任

第十二条　教育行政部门应当会同有关部门制定未成年人科普计划,将科普作为素质教育的重要内容,指导学校开展多种形式的科普活动。支持、鼓励高等院校开设科普课程。

各类学校应当结合教学活动和学生特点,安排一定的教学时数,组织教师和学生开展科技教育、科技发明、科普讲座、参观科普场馆等多种形式的科普活动。

第十三条　农业、文化、科技、卫生、移民等有关部门、单位应当组织开展经常性的科技下乡和进村入户活动,引导城市科普资源为少数民族地区、库区、边远贫困地区服务。

乡镇人民政府、街道办事处应当建立科普综合服务体系,提高科普组织化程度。

乡镇(街道)科协、文化、广播、农业技术推广机构,农民合作经济组织、农村专业技术协会、农村科普示范基地应当开展科普活动,推广、普及农业实用技术和农村民生所需的科学知识。

村民委员会应当根据当地实际开展科普活动,宣传科学的生产和生活方式。

广播电视机构应当开设农村科普栏目,推广、普及农业实用技术和科学文化知识。

鼓励科研院所、高等院校科技人员以及农业技术推广人员面向农村开展科普活动,推广、普及农业实用技术。

第十四条　劳动和社会保障行政部门应当会同有关部门和单位,加强对城镇劳动者科技知识培训的管理指导和统筹协调,组织开展多种形式的在职培训、就业培训、创业培训等。

第十五条　人事行政部门应当会同有关部门将科学素质教育纳入公务员教育培训计划。

公务员培训机构应当开设现代科技基础知识课程或者举办科技知识专题讲座。

各级国家机关应当组织公务员参与科普活动,学习科学知识,提高科学素质和科学管理能力。

领导干部应当带头参加科普活动,自觉提高科学素质。

第十六条　广播电视、新闻出版、文化等机构和团体应当发挥各自优势开展科普宣传工作。

电视台、广播电台应当开设科普栏目或者转播科普节目,免费制作、播放科普公益广告。综合类报纸、期刊应当开设科普栏目、专版。影视生产、发行、放映机构应当加强科普影视作品的制作、发行和放映。书刊出版、发行机构应当扶持科普书刊的出版、发行。综合性互联网站应当开设科普网页,鼓励单位和个人利用互联网等现代传媒工具开展科普活动。科技馆(站)、图书馆、博物馆、文化馆、纪念馆等应当结合自身特点开展科普工作。

第十七条　工会、共青团、妇联等应当结合职工、青少年和妇女的特点,发挥自身优势,组织开展科普活动。

第十八条　鼓励科研机构、高等院校向公众开放实验室、实验基地、研究基地、陈列室和其他科技设施,开展科普活动。

产业园区应当面向公众集中展示高新技术产品和成果。

第十九条　企业应当结合生产经营实际,在职工中开展科普讲座、专业技术培训、职业技能竞赛和技术革新等活动,提高职工的科学素质,推动企业技术进步与创新。

鼓励企业创办行业或者企业展览馆、博物馆等科普设施,利用自身的产品、技术和设施优势,面向公众开展形式多样的科普活动,展示行业与企业的科技实力。

第二十条 居民委员会及社区应当统筹安排、充分利用所在地的科技、教育、文化、卫生、体育、旅游等资源,通过举办科普讲座、建立科普画廊、科普宣传栏或者科普活动室(站)等方式,开展科普活动。所在地的社会单位应当为开展科普活动提供便利和支持。

第二十一条 大型洽谈会、博览会等大型活动的承办单位,应当利用场馆和设施开展相关的科普宣传。

第二十二条 医院、广场、公园、商场、机场、车站、码头、体育场馆、影剧院、风景名胜区等经营管理单位,应当在其公共场所设立科普宣传栏、橱窗等开展科普活动。

公益性广告中应当有一定比例的科普内容。

第二十三条 国土资源、环境保护、医疗卫生、人口和计划生育、移民、气象、地震、文物、旅游、安全、司法等机关、事业单位应当结合各自的工作开展科普活动。

第四章 保障措施

第二十四条 市、区县(自治县)人民政府应当将科普经费列入同级财政预算,其年增长幅度应当高于当年同级财政经常性收入的增长幅度。

市人民政府应当对贫困地区和少数民族地区的科普经费予以扶持。

市、区县(自治县)人民政府有关部门应当安排一定的经费用于开展科普活动。

第二十五条 科普设施建设应当纳入城乡总体规划、土地利用总体规划和投资计划。

第二十六条 财政投资建成的科普设施,应当保障其正常运行。禁止任何单位和个人擅自拆除、挤占或者改变用途。

财政投资建成的科普设施应当逐步向公众免费开放。科普设施管理单位应当将服务项目、开放时间等有关规定在科普场所显著位置予以公告。

第二十七条 鼓励、支持社会组织和个人捐赠、投资和兴办科普事业。

对社会力量兴办的科普场馆、设施,有关部门应当按照国家有关规定给予优惠。

第二十八条 鼓励、支持单位和个人创作和撰写科普作品,开展科普研究,推广科普成果,对出版、发行、进口科普读物、影视作品等予以扶持。

对科普示范基地、科普场馆、科普组织和个人开展的科普服务活动予以扶持,并按国家有关规定给予优惠。

重点科普性文艺作品创作应当纳入创作生产文艺精品专项资金资助范围。

第二十九条 市人民政府设立科普工作奖,对在科普工作中做出突出贡献的组织和个人给予表彰和奖励。科普成果纳入市科学技术奖励和社会科学优秀成果奖励评选范围。

区县(自治县)人民政府可根据需要参照设立科普工作奖。

第五章 法律责任

第三十条 国家工作人员在科普工作中玩忽职守、滥用职权、徇私舞弊、妨碍科普活动或者侵犯科普组织与科普工作者合法权益的,由有关主管部门依法给予处分;构成犯罪的,依法追究刑事责任。

第三十一条　贪污、克扣、截留、挪用科普经费或者捐赠款物的,由有关主管部门责令限期归还;对负有直接责任的主管人员和其他直接责任人员依法给予处分;构成犯罪的,依法追究刑事责任。

第三十二条　擅自拆除、挤占或者挪用财政投资建设的科普设施的,由有关主管部门责令恢复原状或者限期改正,有违法所得的,没收其违法所得;对负有直接责任的主管人员和其他直接责任人员依法给予处分;构成犯罪的,依法追究刑事责任。

第六章　附　则

第三十三条　本条例自 2009 年 1 月 15 日起施行。

四川省科学技术普及条例

（1999 年 8 月 14 日四川省第九届人民代表大会常务委员会第十次
会议通过 2012 年 9 月 21 日四川省第十一届人民代表大会
常务委员会第三十二次会议修订）

第一章 总 则

第一条 为实施科教兴川和可持续发展战略,加强科学技术知识普及工作,提高公民科学文化素质,推动经济发展和社会进步,根据《中华人民共和国科学技术普及法》,结合四川省实际,制定本条例。

第二条 四川省行政区域内的科学技术知识普及(以下简称科普)活动,适用本条例。

本条例所称科普,是指采用公众易于理解、接受和参与的方式,普及自然科学和社会科学知识,传播科学思想,弘扬科学精神,倡导科学方法,提高科学素质和人文素养,推广科学技术知识应用的活动。

第三条 科普是公益事业,是全社会的共同任务。科普工作应当坚持政府主导、全民参与的原则。

科普工作应当坚持群众化、社会化和经常化,注重针对性、趣味性、通俗性和实效性,充分利用现代化手段,通过多种方式开展科普工作。鼓励群众性的发明创造和方法创新,坚持普及与提高相结合。

科普工作应当遵守国家法律、法规,遵循科学原则和科学精神。

第四条 地方各级人民政府应当加强对科普工作的领导,将科普工作纳入国民经济和社会发展规划,为开展科普工作创造良好的环境和条件,鼓励和支持科普组织和科普工作者开展科普活动。

第五条 国家机关、社会团体、企业事业单位、农村基层组织及其他组织应当以开展科普工作为重要责任,积极利用,开放相关场地、场所、设施和场馆等开展科普活动。

公民有参与科普活动的权利。

第六条 鼓励自然科学、社会科学不同领域、不同专业之间开展科普交流,共享科普资源;支持和促进科普工作对外交流与合作。

第二章 组织管理

第七条 省人民政府科学技术行政主管部门负责制定科普工作规划、指导协调开展科普工作。

市(州)、县(市、区)科学技术行政主管部门负责本行政区域内科普工作的统筹协调和督促检查,拟定本地区科普工作规划和年度计划并组织实施,推动科普工作发展。

第八条　教育行政主管部门应当会同有关部门制定未成年人科普计划,将科普作为素质教育的重要内容,指导学校开展多种形式的科普活动。倡导高等院校开设科普课程。

第九条　科技、教育、文化、广电、新闻出版等行政主管部门应当制定科普作品出版计划,组织有关专家进行科普创作,编写科普读物,每年出版一定数量的科普图书、电子和音像制品。

第十条　农业(含种植业、林业、畜牧业、渔业等)行政主管部门应当加强农业科技培训,扶持、建立农业科技实验、示范基地,促进农业先进实用技术的推广、应用和普及,提高农业科技创新和科技成果转化能力。

第十一条　卫生、人口和计划生育行政主管部门应当每年组织医务人员开展医疗保健咨询等服务,宣传疾病防治、优生优育、健康保健等知识。

第十二条　人力资源和社会保障行政主管部门应当会同有关部门和单位,将科学素质教育纳入公务员教育培训计划。

第十三条　安全监管、国土资源、环境保护、地震、气象等主管部门应当将安全生产和科学防灾减灾科普宣传作为重要科普专项活动,深入开展宣传、普及、培训和应急演练工作,提高公民的科学防灾减灾的安全意识和能力。

第十四条　城乡基层组织应当设置科普宣传专栏、科普站点,结合居民生活、学习、健康娱乐等需要开展科普活动。

第十五条　科学技术协会、社会科学界联合会在普及自然科学、社会科学工作中,应当协助政府制定科普工作规划,为政府科普工作决策提供建议;按照科普工作规划,制定相应的工作计划并组织实施;发挥各自优势,组织开展群众性、社会性、经常性的科普活动和多种形式的在职培训、就业培训、创业培训;支持有关社会组织和企业事业单位开展科普活动。

第三章　社会责任

第十六条　社会各界和全体公民都应当支持并积极参与科普活动,接受科普教育。

第十七条　每年3月为全省科普活动月,主要开展面向农村的送科技下乡活动;每年5月的第3周为科技活动周,主要开展面向社区的系列科普活动。

第十八条　公民应当加强对科学思想、科学方法和科学技术知识的学习,增强科技意识。

第十九条　科技、教育、文化、卫生工作者应当带头向公众传授科学技术知识,新闻工作者应当利用新闻媒体,做好科普宣传工作。

第二十条　科学研究和技术开发机构、高等院校、自然科学和社会科学类社会团体,应当组织和支持科学技术工作者和教师开展科普活动,鼓励其结合本职工作进行科普作品创作和科普宣传;有条件的,应当向公众开放实验室、陈列馆和其他场地、设施,举办讲座和提供咨询。

第二十一条　学校应当把科普教育纳入素质教育的重要内容,积极组织教师、学生开展各种形式的科普活动,结合教学活动和学生特点,安排一定的教学时数,组织教师和学生开展科技教育、科技发明、科学竞赛、科普讲座、参观科普场馆等多种形式的科普活动,培养和提高学生的科学思维能力和创新、创造能力。

第二十二条 农村基层组织、农村经济组织、农业技术推广机构、农村专业技术协会应当根据当地经济与社会发展的需要,围绕科学生产、文明生活,采取宣传培训、试验示范、技术推广等多种形式,普及科学技术知识,提高农民科学文化素质。

第二十三条 高新技术产业开发区和各类科技产业园区应当根据高新技术企业密集、科普资源丰富的特点,面向公众集中展示高新技术产品和最新科技成果。

第二十四条 企业应当结合生产经营实际,在职工中开展科普讲座、专业技术培训、职业技能竞赛和技术革新等活动,提高职工的科学素质,推动企业技术进步与创新。

鼓励企业创办行业或者企业展览馆、博物馆等科普设施,利用自身的产品、技术、设备和设施优势,面向公众开展形式多样的科普活动。

第二十五条 新闻媒体应当发挥各自优势,做好科普宣传工作。报纸、期刊、电台、电视台、互联网、手机等应当开设科普宣传专版、专栏、专题;影视生产、发行和放映单位应当加强科普影视制品的制作、发行和放映;出版单位应当加强对科普读物的出版工作。

第二十六条 医院、公园、风景名胜区、影剧院、博物馆、文化馆、图书馆、纪念馆、体育场馆、商场、机场、车站、码头等各类公共场所的经营管理单位,应当开设公益性科普知识专栏。

第二十七条 科普场馆应当充分发挥科普教育功能,通过展览、培训、实验、影视播放、报告、讲座等形式开展科普活动,并不断丰富、更新科普内容。

政府投资建设的科普场馆应当常年向公众开放,将服务项目、开放时间、免费或者优惠开放的具体规定予以公告,并按照有关规定对未成年人、老年人、残疾人、现役军人参观实行免费或者优惠。

第二十八条 科普组织和科普工作者的合法权益依法受到保护,鼓励科普组织和科普工作者自主开展科普活动。

第二十九条 符合国家职称评审条件的科普工作者按规定参加专业技术职务评审时,其科普工作业绩、科普著作、论文和直接参与指导的科普竞赛成绩以及获得的科普奖励,可以作为取得相应专业技术职称的依据之一。

第三十条 任何组织和个人不得以科普为名扰乱社会秩序或者骗取财物,损害社会公共利益。

第四章 保障措施

第三十一条 地方各级人民政府应当加强科普能力建设。制定和落实优惠政策,鼓励和引导社会各界积极投入科普场馆、科普基地及科普设施建设;建立健全科普工作制度,推动各级科普工作队伍建设,鼓励社会力量参与科普工作,优化科普队伍人才结构;整合开发科普资源,加强科普传播体系建设,提高对科技成果的科普化宣传成效。

第三十二条 地方各级人民政府应当将科普经费列入同级财政预算,逐步提高科普投入水平,保障科普工作顺利开展。

第三十三条 地方各级人民政府应当将科普场馆、科普设施建设纳入城乡建设规划、土地利用总体规划和基本建设计划;市(州)人民政府所在地应当建设科普场馆,县级人民政府所在地应当建设科普场馆或者青少年科普活动场所。

各级人民政府对现有科普场馆、设施应当加强利用、维修和改造，充分发挥其科普教育功能。

第三十四条 鼓励社会力量参与科普基础设施建设。鼓励社会各界对公益性科普设施建设提供捐赠、资助；鼓励境内外社会组织、个人投资兴建和参与经营科普场馆；鼓励有条件的企业事业单位根据自身特点建立专业科普场馆。

各类科普基地应当充分发挥科普教育功能，面向公众开展科普活动。

科普场馆、设施不得被侵占或者擅自改作他用。

第三十五条 出版发行科普类图书、报纸、期刊、音像制品和电子出版物，依据国家有关规定享受优惠政策。

第三十六条 科普经费和社会组织、个人资助科普事业的财产，应当用于科普事业，任何单位或者个人不得克扣、截留、挪用。

第三十七条 地方各级人民政府、科学技术协会、社会科学界联合会和有关单位应当支持科普工作者开展科普工作。

对在科普工作中做出显著贡献的组织和个人，按照国家有关规定予以表彰、奖励。

第五章　法律责任

第三十八条 以科普为名进行有损社会公共利益活动的，由有关主管部门给予批评教育，并予以制止；扰乱社会秩序或者骗取财物，违反治安管理规定的，由公安机关依法给予治安管理处罚；构成犯罪的，依法追究刑事责任。

第三十九条 克扣、截留、挪用科普经费或者贪污、挪用捐赠款物的，由有关主管部门责令限期归还；对直接负责的主管人员和其他直接责任人员依法给予处分；构成犯罪的，依法追究刑事责任。

第四十条 擅自拆除、挤占、出租或者改为他用政府投资建设的科普场馆、设施的，由有关主管部门责令限期改正；情节严重的，对直接负责的主管人员和其他直接责任人员依法给予处分。

扰乱科普场馆秩序或者毁损科普场馆、设施的，依法责令其停止侵害，恢复原状或者赔偿损失；构成犯罪的，依法追究刑事责任。

第六章　附　　则

第四十一条 本条例自 2012 年 11 月 1 日起施行。

贵州省科学技术普及条例

（2002 年 5 月 26 日贵州省第九届人民代表大会常务委员会第二十八次会议通过）

第一章 总 则

第一条　为了实施科教兴黔战略，加强科学技术普及工作，提高公民的科学文化素质，根据《中华人民共和国科学技术进步法》和有关法律、法规的规定，结合本省实际，制定本条例。

第二条　本条例所称科学技术普及（以下简称科普）是指以公众易于理解、接受和参与的方式，普及科学技术知识、倡导科学方法、传播科学思想、弘扬科学精神。

第三条　本条例适用于本省行政区域内的国家机关、社会团体、企事业单位及其他组织和公民。

第四条　科普工作应当坚持科学态度，不得将尚无科学定论、有违科学原则和科学精神的主张或者意见作为科学知识传播和推广。

禁止以科普为名传播不健康、不文明的生活方式和有损社会公共利益的内容。

第五条　科普工作的对象是全体公民，重点是青少年、农村干部群众。

第六条　各级人民政府应当将科普作为社会主义精神文明建设的重要组成部分，纳入国民经济和社会发展计划，加强科普场所、设施的建设和干部队伍的培养，为科普工作创造良好的环境和条件。

各级人民政府应当加强对少数民族地区、边远地区和贫困地区科普工作的扶持。

第七条　县级以上人民政府科学技术行政主管部门负责本行政区域内科普工作的宏观管理、统筹协调和督促检查，制定科普工作规划，推动科普工作的发展。

县级以上人民政府的其他工作部门应当按照各自职责，负责与其职能相关的科普工作。

第八条　县级以上科学技术协会是科普工作的主要社会力量。

科学技术协会组织、指导开展群众性、社会性、经常性的科普活动，承担政府委托的科普工作，协助政府制定科普工作规划，为政府科普工作决策提供建议。

第九条　县级以上人民政府对在科普工作中作出贡献的单位或者个人，应当给予表彰和奖励。

科技、教育等有关部门对在青少年科技竞赛活动中取得优异成绩的学生和指导老师，应当给予表彰和奖励。

第二章　科普的内容与形式

第十条　科普的主要内容:

(一)宣传科学思想,普及科学知识,倡导科学方法,提倡科学决策;

(二)介绍当代科学技术发展的新思想、新理论、新方法和新成果;

(三)推广先进适用的新技术、新工艺、新材料、新能源、新产品;

(四)普及信息技术知识;

(五)推广农业适用技术知识;

(六)普及生态建设与环境保护、资源合理开发与综合利用和抵御自然灾害等方面的科技知识;

(七)普及有关医药卫生保健、优生优育、婚姻、殡葬、商品使用等日常生活中的科技知识;

(八)其他科普知识。

第十一条　科普的主要形式:

(一)举办科学技术活动周、科普讲座、专题报告和科普展览;

(二)创作、编写、出版科普作品或者读物;

(三)组织经常性的文化、科技、卫生等面向基层的科普活动以及新技术推广和技术竞赛等活动;

(四)开展各种科技咨询、服务、培训和试验示范等活动;

(五)创建各种类型的科普基地;

(六)开展科技发明、科技制作,组织科学考察和科普夏令营等活动;

(七)其他形式的科普活动。

第三章　科普组织与科普工作者

第十二条　科普组织是指以科普工作为主要职责的各级科学技术社会团体、各类群众性组织和有关单位。

科普工作者是指从事科普工作的专职和非专职人员。

第十三条　科普组织与科普工作者享有以下权利:

(一)依法创办或者参加科普组织,自主开展各种形式的科普活动;

(二)组织或者参与科普理论研究;

(三)科普作品的创作、编辑和出版;

(四)申请科普项目及经费,获得科普创作资金和出版资金的资助;

(五)利用科普资源兴办经济实体,依法取得报酬;

(六)接受专业技术培训;

(七)法律、法规规定的其他权利。

第十四条　科普组织与科普工作者应当承担以下义务:

(一)坚持科学态度,依法开展科普活动;

(二)传播科学思想、科学方法和科技知识,开展各种形式的科普活动;

（三）反映科普工作者的意见和要求，维护科普工作者的合法权益；

（四）法律、法规规定的其他义务。

第十五条 科普工作者在参加专业技术职务评审时，其科普著作、发表的论文、直接参与或者指导的县级以上科普竞赛成绩、获得的科普奖励等科普工作业绩，作为其评聘专业技术职务的条件。

第四章 社会责任

第十六条 科普是全社会的共同责任，全体公民、社会各界都应当积极参与和支持。

第十七条 工会、共青团、妇联应当组织职工、青少年、妇女参加多种形式的科普活动。

第十八条 农村基层组织应当根据当地与社会发展的需要，围绕科学生产、文明生活，开展科普工作。

城镇基层组织及社区应当利用所在地的科技、教育、文化、卫生、旅游等资源，结合居民的生活、学习、健康和娱乐等需要，开展科普活动。

第十九条 各级各类农业技术推广机构、农业技术学校应当采取科技咨询、宣传培训、远程教育、试验示范、技术推广等，普及农业科技知识，提高农民科学文化素质。

第二十条 企业应当结合技术创新，组织职工开展技能培训和技术竞赛等群众性科技活动；有条件的应当建立科普组织，开展科普活动。

第二十一条 科研院所、大专院校、医疗卫生单位和社会团体应当支持和组织科技人员、教师、学生和医疗卫生工作者开展科普活动，进行科普宣传；适宜向大众开展科普教育的科研基地、重点实验室、工程技术研究中心、标本室和陈列室等应当向社会开放。

第二十二条 各级各类学校及其他教育机构应当把科普作为素质教育的重要内容，组织学生开展形式多样的科普活动，培养其爱科学、学科学、讲科学、用科学的兴趣，提高其科学思维能力、动手能力和创造能力。

第二十三条 博物馆、图书馆、青少年科技活动中心、青少年宫、文化馆（站）、天文台（站）等科普场所，应当面向公众开展科普活动，节假日应当免费向中小学生开放。

第二十四条 各种报刊应当开辟科普宣传专栏、专版，电台、电视台、计算机网站应当开设科普专题节目，影视作品的生产、发行、放映单位应当加强科普影视作品的制作、发行和放映工作，出版单位应当多出版适合大众和少年儿童的科普读物及音像制品。

新闻单位及其工作者应当坚持科普宣传的科学性、准确性，做好科普宣传工作。

第二十五条 公园、机场、车站、码头和商场等各类公共场所的经营单位，应当在所管理范围内开展科普宣传。

第五章 保障措施

第二十六条 各级人民政府应当保障科普经费的投入，将科普经费列入财政预算，并随财政收入的增长逐步提高。

科技、教育、文化、卫生、农业、林业、国土资源、环境保护、体育、气象等部门，应当安排经费列入本部门预算用于科普工作。

社会团体及企业事业单位也应当安排适当经费支持科普工作。

第二十七条　各级人民政府应当制定政策和措施,鼓励和支持社会力量按照市场机制兴办科普事业,鼓励多渠道筹措资金开展多种形式的科普活动。

鼓励境内外组织或者个人依法捐助,支持科普事业。

第二十八条　各级人民政府必须将科普基础设施建设纳入城市规划和基本建设计划,加快对科技馆、博物馆、青少年科技活动中心、青少年宫、文化馆(站)、图书馆、科普画廊、科普教育基地等科普场所的建设、改造和利用。

第二十九条　各级人民政府和有关部门应当加强科普队伍的建设,改善科普工作者的工作和生活条件,逐步提高其待遇。

第六章　法律责任

第三十条　以科普为名进行有损社会公共利益的活动,扰乱社会秩序或者骗取财物,尚未构成犯罪的,依法予以处罚。

第三十一条　克扣、截留、挪用科普经费或者捐赠款物的,由所在单位或者上级行政主管部门责令改正;尚未构成犯罪的,依法给予行政处分。

第三十二条　擅自改变科普场所性质、侵占科普场所、设施的,由所在单位或者上级行政主管部门责令改正;情节严重的,对直接责任人员给予行政处分。

第三十三条　县级以上人民政府科学技术行政主管部门和有关部门工作人员在科普工作中玩忽职守、徇私舞弊、滥用职权,尚未构成犯罪的,依法给予行政处分。

云南省科学技术普及条例

(2003 年 3 月 28 日云南省第十届人民代表大会常务委员会第二次会议通过)

第一条 为加强科学技术普及工作,提高公民的科学文化素质,促进科教兴滇,根据《中华人民共和国科学技术普及法》和有关法律,结合本省实际,制定本条例。

第二条 本省范围内,国家机关、武装力量、社会团体、企业事业单位、农村基层组织及其他组织开展科学技术普及(以下简称科普),应当采用公众易于理解、接受、参与的方式,普及科学技术知识、倡导科学方法、传播科学思想、弘扬科学精神的活动。

第三条 科普工作应当坚持群众性、社会性和经常性的原则;禁止以科普为名从事反科学、伪科学和邪教活动。

第四条 各级人民政府领导科普工作,并将科普工作纳入国民经济和社会发展计划,加强科普设施和科普队伍建设,促进科普事业的发展。

县级以上人民政府应当建立和完善科普工作协调制度。

第五条 县级以上人民政府应当把科普经费列入同级财政预算,逐步增加科普经费的投入,增加对少数民族地区和边远贫困地区科普资金扶持。

第六条 鼓励境内外的社会组织、个人依法兴办科普事业,捐助科普专项资金、实物,设立科普基金,资助发展科普事业。

对捐赠财产用于科普事业或者投资建设科普场馆、设施的,依法给予优惠。

第七条 县级以上人民政府科学技术行政部门及其他行政部门在同级人民政府领导下,按照各自的职责范围,负责本地区有关的科普工作。

县级以上人民政府科学技术行政部门负责制定本行政区域内的科普工作总体规划和年度计划,并负责统筹协调和监督检查,推动科普工作的发展。

第八条 各级科学技术协会是科普工作的主要社会力量,应当组织有关学会、协会和专业技术研究会开展科普活动,协助同级科学技术行政部门制定科普工作总体规划和年度计划,为政府科普工作决策提供建议,对各部门、各单位和基层科普组织的科普工作进行业务指导;其他社会团体应当发挥各自优势开展科普活动。

第九条 县级以上人民政府所在地应当建立科普场馆;乡镇、街道办事处应当建立科普宣传廊或者科普活动室等设施。

国家投资建设的科普场所和设施,不得改作他用。

第十条 县级以上人民政府科学技术行政部门、科学技术协会及其他有关单位应当结合实际,组织开展"科普周"、"科普街"、科技下乡等活动,举办科普展览、科普讲座,进行科技咨询、科技培训,结合少数民族传统节日开展科普活动。

第十一条　学校应当加强对学生的科普教育。

科学技术协会、教育及其他有关部门应当组织青少年开展科技发明、科技竞赛和科普教育活动,举办青少年科技夏令营、冬令营等科普活动。

第十二条　科研单位、高等院校应当把科普工作纳入科技计划;有条件的科研基地和重点实验室应当向社会开放。

科普教育基地、科技馆、博物馆、图书馆、文化馆、青少年活动场所和有条件的企业、旅游景点,应当面向社会开展科普教育活动。

第十三条　农业、科技等部门和科学技术协会应当加强农村科技培训,建立农业科技试验、示范基地,促进农业先进实用技术的推广、普及和应用,倡导科学文明的生产和生活方式。

第十四条　居民委员会和社区组织应当结合实际,开展创建科普文明单位、"科普之家"等多种形式的活动。

第十五条　企业应当结合岗位技能要求,在员工中开展技术培训、技术竞赛和技术革新等活动,推动企业的技术创新。

第十六条　综合类报纸、期刊应当开设科普专栏、专版刊登科普文章;出版、发行单位应当重视科普读物、科普电子出版物和科普音像制品的出版、发行;广播电台、电视台应当开设科普栏目;影视单位应当制作、发行和播映科普影视作品;广告宣传中应当注重发布科普类公益性广告。

鼓励单位和个人利用互联网等现代传媒开展科普活动。

第十七条　文化、广播电视等部门应当定期组织科教影视和科普文艺节目到农村、厂矿,特别是少数民族地区和边远贫困地区巡回放映和演出。

第十八条　环境保护、人口与计划生育、医疗卫生、地震和气象等部门应当按照各自的职责,做好环境保护、优生优育、医疗保健和防灾减灾等方面的科普工作。

第十九条　县级以上人民政府科学技术行政部门、科学技术协会应当加强科普创作队伍建设,组织开展科普理论研究,扶持科普作品的创作,奖励优秀科普作品。

第二十条　各级人民政府或者有关部门、单位对在科普工作中作出突出贡献的单位和个人,应当给予表彰和奖励。

第二十一条　科普工作人员和中小学科技辅导员的科普著作、论文、直接参与指导的科普竞赛成绩以及开展科普工作的其他业绩,作为评定专业技术职称的依据。

其他人员的科普著作、论文、直接参与指导的科普竞赛成绩,可以作为评定专业技术职称的依据。

第二十二条　以科普为名扰乱社会秩序、骗取财物或者进行邪教活动的,由公安机关依法处罚;构成犯罪的,依法追究刑事责任。

第二十三条　违反本条例,将国家投资建设的科普场所和设施改作他用、侵占或者破坏科普设施、挪用科普经费的,由县级以上人民政府科学技术行政部门会同有关部门责令限期改正,退回被挪用的科普经费和被侵占的财产;有违法所得的,予以没收,可以并处违法所得一倍以上三倍以下罚款；对负责的主管人员和其他直接责任人员，由其主管部门依法给予行政处分；造成损失的，依法予以赔偿；构成犯罪的，依法追究刑事责任。

第二十四条　本条例自 2003 年 7 月 1 日起施行。

西藏自治区实施《中华人民共和国科学技术普及法》办法

（2005 年 9 月 28 日西藏自治区第八届人民代表大会常务委员会
第二十次会议审议通过）

第一章　总　　则

第一条　为了实施科教兴藏和可持续发展战略,加强科学技术普及工作,提高公民的科学文化素质,推动经济发展和社会进步,根据《中华人民共和国科学技术普及法》,结合自治区实际,制定本办法。

第二条　自治区行政区域内的国家机关、企业事业单位、社会团体、城镇社区、农牧区基层组织和公民,开展科学技术普及(以下简称科普)工作和活动,适用本办法。

第三条　科普是公益事业,是科学技术工作的重要组成部分,是社会主义物质文明与精神文明建设的重要内容。发展科普事业是自治区的长期任务。

科普工作应当贯彻政府主导、全社会参与、长期、稳定、有效发展的方针,坚持普及与提高相结合的原则。

自治区支持和促进科普工作的对外交流与合作,扶持农牧区、边远贫困地区的科普工作。

第二章　组织管理与保障措施

第四条　各级人民政府领导科普工作,应当将科普工作纳入国民经济和社会发展计划,加强行政管理,增加财政投入、制定配套措施,为科普工作创造良好的环境和条件。

自治区应当建立由自治区人民政府科学技术行政主管部门牵头,发展改革、教育、文化、农牧、卫生、环境保护、科学技术协会、新闻媒体等单位参加的科普联席会议制度,统筹管理、组织和协调科普工作。拉萨市、各地区行政公署、各县(市、区)人民政府应当建立科普工作协调制度。

第五条　县级以上人民政府科学技术行政主管部门负责本行政区域内的科普工作,主要职责是:贯彻执行有关科普工作的法律、法规;制定科普发展规划和计划;指导、协调、检查和督促本行政区域内的科普工作。

县级以上人民政府的其他行政部门,按照各自的职责范围,负责组织和实施科普工作。

第六条 科学技术协会是科普工作的主要社会力量。科学技术协会应当利用并发挥组织优势和科普网络作用,协助政府制定科普工作规划和计划;加强对所属专业技术协会、学会和研究会等团体科普工作的组织管理与业务指导;支持有关社会组织和企业事业单位及个人开展科普活动;组织开展群众性、社会性和经常性的科普活动。

第七条 县级以上人民政府应当将科普经费列入同级财政预算,专款专用,随着财政收入的增长逐步增加科普投入,保障科普工作顺利开展。

卫生、人口与计划生育、教育、文化、体育、农牧、林业、水利、环境保护、国土资源、气象、地震等有关部门应当安排一定的经费用于科普工作。

第八条 科普专项经费主要用于科普活动和科普培训,资助科普读物的创作、编译、出版、科普影视制作、科普理论研究等相关工作。

科普经费的使用应当接受同级财政、审计部门的监督和审计。任何单位和个人不得截留、挪用科普经费。

第九条 自治区人民政府、拉萨市和有条件的地区行政公署、县级人民政府应当将科普场馆(站)、设施建设纳入城乡建设规划和基本建设计划;对政府投资建设的科普场馆(站)设施,同级财政应当安排必要的经费用于维修、改造和日常管理,保障其正常运行。

以政府财政投资建设的科普场馆(站),应当常年向公众开放,对青少年实行优惠,不得擅自改作他用。

尚无条件建立科普场馆(站)的地方,可以利用现有的科技、教育、文化等设施开展科普活动,并设立科普画廊、橱窗等。

第十条 各级人民政府应当鼓励和支持社会力量兴办科普事业,鼓励多渠道筹措资金开展多种形式的科普活动。

第十一条 社会力量兴办科普事业或者投资建设科普场馆(站)、设施的,享受国家和自治区对科普事业实行的税收优惠。

第十二条 自治区科技、农牧、卫生等部门应当深入农牧区和边远贫困地区开展科普宣传、科技培训等工作。

第十三条 各级人民政府和有关部门应当采取有效措施,改善科普工作者的工作和生活条件。

第三章 社会责任

第十四条 各级各类学校及其他教育机构应当把科普列入教育内容;支持和组织师生开展多种形式的科普活动;组织开展科技论文撰写、科技发明、科技竞赛和科技考察等课外活动。

科技场馆(站)、科技活动中心和其他科普教育基地应当组织开展青少年校外科普活动。

第十五条 科研院(所)、大中专院校、医疗卫生单位和社会团体应当支持和组织科技人员、教师、学生和医疗卫生工作者开展科普活动,进行科普宣传;适宜向大众开展科普教育的科研基地、实验室、工程技术研究中心、标本室和陈列室等应当向社会开放。

第十六条 综合类报纸、期刊应当开设藏汉两种语言文字的科普专栏、专版;广播电台、电视台应当开设藏汉两种语言文字的科普栏目、节目;影视生产、发行和放映机构、书刊出版和发行机构应当加大科普宣传的力度;博物馆、图书馆、群艺馆、展览馆、文化馆、青少年宫等文化场所和综合性网站应当结合自身业务,增加科普宣传的内容,发挥科普教育的作用。

第十七条 医疗卫生、计划生育、教育、文化、体育、农牧、林业、水利、民族宗教、环境保护、国土资源、气象、地震、文物、旅游等国家机关、事业单位应当参加各类科普宣传,并结合各自的工作开展科普活动。

第十八条 工会、共产主义青年团、妇女联合会等社会团体应当结合各自工作对象的特点,组织开展科普活动。

第十九条 企业应当结合技术创新和职工技能培训开展科普活动。

第二十条 农牧区基层组织应当利用科技下乡等活动,根据当地经济与社会发展的需要,围绕科学生产、文明生活,发挥乡镇科普组织、农村学校的作用,开展科普工作。各类农村经济组织、农牧业技术推广机构和农村专业技术协会,应当结合推广先进适用技术,向农牧民普及科学技术知识。

第二十一条 城镇基层组织及社区应当利用所在地的科技、教育、文化、卫生、旅游等资源,结合居民的生活、学习、健康娱乐等需要,开展科普活动。

第二十二条 公园、商场、机场、车站等各类公共场所的经营管理单位,应当在所辖范围内加强科普宣传。

第四章　科普组织和科普工作者

第二十三条 科普组织包括:

(一)科学技术协会和以科普工作为主要职责的学会、协会、研究会、科普志愿者组织;

(二)专门从事科普研究、创作、编译、教育、展览、出版等工作的事业单位和社会团体;

(三)直接面向农牧区和企业的各类技术推广和培训机构;

(四)社会力量兴办的以科普为主要业务的机构。

第二十四条 科普组织享有下列权利:

(一)自主开展多种形式的科普活动;

(二)申请、承担政府部门、企业事业单位及其他组织或个人委托的科普项目;

(三)享受有关优惠政策;

(四)获得合法拨款、资助、捐赠;

(五)取得名誉、荣誉、奖励和有关知识产权;

(六)提出有关加强和改进科普工作的意见和建议;

(七)法律、法规规定的其他权利。

第二十五条 科普组织应当履行下列义务:

(一)倡导科学精神,捍卫科学尊严;

(二)以开展科普活动为主业,通过改进和更新科普活动的形式和内容,提高科普工作水平;

(三)反映科普工作者的意见和要求,维护科普工作者的合法权益;

(四)法律、法规规定的其他义务。

第二十六条 科普工作者是指从事科普研究、创作、编译、教育、展示、出版和青少年科技教育的人员，企业事业单位、社会团体等机构的科普工作人员，以及科普志愿工作者。

在科普组织和场所中从事科普工作的人员、青少年科技教师或辅导员以及全职科普作家为专职科普工作者，其他从事科普工作的人员为非专职科普工作者。

第二十七条 科普工作者享有下列权利：

（一）依法创办或者参加科普组织，自主开展科普活动；

（二）申请科普项目经费，获得资助；

（三）从科普有偿服务活动中获得合法报酬；

（四）取得名誉、荣誉、奖励和有关知识产权；

（五）接受继续教育和专业技术培训、参加科技学术交流；

（六）对科普工作提出意见和建议；

（七）法律、法规规定的其他权利。

第二十八条 科普工作者应当履行下列义务：

（一）坚持科学精神，遵守职业道德；

（二）开展或参加科普活动，传播普及科学技术知识，推广应用先进实用技术，承担并完成科普工作的其他任务；

（三）不断提高自身科学文化素质和科普工作能力；

（四）抵制和反对伪科学、反科学活动；

（五）法律、法规规定的其他义务。

第二十九条 专职科普工作者参加相应系列的专业技术职称评定时，其科普著作、论文、直接参与指导的科普竞赛成绩和开展科普工作的其他成绩，作为晋升专业技术职务（职称）的依据。

非专职科普工作者的科普工作应计入其本职工作量，其科普成果可以作为晋升专业技术职务（职称）的依据。

第五章　奖励与处罚

第三十条 县级以上人民政府及有关部门对在科普工作中做出突出贡献的组织和个人，给予表彰和奖励。

县级以上人民政府科学技术行政主管部门会同教育行政主管部门以及科学技术协会，对在科普工作中做出突出成绩的学校、科技场馆（站）及单位可以授予科普教育示范学校或科普教育示范单位的称号。

第三十一条 国家工作人员在科普工作中，玩忽职守，滥用职权，给科普事业造成损失或者侵犯科普工作者合法权益的，由所在单位或者上级机关对负有责任的主管人员或直接责任人员给予行政处分；构成犯罪的，依法追究刑事责任。

第三十二条 以科普为名进行有损社会公共利益的活动，扰乱社会秩序或者骗取财物，由有关主管部门给予批评教育，并予以制止；违反治安管理规定的，由公安机关依法给予治安管理处罚；构成犯罪的，依法追究刑事责任。

第三十三条　截留、挪用科普财政经费的,由有关主管部门责令其限期归还;对负有责任的主管人员和其他直接责任人员依法给予行政处分;构成犯罪的,依法追究刑事责任。

第三十四条　擅自将财政投资建设的科普场馆(站)改为他用的,由有关主管部门责令限期改正;情节严重的,对负有责任的主管人员和其他直接责任人员依法给予行政处分。

第六章　附　　则

第三十五条　本办法自 2005 年 12 月 1 日起施行。

陕西省科学技术普及条例

（2000年5月26日陕西省第九届人民代表大会常务委员会第十五次会议通过 2000年5月26日陕西省第九届人民代表大会常务委员会公告第23号公布 根据2010年3月26日陕西省第十一届人民代表大会常务委员会第十三次会议通过 2010年3月26日陕西省第十一届人民代表大会常务委员会公告第26号公布自公布之日起施行的《陕西省人民代表大会常务委员会关于修改部分地方性法规的决定》修正）

第一章　总　则

第一条　为了实施科教兴陕战略,加强科学技术普及工作,提高公民科学文化素质,推动经济发展和社会进步,根据《中华人民共和国科学技术进步法》和有关法律、法规,结合本省实际,制定本条例。

第二条　本条例所称科学技术普及（以下简称科普）是指采用易于理解和接受的方式,向公众传播科学技术知识、科学方法和科学思想。

第三条　科普工作是国家基础建设、基础教育和科学技术工作的重要组成部分,是一项社会系统工程。

公民、法人和其他组织应当参与和支持科普活动,全体公民都应当接受科普教育。

第四条　本条例适用于本省行政区域内的国家机关、社会团体、企事业单位及其他组织和公民。

第五条　科普工作应当面向经济、面向基层、面向公众,坚持普及与提高相结合、经常性工作与集中活动相结合、普及科学知识与推广适用技术相结合的原则。

第六条　科普工作的对象是全体公民,重点是青少年、农民和各级领导干部。

第七条　各级人民政府应当加强对科普工作的领导,将科普工作作为社会主义物质文明和精神文明建设的重要组成部分,纳入国民经济的社会发展计划,为科普工作创造良好的环境和条件。

第八条　县级以上人民政府科学技术行政主管部门负责本行政区域内的科普行政管理工作。其他有关行政管理部门依照各自职责做好相关的科普工作。

第二章　组织管理

第九条　县级以上人民政府科学技术行政主管部门科普工作的主要职责是:制定并组织

实施科普工作总体规划和年度计划;贯彻执行国家有关法律、法规和政策;指导和监督管理科普工作。

第十条　各级科学技术协会是科普工作的主要社会力量。其科普工作的主要职责是:

(一)参与制定科普工作总体规划和年度计划;

(二)管理所属团体和单位,指导基层科学技术协会和农村专业技术协会、研究会的科普工作;

(三)依据科普工作总体规划和年度计划,组织科技工作者开展经常性、群众性、社会性的科普活动;

(四)为本级人民政府提供科普工作决策咨询。

第十一条　教育行政管理部门应当促进教育与科技结合,重视对青少年学生的科普教育,会同有关部门、团体建立青少年科普教育基地;组织教师学习现代科学技术知识,加快知识更新;发展职业技术教育,提高劳动者的职业知识和技能。

第十二条　农业行政管理部门应当组织开展农业科学技术培训和"绿色证书"教育,普及推广农业科学知识和先进适用技术。

第十三条　旅游、文物行政管理部门应当利用本地旅游、文物资源,开展科普宣传,用科学思想指导、规范旅游景点的宣传行为。

第十四条　卫生、计划生育、体育、环境保护行政管理部门应当结合爱国卫生、医疗保健、计划生育、全民健身和环境保护,做好科普工作。

第十五条　文化、新闻出版、广播电视行政管理部门应当发挥各自优势,结合生产、生活实际和现代科学技术发展方向,组织本系统各单位,灵活多样地开展科普宣传工作。

第十六条　工会、共青团、妇联等群众团体应当发挥各自的组织优势,开展多种形式的群众性科普活动。

第三章　科普工作者

第十七条　科普工作者包括专业科普工作者和非专业科普工作者。在科技馆(中心)、青少年宫(活动中心)等专业科普活动场所中从事科普工作的人员以及中小学专设的科技辅导员为专业科普工作者。其他从事科普工作的人员为非专业科普工作者。

第十八条　科普工作者享有下列权利:

(一)依法创办科普组织,自主开展活动;

(二)申请科普项目经费,接受有关科普工作、科普项目的捐赠、资助;

(三)创作科普作品,参加学术交流;

(四)按照有关规定,接受专业技术职称评聘,享受相应待遇;

(五)依法创办从事科普活动的经济实体,开展有偿服务;

(六)接受继续教育和专业技术培训;

(七)对科普工作提出意见和建议;

(八)法律、法规规定的其他权利。

第十九条　科普工作者应当履行下列义务:

（一）坚持科学精神，遵守职业道德；

（二）开展科普工作，传播推广科学技术知识、科学方法和科学思想；

（三）抵制和揭露伪科学、反科学行为和迷信活动；

（四）学习现代科学技术知识，提高科普工作水平；

（五）法律、法规规定的其他义务。

第二十条 科普工作者按照国家有关规定参加相应系列的专业技术职称评定时，其科普工作实绩、科普著作、论文或者直接参与指导的科普竞赛成绩和获得市（地区）级以上的科普奖励，应当作为晋升专业技术职称的依据。

第二十一条 各级人民政府、有关部门和企业事业单位应当采取措施，逐步改善科普工作条件。

第四章　社会责任

第二十二条 国家机关、企业事业单位应当建立科普教育制度，将学习现代科学知识和接受科普教育作为领导干部年度考核的一项内容。

第二十三条 学校和其他教育机构应当把提高青少年的科技素质作为全面实施素质教育的重要内容，结合教学活动和学生特点，开展科普活动，提高受教育者的观察能力、科学思维能力和创造能力。

第二十四条 报社、广播电台、电视台和计算机互联网站应当利用大众传媒体开辟科普专版、专栏、专题节目；图书、影视作品的出版、发行、制作和放映单位应当鼓励、扶助科普类出版物的出版、发行、制作和放映。

第二十五条 科技馆（中心）、青少年宫（活动中心）应当利用现有场地和设施，组织开展科技交流、科普展览和专业技能培训活动。

文化馆、图书馆、博物馆应当结合自身业务，利用馆藏科普图书、资料、实物、标本和设施，宣传科普知识，开展科普活动。

动物园、植物园、自然保护区等场所应当开展有关环境、生态和生物多样性保护的科普宣传活动。

本条第一、二、三款所列各类科普场所应当有组织地每年定期免费向社会开放。

第二十六条 农业技术推广机构、农村专业技术协会、研究会应当围绕当地农业主导产业，开展技术培训、示范、咨询、服务，向农民推广、普及农业科学技术知识。

农业科研、教学单位和农业高新技术产业示范区应当充分发挥科技优势和示范基地辐射作用，鼓励科研人员采取技术入股、领办企业、科技承包等方式，推广现代农业科学技术。

第二十七条 企业应当向职工普及生产经营、劳动保护等有关的科技知识；结合技术创新、新产品开发，采取岗位练兵、技术培训和技术竞赛等多种形式，推广新技术、新工艺。

第二十八条 科研单位、大专院校、医疗卫生单位和社会团体应当组织和鼓励科技人员、教师、学生、医疗卫生工作者和青年志愿者参加社会科普活动，送科技下乡下厂。

科研单位、大专院校、大型企业的实验室、科研设施和展览中心，应当有组织有选择地向公众开放。

第二十九条　公园、旅游景点、影剧院、体育场馆、商场、机场、车站等公共场所的管理单位,应当根据各自特点,开展公益性科普知识宣传。

第三十条　村(居)委员应当组织村民、居民接受科普教育;利用橱窗、有线广播和举办夜校、培训班等方式宣传科普知识,进行技能培训;鼓励采用新技术发展生产,倡导科学的生活方式。

第三十一条　禁止任何组织和个人以科普为名,组织反科学、伪科学和迷信活动,骗取钱财、扰乱社会秩序。

第五章　保障措施

第三十二条　各级人民政府应当将科普经费列入同级财政预算,保证及时如数划拨,并随着经济发展逐年有所增加。

各级人民政府拨付的科普经费应当专款专用,任何单位和个人不得截留、挪用。

第三十三条　各级人民政府应当制定优惠政策,扶持科普图书、刊物、影视作品和音像制品的出版、发行、制作和放映。

第三十四条　各级人民政府应当将科普基础设施建设纳入城市建设规划和基本建设计划,加快科技馆(中心)、青少年宫(活动中心)的建设。

国家投资兴建的科普场馆、设施、任何单位不得擅自拆除或改变用途。

第三十五条　科普组织、科普工作者在城镇或者农村集市赠送科普图书、资料,开展科普咨询,无偿提供科普服务,有关部门应当免收相关管理费用。

第三十六条　各级人民政府应当制定政策,采取措施,支持社会力量依法成立独资、合伙、股份合作等形式的民营科普组织,开展有偿服务活动。

各级人民政府应当鼓励单位和个人捐资、捐物兴办科普事业,资助科普活动。

第六章　奖励处罚

第三十七条　各级人民政府和有关行政管理部门、社会团体应当定期对在科普工作中做出突出贡献或者捐资数额较大的单位和个人,给予表彰或者奖励。

第三十八条　以科普为名,组织反科学、伪科学和迷信活动,扰乱社会秩序,危害公共利益或者骗取财物,尚不构成刑事犯罪的,由公安机关依照《中华人民共和国治安管理处罚法》的规定予以处罚;构成犯罪的,由司法机关依法追究刑事责任。

第三十九条　违反本条例第三十二条第二款规定,截留、挪用科普经费的,由所在单位或者上级机关责令限期归还,对直接负责的主管人员和其他直接责任人员依法给予行政处分;构成犯罪的,由司法机关依法追究刑事责任。

第四十条　违反本条例第三十四条第二款规定,擅自拆除国家投资兴建的科普场馆、设施或者改变其用途的,由科学技术行政主管部门责令恢复原状或者限期改正,有违法所得的,没收违法所得,并由所在单位或者上级机关对直接负责的主管人员和其他直接责任人员依法给予行政处分。

当事人对科学技术行政主管部门做出的行政处罚决定不服的,可以依照《中华人民共和国行政复议法》和《中华人民共和国行政诉讼法》申请行政复议或者提起行政诉讼。

第四十一条　违反本条例规定的行为,其他法律、法规有处罚规定的,从其规定。

第四十二条　国家工作人员在科普工作中,玩忽职守、滥用职权,给科普事业造成损失或者侵犯科普工作者合法权益的,由所在单位或者上级机关给予行政处分;构成犯罪的,由司法机关依法追究刑事责任。

第七章　附　则

第四十三条　本条例自公布之日起施行。

甘肃省科学技术普及条例

(2010 年 9 月 29 日省十一届人大常委会第十七次会议通过)

第一章 总 则

第一条 为实施科教兴省战略和可持续发展战略,加强科学技术普及工作,提高公民的科学文化素质,增强自主创新能力,推动经济发展和社会进步,根据《中华人民共和国科学技术普及法》等有关法律、法规,结合本省实际,制定本条例。

第二条 本省行政区域内开展科学技术普及活动,适用本条例。

本条例所称科学技术普及(以下简称科普)是指以公众易于理解、接受和参与的方式,普及科学技术知识、倡导科学方法、传播科学思想、弘扬科学精神的活动。

第三条 科普是公益事业,是全社会的共同责任,应当遵循政府主导、全民参与的原则,社会各界都应当支持和参与科普活动。

第四条 科普工作的对象是全体公民。

科普工作应当注重群众性、社会性和经常性,因地制宜,根据不同对象的接受能力和需求,采取多种方式进行。

第五条 科普工作应当坚持科学精神,反对和抵制伪科学。

任何单位和个人不得以科普为名实施违反法律法规、损害社会公共利益和他人合法权益的行为。

第二章 组织管理

第六条 县级以上人民政府应当将科普工作纳入本行政区域国民经济和社会发展规划,采取有效措施,促进科普事业发展。

第七条 县级以上人民政府应当建立由科学技术行政部门、其他有关部门和社会团体组成的科普工作联席会议制度。科普工作联席会议负责审议本行政区域科普工作发展规划和年度计划,统筹、协调本行政区域的科普工作,研究解决科普工作中的重大问题。

第八条 县级以上人民政府科学技术行政部门负责制定科普工作规划,宣传贯彻有关科普工作的法律法规和政策,指导、督促检查本行政区域内的科普工作。

县级以上人民政府其他有关部门按照各自职责,做好有关的科普工作。

乡镇人民政府、街道办事处应当结合实际,组织开展辖区内的科普活动。

第九条 各级科学技术协会是科普工作的主要社会力量,应当发挥有关学会、协会、研究会的优势,组织开展科普活动;支持有关社会组织、企业事业单位和科技人员进行科普研究、科普创作和科普推广;协助政府制定科普工作规划、年度计划,为政府科普工作决策提供建议。

第三章 社会责任

第十条 国家机关、社会团体、企业事业单位、居民委员会、村民委员会及其他社会组织,都有开展科普工作的责任。

每年五月的第三周为本省科技活动周。活动周期间社会各界应当根据活动主题,结合实际开展科普活动。

第十一条 县级以上人民政府教育行政部门应当将科普教育纳入素质教育的重要内容,指导学校开展科普活动。

中小学校应当配备科普辅导教师,组织学生参加科普兴趣小组,开展科技发明、科技制作、科技考察等科普活动。

第十二条 县级以上人民政府农牧、科技、文化、卫生、人口和计划生育、环境保护等有关部门和科学技术协会,应当支持农村科普组织、科普队伍和科普活动基地建设,健全科普工作网络;组织经常性的科技下乡、进村入户活动,开展面向农牧民的科技知识和技能培训,为农牧民提供科技信息服务。

第十三条 乡镇人民政府和农村基层组织应当提高科普服务能力,建立健全农村科普组织,加强农村科普队伍、科普活动站和科普宣传栏的建设。

农业技术推广培训机构、农村专业合作经济组织、农村专业技术协会和农村科普示范基地应当利用自身优势,向农牧民普及科学技术知识。

第十四条 城市基层组织应当利用所在地的科技、教育、文化、卫生、旅游等资源,开展环境保护、医疗卫生、防灾减灾、食品安全、健康养生、节约资源等方面的科普宣传活动。

第十五条 县级以上人民政府人力资源和社会保障行政部门应当会同有关单位,加强对城镇劳动人口科技教育培训的协调和管理,开展科普教育,普及职业病防治、安全生产等知识。

第十六条 企业应当根据自身特点,开展科普宣传,普及与生产经营、职业卫生、环境保护、安全防护等有关的科学技术知识。

鼓励企业建立科普组织、制作公益性科普广告,设立和开放科普场馆。

第十七条 县级以上人民政府公务员管理机构应当将科普纳入国家公务员继续教育的内容,根据培训对象的需要,开设现代科技知识课程或者举办科技知识讲座。

第十八条 新闻出版部门应当加强科普作品的出版宣传工作,影视单位应当加强科普影视作品的制作、发行和放映;出版、发行机构应当对科普作品的出版发行予以扶持和优惠。

第十九条 报刊、广播、电视等新闻媒体应当开设科普宣传专版、专栏和专题节目,制作、发布公益性科普广告。

本省的综合性互联网站应当开设科普网页,鼓励单位和个人利用互联网站等现代传播媒体开展科普活动。

第二十条 科研院所、高等院校、医疗卫生等单位,应当组织和支持科技人员、教师、学生、卫生医务人员及其他科普工作者深入社区、乡村开展科普活动。

第二十一条　科技馆、博物馆、图书馆、文化馆、青少年科技活动中心等场馆应当利用各自优势开展科普宣传活动。

第二十二条　自然保护区、旅游景点、公园、商场、机场、车站、影剧院、体育场馆等公共场所的经营管理单位,应当采用科普橱窗、科普画廊、科普宣传手册、公共宣传栏、多媒体等方式,开展经常性的科普宣传活动。

提倡大型洽谈会、展览会、节会、体育赛事等活动的组织承办者开展相关的科普宣传。

第二十三条　工会、共青团、妇联、社科联等群众组织应当根据自身特点和所联系群体的实际,组织开展多种形式的科普活动。

第四章　保障措施

第二十四条　县级以上人民政府应当将科普经费列入同级财政预算,其年增长幅度应当高于同级财政经常性收入的增长幅度。

科普经费应当向少数民族地区和贫困地区倾斜。

科普经费应当及时拨付,专款专用,任何单位和个人不得克扣、截留和挪用。

第二十五条　鼓励和支持境内外企业、社会组织和个人设立科普基金、捐赠科普财产、投资建设科普场馆、设施;支持社会组织成立独资、合伙、股份合作等形式的民营科普组织,依法开展科普活动;鼓励科普志愿者组织和参与各种形式的科普志愿活动;支持和促进科普工作对外交流与合作。

捐赠财产用于科普事业或者投资建设科普场馆、设施的,可以享受国家优惠政策;社会组织成立独资、合伙、股份合作等形式的民营科普组织,可以按照市场机制运行。

第二十六条　县级以上人民政府应当加强科普设施建设,对符合城乡建设规划的新建、扩建科普场馆用地优先给予安排;对现有科普场馆、设施应当加强利用、维修和改造。

省、市(州)和有条件的县(市、区)应当建立科技馆,尚无条件建立科技馆的县(市、区),应当建立青少年科技活动场所,利用现有设施开展科普活动。

第二十七条　政府投资建设的科技馆、博物馆、图书馆、科技文献馆、青少年宫等科普场馆,应当及时更新科普内容,常年向公众开放;运转困难的,同级财政应当给予必要的补贴。

第二十八条　科普场馆、设施不得擅自改作他用,任何单位和个人不得侵占、破坏科普场馆、设施。

第二十九条　科研机构和大专院校应当将其适宜向大众开放的研究实验基地、科研基础设施,非涉密的科研仪器设施、实验和观测场所,科技类博物馆、标本馆、陈列馆等,定期向社会开放。

中小学校组织学生到科研基地和实验室参观,有关单位应当给予支持。

第三十条　承担政府财政支持的重点科学技术研究项目的单位,应当根据项目特点开展相关科普宣传,在项目完成后,提供面向公众、通俗易懂的科普宣传资料、模型和展板。

第三十一条　在本省登记注册的社会组织均可申报省科普基地。省科普基地的认定工作按照国家和本省有关规定执行。

第三十二条 鼓励和支持科普创作和科普研究,实行科普创作补助政策。科普场馆门票收入,科普作品的制作、出版、发行、放映,科普设备的生产、销售与进口,享受有关税收优惠政策。

第三十三条 省人民政府应当将科普成果纳入省科学技术奖励范围。

县级以上人民政府应当对在科普工作中做出显著成绩的组织和个人予以表彰奖励。

第五章　法律责任

第三十四条 违反本条例规定,单位和个人以科普为名损害社会公共利益和损害他人合法权益的,或者利用科普活动扰乱社会秩序和骗取财物的,由县级以上人民政府科学技术行政部门会同有关部门给予批评教育,并予以制止;违反治安管理规定的,由公安机关依法给予行政处罚;构成犯罪的,依法追究刑事责任。

第三十五条 违反本条例规定,克扣、截留、挪用科普经费或者贪污、挪用捐赠款物的,由有关主管部门依法给予行政处罚;对直接负责的主管人员和其他直接责任人员由本单位或者主管部门依法给予行政处分;构成犯罪的,依法追究刑事责任。

第三十六条 违反本条例规定,将政府投资建设的科普场馆、设施擅自改为他用的,由有关主管部门责令限期改正;情节严重的,对直接负责的主管人员和其他直接责任人员,给予行政处分。侵占、毁损科普场馆、设施的,责令其停止侵害、恢复原状或者赔偿损失;构成犯罪的,依法追究刑事责任。

第三十七条 国家工作人员在科普工作中滥用职权、玩忽职守、徇私舞弊,依法给予行政处分;构成犯罪的,依法追究刑事责任。

第六章　附　则

第三十八条 本条例自 2011 年 1 月 1 日起施行。

青海省科学技术普及条例

(2006 年 3 月 30 日青海省第十届人民代表大会常务委员会第二十一次会议通过)

第一章 总 则

第一条 为了落实科学发展观和建设创新型国家的决策,实施科教兴青战略,加强科学技术普及(以下简称科普)工作,提高公民的科学文化素质,促进经济发展和社会进步,根据《中华人民共和国科学技术普及法》和有关法律、行政法规,结合本省实际,制定本条例。

第二条 科普工作的主要任务是普及科学技术知识,倡导科学方法,传播科学思想,弘扬科学精神。禁止以科普为名,进行有损社会公共利益,传播迷信、伪科学以及不健康、不文明生活方式的活动。

第三条 科普工作应当注重实效,因地制宜,面向基层,与生产、生活相结合,采用公众易于理解、接受和便于公民参加的方式进行。科普的内容应当随着经济与社会的发展不断更新。

第四条 科普的对象为全体公民,重点是公务员、青少年、农牧民和城镇劳动人口。

在少数民族群众中开展科普活动,应当根据其特点和需要,尊重少数民族的风俗习惯,运用当地通用的少数民族语言和文字。

第五条 科普是公益事业。各级国家机关、社会团体、企业事业单位、居民委员会、村(牧)民委员会及其他组织,都有开展科普工作的责任。

第六条 县级以上人民政府及其有关部门对在科普工作中做出显著成绩的单位和个人,给予表彰奖励。

第二章 组织管理

第七条 县级以上人民政府应当加强对科普工作的领导,将本地区的科普工作纳入国民经济和社会发展计划,制定促进科普工作发展的政策措施,加强科普专业队伍和科普志愿者队伍建设,为开展科普工作创造良好的环境和条件。

第八条 县级以上人民政府建立科普工作联席会议制度。科普工作联席会议由本级人民政府分管科学技术工作的负责人召集,科学技术行政部门和其他有关部门及科学技术协会等社会团体参加。

科普工作联席会议的主要职责是:

(一)研究提出科普事业发展的重大政策和措施;

（二）审议科普工作年度工作要点并检查落实情况；

（三）协调本地区和部门间的科普工作；

（四）促进各部门及全社会支持并参与科普工作。

科普工作联席会议的日常事务由本级人民政府科学技术行政部门负责。

第九条 县级以上人民政府科学技术行政部门负责制定本地区科普发展规划和计划，并对其落实情况进行督促检查。

县级以上人民政府有关行政部门应当按照各自的职责范围，负责有关的科普工作。

第十条 科学技术协会应当发挥科普工作主要社会力量的作用，参与制定科普规划和计划；推进科普网络和组织建设，支持社会组织和专业技术协会、研究会开展科普工作；鼓励科技人员进行科普研究和创作；组织开展群众性、社会性、经常性的科普活动。

第三章 社会责任

第十一条 有关部门和组织应当在农村牧区开展下列科普活动：

（一）农牧业生产知识宣传和技能培训，提供技术咨询和市场信息服务；

（二）自然资源和生态环境保护知识的宣传；

（三）建立科普示范基地和农牧业示范点，引进推广适合当地特点的籽种、畜种和农牧业先进生产技术；

（四）农牧业病虫害防治和生产安全知识的宣传培训；

（五）推广普及太阳能、沼气等能源和节能技术；

（六）进行疾病预防、卫生保健知识和科学生育观念等内容的宣传；

（七）适合农村、牧区的其他科普活动。

第十二条 科技人员应当深入农村牧区，开展科技服务，帮助农牧民掌握先进实用的生产技术和方法；其所在单位应当予以支持。

推行科技特派员下村服务制度。

第十三条 村（牧）民委员会应当配合各级人民政府及有关部门进行科普工作，支持并发挥农村牧区专业技术协会的作用，采取多种形式，引导农牧民学习和掌握科学生产、生活的新知识。

第十四条 学校等教育机构应当把科普教育纳入素质教育内容，通过实验教学、现代教育技术、实践课以及夏令营等途径，开展青少年科普活动，培养青少年的科学兴趣，提高青少年的科学素养、思维能力、实践能力和创造能力。

提倡高等院校、科研机构、高新技术企业以及其他组织面向青少年开放实验室、研究场所、观测站、技术推广示范基地等，开展科普活动。

第十五条 城市街道办事处、居民委员会，应当在本辖区内开展环境保护、节约资源、公共卫生、疾病预防、健康保健、优生优育、安全自救以及再就业职业技能等相关科学技术知识的宣传和培训。

第十六条 文化、新闻出版、广播电视、电信等有关单位应当根据行业特点，开展科普工作。

各类报刊应当开辟科普专栏、专版;电视台、广播电台应当开办科普栏目,播出科普节目,发布公益性科普广告;出版发行单位应当加强科普书籍和科普音像制品的出版和发行;声讯服务台和网站应当提供科普类信息服务;影视生产、发行和放映单位应当加强科普影视作品的制作、发行和放映;图书馆、文化馆(站)、演出团体等文化事业单位应当结合各自特点,开展科普宣传活动。

第十七条 国土资源、农牧、林业、人口与计划生育、文化、卫生、环保、气象、地震、消防等部门或者单位有关科技知识的展览室(厅)等场所,应当定期举办对外开放日,免费接受公众参观。

第十八条 县级以上人民政府人事部门应当将科普教育纳入公务员教育培训计划。

各级干部教育培训机构应当根据培训对象的需要,开设现代科技基础知识课程或者举办科技知识专题讲座。

第十九条 工会、共青团、妇联等社会团体应当以提高职工、青少年和妇女的科学文化素质和技术素质为重点,组织开展多种形式的科普宣传活动和职业技能培训。

第二十条 科技馆(宫)、博物馆、青少年校外活动机构和其他科普基地,应当组织科普展览或者科技知识讲座,在节假日免费向社会开放。

第二十一条 公园、广场、商场、车站、机场、旅游景点等公共场所的经营管理者和医疗机构、体育场馆、影剧院等单位,应当根据各自的特点,开展面向公众的科普宣传。

公共广告栏应当有一定比例的科普宣传内容。

第二十二条 企业应当结合技术创新、新产品开发、新技术应用和岗位技能培训,开展科普活动,提高职工的科学文化素质和生产技能,普及职业卫生、安全防护等知识。

第二十三条 支持、鼓励科技、教育工作者进行科普作品创作,宣传科学知识,传授科学技术和方法,担任中小学校科普活动的指导教师。

第四章 保障措施

第二十四条 县级以上人民政府应当将科普经费列入本级财政预算,并随着国民经济和社会事业的发展逐年增加。科普经费的具体标准和使用管理办法,由省人民政府另行制定。

县级以上人民政府有关部门应当安排一定经费用于科普工作。

省人民政府应当增加对贫困地区科普经费的投入。

第二十五条 县级以上人民政府应当将科普设施建设纳入城乡建设规划,并组织实施;维护和改造现有科普场馆、设施,充分发挥其科普功能。

政府财政投资和社会捐资建设的科普场所、设施应当用于科普工作,任何单位和个人不得擅自改变其用途。临时占用科普场所、设施或者改作其他用途的,须经县级以上人民政府科学技术行政部门同意。

第二十六条 从事下列活动,依法享受税收优惠政策:

(一)科普场馆开办科普活动取得的门票收入;

(二)科普类图书、报刊、影视作品、音像制品等的制作、出版、发行和放映;

(三)科普设备的生产、销售、进口。

在公共场所设立科普画廊、橱窗及开展科普宣传,经县级以上人民政府科学技术行政部门确认后,有关部门应当免予收费。

第二十七条 科普组织开展科普活动,可以依法获得专项经费资助、活动经费或者申请科普专题项目。

鼓励省内外组织和个人捐资,建设科普设施,发展科普事业。

第二十八条 科普成果纳入科学技术成果登记和奖励范围。

科普论著、科普成果和科普奖励,可以作为晋升专业技术职称的依据。

第二十九条 每年五月的第三周为全省科技活动周。各级人民政府及其有关部门应当动员和组织社会力量集中开展科普活动,社会各界应当根据科技活动周确定的主题开展科普活动。

各地区、行业还可以根据实际情况,另行安排时间集中开展科普活动。

第五章 法律责任

第三十条 违反本条例有关规定的行为,《中华人民共和国科学技术普及法》已有规定的,依法予以处罚。

第三十一条 违反本条例规定,未履行法定职责的,由其上级机关或者有关部门予以通报批评,并责令改正。

第六章 附 则

第三十二条 本条例自 2006 年 5 月 1 日起施行。

宁夏回族自治区科学技术普及条例

(2000 年 11 月 17 日宁夏回族自治区第八届人大常委会第十六次会议通过)

第一章 总 则

第一条 为了加强科学技术普及工作,提高公民的科学文化素质,促进社会主义物质文明和精神文明建设,根据《中华人民共和国科学技术进步法》和有关法律法规,结合自治区实际,制定本条例。

第二条 本条例所称科学技术普及(以下简称科普),是指用公众易于理解和接受的方式,弘扬科学精神,传播科学技术知识、科学思想和科学方法的行为。

第三条 自治区行政区域内的国家机关、社会团体、企业事业单位、其他组织和公民,均应遵守本条例。

第四条 普及科学技术是全社会的共同责任,一切单位和个人都应当参与、支持或组织开展科普活动。

第五条 科普工作的对象是全体公民,重点是青少年、农民和各级干部。

第六条 科普工作应当坚持普及与提高相结合,通过多种渠道、多个层次、多种形式,使其群众化、社会化、经常化。

第七条 科普工作应当坚持科学精神、科学态度和科学原则,反对迷信、反科学及伪科学的活动。

科普工作应当维护民族团结,促进民族进步。

禁止以科学为名传播不健康、不文明的生活方式。

不得将违背科学原则和科学精神或者尚无科学定论的意见或主张,作为科学知识传播和推广。

第八条 自治区对边远贫困地区、少数民族聚居地区的科普工作予以扶持。自治区鼓励并支持社会各界兴办科普事业。鼓励并支持社会各界创办、发展各种形式的民营科技服务组织和开展以科普为主要内容的有偿服务。

第二章 组织实施

第九条 各级人民政府应当加强和改进对科普工作的领导,将科普工作纳入本行政区域内国民经济和社会发展规划,使科普工作同经济、科技、教育、文化等工作协调发展。

第十条 县级以上人民政府应当建立有科学技术行政部门和其他有关部门、社会团体参加的科普工作联席会议制度。科普联席会议由同级政府领导,其职责主要是负责审议本地区科普工作的重大政策和发展规划、计划;督促检查规划、计划和有关工作的落实;统筹协调本地区的科普工作。

第十一条 各级人民政府科技行政部门负责本行政区的科普工作:

(一)宣传和组织实施科普有关法律法规和政策;

(二)会同有关部门制定和组织实施本行政区科普规划和年度计划;

(三)组织召开科普联席会议;

(四)监督检查科普工作;

(五)实施同级人民政府有关科普的表彰奖励工作;

(六)与科普有关的其他工作。

第十二条 科学技术协会应当发挥科普主力军的作用,参与制定本地区科普工作的总体规划和实施计划;充分利用并发挥其科普网络和组织优势,加强对所属团体和专业技术协会、研究会科普工作的组织管理与业务指导,鼓励并支持科技人员进行科普研究和科普创作;组织开发经常性、群众性、社会性的科普工作。

第十三条 教育部门及学校应当发挥教育在科普工作中的主渠道作用,开展多种形式的科普教育,培养学生观察、思维、实践和创新能力,帮助他们树立科学的世界观、人生观和价值观。

第十四条 文化、宣传、新闻出版、广播电视等有关部门应当充分利用宣传阵地,加大科普宣传的力度,加强对大众传媒中科普内容的监督管理,创造科学文明的社会氛围。

(一)各种报刊应开辟科普专栏、专版;

(二)电视台、广播电台应开播科普专题节目;

(三)影视生产、发行及放映单位应保证科普影视作品的制作、发行和放映;

(四)出版单位应加强科普书籍和科普音像制品的出版。

第十五条 农牧、水利、林业、气象等部门应当重视、支持农村科普工作,引导农民学习商品生产、市场营销和经营管理等方面的知识,增强农民识别反科学、伪科学和破除迷信的能力。

各类农业技术推广(培训)机构、农业技术学校和农村专业技术协会,乡(镇)文化站、广播站及村民委员会,应当结合技术推广、技术培训向农民普及科学知识。

第十六条 卫生、体育、计划生育和环境保护等部门,应当结合爱国卫生、预防保健、健康教育、全民健身、计划生育以及生态建设和环境保护等工作,加强科学技术知识的宣传和普及。

第十七条 人事、劳动行政部门应当按照各自职责加强对干部职工科技知识的继续教育。

第十八条 街道办事处、居民委员会应当围绕提高居民生活质量,改善生活环境,倡导科学、文明、健康生活方式,开展多种形式的科普活动。

市(县、区)人民政府应当将街道办事处、居委会和科普工作纳入精神文明建设等目标考核中,进行定期考核。

第十九条 工会、共青团、妇联等团体应当结合自身特点,有计划地开展多种形式的科普活动。

第二十条　企业应当结合企业技术进步、技术创新、技术改造和科学管理,组织职工开展科普活动,提高职工的科学知识水平和破除迷信,适应现代化大生产的能力。

第二十一条　科研机构、大中专院校的科研基地和实验室以及企业的生产车间,应当有选择地向社会开放,组织公众参观学习,开展科普宣传教育。

科普示范基地应当向社会开放。

第二十二条　科技馆、青少年宫(活动中心)等科普场所,应当充分发挥科普教育功能,面向公众开展科普活动;博物馆、图书馆、文化宫、动(植)物园、自然保护区等公益场所应当结合自身特点,开展科普活动。

国家投资兴建的科普场所不得改作他用。

第二十三条　医院、公园、旅游景点、影剧院、体育场馆、商场、车站、机场等公共场所,应当根据各自特点,开展面向公众的科普宣传。

城镇公共广告栏、街区灯箱广告中应当有一定比例的科普宣传内容。

第二十四条　自治区于每年九月举办"宁夏科技周"活动,社会各界应当根据"宁夏科技周"确定的主题开展科普活动。

第三章　科普工作者

第二十五条　本条例所称科普工作者是指从事科普工作的专业和非专业人员。在科普场所、科普专业团体中从事科普工作的人员和中小学科技辅导教师为专业科普工作者,其他从事科普工作的人员为非专业科普工作者。

科普工作者的工作是科学活动的重要组成部分。

第二十六条　科普工作者享有下列权利:

(一)依法创办或者参加科普组织,自主开展科普活动;

(二)从事科普研究创作,参加科普学术交流;

(三)评定专业技术职称并享受相应待遇;

(四)接受继续教育、专业技术培训和奖励;

(五)对科普工作提出意见和建议;

(六)法律法规规定的其他权利。

第二十七条　科普工作者应当履行下列义务:

(一)开展或者参加科普活动,弘扬科学精神,传播普及科学知识、科学思想和科学方法,推广应用科学技术成果;

(二)学习新知识、新技术,提高科学文化素质,增强工作能力;

(三)遵守本条例规定的科普工作原则;

(四)法律法规规定的其他义务。

第二十八条　科普工作者在参加相应系列的专业技术职称评审时,其所完成的科普方面的作品直接参与指导的科普竞赛成绩以及获得的科普奖励应当作为晋升专业技术职称的依据之一。

第四章　保障措施

第二十九条　各级人民政府应当保证对科普经费的投入并随着经济的发展逐步增加,科普经费应当列入同级财政预算,及时划拨,专款专用。

自治区应安排一定比例的扶贫专项资金用于贫困地区科普工作。

严禁任何单位和个人挪用、克扣、截留科普经费。

第三十条　各级人民政府应当将科普场馆建设纳入本地区市政、文化建设规划和社会主义精神文明建设规划,加强对科普场馆设施的建设、改造和利用,使其充分发挥教育功能。

第三十一条　各有关部门、社会团体和企业事业单位应当安排一定的人力、物力、财力用于科普工作,促进科普事业的发展。

第三十二条　出版科技类读物以及开展科普性有偿服务活动,按照国家和自治区有关规定享受税收优惠政策。

第三十三条　自治区建立优秀科普作品(包括音像制品)认定制度。优秀科普作品(包括音像制品)认定办法由自治区人民政府另行制定。

第三十四条　自治区鼓励境内外组织和个人捐助或者投资建设科普设施,开展科普活动。

第三十五条　自治区人民政府和有关部门应当逐步改善科普工作者的工作和生活条件。

对专门从事科普工作的人员,在职称评定、表彰奖励、生活福利等方面,享受与其他科技人员同等待遇。

第五章　奖励及处罚

第三十六条　自治区设立科普奖励项目。科普奖励项目的设立、奖励标准及管理办法由自治区人民政府制定。

第三十七条　各级人民政府及其有关部门对在科普工作中做出显著成绩的单位和个人,给予表彰和奖励。

各企业事业单位、社会团体,应结合各自的实际情况,开展科普表彰和奖励活动。

第三十八条　违反本条例第七条规定,以迷信、反科学、伪科学活动扰乱社会秩序或者骗取钱财的,由公安机关依照《中华人民共和国治安管理处罚条例》予以处罚,是国家工作人员的,由其所在单位或者主管部门给予行政处分;构成犯罪的,依法追究刑事责任。

第三十九条　违反本条例第二十二条、第二十九条规定,挪用、克扣、截留科普经费或者改变国家投资兴建的科普场所设施用途的,由县级以上人民政府科技行政部门会同有关部门责令限期改正,赔偿损失;逾期仍未改正的,由其所在单位或者主管部门给予行政处分;构成犯罪的,依法追究刑事责任。

第四十条　在科普活动中,弄虚作假、采取欺骗手段,骗取奖励和荣誉称号的,由授予部门取消其奖励和荣誉称号,并由主管部门给予行政处分。

第四十一条　县级以上人民政府科技行政部门和其他有关部门的工作人员,在科普活动中,玩忽职守、徇私舞弊、弄虚作假的,由其所在单位或者主管部门给予行政处分;构成犯罪的,依法追究刑事责任。

第四十二条　违反本条例规定,侵犯科普工作者及公民合法权益并造成损害的依法承担民事责任。

第六章　附　则

第四十三条　本条例自 2001 年 1 月 1 日起施行。

新疆维吾尔自治区科学技术普及条例

(2001 年 7 月 27 日新疆维吾尔自治区第九届人民代表大会常务委员会第二十三次会议通过　2010 年 3 月 31 日新疆维吾尔自治区第十一届人民代表大会常务委员会第十七次会议修订)

第一章　总　则

第一条　为了加强科学技术普及工作,提高公民的科学文化素质,促进科教兴新,推动自治区经济发展和社会进步,根据《中华人民共和国科学技术普及法》和有关法律、法规,结合自治区实际,制定本条例。

第二条　本条例所称科学技术普及(以下简称科普),是指采用公众易于理解、接受和参与的方式,普及自然科学和社会科学知识、倡导科学方法、传播科学思想和弘扬科学精神,推广科学技术知识应用的活动。

第三条　在自治区行政区域内开展科普工作,适用本条例。

第四条　开展科普工作应当根据国家转变经济发展方式和提高自主创新能力的要求,适应自治区经济社会发展的需要,坚持政府主导、全民参与的原则,以基层为重点、因地制宜,根据不同对象的接受能力和需求,采取灵活多样的方式。

科普的对象为全体公民,重点是青少年、农牧民和城镇劳动人口。

开展科普工作应当加强对少数民族科普工作的扶持,大力提高少数民族科学文化素质。

第五条　科普工作应当坚持科学精神,倡导科学、文明、健康的生活方式,反对和抵制伪科学,禁止以科普为名传播不健康、不文明的生活方式和实施危害国家安全、损害社会利益和他人合法权益的行为。

第六条　鼓励境内外社会组织和个人捐助科普事业。支持各类科普组织和科技工作者开展科普活动。促进不同领域、不同专业之间开展科普交流,共享科普资源。

第七条　县级以上人民政府及其有关部门对在科普工作中作出突出贡献的单位、个人给予表彰奖励。

第二章　组织和管理

第八条　县级以上人民政府应当加强对科普工作的领导,将科普工作纳入本行政区域国民经济和社会发展规划,制定促进科普工作发展的措施,为科普工作的开展创造良好的社会环境和条件。对农牧区和贫困地区的科普工作进行扶持,培养少数民族科普人才,开展各种适合少数民族特点的科普活动。

第九条　县级以上人民政府建立由科学技术行政部门、其他有关部门和社会团体组成的科普工作联席会议制度。科普工作联席会议负责审议本行政区域科普工作发展规划和年度计划,统筹协调、研究解决科普工作中的重大问题。

第十条　县级以上人民政府科学技术行政部门负责本行政区域内的科普工作,拟定科普工作发展规划和年度计划,对科普工作进行政策引导、组织管理、服务协调和督促检查。

县级以上人民政府其他行政部门,按照各自的职责范围,负责科普相关工作。

第十一条　科学技术协会、社会科学界联合会是科普工作的主要社会力量,应当发挥各自优势,组织开展社会性、群众性、经常性的科普活动,支持有关社会组织和企业事业单位开展科普活动,支持科技人员进行科普研究、科普创作,协助政府制定科普工作规划和年度计划,为政府科普工作决策提供建议。

第三章　社会责任

第十二条　普及科学技术是全社会的共同责任,社会各界都应当积极组织参与和支持各类科普活动。

第十三条　国家工作人员应当加强对现代科技知识和科学思想、科学方法的学习,增强科技意识,提高科学决策水平。

科普教育应当纳入国家工作人员继续教育培训内容。各类干部教育培训机构应当结合实际,开设现代科技基础知识课程或者举办科技知识专题讲座。

第十四条　教育行政主管部门应当将科普作为素质教育的重要内容,指导学校开展科普活动。

各级各类学校应当结合教学活动和学生特点,将科普教育纳入教学计划,组织学生开展科技实验、科技发明、科技制作、科技论文撰写、参观科技展览等科普活动。

学校应当利用各类科普基地,组织学生开展校外科普活动。

第十五条　农业、林业、畜牧、水利、农机等行政主管部门应当开展面向农牧民的科技培训,扶持和帮助建立科技试验示范基地,为农牧民提供科技服务。

农业技术推广机构、农村专业合作组织和农业院校、科研机构,应当通过宣传咨询、教育培训、试验示范、技术指导、信息服务和科技人员下乡等多种形式,向农牧民普及科技知识,推广先进适用的生产技术。

第十六条　人力资源和社会保障行政主管部门应当引导科普资源为城镇劳动者和进城务工人员提供服务。

各类职业技术院校、职业培训机构应当结合职业技能培训开展科普教育,提高学生和劳动者劳动技能和技术创新能力。

第十七条　城镇基层组织应当结合居民的生活和工作需要,利用社区的科技、教育、文化、卫生、旅游等资源,组织社区居民参与各种形式的科普活动。社区所辖单位应当为社区开展科普活动提供便利和支持。

乡镇人民政府应当提高科普服务能力,发挥农村科普组织的作用,加强农村科普队伍、科普活动站和科普宣传栏建设。

村民委员会应当配合有关部门开展科普工作,支持并发挥农牧区专业技术协会的作用,采取多种形式,引导农牧民学习和掌握科学生产、生活的新知识。

第十八条 新闻出版、广播电影电视、文化等行政主管部门应当发挥各自优势,做好科普宣传工作。

电视台、广播电台应当开设科普栏目或者转播科普节目,免费制作、播放科普公益广告;综合类报纸、期刊应当开设科普栏目、专版;影视生产、发行、放映机构应当加强科普影视作品的制作、发行和放映;书刊出版、发行机构应当扶持科普书刊的出版、发行;综合性互联网站应当开设科普网页,鼓励单位和个人利用互联网等现代传媒工具开展科普活动。

乡(镇)文化站、广播站应当向农牧民宣传科学生产和文明生活的知识。

第十九条 科技馆、青少年宫、青少年科技活动中心、博物馆、图书馆、文化馆(宫)应当发挥展示、传播、教育功能,面向社会开展科普活动。

政府投资建设的科普场馆、设施应当常年面向公众开放,并逐步实行免费。对学生、军人、老年人和残疾人免费;运行经费困难的,本级财政应当给予补贴。

政府投资建设的科普场馆、设施,不得擅自改作他用。

第二十条 高等院校、科学研究和技术开发机构、自然科学和社会科学类社会团体,应当组织和支持科学技术工作者和教师开展科普活动,有条件的,应当向公众开放实验室、陈列室和其他场地、设施,举办讲座和提供咨询。

产业园区应当向公众集中展示高新技术产品和成果。

第二十一条 工会、共青团、妇联等社会团体应当发挥各自优势,组织开展多种形式的科普宣传、教育活动。

第二十二条 企业应当结合技术改造、新产品开发,推广应用新技术、新工艺,组织职工开展职业技能培训、技术竞赛等活动,普及科技知识,提高生产技能。

鼓励企业利用自身技术和设施优势,通过产品展示或者技术研发等场所,开展面向公众的科普活动。

第二十三条 广场、公园、商场、机场、车站、体育场馆、影剧院等公共场所的经营管理单位应当在其管理的场所,采取各种形式开展科普宣传。

洽谈会、博览会等大型活动的承办单位应当利用其场馆、设施开展相关内容的科普宣传。

第二十四条 鼓励和支持大学生、专家、学者和专业技术人员参与各种科普志愿活动。

第四章 保障措施

第二十五条 县级以上人民政府应当将科普经费列入同级财政预算,切实保障科普经费投入,并随着国民经济和社会事业的发展逐年增加。

自治区人民政府对农牧区和贫困地区的科普经费给予重点支持。

县级以上人民政府有关部门应当安排一定的经费用于科普工作。

科普经费和受赠的科普财物,应当专项用于科普事业,任何单位或者个人不得克扣、截留、挪用、贪污。

第二十六条　县级以上人民政府及其有关部门应当加强少数民族语言文字科普类报刊图书、影视作品的制作、出版和发行工作,并重点支持群众生产、生活必需的科普类作品的编译、出版和发行。

第二十七条　县级以上人民政府应当将科普场馆、设施建设纳入本行政区域城乡建设规划和基本建设计划,保证建设资金投入;对现有科普场馆、设施应当加强利用、维修和改造。

因国家建设确需拆迁科普场馆和设施的,应当予以重建。重建科普场馆和设施的选址,应当方便公众参与科普活动;重建的规模、标准不得低于拆迁前原有场馆和设施的规模、标准。

鼓励和支持社会力量投资兴建科普场馆、设施。

第二十八条　从事下列活动的,依照有关规定享受税收优惠政策。需认定的,按照国家有关规定执行。

(一)科普类图书、报纸、刊物以及音像制品、电子出版物等的制作、出版和发行;

(二)县级以上人民政府及其有关部门,科学技术协会、社会科学界联合会、工会、共青团、妇联等社会团体以及科普基地组织开展科普活动的门票收入;

(三)科普基地进口用于非商业用途的科普影视作品;

(四)境内外的社会组织或者个人对科普事业的捐赠;

(五)社会力量投资兴建科普场馆、设施;

(六)国家和自治区规定的其他可以享受优惠政策的情形。

第五章　法律责任

第二十九条　县级以上人民政府科学技术行政主管部门对不认真履行科普工作法定职责的单位和个人提出处理意见,督促其整改;拒不改正的,向本级人民政府报告,本级人民政府应当作出处理。

第三十条　违反本条例第五条规定的,由有关主管部门责令改正;违反治安管理规定的,由公安机关依法给予治安管理处罚;构成犯罪的,依法追究刑事责任。

第三十一条　违反本条例第十九条第三款规定的,由有关主管部门责令限期改正;情节严重的,对直接负责的主管人员和其他直接责任人员依法给予行政处分。

扰乱科普场馆秩序或者毁损科普场馆、设施的,依法责令其停止侵害、恢复原状或者赔偿损失;构成犯罪的,依法追究刑事责任。

第三十二条　违反本条例第二十五条第四款规定的,由有关主管部门责令限期归还;对直接负责的主管人员和其他直接责任人员依法给予行政处分;构成犯罪的,依法追究刑事责任。

第三十三条　国家工作人员在科普工作中滥用职权、玩忽职守、徇私舞弊的,由有关主管部门依法给予行政处分;构成犯罪的,依法追究刑事责任。

第三十四条 违反本条例规定,应当给予处罚的其他行为,依照有关法律、法规的规定予以处罚。

第六章 附 则

第三十五条 本条例自 2010 年 5 月 1 日起施行。

沈阳市科学技术普及条例

（2000 年 4 月 13 日沈阳市第十二届人民代表大会常务委员会第十五次会议通过　2000 年 6 月 8 日辽宁省第九届人民代表大会常务委员会第十六次会议批准）

第一章　总　则

第一条　为了加强科学技术普及工作，提高公众科学文化素质，促进社会主义物质文明和精神文明建设，根据《中华人民共和国科学技术进步法》和有关法律、法规，结合本市实际，制定本条例。

第二条　本市行政区域内的机关、社会团体、企事业单位及其他组织和公民，均应遵守本条例。

第三条　本条例所称科学技术普及（以下简称科普），是指以提高公众科学文化素质为目的，用公众易于理解和接受的方式，将科学知识、科学精神、科学思想和科学方法向公众传播的行为。

第四条　各级人民政府应当加强对科普工作的领导和管理，将其纳入国民经济、社会发展计划；研究解决重大问题，组织动员全体市民共同参与，为科普工作创造良好的条件和社会环境。

第五条　市人民政府科学技术行政部门主管全市科普工作及本条例的实施。其职责是制定科普工作总体规划和年度计划，督促检查，推动科普工作发展。市人民政府其他有关部门应当按照各自职责协助做好科普工作。

第六条　科学技术协会是科学技术工作者的群众组织，是科普工作的主要社会力量，依法履行科普工作职责。

第七条　科普是一项社会公益性事业，应坚持长期、稳定、有效发展的原则。

第八条　科普工作应面向全体市民，重点是青少年、农村干部群众、企业职工和各级领导干部。

第九条　市、区、县（市）人民政府应当建立科普工作联席会议制度，由各级科学技术行政主管部门组织统筹协调本地区科普工作。

第二章　科普工作的内容与形式

第十条　科普工作的内容：

（一）弘扬科学精神，倡导实事求是、探索求知、崇尚真理、勇于创新的精神；

（二）普及科学思想，介绍科学对人类社会发展的引导和促进作用，树立科学的世界观、人生观、价值观和科学技术是第一生产力的思想；

（三）介绍当代科学技术的新思想、新理论、新方法和新成果以及当前国内外科学技术发展动向、前景、问题和对策等方面的知识；

（四）推广先进适用的新技术、新工艺和新材料；

（五）普及日常生活中的科学知识，倡导科学、文明、健康的生活方式；

（六）宣传科学方法，介绍运用唯物辩证法和现代科技手段解决经济、社会和技术问题的办法和途径；

（七）其他有关科普工作的内容。

第十一条 科普工作的形式：

（一）举行科普讲座、专题报告会、研讨会和科普作品展示会；

（二）开展科学技术咨询、服务、新技术推广、科学技术信息发布、科学技术示范活动；

（三）在各类学校开展科学发明、科技制作、专题研究、撰写科技论文和组织科学考察等活动；

（四）组织科技人员下乡，开展科学技术兴农活动；

（五）组织各类科学技术培训和岗位技术培训，举办技术、技能竞赛；

（六）编写、制作、出版科普读物和科普影视作品；

（七）设立科普画廊橱窗，展示科普图片、模型和实物；

（八）开放科学技术场馆，开设科普图书、报刊阅读场所，放映科普电影、科普录像；

（九）开通科普网站，开设广播、电视科普专题节目，开辟报刊科普专栏；

（十）开展科技周等活动；

（十一）其他科普工作的形式。

第三章　社会责任

第十二条 普及科学技术是全社会的共同责任，社会各界均应积极参加和支持开展科普工作。市民均有参加科普活动的权利、接受科普教育的义务。

第十三条 各单位应建立职工学习现代科学知识和接受科普教育的制度。

第十四条 各级科学技术协会应当开展经常性、群众性和社会性的科普活动；加强对所属团体和专业研究会科普工作的组织管理与业务指导。

第十五条 各级工会、共青团、妇联应当组织职工、青年、妇女开展技术培训、技术推广等科普活动。

第十六条 城乡基层社会自治组织应当结合各自的特点，开展科普宣传，组织多种形式的科普活动。

第十七条 各类学校应当结合学生特点，开展多种形式的科普活动，提高学生的科学兴趣，培养学生的创新精神和实践能力。

第十八条 科研机构、技术推广机构、农村专业技术协会（研究会）等应当面向农村、贫困地区,开展科普工作,普及先进适用技术,推广先进农业科技成果,培训农村科技人才。

第十九条　厂矿企业应当向职工普及与生产有关的科学技术、职业卫生、安全防护等方面的知识,提高职工的科学文化素质和生产技能。

第二十条　商业、服务业企业应当结合商品销售和服务项目开展科普工作。

第二十一条　环境保护、医药卫生和计划生育机构应当结合环境保护、资源合理利用、医疗保健、计划生育等方面内容开展科普工作。

第二十二条　宣传部门应当加强科普宣传,报纸、刊物、广播、电视、网络等传播媒体应当广泛开展多种形式的科普宣传。

第二十三条　鼓励高等院校、科研机构、高新技术企业以及其他组织面向青少年开放实验室、研究场所、观测站、技术推广示范基地等,开展科普活动。

第二十四条　鼓励科技、教育工作者从事科普作品创作,宣传科学知识,传授科学技术与方法,担任中小学专题研究活动的指导教师。

第四章　科普场所

第二十五条　科普场所是指科技馆(宫)、博物馆、天文馆、图书馆、青少年科技活动中心、青少年宫、科普基地等开展科普活动的场所。

第二十六条　科普场所开展科普活动应向社会开放,改进科普工作形式和充实科普内容,提高科普工作质量,并建立健全科普管理的规章制度。

第二十七条　医院、公园、旅游景点、影剧院、体育场馆、商场、车站、机场等公共场所的经营管理单位,应当根据各自特点,开展面向公众的科普宣传。

第五章　科普工作者

第二十八条　专门从事科普工作的人员及中小学科技辅导教师为专职科普工作者。其他从事科普工作的人员为兼职科普工作者。

第二十九条　科普工作者享有下列权利:

(一)依法创办或者参加科普组织,自主开展科普活动;

(二)向有关部门申请科普项目经费;

(三)专职科普工作者按照有关规定参加相应系列的专业技术职称评审时,其科普著作、论文和其他科普优秀成果,应当作为晋升专业技术职称的依据之一;兼职科普工作者的科普著作、论文和其他科普优秀成果,应当作为晋升专业技术职称的参考条件;

(四)参加专业技术培训,提高工作水平;

(五)向有关部门提出科普工作意见和建议。

第三十条　科普工作者应当履行下列义务:

(一)开展或者参加科普活动,传播普及科学技术知识,推广应用科学技术成果;

(二)反对封建迷信活动,抵制反科学、伪科学行为;

(三)学习新知识、新技术,提高自身素质;

(四)宣传和执行科普方面法律法规。

第六章　保障措施

第三十一条　各级人民政府应当保证科普经费的投入,科普经费应列入同级财政支出预算,及时拨付,专款专用。科普经费主要用于开展经常性、群众性和社会性的科普工作。市科学技术普及活动经费的投入应为市本级年度财政支出预算的 0.5‰ 以上,且不低于市总人口每人平均 0.50 元的水平。

第三十二条　各级人民政府鼓励国内外组织和个人兴建、联建科普设施,捐助资金,发展科普事业。

第三十三条　各级人民政府应当将科普设施建设纳入城市建设规划,加速科普设施建设。

第三十四条　科普场所开展科普活动按文化事业管理,可获得专项经费资助和活动经费;接受合法捐赠;申请科普专题项目。

第三十五条　在公共场所设立科普画廊、橱窗及开展科普宣传,经市人民政府科学技术行政主管部门认定并依照有关规定履行审批手续后,可减免收费。

第三十六条　对在科普工作中做出突出贡献或者对科普事业捐资数额较大的组织和个人,由各级人民政府予以表彰和奖励。

第七章　法律责任

第三十七条　擅自将科普场所改作他用的,由科普工作主管部门责令限期改正;情节严重的,对直接责任人给予行政处分。

第三十八条　损害、破坏科普场所、设施的,责令其赔偿损失或恢复原状;构成犯罪的,依法追究刑事责任。

第三十九条　挪用、克扣、截留科普经费的,由经费划拨部门责令限期改正,其主管部门对直接责任人给予行政处分;构成犯罪的,依法追究刑事责任。

第四十条　以科普名义从事封建迷信活动,扰乱社会秩序,危害公共利益或者骗取财物的,由公安机关依法予以处罚;构成犯罪的,依法追究刑事责任。

第四十一条　国家机关工作人员因玩忽职守、滥用职权,给科普事业造成损失,侵犯科普工作者合法权益的,由其所在单位或者上级机关给予行政处分;构成犯罪的,依法追究刑事责任。

第八章　附　则

第四十二条　本条例应用中的具体问题,由市人民政府负责解释。

第四十三条　本条例自 2000 年 6 月 18 日起施行。

南京市科学技术普及条例

(2009 年 4 月 29 日南京市第十四届人民代表大会常务委员会第九次会议制定
2009 年 5 月 20 日江苏省第十一届人民代表大会常务委员会第九次会议批准)

第一章 总 则

第一条 为加强科学技术普及工作,提高公民科学文化素质,推动经济和社会发展,根据《中华人民共和国科学技术普及法》、《江苏省科学技术普及条例》等法律、法规,结合本市实际,制定本条例。

第二条 本条例所称科学技术普及(以下简称科普),是指采用公众易于理解、接受和参与的方式,普及自然科学和社会科学知识,传播科学思想,弘扬科学精神,倡导科学方法,推广科学技术应用的活动。

第三条 本市行政区域内的国家机关、社会团体、企事业单位、其他组织和个人开展科普活动,适用本条例。

第四条 科普是公益事业。科普工作应当坚持政府推动、社会支持、全民参与的原则,针对不同对象,因地制宜,采取多种形式进行。

第五条 任何单位和个人不得以科普为名从事危害国家安全、损害社会公共利益或者他人合法权益的活动。

第二章 组织管理

第六条 市、区、县人民政府应当将科普工作纳入国民经济和社会发展规划,列入科技进步和文化建设的考核内容,建立、完善科普工作协调制度,推动科普事业发展。

第七条 科学技术行政主管部门负责拟定科普工作规划和年度计划并组织实施,落实科普工作联席会议制度,建立、完善科普工作评价制度,指导、督促检查科普工作。

第八条 科学技术协会应当协助政府建立、完善全民科学素质建设工作机制;协调本地区科普资源的共建共享,利用并发挥有关学会、协会、研究会的优势,组织开展群众性、基础性、社会性的科普活动;推动科普工作规划、计划和有关政策、措施的落实;定期组织开展全民科学素质水平监测评估。

第九条 社会科学界联合会应当协助政府推动社会科学知识普及工作,加强对社会科学知识普及工作的组织和指导。指导社会科学类学术团体开展科普活动,扶持科普作品创作,传播社会科学知识。

第十条 教育行政主管部门应当加强未成年人科普工作,制定中小学校科普教育工作规划,建立科技辅导员队伍,组织科普活动,推进科技知识的普及教育。

第十一条 劳动保障及相关行政主管部门应当加强劳动者科技教育培训的协调和管理,结合在职培训、再就业培训、创业培训,开展科普教育,普及职业病防治、安全生产等知识。

第十二条 农林行政主管部门应当加强农业科技培训,扶持、建立农业科技试验、示范基地,促进农业先进实用技术的推广、应用和普及,提高农业科技创新和科技成果转化能力。

第十三条 公务员主管部门应当将科普教育纳入公务员培训教育规划,开设现代科技知识课程,举办科普讲座,提高公务员科学素质和公共服务能力。

第十四条 文化、广播电视、新闻出版等行政主管部门应当建立大众传媒科普宣传体系,推进科普事业发展。

卫生、人口和计划生育、环保、国土资源、安全生产监督、体育、气象、地震、园林、旅游等部门应当结合职责开展科普活动。

第三章 社会责任

第十五条 科普是全社会的共同责任。社会各界应当组织、参加各类科普活动。

全国科技活动周、全国科普日和市科普宣传周期间,社会各界应当根据活动主题开展科普活动。

第十六条 报刊、广播电视、出版、通信等单位应当发挥行业优势开展科普活动,开设科普专栏、专版,播出科普节目,制作并免费发布一定比例的公益性科普广告,增加科普作品的出版,提供科普类信息服务。

综合性互联网站应当开设科普网页。鼓励单位和个人利用互联网等媒体开展科普活动。

科技馆、图书馆、博物馆、文化馆等单位应当结合自身特点开展科普活动。

第十七条 科学研究和技术开发机构、高等院校应当将科普工作纳入工作计划,发挥科学技术工作者和教师在科普工作中的作用,组织、支持和鼓励其结合本职工作举办科普讲座,提供科普咨询,进行科普宣传。

科学研究和技术开发机构、高等院校的实验室、陈列室和其他具有科普功能的设施,应当创造条件向公众开放。

第十八条 中小学校应当把科普教育作为素质教育重要内容,组织学生开展科技制作、科技发明、科技竞赛、科技考察、科普夏(冬)令营和参观科技馆、博物馆、科技活动中心等活动,普及保护环境、节约资源、生理心理健康、安全避险等知识,培养学生学科学、爱科学、用科学的兴趣和精神。

学前教育机构应当把科普教育作为幼儿教育内容。

第十九条 职业学校、职业培训机构和其他职业教育机构应当结合职业培训,开展科技教育,普及科技知识,提高劳动者科技素质。

第二十条 企业应当根据行业特点,在组织职工开展技能培训、技术竞赛和技术革新中,普及科技知识,提高创新能力,推动企业技术进步。

第二十一条　城镇基层组织及社区应当利用所在地的科技、教育、文化、卫生等资源,发挥画廊、宣传栏和活动室(站)等作用,通过咨询、举办讲座等方式,开展科普活动。

第二十二条　农村基层组织应当根据所在地经济和社会发展需要,向农村居民宣传、示范科学的生产方式,倡导文明、健康的生活方式。

农村经济组织、农业技术推广机构和农村专业技术协会应当利用自身优势,结合推广先进实用技术,普及科技知识。

第二十三条　工会、共产主义青年团、妇女联合会等社会团体应当组织开展多种形式的科普宣传和职业技能培训,提高职工、青少年和妇女的科学素质。关心下一代工作委员会等组织要发挥各自优势,开展科普工作。

第二十四条　公园、广场、商场、车站、地铁、机场、旅游景点等公共场所的经营管理者,以及医疗机构、体育场馆、影剧院等单位,应当根据自身特点,开展面向公众的科普宣传。

第二十五条　鼓励个人参加科普志愿服务活动,发挥自身专长,撰写科普文章,编写科普读物,传播科学技术知识。

第四章　科普设施

第二十六条　市、区、县人民政府应当将科技馆、青少年科技活动中心等科普设施建设纳入城乡规划和基本建设计划,并合理安排科普设施建设用地。

城市规划确定的科普设施用地,未经法定程序,不得改作他用。

第二十七条　政府投资建设的科普设施,不得擅自改作他用。因城市基本建设需要改变功能的,应当提供替代设施或者择地重建,并且不得低于原来的规模和标准。

任何单位和个人不得损坏、侵占科普设施。

第二十八条　政府投资建设的科技馆、青少年科技活动中心等科普场馆,应当常年向公众开放,每周不少于五天,每天不少于八小时;对未成年人、老年人、残疾人、现役军人按照有关规定予以免费或者优惠;全国科技活动周、全国科普日和市科普宣传周期间,应当免费向公众开放,并适当延长开放时间。

第二十九条　市、区、县应当配备科普宣传车,设置车载显示系统,以流动的形式在广场、集镇、学校、社区、工地等场所进行科普宣传。

街道、镇应当规划设置科普场所、设施。

第三十条　科普设施管理者应当通过展览、实验、影视播放、培训、讲座等形式开展科普活动,及时更新科普内容,定期检查科普设施,保持设施的完好、整洁。

第三十一条　科普场馆的管理者应当将服务项目、开放时间、免费或者优惠开放的规定,通过媒体或者在场馆显著位置公告。

第五章　保障和鼓励

第三十二条　市、区、县人民政府应当将科普经费列入本级财政预算,并随着地方财政收入增长逐步增加科普经费投入。

有关部门应当安排一定经费用于科普工作。

第三十三条 科普经费、科普基金、单位或者个人捐赠用于科普事业的财产,必须用于科普事业,任何单位和个人不得截留、挪用。

第三十四条 市、区、县人民政府应当将优秀科普作品、科普产品列入科技进步奖和社会科学优秀成果奖评选范围。

科普成果应当作为相应专业技术资格评审和工作业绩考核的依据;科普系列职称应当和其他职称享受同等待遇。

市、区、县科技计划应当包含科普创作项目。

第三十五条 鼓励单位和个人设立科普基金、捐赠财产和以独资、合伙、股份合作等形式兴办科普事业。捐赠财产用于科普事业或者投资兴建科普场馆设施的,依照有关规定享受优惠。

第三十六条 鼓励企事业单位根据自身特点建立面向社会开放的专业科普场馆和电子科普画屏,制作公益性科普广告。

第三十七条 鼓励、扶持单位和个人依法开展科普活动。对在科普工作中做出显著成绩的,市、区、县人民政府和有关单位应当给予表彰、奖励。

第六章 法律责任

第三十八条 以科普名义从事扰乱社会秩序或者骗取财物等非法活动的,由科学技术行政主管部门予以制止,并给予批评教育;构成违反治安管理规定的,由公安机关依法给予治安管理处罚;构成犯罪的,依法追究刑事责任。

第三十九条 将城市规划确定的科普设施用地擅自改作他用,或者将政府投资建设的科普场馆擅自改作他用的,由有关行政主管部门责令限期改正;情节严重的,对负有责任的主管人员和其他直接责任人员依法给予行政处分。

第四十条 损坏或者侵占科普设施的,依法责令其停止侵害、恢复原状或者赔偿损失;构成犯罪的,依法追究刑事责任。

第四十一条 截留或者挪用科普经费、科普基金、单位或者个人捐赠用于科普事业的财产的,由有关行政主管部门责令限期返还;对负有责任的主管人员和其他直接责任人员依法给予行政处分;构成犯罪的,依法追究刑事责任。

第四十二条 国家工作人员在科普工作中不依法履行职责或者玩忽职守、滥用职权、徇私舞弊的,由有关部门依法给予行政处分;构成犯罪的,依法追究刑事责任。

第七章 附 则

第四十三条 全国科技活动周为每年五月的第三周。市科普宣传周和全国科技活动周同期安排。

第四十四条 本条例自 2009 年 8 月 1 日起施行。

杭州市科学技术普及条例

(2014年10月28日杭州市第十二届人民代表大会常务委员会第二十二次会议通过
2015年3月27日浙江省第十二届人民代表大会常务委员会第十八次会议批准)

目　　录

第一章　总　　则

第一条　为了加强科学技术普及工作,提高公民科学文化素质,推动经济发展和社会进步,根据《中华人民共和国科学技术普及法》和有关法律、法规,结合本市实际,制定本条例。

第二条　本条例所称科学技术普及(以下简称科普),是指以公众易于理解、接受、参与的方式,普及自然科学和社会科学知识,倡导科学方法,传播科学思想,弘扬科学精神,推广科学技术的活动。

第三条　本市行政区域内的国家机关、社会团体、企业事业单位、其他组织和个人开展科普活动,适用本条例。

第四条　科普是公益事业。发展科普事业应当坚持政府推动、社会支持、全民参与的原则,支持社会力量按照市场运行机制兴办科普事业,促进科普工作对外合作与交流。

科普工作应当适应经济建设和社会发展的需要,坚持群众性、社会性、经常性,因地制宜地采取多种形式,做到通俗易懂,针对性强。

第五条　科普工作应当坚持科学精神,反对和抵制愚昧迷信、伪科学。任何单位和个人不得以科普名义传播违背科学原则和科学精神的内容,从事有损社会公共利益、道德风尚和公民身心健康的活动。

第六条　每年5月的第三周为杭州市科技活动周,每年9月的第三周为杭州市科普宣传周,每年10月的第三周为杭州市社会科学普及周。各级人民政府应当在科技活动周、科普宣传周和社科普及周期间组织开展各项主题科普活动。

第二章　组织实施

第七条　市和区、县(市)人民政府应当将科普和公民科学素质提升工作纳入国民经济和社会发展规划,列入科技进步工作目标责任制考核,建立、完善科普工作协调制度。

街道办事处、乡(镇)人民政府应当制定本辖区科普工作计划,开展面向居民、村民的科普宣传,有计划地建设社区、村科普设施,指导、支持居民委员会、村民委员会开展科普工作。

第八条　市和区、县(市)科学技术行政部门负责本行政区域内科普工作的统筹协调、督促检查和统计调查。

第九条　科学技术协会是科普工作的主要力量,协助制定科普工作规划和年度计划,为政府科普工作决策提供建议。

科学技术协会应当组织开展群众性、社会性、经常性的科普活动,支持有关社会组织和企业事业单位开展科普活动,并受政府委托组织本区域公民科学素质水平监测评估。

科学技术协会应当组织专家学者和有关专门机构开展针对社会重大事件、公众关注热点的专题科普活动。

第十条　社会科学界联合会应当协助政府推动社会科学知识普及工作,指导社会科学类学术团体开展科普活动,扶持科普作品创作,传播社会科学知识。

第十一条　教育行政主管部门应当加强对中小学校科普教育工作的指导,开展科普教育教师专业培训,督促和指导中小学校结合科学、劳动技术等相关课程开展教学,定期组织开展青少年科学技术创新实践活动,培育青少年对科学的兴趣和爱好。

第十二条　人力资源和社会保障行政主管部门应当加强城镇劳动者科学素质提升的综合协调工作,组织职业技能培训,督促和指导技工院校、职业技能类培训机构、企业开展科普教育,促进城镇劳动人口科学素质提升。

人力资源和社会保障行政主管部门应当将科普教育纳入公务员培训教育规划并组织实施。在公务员录用考核、日常培训中,应当列入与科学素质有关的具体内容,并组织公务员参与社会科普活动。

第十三条　农业、林业和水行政主管部门按照职责分工负责农民科学素质提升工作的综合协调,组织开展科学技术下乡活动和农民科学素质培训,推动农村科普设施建设,发展农业技术推广机构、农村基层科普组织和农民合作经济组织,促进农业先进适用技术的推广应用。

第十四条　文化、广播电视、新闻出版行政主管部门应当针对社会公众关注的热点问题,建立多种形式的大众科学传播服务体系,传播科学思想,弘扬科学精神。

第十五条　卫生计生、环保、国土资源、安全生产监督、体育、气象、地震、质监、市场监管、商务、旅游等部门应当按照各自职责,开展相应主题的科普活动。

第十六条　省级以上高新技术产业开发区应当开办集中展示高新技术产品、向社会公众开放的展馆。

第三章　社会责任

第十七条　科普是全社会的共同任务,社会各界都应当组织和参加各类科普活动。有关国家机关、企业事业单位、社会团体和组织应当结合世界卫生日、世界人口日、世界环境日、世界地球日、国际消费者权益日等特定纪念日,利用各类大众传播媒介,开展相关的科普宣传。

第十八条　居民委员会应当利用所在地的科学技术、教育、文化、卫生、旅游等资源,结合社区居民的生活、学习、健康娱乐等需要开展科普宣传活动。

第十九条　村民委员会应当结合科学生产、文明生活的要求,利用农村文化礼堂、科普宣传栏等向村民宣传、示范科学的生产方式,倡导文明、健康的生活方式。

农村经济合作组织、农业技术推广机构、农村专业技术协会和农村科普示范基地,应当结合推广先进适用技术向农民开展农业科学技术培训。

第二十条　企业和行业协会应当根据自身特点,组织开展科普讲座、技能培训等科普活动,提高职工的科学素质。企业应当开展与其产品相关的技术咨询服务,面向消费者普及产品应用知识。

鼓励有条件的企业、行业协会设立向公众开放的科普场馆、设施,宣传行业科学技术进步的相关知识。

第二十一条　工会、共青团、妇联等社会团体应当结合各自工作对象的特点组织开展科普活动。

第二十二条　学校应当将科学精神、科学态度、科学价值观的培养贯穿于教育教学活动中,推广综合性学习课程,组织开展科技制作、科技发明、科技考察以及其他科普活动,普及相关生理心理健康、生态环境保护、能源和资源节约、安全避险等知识。

学前教育机构应当对幼儿开展科学启蒙教育。职业培训机构应当结合职业培训,开展科普教育。

第二十三条　高等院校、科学研究和技术开发机构、自然科学和社会科学类社会团体应当根据自身条件面向公众开展科普活动,鼓励本单位科技工作者和教师参与社会科普活动。有条件的,还应当向公众开放实验室、陈列室和其他科普场地、设施。

科技工作者和教师应当发挥自身优势和专长,参与和支持科普活动。

第二十四条　科技场馆、科技活动中心和科普教育基地应当通过展览、讲座和互动参与等形式普及科学技术知识,促进公众对科学技术发展的了解。

第二十五条　新闻出版、广播影视、文化等机构和团体应当发挥各自优势做好科普宣传工作。

综合类报纸、期刊、互联网站应当开设科普专栏、专版,传播科学技术动态和科学知识;广播、电视台应当播出一定比例的科普节目和科普公益广告;影视生产、发行和放映机构应当加强科普影视作品的制作、发行和放映;书刊出版、发行机构应当扶持科普书刊的出版、发行;图书馆、文化馆、体育馆、博物馆、剧院等应当发挥科普教育的作用。

第二十六条　医疗机构、计划生育服务机构应当结合医疗保健和计划生育工作做好科普宣传。

动物园、植物园、自然保护区等场所应当结合各自特点,开展有关生态和生物多样性保护等方面的科普活动。

公园、机场、车站、码头、地铁等公共场所的经营管理单位应当针对人员密集、流动的特点,宣传安全健康等科学知识。

商场、商品交易市场、网络交易平台等经营管理单位应当以消费者为对象开展商品科学使用、真伪鉴别等与商品销售有关的科普活动。

第二十七条 科学技术协会应当根据工作需要,结合实际情况,定期选择一定数量的企业事业单位、社会团体和组织,对其履行社会科普责任的情况进行评估,并向社会公布。

第二十八条 科普组织应当依法登记,贯彻实施科普工作规划、计划,积极组织科普工作者开展科普活动,并享有下列权利:

(一)自主开展科普活动;

(二)承担政府、企业事业单位、其他组织和个人委托的科普项目;

(三)依法获得国内外组织和个人为发展科普事业而提供的资助、捐赠;

(四)从科普有偿服务活动中获得合法收益;

(五)获得荣誉、奖励和相关知识产权;

(六)对科普工作提出意见或者建议;

(七)法律、法规规定的其他权利。

第二十九条 科普工作者包括从事科普宣传、研究、创作、出版和青少年课外科技教育的专门人员,企业事业单位、社会团体、社区科普工作人员,科普类社会团体工作人员以及科普志愿者等。

科普工作者应当坚持科学精神,遵守职业道德,积极参加科普活动,并享有下列权利:

(一)依法创办或者参加科普组织,自主开展科普活动;

(二)申请科普项目,获得经费;

(三)接受专业培训;

(四)对科普工作提出意见或者建议;

(五)法律、法规规定的其他权利。

第四章 保障措施

第三十条 市和区、县(市)人民政府应当将科普经费列入同级财政预算,专项用于本地区的科普工作。市和区、县(市)财政安排科普经费时应当符合同级政府科普中长期规划确定的标准。

第三十一条 市和区、县(市)人民政府应当将科普场馆、设施建设纳入城乡建设规划和基本建设计划。对政府投资建设的科普场馆、设施不得擅自拆除或者改变用途;确需拆除的,应当采用先建后拆或者拆建同时进行的办法,确保科普场馆、设施规模和水平不低于原有规模和水平。

第三十二条 科普场馆、设施的管理者应当及时更新科普内容,定期检查科普设施,确保设施的完好、整洁和使用安全。

政府投资建设的科普场馆，应当常年向公众开放，对未成年人、老年人、残疾人、现役军人等按照有关规定予以免费或者优惠，并在科技活动周、科普宣传周、社科普及周期间免费向公众开放。

鼓励非政府投资建设的科普场馆向公众开放，并按照前款规定实行免费或者优惠开放。

第三十三条　市和区、县（市）人民政府应当完善对科普产业的公共服务，营造发展环境，鼓励单位和个人兴办科普产业，并给予政策扶持。

第三十四条　市和区、县（市）人民政府依法对科普事业实行税收优惠，鼓励境内外的社会组织和个人通过捐赠财产、设立科普基金等形式资助科普事业。捐赠财产资助科普事业的社会组织和个人享有《中华人民共和国公益事业捐赠法》规定的各项权益。

第三十五条　鼓励和扶持科技工作者从事科普作品创作、产品研发、文化创新，科普成果作为科技工作者相应工作业绩考核的依据。

第三十六条　国家机关工作人员在科普工作中不依法履行职责或者玩忽职守、滥用职权、徇私舞弊的，由其所在单位、上级主管部门或者监察机关依法给予行政处分。

第五章　附　则

第三十七条　本条例自 2015 年 5 月 1 日起施行。

广州市科学技术普及条例

(1999年9月23日广州市第十一届人民代表大会常务委员会第十次会议通过 1999年11月27日广东省第九届人民代表大会常务委员会第十三次会议批准 根据2010年12月31日广州市第十三届人民代表大会常务委员会第三十六次会议通过 2011年1月17日广东省第十一届人民代表大会常务委员会第二十四次会议批准的《广州市人民代表大会常务委员会关于修改〈广州市社会治安综合治理条例〉等十七件地方性法规的决定》修正 2015年8月26日广州市第十四届人民代表大会常务委员会第四十二次会议通过 2015年12月3日广东省第十二届人民代表大会常务委员会第二十一次会议批准)

第一章 总 则

第一条 为加强科学技术普及工作,提高公民科学文化素质,推动社会进步,根据《中华人民共和国科学技术普及法》、《广东省社会科学普及条例》等有关法律、法规,结合本市实际,制定本条例。

第二条 本条例适用于本市行政区域内开展科学技术普及的活动。

第三条 科学技术普及(以下称科普)应当坚持政府主导、社会支持、全民参与、资源共享和讲求实效的原则。

第二章 组织管理

第四条 市、区人民政府应当建立科普工作协调制度,统筹解决科普工作中的有关问题。

市、区人民政府应当加强科普组织和科普队伍建设,建立健全科普专家库,完善科普组织网络。区、镇人民政府应当将科普工作列入工作计划。

镇人民政府、街道办事处应当组织、指导、协调辖区范围内的科普工作,发挥科普组织的作用,加强辖区范围内科普队伍、科普活动场所建设。

第五条 市科学技术行政主管部门负责全市科普工作的综合协调、政策引导和督促检查,组织实施本条例。区科学技术行政主管部门负责本辖区范围内科普工作的组织实施、综合协调和督促检查。

市科学技术行政主管部门负责制定全市科普工作规划和年度计划,并建立全市科普工作统计制度,定期将统计结果向社会公开。

第六条 教育等行政管理部门应当加强中小学校、中等职业学校(含技工学校)科普教育工作,督促、指导中小学校、中等职业学校(含技工学校)有计划、有组织地对在校学生进行科普教育。

农业、林业等行政管理部门应当组织开展科技下乡活动,加强科技培训,扶持、建立科技试验、示范基地,促进农业、林业先进实用技术的推广、应用和普及。

人力资源和社会保障行政管理部门应当将科普教育纳入公务员、事业单位工作人员培训学习内容,配合有关行政管理部门定期组织举办科普讲座;结合在职培训、再就业培训、创业培训,开展科普教育,配合相关行政管理部门普及职业病防治、安全生产等知识。

文化广电新闻出版行政管理部门应当指导和督促相关单位针对公众关注的热点问题开展科普宣传。

卫生、计生、环境保护、国土资源、房屋、城乡建设、城市管理、人民防空、规划、公安、水务、交通运输、园林、安全监督、体育、气象、地震、旅游、食品药品监督、质量技术监督等有关行政管理部门和机构,应当根据各自工作特点和行业专业知识宣传需要,将科普工作纳入工作计划,通过举办科普展览、讲座、专题报告会、科技咨询和公众座谈会等形式组织,开展科普活动。

在科技活动周、全国科普日、全国防灾减灾日、世界卫生日、世界环境日等活动期间,市、区人民政府及其相关行政管理部门应当确定科普活动主题并组织开展科普活动。

第七条　各级科学技术协会协助科学技术行政主管部门制定科普规划和计划,组织开展群众性、社会性、经常性的科普活动,支持有关企业事业单位、人民团体、其他社会组织和科技工作者开展科普活动。

市科学技术协会受政府委托定期开展公民科学素质监测工作,并向社会公开监测结果。

第八条　市社会科学界联合会协助市人民政府推动社会科学知识普及工作,并依照有关法律、法规、章程的规定,组织开展社会科学普及活动。

第三章　社会责任

第九条　企业事业单位、人民团体和其他社会组织应当按照本市和本单位科普工作计划的安排,开展科普活动。

第十条　市、区人民政府门户网站应当开设科普专栏,安排专人负责科普信息采编工作,政府各部门的门户网站和新媒体公众平台应当结合行业科普宣传的需要,开设科普专题,围绕本行业科技知识和社会关注的热点问题开展科普宣传。

广播电视台、综合类报刊等媒体应当发挥行业优势开展科普活动,每年制作并免费发布一定比例的公益性科普广告,提供科普类信息服务,广播电视台应当每月播出一档科普节目,综合类报纸应当每周有一个专栏的科普内容,综合类刊物应当每期有一个专栏的科普内容,在举办科技活动周等全国性活动期间,应当增加科普专栏和科普节目的版面和内容。

鼓励单位和个人利用互联网等媒体开展科普活动。

第十一条　中小学校、中等职业学校(含技工学校)应当配备专职或者兼职科普教师,组织学生每学期至少开展四次科普专题教育和一次校外科普活动,开展科技制作、科技发明、科技考察以及其他科普活动,重点普及生理心理健康、流行性疾病预防、安全避险、生态环境保护等科学知识,培养学生的科学兴趣、科学精神、科学态度和科学价值观。

幼儿园应当把科学启蒙教育纳入幼儿教育的内容。

第十二条 居民委员会应当组织社区居民参与咨询、讲座等科普活动,有条件的居民委员会应当建立科普活动站、点等科普活动场地和科普宣传栏、电子宣传屏。企业事业单位、人民团体和其他社会组织应当为所在地的社区开展科普活动提供便利和支持。

村民委员会应当配合有关行政管理部门开展科普工作,发挥农村专业技术协会的作用,引导村民学习和掌握科学生产、文明生活等科学知识和技能。

第十三条 高等学校、科研机构和科普类社会组织应当将科普工作纳入各自的发展规划、工作计划和考核体系,组织科普工作者和教师结合本职工作开展科普作品创作、科普研究,开发科普资源,及时向公众传播最新科研成果,面向重点人群开展各种科普活动。

高等学校和科研机构在不影响教学、科研正常开展的情况下,应当向公众开放非涉密的实验室、陈列室和其他科普场地、设施,为公众举办科普讲座,提供科普咨询。

鼓励大中型企业向社会公众开放非涉密的科研仪器设施、实验与观测场所、展览馆、博物馆、生产线等科普资源。

重点实验室、工程技术研究开发中心、企业技术中心等在不影响科研、生产正常开展的情况下,应当将非涉密的科研资源向公众开放,接待有组织的预约参观,并提供讲解。

第十四条 政府投资兴办的图书馆、博物馆、地方志馆、文化馆、文化宫、青少年宫、儿童活动中心、老年活动中心、医疗机构等单位,应当根据自身特点,面向公众开展科普宣传;综合公园、儿童公园、动物园、植物园、森林公园等公园和广场、地铁等公共场所经营管理单位,应当在其管理范围内配套科普设施,开展科普宣传。

第十五条 市、区人民政府应当建立健全重大突发公共事件应急科普工作机制和应急科普服务支撑体系,组织开展经常性应急科普活动,普及应急科学知识,提高公众对重大突发公共事件的应急处理能力。

在发生自然灾害、事故灾难、公共卫生事件、社会安全事件等重大突发公共事件时,市、区人民政府及其相关行政管理部门应当统筹组织、指导有关国家机关、企业事业单位、人民团体和其他社会组织,及时利用各类大众传播媒介开展科普宣传,引导公众以科学的态度和方式,应对突发公共事件。

第十六条 各级科学技术协会、市社会科学界联合会应当组织建设志愿者科普队伍,搭建科普志愿者交流平台,定期开展科普志愿者培训。

鼓励和支持科技工作者、教师、高校学生和离退休科技、教育、传媒工作者等社会各界人士充分发挥专业和技术特长,参与科普志愿服务活动。

国家机关、企业事业单位、人民团体和其他社会组织应当为志愿者开展科普活动提供必要保障和便利。

第四章 保障措施

第十七条 市、区人民政府应当保障科普工作的财政支出,将自然科学普及经费和社会科学普及经费纳入本级财政年度预算,并编入部门预算。

第十八条 政府可以通过购买服务、项目补贴或奖励等方式,支持和鼓励社会各界开展科普活动。

市科学技术行政主管部门、市教育行政管理部门、市科学技术协会和市社会科学界联合会应当为开展科普活动的企业事业单位、人民团体和其他社会组织申请经费提供指引,并给予协助和指导。

第十九条　市、区人民政府应当将科普场馆、设施的建设纳入本级城市发展规划和基本建设计划,根据科普事业发展需要,合理安排科普场馆、设施建设用地,保障科普服务均等化。

政府投资建设的科普场馆、设施未经批准不得改作他用,确实需要改作他用的,应当不低于原有规模和标准提供替代设施或者择地重建,由其行政管理部门会同同级科学技术行政主管部门组织专家论证,制定重建方案后报同级人民政府批准,并报上级科学技术行政主管部门备案。

第二十条　鼓励和支持境内外的组织或者个人在本市投资兴建科普场馆或者参与建设科普场馆。

鼓励和支持社会力量兴办的科技、教育、卫生、文化、旅游、娱乐等场所利用其科普资源开展科普活动。

第二十一条　社会力量投资兴建科普场馆或者参与建设科普场馆、对公益性科普设施建设提供捐赠、资助的,依照国家有关法律、行政法规规定享受税收优惠等政策。

捐赠人可以对捐赠的科普场馆留名纪念。

第二十二条　符合下列条件的科普场所,可以向市科学技术行政主管部门申请认定为广州市科学技术普及基地(以下称市科普基地):

(一)能够开展科普活动的场馆、实验室、生产现场等场所应具备一定规模,并配备一定设施;

(二)具有固定的科普展示场地,以及定期更新的科普图片、视频资料、展具展品与可供体验的设施;

(三)配有专职或者兼职讲解人员和辅导人员;

(四)能够常年向社会公众开放,其中,高等学校、科研机构、高新技术企业以及其他组织的具有科普教育功能并有条件向公众开放的场馆、实验室、生产现场,向社会公众开放时间每年不少于一百天;

(五)能够每年根据需要投入相应的经费用于科普内容和设施的更新;

(六)能够每年面向公众自主组织开展或者配合市、区重大科普活动,组织开展一定场次的科普活动。

第二十三条　符合下列条件的科普场所,可以向市社会科学界联合会申请认定为广州市社会科学普及基地:

(一)属于人文社会科学研究、宣传单位,包括社会科学研究机构、历史文化场馆以及其他具备社会科学普及功能的机构或者场所;

(二)具有能够开展社会科学普及活动的场地,具备进行社会科学普及所需要的硬件和软件,能够向公众开放;

(三)配有专职或者兼职社会科学普及工作者;

（四）能够根据自身特点和优势面向公众开展一定数量和规模的社会科学普及活动；

（五）能够每年根据需要投入相应的经费用于社会科学普及活动和相关设施的更新。

第二十四条 市科普基地由市科学技术行政主管部门会同市科学技术协会组织专家评审认定，市科学技术行政主管部门也可以委托市科学技术协会组织专家评审认定。

市科学技术行政主管部门应会同市科学技术协会每三年对市科普基地进行考核。经考核不再符合市科普基地认定条件的，按原评定程序撤销其市科普基地资格。

市人民政府参照公益事业政策对市科普基地给予支持。市科普基地认定办法和扶持政策由市人民政府另行制定。

第二十五条 市社会科学普及基地由市社会科学界联合会组织有关单位、专家评审，报主管机关认定。

第二十六条 科普基地、社会科学普及基地应当优先安排学生的科普活动，并给予门票、场租等优惠。

科普基地、社会科学普及基地应当结合各自专业特色，深入学校、社区、农村、企业开展各种科普活动。

第二十七条 政府投资建设的科普场馆应当常年向公众免费开放，每周不少于五天，每天不少于八小时，节假日应当开放。

国家级新区、自由贸易（试验）区以及国家和省确定的经济技术开发区、高新技术产业区等设立的各功能区展馆应当增加科普功能，向公众开放。

第二十八条 每年五月第三个星期六为本市"科技开放日"。政府投资建设的科普基地、高等学校、科研机构、企业和其他组织具有科普功能、非涉密的实验室、陈列室等场所、设施，在开放日应当向公众免费开放。

第二十九条 市、区人民政府应当为公众参观科普场馆、科普基地、社会科学普及基地提供便利，根据需要完善公共交通设施；对全市科普场馆、科普基地设置统一标志；对地处偏僻、交通不便的科普场馆、科普基地设置指引，并将其纳入路标、路牌、公共交通等城市标识系统。

第三十条 公众关注的非涉密的市重大科技计划项目在实施过程中应当增加科普内容，项目承担单位或者个人应当面向公众开展与本项目研究内容相关的科普活动，并在项目验收时提交科普报告。

第三十一条 鼓励和引导社会资金投入科普产品开发，开展科普影视制作、科普图书创作与出版、科普展品展具研发、科普动漫游戏开发、科普网站开发与维护、科普旅游等，促进科普事业的发展。

第三十二条 鼓励开展政府和民间的境内外科普交流与合作，与香港、澳门建立科普合作机制，开展穗港澳科普交流活动。

第三十三条 科普工作者和科普教师的科普作品、获得的科普奖励、指导学生参加区级以上科普竞赛取得的成绩、从事科普志愿活动的服务时间、完成并获验收通过的政府委托专项科普事项等，应当作为工作业绩考核的依据之一。

第三十四条 市、区人民政府应当将科普成果纳入本级科学技术奖范围，对在科普工作中做出突出贡献的组织和个人给予奖励。

第三十五条　支持科普机构、传播媒体、高等学校、科研机构、科普基地、社会科学普及基地、科普类社团、企业等建立非营利性的科普合作组织，搭建科普资源共享和交流合作平台，形成协作机制和制度，提高为公众提供科普服务的能力。

第五章　法律责任

第三十六条　市、区科学技术行政主管部门有下列行为之一的，由主管机关或者监察机关通报批评、责令改正；情节严重的，对负有责任的主管人员和其他直接责任人员依法给予处分：

（一）违反本条例第五条规定，不制定科普工作规划和年度计划并组织实施和督促检查，不建立全市科普工作统计制度，不将统计结果向社会公开的；

（二）违反本条例第二十二条规定，在市科普基地认定工作中滥用职权、玩忽职守、徇私舞弊的。

第三十七条　市科学技术协会和市社会科学界联合会违反本条例第二十四条、第二十五条规定，在市科普基地、市社会科学普及基地认定工作中滥用职权、玩忽职守、徇私舞弊的，由主管机关或者监察机关责令改正；情节严重的，对负有责任的主管人员和其他直接责任人员依法给予处分。

第三十八条　违反本条例其他规定的，依照《中华人民共和国科学技术普及法》、《广东省社会科学普及条例》和其他有关法律、法规的规定予以处罚。

第六章　附　则

第三十九条　本条例自 2016 年 3 月 1 日起施行。

二、科普相关政策

中共中央　国务院
关于加强科学技术普及工作的若干意见

（中发〔1994〕11号　1994年12月5日）

科学技术普及工作是普及科学知识、提高全民素质的关键措施，是社会主义物质文明和精神文明建设的重要内容，也是培养一代新人的必要措施。

为适应国际、国内形势对科普工作的新要求，进一步加强和改善我国的科学技术普及工作，特提出以下意见。

1. 科学技术是第一生产力，是推动经济、社会发展的第一位变革力量。世界范围内新技术革命的日新月异，促使全球经济、社会的发展乃至人们生活方式不断发生重大变革。科技竞争、特别是人才竞争，已经成为世界各国竞争的焦点。许多国家都把提高国民的科学文化素质看成是21世纪竞争成功的关键。为适应世界潮流，迎接下一世纪的挑战，普及科学文化教育，将人们导入科学的生产、生活方式，是把经济建设转移到依靠科技进步和提高劳动者素质轨道、实现我国经济发展战略目标的关键环节。依靠科技进步和知识传播，促进社会主义物质文明和精神文明建设，维护社会稳定，是当前我国的重要任务，也是今后我国经济发展、科技进步和社会稳定的重要保证。

2. 建国45年来，在广大科技、教育、文化工作者，特别是科普工作者的辛勤努力下，我国的科普工作取得了令人瞩目的成就，科普事业有了长足的发展，科普组织网络日益健全。全国许多省（市）每年都举办一些大型科普宣传活动，国家和有关部门组织实施的科技、教育计划及有关活动也在增强全民科技意识、普及科技知识方面起到了重要的推动作用。特别是结合技术推广和技术培训，农村技术普及工作取得了显著的成效。由于各部门通力合作和全社会共同参与，一个群众性、社会性的科普工作局面已经初步形成。

虽然科普事业已经有了相当的基础，但与我国经济、社会发展的需求相比仍有较大的差距。特别是近些年来，由于有些地方对科普工作的重视程度有所下降，致使科普工作面临重重困难，科普阵地日渐萎缩。与此同时，一些迷信、愚昧活动却日渐泛滥，反科学、伪科学活动频频发生，令人触目惊心。这些与现代文明相悖的现象，日益侵蚀人们的思想，愚弄广大群众，腐蚀青少年一代，严重阻碍着社会主义物质文明和精神文明建设。因此，采取有力措施，大力加强科普工作，已成为一项迫在眉睫的工作。

3. 科学技术的普及程度，是国民科学文化素质的重要标志，事关经济振兴、科技进步和社会发展的全局。因此,必须从社会主义现代化事业的兴旺和民族强盛的战略高度来重视和开展科普工作。贫穷不是社会主义,愚昧更不是社会主义。加强科普工作,提高全民族的科学、文化素质,就是从根本上动摇和拆除封建迷信赖以存在的社会基础。在提高全国人民物质生活水平的同时,要努力提高精神生活的水准,使科普工作真正成为"两个文明"建设的重要内容,成为实现经济建设转移到依靠科技进步和提高劳动者素质轨道的重要途径,成为实现决策科学化的有力保障,成为培养一代新人的重要措施。提高全民科学文化素质,引导广大干部和人民群众掌握科学知识、应用科学方法、学会科学思维,战胜迷信、愚昧和贫穷,为我国社会主义现代化事业奠定坚实基础,是当前和今后一个时期科普工作的重要任务。

4. 要把提高全民科技素质,保障国民经济持续、快速、健康发展,促进"两个文明"建设作为科普工作的中心任务。在提高和统一全党、全社会对科普工作认识的基础上,改善和加强各级党委、政府对科普工作的领导,把它作为一项长期的战略任务常抓不懈,使之成为社会主义精神文明建设和科技工作的重要组成部分。要适应社会主义市场经济发展的要求,充分利用现有的科普队伍和设施,根据经济和社会发展的需要有成效地组织开展科普工作;要通过深化改革,逐步建立、健全科普工作的政策法律体系和支撑服务体系;要动员全社会力量,多形式、多层次、多渠道地开展科普工作,传播科技知识、科学方法和科学思想,使科普工作群众化、社会化、经常化。

5. 要进一步加强和改善党和政府对科普工作的领导。科普工作是国家基础建设和基础教育的重要组成部分,是一项意义深远的宏大社会工程。各级党委和政府要把科普工作提到议事日程,通过政策引导、加强管理和增加投入等多种措施,切实加强和改善对科普工作的领导。全国的科普工作,由国家科委牵头负责,制定计划,部署工作,督促检查,实行政策引导。为适应新形势下科普工作面临的新任务,将建立由国家科委牵头、各有关部门参加的联席会议制度,统筹协调和组织全国的科普工作。中国科协以及其他各群众团体、学术组织都要继续发挥主动性,大力开展日常性、群众性的科普活动。

国家将进一步组织制订科普工作的总体规划,将其纳入国家"九五"计划,并逐级纳入各部门和地方的经济、科技和社会发展的规划。有关部门和地方政府要按照总体目标和要求确定科普工作的规划和计划,以利监督执行。要特别注意科普工作同其他经济、科技、教育和社会发展计划的衔接,更好地发挥这些计划在提高国民素质和综合国力方面的重要作用。

6. 科普活动涉及全社会,有必要对政府、团体、公众对普及科学技术知识的行为、权利和义务进行法律规范。国家将根据《中华人民共和国宪法》和《中华人民共和国科学技术进步法》关于"普及科学技术"的总要求,制定专项法规或实施细则,加快科普工作立法的步伐,使科普工作尽快走上法制化、制度化的轨道。

各地可以通过开展"科技(科普)周"等形式,规范本地区的科普活动,促进科普工作的群众化和社会化。

7. 根据我国经济、社会发展的具体情况,当前科普工作的重点应放在以下几个方面。

从科普工作的内容上讲,要从科学知识、科学方法和科学思想的教育普及三个方面推进科普工作。在继续做好科学知识和适用技术普及宣传的同时,要特别重视科学思想的教育和科学方法的传播,培养公众用科学的思想观察问题,用科学的方法处理问题的能力。

从科普工作的对象上讲,要把重点继续放在青少年、农村干部群众和各级领导干部身上。

要努力发挥教育在科普工作中的主渠道作用,结合中小学教育改革,多形式、多渠道地为青少年提供科普活动阵地,培养他们的思维能力、动手能力和创造能力,帮助他们树立正确的科学观、人生观和世界观。要继续面向亿万农民,特别是贫困地区、少数民族地区的农民,传播和普及先进适用技术,因地制宜、扎实有效地开展农村科普工作。要增强领导干部的科技意识和对科学技术的理解能力,帮助他们不断扩大知识面,了解科技发展动态,认识科学技术对国家政治、经济和社会的广泛而深刻的影响,推进决策的科学化和民主化进程。

要始终高举科学旗帜,引导教育人民,净化社会环境,用科学战胜封建迷信和愚昧落后,提高全社会的科技意识,搞好社会主义物质文明和精神文明建设。

8. 以改革促发展,努力开创科普工作的新局面。作为整个科技工作的一个重要组成部分,科普工作也要深入贯彻"稳住一头,放开一片"的科技体制改革的方针,结合社会公益事业的特点,逐步形成开放、竞争、流动的新机制,适应科普工作社会化、现代化的要求。"稳住一头"指的是采取积极、有效的措施,稳定和建设一支精干的专业科普工作队伍。要进一步创造环境和气氛,使专业科普工作者和其他科技工作者从事科普工作的劳动成果得到应有的承认;同时要在工作、生活、进修、奖励、职称等方面给予适当的倾斜,以稳定队伍,繁荣创作。对在科普工作中做出突出贡献的科普工作者,国家将给予表彰和奖励。"放开一片"主要是放开放活一大批基层科普组织和机构,引导它们面向社会,面向市场,按市场经济规律运行,开展多种形式的有偿服务。特别是对于从事先进适用技术推广和信息服务的机构和人员,要鼓励他们按照"自愿组合,自筹资金,自负盈亏,自我发展"的原则,走自我发展的道路。要把科普组织体系的建设同社会化服务体系的建设结合起来,鼓励、支持各种形式的民营科技服务组织的发展。

9. 随着经济、社会的不断发展和财政收入的不断增加,国家将逐步增加对科普工作的投入,并给予长期、持续、稳定的支持。各级政府也要采取切实可行的措施,保证对科普工作的经费投入。

要进一步改革资金使用方式,统一思想,加强集成,集中有限资源办大事,提高资金使用效益。各级政府都要对科普设施建设予以优先重视,并根据经济、社会发展的需要和可能,将其纳入有关规划和计划。各地应把科普设施、特别是场馆建设纳入各地的市政、文化建设规划,作为建设现代文明城市的主要标志之一。当前,主要是把现有场馆设施改造和利用好,充分发挥其效益。各省、自治区、直辖市、特别是经济较发达地区,应该尽可能地创造条件,对现有的科普设施进行改造,使之逐步完善。

10. 国家鼓励全社会兴办科普公益事业,并将制定有关公益事业的法规和政策。在严格界定的基础上,明确公益事业产权,使公益事业法人化,鼓励企业、社会团体和其他事业单位捐助科普事业,兴办为社会服务的科普公益设施。各有关部门要积极配合,广泛吸收海外资金支持和兴办这类公益性机构。

11. 要充分利用大众传播媒介,开展多种形式的科普宣传。要从提高全民素质和培育下一代的高度认识科普宣传的重要性,重视传媒的科学教育功能,把科普宣传作为整个宣传工作的重要内容。要在报刊、图书、广播、电视和电影等大众传播媒介中加大科普宣传的力度和数量,通过政策发动、舆论引导,造成声势,逐步形成"学科学、爱科学、讲科学、用科学"的社会风尚。要鼓励和提倡新闻工作者学习科技知识,加强对科普宣传的鼓励和支持。对科普报刊图书,科普影视声像作品的创作与发行,应给予扶持,充分发挥这些现代化传播手段的作用。各类公益广告要增加科普宣传的含量,宣传科学、正确的生活方式和工作方式,创造有利于科普工作的全方位的舆论环境。

各级文化、宣传部门要进一步加强对新闻出版等大众传媒中科技内容的管理,创造科学、文明的社会氛围。要明令禁止有关涉及封建迷信或尚无科学定论、有违科学原则和精神的猎奇报道以及不良生活方式的宣传。对某些不易划清界限或暂时不能定论的内容或活动,应严格加以控制。对确实造成不良影响的机构和个人,应予以相应处罚;对个别触犯刑律的,要予以制裁。

12. 要充分认识破除反科学、伪科学的长期性、复杂性和艰巨性,把这项工作始终不懈地坚持下去。对利用封建迷信搞违法犯罪活动的要坚决依法打击,对反动会道门组织要坚决依法取缔,对参与封建迷信活动的人要进行批评教育。各级领导干部要以身作则,自觉加强对现代科学文化知识、科学方法和科学思想的学习,自觉反对和抵制各种反科学思潮的冲击和影响,不准参与、鼓励各种封建迷信和伪科学活动。禁止党政干部参神拜庙、求封占卜、大办丧事,为树立良好的社会风气起模范带头作用。

要通过行政和法律手段,清理和整顿现有的神怪洞府,取缔求神问卜等封建迷信活动。要在认真贯彻党的宗教、民族政策的基础上,加强对人文景观、旅游设施建设的管理,提高导游人员的素质,充分发挥其科普教育功能。

13. 要充分利用现有资源,调动社会各方面的力量,广泛、深入地开展科普工作,使之逐步走上群众化、社会化、经常化的轨道。在继续发挥各级科普专业队伍主力军作用的同时,要鼓励和支持全社会共同参与,齐抓共管。教育、宣传、文化、旅游、共青团、工会、妇联等有关部门要积极发挥作用,充分利用现有的渠道和阵地,开展多种形式的科普教育和宣传活动。各科技机构、大专院校和科技工作者要积极投身于科普事业,通过举办公开讲座、开放实验室、参观等多种方式进行科普宣传,积极发挥宣传、教育职能。要鼓励从事科技工作的专家、学者,特别是院士、老科学家走向社会,到青少年中去,带头宣讲科技知识。

科学技术普及工作是关系到我国 21 世纪发展的根本性、战略性的工作,全党、全社会都要高度重视,认真抓好。各有关部门要研究制定加强和改善科普工作的实施方案,并认真督促执行。各级党委和政府要根据各地的实际情况和经济、社会发展条件,研究制定贯彻本文件的具体实施办法,并尽快落实。

科学技术部　中共中央宣传部　中国科学技术协会　教育部　国家发展计划委员会　财政部　国家税务总局　国家广播电影电视总局　新闻出版署关于印发 2000—2005 年科学技术普及工作纲要的通知

（国科发政字〔1999〕582 号　1999 年 12 月 9 日）

各省、自治区、直辖市、计划单列城市科委、党委宣传部、科协、教委(教育厅、高教厅)、计委、财政厅(局)、国家税务局、地方税务局、广电局、新闻出版局,中共中央、国务院各有关部委、直属机构,新疆生产建设兵团:

广泛开展科学技术普及工作,向公众传播科技知识、宣传科学思想、倡导科学方法、弘扬科学精神,是社会主义物质文明和精神文明建设的重要内容,是加速实施科教兴国战略和可持续发展战略、实现我国跨世纪发展目标的重要举措。为了贯彻落实《中共中央、国务院关于加强科学技术普及工作的若干意见》和党的十五大精神,明确 2000—2005 年我国科普工作的主要目标和任务,特制定本《纲要》。

一、科普工作的重要性和紧迫性

1. 科学技术是第一生产力,是现代社会文明的核心。以信息技术、生物技术为代表的现代科学技术,正以前所未有的速度引发全球经济、社会和人们生活方式的深刻变革;科学思想、科学精神越来越广泛地影响着人们的世界观和人生观。一个国家或民族要跻身于世界先进民族之林,在激烈的国际竞争中立于不败之地,不仅要在科学技术发展中拥有优势,更要下大力气提高国民的科技素质,增强公众对现代科学技术的理解、掌握和运用能力,把科学思想、科学理念植根于民族精神,转化为全社会的创新能力。因此,以提高国民科技素质为宗旨的科学技术普及工作,已成为经济社会发展中一项长期的战略性工程。世界各主要国家纷纷采取措施,大力加强科普工作。

2. 加强科普工作,大幅度提高国民科技素质,是我国现代化建设的当务之急。建国以来,特别是改革开放以来,我国在扫除文盲、提高国民文化水平、推广应用技术成果、宣传科学思想等方面取得了巨大成就。但是由于起点较低,我国国民科技素质与发达国家相比仍有较大差距。目前我国具备基本科学素质的公众分别只是美国、欧盟国家的1/23和1/15。国民科技素质偏低进一步加剧了我国面临的自然资源不足和人口负担过重的双重压力,更从深层次上制约着两个根本性转变和科教兴国战略、可持续发展战略的实施。国民科技素质偏低也给一些人利用迷信、愚昧活动危害人民、危害社会提供了可乘之机。一些地方不健康的精神生活方式和愚昧迷信泛滥,反科学、伪科学活动频频发生,甚至出现了"法轮功"等邪教组织蒙蔽群众大肆进行反政府、反社会活动的恶性事件。

科普工作面临的任务极其繁重艰巨,但符合社会主义市场经济要求的管理体系和运行机制尚未形成,科普事业自身发展缺乏系统规划和长远部署,投入短缺、人才流失、科普创作后劲不足问题十分突出。近年来科普工作中还存在着忽视科学思想传播、对用科学理念占领思想文化阵地重视不够等问题。经济、社会的快速发展与国民科技素质偏低、科普工作力度不够的矛盾正日益突出,如不给予高度重视,从根本上加以解决,必将长期制约现代化建设的进程。

3. 我国现代化建设正处在由第二步战略目标向第三步战略目标迈进的关键时期。加速推进两个根本性转变,实施科教兴国和可持续发展战略,迎接经济全球化挑战,必须按照《中共中央、国务院关于加强科学技术普及工作的若干意见》的要求,从事关现代化建设成败和民族兴衰的战略高度认识科普工作,把提高国民科技素质作为增强综合国力和国际竞争力的基石,把科普工作作为社会主义物质文明和精神文明建设的重要内容,把发展科普事业作为科技创新、素质教育和文化建设的重要环节,统筹规划,明确目标,突出重点,采取切实措施,动员全社会重视、支持加强科普工作。

二、主要任务和目标

4. 2000—2005年的科普工作必须全面贯彻科学技术是第一生产力的思想,按照社会主义市场经济体制的要求,根据不同人群的需求,特别要重点围绕广大农民、青少年和干部的需求,努力普及科学技术知识,大力宣传科学思想、倡导科学方法、弘扬科学精神,在促进社会主义精神文明建设、推动党和国家科技方针政策的贯彻落实、提高公众参与社会经济活动的能力、为科普事业长远发展奠定基础四个方面取得实质性进展,大幅度提高国民的科技素质,带动精神生活水准和社会文明程度的提高,为科教兴国战略、可持续发展战略的实施和社会稳定提供高素质的人力资源保障和科学、健康、文明的人文基础。

5. 促进社会主义精神文明建设。大力宣传和普及自然知识、社会人文知识的基本常识,包括各种自然现象和天文现象的科学解释,宇宙起源、地球形成、生命起源和人类进化的有关知识,各种自然灾害的科学成因,人类文明的发展史等,促进社会公众建立起科学的自然观和宇宙观,树立唯物主义无神论的世界观、人生观和历史观。在此基础上提高对社会生活中各种问题的正确判别能力,以及对反科学、伪科学活动的基本鉴别能力,有效遏止各种愚昧迷信活动和反科学、伪科学活动,根除其赖以生存的土壤。

宣传普及与人类身心健康、保健有关的科学技术知识,使公众了解和掌握科学的健身方法,树立正确的健康观念,建立科学文明、积极向上的生活观念和生活方式,提高文明程度和精神生活质量。

揭露批判各种打着科学旗号进行的反科学活动。对事实清楚、证据确凿,以科学名义进行经济诈骗或从事危害国家安全和社会稳定活动的,依法予以坚决打击。

6. 推动党和政府科技方针政策的贯彻落实。让公众充分了解我国在人口、资源、生态环境、防灾减灾等可持续发展方面面临的严峻挑战,宣传科学技术最新成果对解决经济、社会发展重大问题的关键作用,当代科学技术发展趋势和我国的优势与潜力,我国实施科教兴国战略、可持续发展战略的基本纲要内涵,党和政府关于科技改革与发展重大方针、政策和基本要点等。使公众在理解的基础上对党和政府的方针政策给予坚定支持,对实施效果实行有效监督,努力形成尊重知识、尊重人才、学科技、用科技的社会风尚。

7. 大幅度提高公众直接参与社会经济活动的能力。大力普及与日常生产、生活密切相关的基本科技知识和科学概念,科技活动的基本方法和原则,使公众逐步掌握科学的基本思维方法,具备运用现代科学技术的基本素质。特别要较大幅度地提高广大产业工人适应现代化大生产的能力,广大农民在传统农业向现代农业转变进程中运用先进适用技术的能力,广大青少年的观察能力、科学思维能力、动手能力和创造能力,以及领导干部认识和把握事物发展规律、科学决策、科学管理的能力。

8. 为科普事业的长远发展奠定基础。制定和实施《科普网络建设行动计划》,在有条件的大城市办好一批高水平的专用科普场馆,在大部分中小城市和县乡建立常设科普活动中心,发展一批以科研机构、高等院校、大型企业、高新技术产业开发区为依托的科普宣传基地,大幅度提高各类植物园、自然保护区、旅游景点的科技含量,形成延伸到城市社区和乡村、覆盖全国的社会化科普教育网络。

扶持一批高质量、全国性的科普专业期刊,推出一批科普创作精品,培养一支专兼职结合的高水平的科普创作队伍。

初步建立与社会主义市场经济体制相适应的科普工作管理体制和运行机制,开创政府组织协调,各类科普专业团体、大众传媒、社区组织和社会各界共同推动科普工作的兴旺局面。

三、推动科普工作的社会化

9. 科普教育与创作队伍。各级科协、各类专业学术团体是科普工作的主力军,必须进一步加强与科研机构、高等学校、高新技术企业的联合与协作,大力开展丰富多彩、具有强烈时代感的科普宣传教育活动。同时,组织力量深入研究科普理论问题,对所在地区科普工作面临的主要问题、公众科普需求、政策环境等进行调查研究,及时向有关部门反映情况、提出政策建议,成为政府推进科普工作的重要依托力量。

教育、科技工作者要把科普工作作为自己的神圣职责,在崇尚科学、宣传科学中率先垂范,积极投身本单位或其他机构组织的科普宣传与创作活动,结合本职工作向社会公众大力普及科学技术知识,旗帜鲜明地反对各种愚昧迷信和反科学、伪科学行为。要在教育科技工作者中建立一支具有较高科学文化素养和思想境界的兼职科普教育力量,在已离退休人员和大学生中发展科普志愿者队伍,使他们的科普工作网络化、规范化和制度化。

加强科普创作队伍建设。科普创作用深入浅出的表现形式让公众了解和掌握深奥的科技知识,是一项创新性劳动,凝聚着创作人员的智慧和心血;科普作品的水平和质量直接关系到科普工作成效的全局。采取有效措施,激励广大科普创作者肩负起时代赋予的历史使命,发扬奉献精神,不断更新自身的知识结构,勤奋创作,向社会推出更多通俗易懂、深入浅出、思想艺术性较强的科普作品。有关部门将研究制定科普创作指南和鼓励科普创作的具体政策措施。

10. 科普专用设施。科普场馆是公益性基础设施,建设和运行应主要依靠政府支持和社会资助。各地必须对科普场馆和设施建立健全管理制度,实行专项支持政策,决不允许以科普之名开展与科普无关的各类经营性活动;2001 年以前对挪作他用的科普设施进行清理整顿,重新发挥其应有作用;在没有科普设施的大中城市,要把建设专用场馆纳入城市近期建设规划,尽快组织实施。确保科普设施向公众开放的时间,不断更新科普内容,丰富科普形式;在不同地区的专业科普场馆之间加强展品、设施的交流与合作,使有限的科普资源发挥更大的社会效益。在此基础上建设若干具有国际水平的科普场馆。对中小学生有组织的参观科普场馆,要按有关规定实行免费或优惠。

积极探索按照社会主义市场经济办法推动科普事业发展的有效途径。对通用科普设施、装备、展品的研制活动,可率先按市场机制运行。在制定和实施《科普网络建设行动计划》中,把研究开发以科普教育为内容的计算机软件作为重点之一,制作优秀的科普多媒体作品,在为大众传媒开展科普活动提供强有力支持的同时,形成科普产业的新增长点。

11. 大众传媒。开展科普宣传是大众媒体义不容辞的责任。各级电台、电视台要充分利用先进的传播手段,办好科普节目和科普栏目,宣传介绍科技知识、工农业实用技术以及与移风易俗、文明生活密切相关的科普知识;尚未开设科普栏目的要创造条件尽快开设。通过实施"村村通"工程,使广播电视成为广大农民接受科普教育的重要渠道。选择重点题材,摄制一批高水平的科普电影、电视片,经常性开展科教电影、电视片汇映活动。将科普作品纳入"五个一"工程和全国性的电影、电视优秀节目评选活动。在各类报纸、期刊等大众传媒开设丰富多彩、生动活泼的科普栏目,加强科普宣传。在互联网络办好几个有影响的科普精品网络。

加强科普图书出版工作。已列入国家"九五"重点图书出版规划的科普读物出版工作,要全面完成规划项目。在调查研究和论证的基础上,制定跨世纪的科普读物出版工程,纳入国家"十五"重点图书出版规划,提高所占比例;对科普类作品实行稿费从优的政策;加大对科普读物、出版的奖励力度,在国家图书奖和全国优秀科技图书奖中提高科普读物的评奖比重。加强科普读物的对外交流及其版权贸易的引导和管理,扩大视野,优化选题,通过引进国外优秀科普读物,促进我国科普读物整体水平的提高。在科普读物发行工作中充分发挥出版单位和新华书店两个积极性,进一步扩大发行渠道,增加供货品种和数量;特别要加强科普读物在基层网点、农村网点的发行工作。

省级科技管理部门、科学技术协会要联合媒体机构,组织开展面向科技影视和广播节目制作人员,科技类期刊、报纸记者和图书编辑人员的业务培训活动,逐步培养一批了解科技、了解公众科技需求的记者、编辑队伍,依靠他们的辛勤工作缩短公众与现代科技的距离。

12. 学校和科研机构。中、小学校是面向青少年开展科普教育的主渠道,必须把树立科学思想、科学精神,培养对科技的兴趣和创造能力,作为青少年素质教育的重要内容,用科学家的事迹和精神激励青少年勇于探索、奋发向上。组织编撰中、小学科普读物,大力开展形式多样的科技发明、科技竞赛、科技夏令营等课外、校外科技活动。科技、教育部门要针对中、小学教师科普教育能力的提高,开展培训活动,使他们掌握有关科学传播、科技文化史、科普创作等方面的知识和技能,为中、小学科普教育活动提供保障。进一步规范和完善青少年科技教育基地建设,支持中、小学生的校外科技活动。

在面向领导干部的科普工作中发挥各级党校、行政学院的重要作用,加大领导干部培训中的科普比重,并作为一项系统工程,统筹安排,常抓不懈。

推动各类科研机构、高等学校积极开展面向社会公众的报告会、讲演会,宣传科学技术知识,鼓励和支持本单位在职人员参与科普活动,将他们的科普工作计入工作量;特别要组织离退休专家学者撰写科普培训教材,使他们在科普事业中继续发挥重要作用。在有条件的单位设立科普开放日、科普实验室,通过演示实验、展示模型等方式向公众较深入地介绍现代科学技术原理和方法。积极创造条件,在师范院校和其他高等学校逐步开设科普教育课程,培养为科普实践提供理论指导的专业人才。高等学校要对在校大学生进行科普教育。建立国家重大科技项目、重大基本建设工程项目向公众进行普及宣传的制度。到 2005 年在全国范围内重点办好一批以科研机构、高等学校为依托的科普示范基地。

13. 农村基层政府和组织。把科普工作作为农村各级政府促进两个文明建设的重要内容,充分发挥农村各类技术服务、教育、卫生、文化、计划生育网络和农民专业技术协会、乡村干部、乡土能人的作用,结合先进适用技术的推广应用,大力开展科普工作和生动活泼、喜闻乐见的破除愚昧迷信活动,努力提高农民的生活质量和参与可持续发展的能力。继续广泛、深入、持久地开展文化、卫生、科技"三下乡活动",不断总结交流经验,研究制定激励政策,探索新的形式,提高工作成效,形成"常下乡"的良性循环机制。加强农村科普基地建设,建立一批科普促进农村经济和社会发展的"科普示范县"。

14. 城市社区。把科普工作作为创建文明社区的重要内容,纳入社区政府目标考核中。充分利用社区科技、教育、文化、旅游资源和政府组织体系,通过创立商业科普街、文明科普公园、旅游科普街、科普文明居委会、科普宣传街、科普专栏、模范科普家庭等多种形式,把科普工作广泛地渗透到社区各种社会化服务网络中。紧密结合社区居民的学习、生活和工作,有针对性地举办科普讲座、展览、培训、科技竞赛、科普游园等活动,组织社区居民广泛参与科普工作。以社区为单位组织好离退休人员的科普学习和科学健身活动,发挥他们在科普宣传中的重要作用。

在旅游景点、文化设施、休闲场所开辟科普教育阵地,对自然景观的形成、人与自然的和谐关系给予科学的阐释,组织开展寓教于乐的科技旅游、观光、休闲活动。

15. 各类企业。发挥企业组织化程度高的优势,在企业内大力开展有组织的职工科普教育活动,把科普工作与职工岗位培训、企业文化建设、群众性技术革新活动紧密结合起来,通过提高职工的科技素质带动企业技术创新能力的提高;同时组织企业对所在社区内的各类科普活动给予人员、场所等方面的支持。各国家高新技术产业开发区要根据高新技术企业密集的特点,开办集中展示高新技术产品、向社会公众开放的常设展馆,宣传高新技术成果产业化的最新进展及其对经济建设和社会发展的推动作用。有条件的部门、行业协会和国有大型企业集团要建立行业性博物馆,宣传行业科技进步的相关知识。鼓励企业和其他力量投资兴办科普事业。

四、主要政策措施

16. 加强对科普工作的领导和协调。以科技部为组长单位,中宣部、中国科协为副组长单位,十九个党政部门和人民团体共同组成的科普工作联席会议,是实施本《纲要》各项任务的组织指导、统筹协调和督促检查机构,要切实加强对科普事业发展的规划引导、政策协调和督促检查工作。各级政府要将科普工作纳入工作议事日程,给予足够重视,进一步完善科技管理部门与各有关部门、团体共同参与,分工协作,齐抓共管的工作格局,根据本《纲要》提出的各项任务制定具体计划,提供必要条件,全面推进科普工作。

各地政府要通过每年举办科技周,组织开展综合性的大型科普宣传活动,提高质量,常抓不懈。县及县以上党政主要领导干部每年应至少参加两次科技报告会,在学习科学技术知识方面率先垂范。

17. 增加全社会对科普事业的投入。随着经济、社会的不断发展和财政收入的不断增加,各级财政部门要逐步加大对科普工作的经费投入,支持科普事业的进一步发展。各大中城市要保证专用科普场馆的建设资金;没有专用科普设施的大中城市不能评为精神文明先进城市。

社会力量捐助公益性科普设施,可按国家有关规定享受相应的税收优惠政策。对进口科普设施、制作设备、展示制品和图书资料等,属于国家政策规定免税范围的,按照国家统一政策执行。

18. 建立健全与科普工作相关的政策法规体系。力争在2005年以前颁布《中华人民共和国科学技术普及法》,90%以上的省、市、自治区制定实施地方科普工作条例。研究制定科普发展中长期规划,作为国家"十五"计划和中长期经济、科技和社会发展规划及年度计划的重要组成部分。研究制定面向科普研究、科普创作、科普宣传人员的专项激励政策,加强科普成果的知识产权保护工作。要解决科普专业人员在职称、职务、待遇和奖励等方面面临的特殊问题,吸引更多的人才投身科普事业。

科技部、中宣部、中国科协等有关部门将定期开展表彰活动,对于在科普工作中表现突出的集体和个人进行表彰。

19. 加强科普基础性工作。根据我国经济、科技和社会发展对劳动者科技素质的基本要求,从2000年开始区别不同人群制定我国国民基本科技素质标准,定期修订,在此基础上建立和完善国民科技素质评估、监测和分析机制,为提高科普工作的质量提供依据。

加强对新时期科普工作对象、内容、方式、方法、手段、设施、组织及运行机制,科学技术传播和渗透规律等方面的研究,将丰富的科普实践经验上升为科普理论,指导科普工作沿着健康、高效的方向发展。

积极开展国际交流与合作,通过举办和参加各类科普会议、出国考察培训等方式,交流有关信息和研究成果,建立双边和多边科普协议,广泛开展国际合作,积极学习和借鉴国外先进的科普理论及实践经验,以不断提高我国科普工作的实际水平。

科学技术部　中共中央宣传部　中国科学技术协会　教育部

国家计划委员会　财政部　国家税务总局　国家广电总局　新闻出版署

一九九九年十二月九日

科技部 教育部 中宣部 中国科协共青团中央关于印发《2001—2005 年中国青少年科学技术普及活动指导纲要》的通知

（国科发政字〔2000〕516 号　2000 年 11 月 16 日）

广泛开展青少年科学技术普及活动，是新世纪推进我国科学技术普及工作的重要任务。为贯彻科技部等九部门发布的《2000—2005 年科学技术普及工作纲要》，规范和指导有关机关、学校、人民团体、大众传媒、机构、企业、组织、家庭和个人，开展适合青少年特点的科普活动，科技部、教育部、中宣部、中国科协和共青团中央共同组织有关专家，在借鉴国内外先进理论和做法的基础上，结合我国青少年科普活动实际状况，制定了《2001—2005 年中国青少年科学技术普及活动指导纲要》和《2001—2005 年中国青少年科学技术普及活动内容与目标》。现印发给你们，请根据该《纲要》，结合当地实际情况，制定青少年科普活动计划，开展相应活动，并注意发挥学校、社会和家庭三方面力量，综合推进青少年科普活动。

附件：2001—2005 年中国青少年科学技术普及活动指导纲要

科技部　教育部　中宣部
中国科协　共青团中央
二〇〇〇年十一月十六日

2001—2005 年中国青少年科学技术普及活动指导纲要

21 世纪科学技术迅猛发展，世界各国的综合实力越来越体现在科技和教育水平的不断发展，取决于国民科技文化素质的迅速提高。科学思想、科学精神越来越广泛和深刻地影响着人们的世界观与人生观，一个跻身于世界先进民族之林，在激烈的国际竞争中立于不败之地的国家或民族，不仅要在科学技术发展中拥有优势，更要下大力气提高全体国民的科技素质，增强公众对现代科学技术的理解、掌握和运用能力。因此，加强科学技术普及教育，提高全民族，尤其是青少年的科技素质，已成为持续增强国家创新能力和竞争力的基础性工程。

建国50年来，特别是改革开放以来，我国青少年科学技术普及活动取得了令人瞩目的成就。以学校教育为主体，社会各界参与的青少年科学技术普及活动发展迅速，组织机构逐步健全，大、中城市的青少年科学技术普及网络开始形成，设施和手段也日益增强，吸引了大量青少年参与科学技术普及活动，在一定程度上促进和提高了青少年的科技素质。但是，由于教育观念、活动内容和方法等方面相对落后，导致我国青少年在创新精神和实践能力的培养上与发达国家相比存在较大差距。此外，还存在学校教育与社会、家庭的相关教育脱节，科学技术普及活动开展水平存在严重地区差异，资金筹措渠道不畅、投入不足，以及从事科学技术普及活动的教育队伍不够健全，科学技术普及活动内容陈旧、方式落后等问题。

根据科技部等九部门发布实施的《2000—2005年科学技术普及工作纲要》要求，广泛开展青少年科学技术普及活动，是新世纪推进我国科学技术普及工作的重要任务。为规范和指导有关机关、学校、人民团体、大众传媒、机构、企业、组织、家庭和个人，针对青少年广泛开展科普活动，我们共同组织有关专家，在借鉴国内外先进理论和做法的同时，结合我国青少年科普活动实际状况，制定《2001—2005年中国青少年科学技术普及活动指导纲要》。请各级科技和教育行政管理部门，党委宣传部门，科学技术协会，共青团组织等，根据该《纲要》，制定青少年科普活动计划，开展相应活动，并注意发挥学校、社会和家庭三方面力量，综合推进青少年科普活动。实施中可结合当地的实际情况，因地制宜，分阶段实施，鼓励不断探索，大胆突破。本《纲要》适应于我国3至18岁儿童和青少年。《纲要》将根据青少年科技素质培养实际需要，由科技和教育行政管理部门加以修订。

一、青少年科学技术普及活动的目标和原则

1. 青少年科学技术普及活动的目标

根据3~18岁青少年生理和心理发育特征，以及接受教育程度，从3岁开始，每隔3岁分为一个年龄阶段，共分五个年龄阶段，分别在科学态度、科学知识和技能、科学方法以及科学行为习惯等四方面，由浅入深、由近及远、由表及里、由形象到抽象地开展科普活动。目的是逐步使青少年了解科学技术的发展，掌握必要的知识、技能；培养他们对科学技术的兴趣和爱好；增强他们的创新精神和实践能力；引导他们树立科学思想、科学态度；帮助他们逐步形成科学的世界观和方法论。在实施本《纲要》中，应达到的具体目标是：分阶段使青少年逐步了解科学最基本的概念和过程，认识由其构建的科学知识体系的基本轮廓。同时对影响人类生活和社会发展的科学技术有初步的了解；

分阶段逐步培养青少年具有从事科学技术活动的基本技能；使青少年逐步养成科学的思维习惯，掌握一定的科学方法，提高他们运用科学方法分析问题解决问题的能力；培养青少年具有严谨、求实的科学态度和科学行为习惯；

分阶段逐步培养青少年对科学的兴趣和爱好，帮助青少年逐步树立科学的观念和精神，初步理解科学技术与社会的关系，为他们今后创造性地从事或参与科学技术活动和社会实践打下基础。

2. 青少年科学技术普及活动的原则

为实现上述目标,青少年科学技术普及活动要遵循以下原则:

(1)面向全体青少年

科学技术普及活动必须面向全体青少年,提高他们的科技素质,使每一个人在其原有的基础上都能得到一定程度的发展,帮助每一个人获得步入现代经济和社会生活所必需的科技能力。无论是在校内,还是在校外,科学技术普及活动要尊重、爱护和关心每一个青少年,要采取适当的方式,来满足不同地区、不同知识背景、不同接受水平的青少年的需要,使全体青少年都能够参加科学技术普及活动。

(2)以青少年为主体

要坚持以青少年为主体的原则开展相关活动,关注青少年的情感,保护青少年的自信,尊重青少年的人格,培养青少年的创新精神,正确评价每个青少年的成长。为此,教育工作者必须营造有利于他们学习、活动的种种环境,唤起青少年的主体意识,鼓励他们主动参与和大胆实践。

(3)基础性与实践性相结合

对青少年进行科学技术普及教育,应体现基础性与实践性相结合原则。在科学技术普及活动内容选择上,基础性主要包括:相对青少年最基本、对未来发展有广泛影响的科技知识;基本的学习和参与科学技术活动的方法;养成独立处理事物的能力;树立合作精神和社会责任感等。实践性要求:通过实际观察、试验、制作和相关操作性活动,加强对上述科技活动基础性内容的理解与掌握,同时了解科学、技术与社会之间的关系及其相互作用等。将基础性和实践性相结合,使他们不但能掌握知识,而且能联系实际加以应用,不但有学习的主动性、积极性以及学习方法上的改进,而且能培养对社会的责任感,对当代人类所面临的一些重大问题产生探究的兴趣。

(4)重视创新意识和能力的培养,全面提高科学素质

在青少年科学技术普及活动中要促使其认识到创新的意义、创新的思维和方法,最大限度地发掘自身的创造潜能。活动中在传授科技知识和培养技能的同时,更重要的还在于把握其中的科学思想、科学精神和科学方法。活动中注意实证、逻辑推理和怀疑精神的培养与引导。实施中应从青少年感兴趣的或比较熟悉的现象入手,给他们提供参与探索和研究的机会,让他们在这个过程中亲自去实践,去搜集证据,整理、加工和应用各种信息,去寻找解决问题的途径和方法。使他们在这个过程中锻炼科学思维,学习科学方法,培养科学态度和树立科学思想、观念、精神,全面提高他们的科学素质。

(5)注意学习的选择性

由于地区和条件的差异,青少年个体知识、能力基础,兴趣爱好的倾向等方面的差异,青少年科学技术普及活动的内容,进行的方式、方法都应该充分尊重其选择性,内容既要有基本的规定,又要有所选择。使各种地区、各类人群都可以参加适宜的活动,在活动中使每一个人的特征得到最大限度的尊重和良好的发展。

二、青少年科学技术普及活动的基本内容

青少年科学技术普及活动的基本内容包含科学态度,科学知识、技能,科学方法、能力以及

科学行为、习惯等四部分。即：

1. 科学知识、技能。主要包括：生命科学、基本物质科学、地球与空间科学、科学前沿与高新技术、实用技术、科学技术史六个方面。每一方面根据青少年年龄特征，都应该体现由近及远，由零星到系统，由具体到抽象，由现象到本质，由宏观到微观的一般规律。

2. 科学态度。科学态度是青少年科学技术普及活动目标体系的核心内容，主要包括对科技活动的基本看法，对科技活动的意识、思维活动和自觉的心理状态，及其在言行中的表现。科学态度大多表现为追求真理的勇气、尊重规律、习惯于理性思考等特征，它们构成一个人科技素养的最关键部分。在每个年龄阶段的教育内容中，都应该把这部分的内容放在重要位置。

3. 科学方法。科学方法是青少年科学技术普及活动的重要内容，本《纲要》中主要包括观察、操作与实验的方法以及参与探究活动的方法、收集与利用信息的方法。

4. 科学的行为与习惯。通过科学技术普及活动，使青少年养成良好的个人生活、学习和社会活动习惯。

这四个部分以科学态度为核心，科学知识、技能和科学方法、能力为基础，科学行为、习惯为外在标志，形成一个综合性的整体目标。各部分内容既各有侧重，又相互联系。上述内容，科学知识、技能对青少年来说是间接经验，以学到为主，可以通过探究、理解、巩固、应用等过程掌握；科学态度与科学行为、习惯对青少年来说更多的表现为直接经验，以习得为主，可以通过主动参与、体验、内化、外显等活动方式形成；科学方法介于两者之间，需要综合运用探究、讨论、实践等多种活动来掌握。因此，在青少年科学技术普及活动内容与目标体系的实施过程中，必须注意不同的内容与目标，应采用不同的传播途径与方法。

不同年龄段的青少年教育内容要求和活动重点有所不同。本《纲要》提出这五个年龄阶段所进行的科学技术普及活动，内容应随年龄的增大而逐步增加。

三、青少年科学技术普及活动的类型

开展青少年科学技术普及活动，一般表现为以下四种类型：一是，以普及科技知识为主的知识性项目，如能源知识、天文知识等；二是，以培养具体技能为主的技能性项目，如模型制作、电脑制作、种植养殖技术等；三是，以问题为中心的培养探究能力的研究性项目，如对某种动物生活习性的研究、农作物的品种改良等；四是，将知识学习、技能培养、探究性学习融为一体的综合性项目，如对当地环境污染情况的调查研究、创造发明等。青少年进行科学技术普及活动，可依据本《纲要》设定的基本内容，从实际出发选择或设立活动类型，使之既能照顾到青少年的生理心理特点、知识水平、兴趣和需求，又能因地制宜，反映出地区差别和城乡差别；既要保留优秀的传统活动类型，又鼓励对其加以改造和创新，以设计出能适应形势变化的新类型；既选择或设立一些与当地生产、生活紧密联系的符合大部分青少年实际的活动，又应注意设计一些高新科技活动和创新活动，并在有条件开展活动的地方进行实验；还可以通过社会化途径，组织开发若干示范性活动，以促进当地科技教育活动的开展。

为了实现青少年科学技术普及活动的目标，应赋予活动生动活泼的形式，使广大青少年易于接受、踊跃参与、扩大收获。多年来，我国科技普及工作者在科普活动形式上积累了丰富的经验。科技夏(冬)令营、"小星火计划"(小种植、小养殖、小加工、小考察、小改革、小发明、小咨

询等)、科技演讲会、命题擂台赛、科技日(周、月)等是群众性的活动形式;兴趣小组、科普主题讲座、参观、培训、学科竞赛、科技竞赛等是专项活动形式;科技墙报、科技书刊阅览、小发明(创造)展示、科技实验演示室、科技录像、科技网站等都是较好的科技活动手段,这些活动形式都应继续大力加以提倡和推广,并积极给予全面创新。

科技普及工作者和广大青少年,在活动类型和形式的选择上应充分发挥主动性,提高创新能力,积极推动科技普及活动的健康开展。

四、政府及社会有关方面应积极支持青少年科学技术普及活动

推进青少年科普活动是一项社会系统工程,需要政府有关部门、学校、社会各界、家庭和青少年本人的共同努力与积极配合,并长期加以坚持。

1. 充分发挥各类传播渠道的作用。在推进青少年科学技术普及活动中,要充分发挥教育、培训和大众传媒为主的三大传播渠道的作用,使其适应青少年科学技术普及活动的特殊需要。

发挥学校主渠道作用,积极贯彻落实《中共中央、国务院关于深化教育改革全面推进素质教育的决定》精神,在抓好课堂科技知识教育的同时,还要以多种形式开展科学技术普及活动,并将其作为学校教育的重要组成部分加以落实。同时,应以培养青少年科技素质和创造力为目标改革现有的学校科技活动内容体系。要组织一批具有创新思想并兼有文、理知识背景的老、中、青专家,对学校科学技术普及活动的内容进行研究,提出示范性的青少年科普活动方案,指导开展各类活动。

要进一步发挥社会和家庭作用,推进青少年科学技术普及活动。在推进青少年科普活动中,要充分发挥家庭教育、社会教育以及青少年自我教育的作用。家长要支持孩子参加校、内外组织的科技活动;在家庭中营造崇尚科学、追求真理、勇于创新的良好氛围,并根据实际情况为孩子科技素质的培养创造基本的物质条件。鼓励各级、各类社会团体和教育、科技机构、企业和其他社会组织、机构,根据本《纲要》精神,积极组织广大青少年参加科技活动。

采取培训、辅导等方式向青少年传播科学技术知识。各级政府应协调科技、教育等部门,针对城市初中毕业后青少年开展与科学技术普及相关的职业培训工作,以满足其未来就业的需求;对农村青少年中的低文化群体,应大力开展与农业相关的实用技术培训,以帮助他们尽快走上科技兴农之路。

发挥大众传媒作用,弘扬科学精神,教育青少年从小崇尚科学,客观求实,追求真理,勇于创新,反对封建迷信,树立辩证唯物主义世界观。在传播科学技术中,大众媒体要本着科学的态度树立严肃认真、一丝不苟、客观公正、实事求是的榜样。在传播内容选题上,应坚持形式多样化,科学性和艺术性并重的原则。要加强互联网上科普内容的建设。

2. 各级政府有关部门要营造环境促进青少年科学技术普及活动广泛开展。政府营造良好环境,是推动促进青少年科学技术普及活动的基本条件。各级政府的科技、教育及其他相关行政管理部门,要通过各类试点、示范、规划和各项法规,引导和规范青少年科学技术普及活动,抵制妨碍青少年科技素质形成的封建迷信、伪科学等各种社会不良影响。要由各级科技行政管理部门与教育行政管理部门会同宣传部门以及科协、共青团组织共同健全和完善督导制

度,建立以本《纲要》为基础的评估制度,确保青少年科学技术普及活动的目标和原则落实到位。此外,各级政府还要努力采取有效措施,切实加大对青少年科学技术普及活动的条件建设,加大投入。

在政府投入相对不足的情况下,鼓励社会力量参与和支持青少年科学技术普及活动。

3. 抓好组织网络、队伍和阵地建设,促进青少年科学技术普及活动的全面发展。各级科技、教育及其他相关政府行政管理部门、宣传部门,以及科协、妇联、共青团和其他相关社会团体,应协调和调动社会有关力量,加快建立包括专家咨询、活动机构、活动信息以及辅导教师资源信息等方面的科学技术普及活动组织网络,发挥协同作用;推进青少年科学技术普及活动规划、理论研究、实施工作。提高相关教师、辅导员的科技素养。建立素质水平的考评与督导制度,加强针对教师、辅导员的培训、辅导和研讨工作,在开展科技知识和技能培训、辅导的同时,应增加思维方法和人才成长规律等方面的内容。提倡在科普活动中使用新理论、采用新方法、探索新方式。各级教育、科技管理部门以及其他有关方面,应将健全青少年科技活动辅导员、教育和科普创作队伍、科技专家志愿者队伍的建设列入议事日程,并逐步落实。在校内外科技活动中要逐步健全科技教师和辅导员队伍,各地要根据具体情况,提出健全队伍的具体目标和有效措施,并逐步组织实施。通过大众媒体宣传、参与社区相关活动、开展家长培训和辅导等方式,提高家长的科技素质,改善其教育观念,在家庭日常生活中带头学科技、用科技、讲科技,在崇尚科学、反对迷信方面以身作则,积极在家庭中为青少年创建有益于提升科技素养的良好环境。

进一步做好青少年课外科学技术普及活动的阵地建设工作。科技场馆、重点实验室、科学中心等设施,具有很强的科普功能,要充分发挥现有上述设施的作用,通过展览、演示、讲座、影视和参与操作等形式,向广大青少年传播科技知识、科学方法和科学精神,向他们形象、直观地介绍我国科技发展的成就及其对生产发展和生活质量提高的作用,促进广大青少年对科学、技术与社会相互关系的理解,从而有利于青少年科学素质的培养和全社会物质文明和精神文明的建设。各级政府要重视青少年科技场馆建设,并将其纳入当地城市和社区发展的整体规划。有条件的地区可单独设立中小学科技教育示范点或科技教育活动中心,并充分利用其辐射功能。对老、少、边、穷地区,应给予政策上的倾斜,以促进当地青少年课外科学技术普及活动阵地的建设。

附录:2001—2005年中国青少年科学技术普及活动内容与目标(略)

国务院关于同意设立"科技活动周"的批复

(国函〔2001〕30 号   2001 年 3 月 22 日)

科技部:

　　你部《关于拟由国务院决定设立"科技活动周"的请示》(国科发政字〔2001〕514 号)收悉。同意自 2001 年起,每年 5 月的第三周为"科技活动周",在全国开展群众性科学技术活动。具体工作由你部商有关部门组织实施。

国务院

二〇〇一年三月二十二日

科技部办公厅　教育部办公厅　中宣部办公厅 中国科协办公厅　共青团中央办公厅关于推进 《2001—2005 年中国青少年科学技术普及 活动指导纲要》实施工作的意见

（国科办政字〔2001〕501 号　2001 年 11 月 21 日）

各省、自治区、直辖市、计划单列市科技厅（科委），教育厅（教委），党委宣传部，科协，共青团组织，有关部门和单位：

为落实科技部、教育部、中宣部、中国科协和共青团中央颁布的《2001—2005 年中国青少年科学技术普及活动指导纲要》（以下简称《纲要》）规定的工作任务，在"十五"期间切实推进我国青少年科学技术普及事业的发展，解决实施《纲要》存在的基础工作薄弱、高素质队伍缺乏、地区差异过大以及社会力量分散等问题，科技部、教育部、中宣部、中国科协和共青团中央决定，从 2001 年起在全国推进《纲要》的实施工作。现就推进实施工作的有关问题提出以下几点意见。

一、提高认识、统一思想，进一步增强青少年科学技术普及教育的紧迫感和责任感

1. 加强科学技术教育，提高全民族，尤其是青少年的科技素质，是保障持续增强我国国家创新能力和国际竞争力的基础性工程。因此，在新时期培养青少年对科学技术的兴趣和爱好，增强其创新精神和实践能力，引导他们树立科学思想、科学态度，逐步形成科学的世界观和方法论，是提高我国青少年科技素质，保障我国"科教兴国"战略顺利实施和中华民族伟大复兴的长期战略性工程。

各级科技、教育等部门和组织，以及各有关单位、广大科技、教育工作者和社会各界要从战略的高度，充分认识加强青少年科学技术普及工作，提高青少年科技素养的重要意义，深刻认识"十五"期间推进《纲要》实施工作的必要性和紧迫性，制定工作计划，配备必要力量，提供一定条件，加强对青少年科学技术普及活动的领导，切实推进《纲要》的实施工作。

2. 青少年科普工作是青少年素质教育的重要内容，要坚持以《中共中央、国务院关于加强科学技术普及工作的若干意见》、中共中央印发的《公民道德建设实施纲要》和《中共中央、国务院关于深化教育改革全面推进素质教育的决定》为指导思想,以《纲要》为行动指南,以培养青少年的创新精神和实践能力为重点,在大力普及科学知识、科学思想、科学精神、科学方法的同时,注意普及道德知识、道德规范,尤其要宣传普及"爱国守法、明理诚信、团结友善、勤俭自强、敬业奉献"的基本道德规范,坚持青少年科普活动的广泛性、实践性和选择性,通过对青少年科学态度,科学知识、技能,科学方法、能力以及科学行为、习惯等四个方面的培养,树立他们的科学思想、科学观念和道德意识。

二、加强青少年科普工作和推动《纲要》实施的主要任务

3. 在"十五"期间,要进一步改善当前开展青少年科普活动所面临的基础工作薄弱、高素质队伍缺乏、地区差异过大以及社会力量分散等问题,完成《纲要》实施所需的学生、教师科技教育资料的编撰,探索指导青少年科普活动开展的有效模式和方法,加强对科技教师及科技辅导员的培养与培训工作,建立青少年科技活动监测评估制度。

通过实施这些工作,完成《纲要》规定的各项任务,达到《2000—2005年科学技术普及工作纲要》所要求的大幅度提高广大青少年的观察能力、科学思维能力、动手能力和创造能力,以及提高他们直接参与社会经济活动的能力。

4. 根据《纲要》内容与目标的要求,加强学校教师和学生开展科普活动所需的学习资源、活动方案、活动材料、多媒体资料等资源的开发。以科研为依托,在对原有经验进行总结和提高的基础上,完成中小学校实施《纲要》的基础性工作,提出在中小学开展青少年科普活动较为普遍适用的活动模式和行动方案,以及学校教师、学生用书、学具、用具的开发方案。开发科技教师及辅导员培养与培训用书,提出促进中小学专职教学辅导人员素质提高的工作方案,及其相关的培训资料和方法。加强对科技活动实验室(操作室)活动内容和设备的研究,加强科技活动资源库(包括科技活动方案库、科技活动人力资源库、学习资源库和影视资料库)的建设。

5. 加强青少年科普活动,推进《纲要》实施需要高素质的科技教师、科技辅导员、科普工作者,以及各种科技、教育力量的支持。因此,必须采取多种措施,大力加强对科技教师、辅导员和科普工作者的科技教育,探索科技教师及科技辅导员培养与培训的有效途径与方法。在有条件的师范院校要开设科技传播与教育选修课,并在其他相关课程中渗透科技教育,各级教育学院、教师进修学校和教师培训基地等教师培训机构也要积极承担科技教师及辅导员的培训任务。科技教师及辅导员的培训要包括国家级培训者的培训,各级与科技教育相关教研员的培训、骨干教师的培训,科技场馆的科技辅导员培训等多个层次。同时,要积极开展科技教师之间在教学和科研方面的国际交流与合作,探索与青少年科技教育较为发达的国家合作开展科技教师培训及交流活动的经验与模式。

6. 探索建立以学校为主体,社会力量联动,共同推进青少年科普活动开展的新机制。要树立大教育的观念,并充分发挥学校主渠道的作用,除校内开设的科技课程外,还要以多种形式开展科学技术普及活动,形成全方位、立体的科技教育。要将科学精神、科学态度、科学价值观及科学行为习惯的培养作为学校德育教育的重要组成部分加以落实。要将培养青少年科技素质和创造力作为学校科技活动的总体目标,将其融于各学科教学之中,并贯穿于教育教学的

各个环节。同时,要积极探索学校与所在街道、社区和城市的科技场所、科普基地、高等学校、研究院所、图书馆、高新技术企业、大众传媒和家庭联合开展青少年科普活动的模式和方案,充分调动各种社会资源参与青少年科普活动,发挥家庭教育、社会教育以及青少年自身教育的作用,在全社会营造崇尚科学、勇于创新的良好氛围。

7. 建立健全青少年科普活动监测评估制度,建立青少年科技素养的评价指标体系,以及各主体开展科技活动过程与效果的评价指标体系。各级科技、教育行政部门要将建立青少年科普活动监测评估制度作为推进《纲要》实施的一项重要工作,根据《纲要》规定的目标和任务,对中小学校、社区、科技场馆(站)、大众传媒等主体开展青少年科普活动的过程与效果进行评估,对成绩突出的单位和个人要进行表彰奖励,并研究提出适合相应主体开展青少年科普活动的激励措施。

三、各部门通力协作,全社会共同努力,大力推动青少年科普活动的开展

8. 各级科技、教育、宣传部门,各级科协、共青团组织,以及学校、科研院所、大众媒体等单位要加强对现有青少年科普活动资源的整合,以《纲要》目标为指导,以《纲要》内容为核心,因地制宜地开展青少年科普活动。

要加强《纲要》实施的基础性工作,通过开展科技教育的理论研究,设立科技教育论坛等方式,促进科技教育理论与实践的发展;通过开展青少年科技普及活动方案征集和评选活动、中小学科技活动、器材征集评选活动,促进科技活动资源的开发创作。要加强学校与社区、科技场所、大众传媒、企业、家庭的科技教育联动活动,包括各主体组织开展的形式多样的中小学生创造发明活动、各种科技竞赛活动、科技夏令营、社区科技俱乐部、科技周、科技月、科技节、国际交流等活动。

9. 加强青少年科普队伍的建设。广大科技工作者要热心参与青少年科普工作,在完成日常科研任务的同时,积极投身青少年科普宣传和创作活动,结合本职工作向青少年大力普及科技知识、科学方法和科学思想。广大教育工作者在教学工作中要加强对《纲要》内容的贯穿,注意培养中小学生对科学技术的兴趣和爱好,组织青少年参加校内外的各种科技活动,积极投身青少年科普资源的创作。同时,要在科技、教育工作者中和已离退休人员、大学生中大力发展青少年科普志愿者和科技辅导员队伍,指导和帮助青少年科普活动的开展,配合《纲要》的推进实施。

各类专业学术团体要进一步加强与中小学校的联系与协作,积极参与同《纲要》有关的青少年科普资源创作工作,并通过组织开展中小学生参加的各种科技竞赛、科技夏令营、中小学生创造发明等活动,为《纲要》的实施发挥重要作用。

10. 充分利用高等学校、科研院所、大众传媒、家庭、城市社区、企业等各类社会组织,抓好《纲要》实施的网络建设。各类社会组织要广泛学习《纲要》的有关内容,结合《纲要》加强对青少年科普活动的宣传和参与。科技、教育行政部门要指导科研院所和高等学校在前期"科研院所开放进行科普的指南与示范"试点工作,以及教育部《关于高等学校国家重点实验室和教育部重点实验室向中小学生开放的意见》的基础上,根据《纲要》的目标和内容,组织开展面对青少年的参观、讲座、竞赛、动手活动和科普创作,并推行科普工作制度化。

大众媒体是青少年获取知识和信息的第二大来源,要充分利用电台、电视台、报纸、期刊、网络等传播手段,增加对青少年科普活动和《纲要》内容的宣传报道,通过开设青少年科普栏目,摄制、编写丰富多彩、生动活泼的青少年科普节目,提出大众传媒开展青少年科普活动方案,配合《纲要》的推进实施。各级科技、教育行政部门、党委宣传部、科协和共青团组织要联合媒体机构,组织开展面向科技影视、广播创作人员,媒体记者和图书编辑人员的科普培训活动,通过培养一批了解科技、了解青少年科技需求的媒体工作者,发挥大众媒体对提高青少年科技素养的作用。

将加强青少年科普活动与社区精神文明建设相结合,充分利用社区科技、教育、文化、旅游资源和政府组织体系,根据社区青少年的学习、生活特点,有针对性地举办各种科普讲座、展览、培训、科技竞赛、科普游园等活动。同时要加快青少年社区科技活动基地、社区校外活动场所的建设,开展利用社区资源开展科技活动的模式研究。

鼓励企业和其他社会力量投资举办青少年科普活动,组织企业对所在社区内的青少年科普活动给予人员、场所等方面的支持,吸引他们参与青少年科普教育产品和服务的开发工作。

11. 做好青少年课外科普活动的阵地建设,充分发挥科技场馆、重点实验室、科学中心、社区校外活动场所等设施的作用。在各地青少年学生校外活动场所科技活动功能的设计中,要突出《纲要》的有关要求;在展教方式和内容设计,以及科技场所开展青少年科普活动的方案设计上,要依据《纲要》的内容,体现《纲要》的思想,对有关设施、设备、展品的研制工作,可以引入企业参与。

12. 吸收和借鉴国外发达国家开展青少年科普活动的先进经验,在科普资源开发、师资培训、活动形式和内容设计、模式摸索等方面加强与她们的交流与合作。

四、切实加强对中小学青少年科普工作的领导,全面推进《纲要》实施

13. 推进青少年科学技术普及活动开展和《纲要》实施工作要在全国范围内开展。各级科技、教育行政部门,党委宣传部门,科协和共青团组织,要把加强青少年科普活动,培养他们的创新精神和实践能力作为一项事关全局的战略任务,通力合作,建立健全推动《纲要》实施的良好运行机制,有条件的地方要从经费中安排一定额度用于推动《纲要》的实施工作,为《纲要》的贯彻落实提供必要保障。科技部、教育部、中宣部、中国科协和共青团中央共同负责指导全国的《纲要》实施工作。

科技部、教育部和中国科协将委托有关研究机构、高等学校,开展青少年科普活动和《纲要》实施的研究和业务咨询,并及时反映情况,总结经验。

14. 按照典型带动、因地制宜、加强基础和逐步推进的原则,利用三年左右的时间,分阶段完成《纲要》规定的各项目标和任务,提出《纲要》的推广方案,表彰在推进实施过程中表现突出的单位,并对参加实施单位的进展情况进行测评。科技部、教育部等部门将根据《纲要》目标和任务的需要,有选择的将部门和地方开展的部分活动与项目纳入科技部、教育部等部门的重点联系范畴,重点联系的实施单位将授予"全国青少年科普活动试点单位"称号,给予情况跟踪及必要的指导和支持。

　　各级科技、教育等有关部门、人民团体,以及学校、科研院所、大众媒体等单位要根据本文件精神,结合实际,制定贯彻落实的具体措施,并创造性地开展工作,在"十五"期间,努力完成《纲要》实施的各项任务,开创青少年科普工作的新局面。

科学技术部办公厅　教育部办公厅

中宣部办公厅　中国科协办公厅

共青团中央办公厅

二○○一年十一月二十一日

中共中央宣传部　全国人大教科文卫委员会
科学技术部　教育部　财政部　司法部
中国科学技术协会关于学习、宣传和实施
《中华人民共和国科学技术普及法》的通知

（教科文卫字〔2002〕37 号　2002 年 7 月 31 日）

各省、自治区、直辖市、计划单列市党委宣传部、人大教科文卫委员会、科技厅（委、局）、教育厅（教委、教育局）、财政厅（局）、司法厅（局）、科协；国务院各部、委、局；中国科学院、中国工程院；新疆生产建设兵团：

第九届全国人民代表大会常务委员会第二十八次会议于 2002 年 6 月 29 日通过了《中华人民共和国科学技术普及法》（以下称科学技术普及法）。这是我国加强科学技术普及工作、提高公民的科学文化素质，实施科教兴国战略和可持续发展战略，推动经济发展和社会进步的一部重要法律。科学技术普及法在总结我国建国以来科学技术普及工作经验的基础上，以法律形式对科学技术普及工作应当遵循的基本原则，组织管理，社会责任、实施科学技术普及工作各主体的相互关系，保障措施与法律责任等一系列问题做出了明确规定。认真学习、贯彻实施科学技术普及法，对普及科学技术知识、倡导科学方法、传播科学思想、弘扬科学精神，实施"科教兴国"战略具有重要意义。

科学技术普及法于 2002 年 6 月 29 日起施行。为做好科学技术普及法学习、宣传和实施的各项工作，特通知如下：

一、加强科学技术普及，促进经济建设和社会发展，需要全社会的共同努力。各省、自治区、直辖市、计划单列市人大、政府和各职能部门及相关单位，要以"三个代表"重要思想为指导，把实施科学技术普及法作为实施"科教兴国"战略和可持续发展战略的重要举措，列入议事日程。要组织科技界、经济界、法律界和其他有关各界认真学习科学技术普及法，理解和掌握科学技术普及法的各项法律规定，充分认识实施科学技术普及法的意义。通过科学技术普及法的施行，规范科学技术普及活动，落实保障措施，提高公民的科学文化素质，推动经济建设和社会发展。

二、大力加强科学技术普及法的宣传工作。各部门、各地区应当把宣传科学技术普及法当作一项重要任务，通过广播、电视、报刊、网络、培训等多种形式，广泛宣传科学技术普及法，特

别是党政机关、社会团体、各类学校、科学研究和技术开发机构等单位,要加强有针对性的宣传。全国人大教科文卫委员会、科学技术部、中国科协及有关部门将根据需要,组织编写有关的宣传学习材料。各地普法部门要将科学技术普及法列入“四五”普法的宣传计划,精心组织安排,形成一个阶段性的面向社会的宣传活动。各部门、各地区也可以结合各自实际,组织编写学习宣传材料,共同推动科学技术普及法的宣传工作。

三、国务院科学技术行政部门和有关部门,将研究制定科学技术普及法的实施办法;各省、自治区、直辖市应根据科学技术普及法,结合本地区实际情况,制定促进科学技术普及的地方性条例。已经制定科学技术普及条例的地区,应根据科学技术普及法的规定进行修改。

四、贯彻实施科学技术普及法是一项长期任务,各部门、各地区要充分认识其艰巨性、长期性,切实做好法律实施和执法监督工作。全国人大教科文卫委员会将会同有关部门,对实施科学技术普及法的情况有重点地进行执法检查。各省、自治区、直辖市人大也应将科学技术普及法实施情况的监督检查列入工作日程,督促有关部门严格执行。

五、依法促进科学技术普及,推动科技进步和经济发展,是全社会的共同使命,各部门、各地方应加强协调配合,充分调动和发挥各自优势,因地制宜,采取切实措施,保证科学技术普及法的顺利实施。

二○○二年七月三十一日

国家环境保护总局　科技部
关于加强全国环境保护科普工作的若干意见

（环发〔2002〕175 号　2002 年 12 月 9 日）

各省、自治区、直辖市环境保护局（厅）、科技厅（科委、科技局），新疆生产建设兵团环保局、科委，国务院有关部门、直属机构，有关集团公司：

环境保护是我国的一项基本国策。环境保护科普工作（以下简称环境科普）是向社会公众普及环境保护的科技知识，提高全民环保意识，促进公众对环保政策关注、理解和支持的重要措施，是全面建设小康社会，加快推进社会主义现代化建设的基础性工作。

为进一步加强环境科普工作，根据《中华人民共和国环境保护法》（以下简称《环保法》）和《中华人民共和国科学技术普及法》（以下简称《科普法》），提出如下意见：

一、充分认识环境科普工作的重要意义。党的十六大提出，把"可持续发展能力不断增强，生态环境得到改善，资源利用效率显著提高，促进人与自然的和谐，推动整个社会走上生产发展、生活富裕、生态良好的文明发展道路"作为全面建设小康社会的目标之一，这对新时期全面实施科教兴国战略和可持续发展战略提出了新任务，也对环境科普工作提出了新任务。各级环境保护行政部门和科技行政部门要从全面贯彻"三个代表"重要思想，全面建设小康社会的高度，充分认识环境科普工作的重要性和紧迫性。要按照《环保法》和《科普法》的要求，结合国家和本地区环境保护的目标和任务，将环境科普工作纳入工作规划，制定计划，开展环境科普工作，真正使环境保护、建设美好家园成为全民的自觉行动。

二、环境科普工作应服从、服务于国家经济建设和社会发展的总体目标，着眼于经济、社会、人口与资源环境的可持续发展，立足于促进人与自然的和谐与协调，紧密围绕广大人民群众文明生产、健康生活的要求，有目的、有计划、有针对性地开展环境科普工作。

三、充分挖掘和利用环境科普资源。各级环境保护行政部门和科技行政部门要开展环境科普资源调查，及时准确地掌握环境科普资源状况，了解环境科普工作的动态、经费来源、存在的问题和公众的环保意识等信息，从本地环境科普工作实际出发，提出推动环境科普工作的具体意见和措施。

四、整合资源，推动环境科普基地建设。国家鼓励具有环境科普教育功能的自然保护区、生态示范区，以及高校、科研院所、工矿企业、中小学校等机构和单位，开展环境科普工作。

国家将根据我国经济与社会发展的实际情况和环境科普工作的需要，制定相应的评估指标,建设一批国家级环境科普基地。

五、积极推动环境科普队伍建设。鼓励和支持从事环境保护事业的工作者热爱和投身于环境科普事业,努力建设一支业务精、作风硬、专兼职结合、高水平的环境科普队伍。

要大胆探索适应环境科普工作社会化、市场化、现代化需求,开放、竞争、流动的环境科普工作人才新机制。要采取积极措施,关心爱护从事环境科普工作者的工作和生活,支持、鼓励和引导广大环境科技工作者在搞好科研、教学和生产的同时,参与环境科普工作,为他们创造条件,提供机会,将其所掌握的环保科学知识、科技成果转化为科普产品。

六、充分发挥各级环境科学学会在环境科普工作中的主力军作用。各级环境科学学会要在环境科普的工作内容、方式方法等方面积极开展工作,不断进取,开拓创新,为我国的环境科普事业做出贡献。

七、加强农村的环境科普工作,广泛深入地开展农村环境科普活动,向广大农民普及农业环保科技知识,提高广大农民的环境意识。

八、加强城市社区的环境科普工作。围绕城市居民所关注的环保热点开展环境科普活动。提高城市居民环境意识,引导他们逐步建立健康的生活习惯和消费方式,吸引社区居民积极加入到创建绿色文明城市、绿色文明社区的活动中来。

九、加强青少年的环境科普工作。要针对我国青少年的特点,创造条件,广泛开展环境科普活动,引导和组织青少年参加各种环境科普活动,使其提高环保意识,从小养成热爱自然、保护环境的良好习惯。

十、充分发挥现代媒体的优势,开展环境科普工作。要利用电视、广播、报刊、图书和网络等的传播手段,开展环境科普宣传,出版高质量、高水平、有针对性的环境科普作品,逐步形成有利于环境科普工作的社会环境和氛围。

十一、因地制宜,开展形式多样的环境科普活动。要充分利用每年的"六五"世界环境日、全国科技活动周等活动,大力宣传党和国家关于环境保护的方针、政策,全面展示环境科技工作的新成就和新风采。

十二、多渠道增加环境科普投入。各级环境保护行政部门和科技行政部门要支持环境科普工作,适当地安排一定的经费开展环境科普工作,并逐步增加对环境科普工作的投入。要创造条件,吸引社会各界关注和支持环境科普工作,鼓励社会力量增加对环境科普事业的投入。

十三、进一步加强对环境科普工作的领导。各级环境保护行政部门和科技行政部门要加强对环境科普工作的领导,紧密协作,形成合力,搞好环境科普工作的计划制定、督促检查和政策引导工作。对在环境科普工作中表现突出的集体和个人进行表彰和奖励。

国家环境保护总局

科技部

二〇〇二年十二月九日

中国科协　发展改革委　科技部　财政部 建设部关于下发《关于加强科技馆等 科普设施建设的若干意见》的通知

（科协发普字〔2003〕30 号　2003 年 4 月 22 日）

各省、自治区、直辖市科协、计委（计划厅）、科技厅（局）、财政厅（局）、建设厅（建委），各全国性学会、协会、研究会：

为了贯彻落实《中华人民共和国科学技术普及法》，进一步推动我国科技馆等科普设施的建设，现将《关于加强科技馆等科普设施建设的若干意见》下发给你们，请认真贯彻执行。

中国科协　发展改革委　科技部
财政部　建设部
二○○三年四月二十二日

关于加强科技馆等科普设施建设的若干意见

自 1994 年 12 月《中共中央、国务院关于加强科学技术普及工作的若干意见》颁布以来，科普工作得到各级党委和政府的高度重视。在社会各方面的共同努力下，科技馆等各类科普设施的建设取得较大发展，但科普设施数量偏少、科普功能发挥不充分等问题仍一直存在，难以适应我国实施科教兴国战略和可持续发展战略的需要。

为了贯彻落实《中华人民共和国科学技术普及法》（以下简称《科普法》），进一步推动我国科技馆等科普设施的建设，现提出以下意见：

一、充分认识加强科技馆等科普设施建设的重要意义

科学文化素质是国民素质的重要组成部分，提高全民族的科学文化素质是我国实施科教兴国战略和可持续发展战略的一项重要的基础性工作。在科学技术快速发展的今天，科技知

识的普及程度对人们运用知识进行科学思维和提高科技创新能力,对社会主义生产力和精神文化的发展,都有着深刻的影响。

科技馆、自然博物馆、天文馆、青少年科技活动中心(站)、社区科普工作室(站)、科普画廊(橱窗)、科普基地等科普设施是我国面向公众进行科普宣传教育的重要阵地和基础设施。这些科普设施通过展览、培训、实验、影视播放、报告讲座等多种形式,开展公众尤其是青少年易于参与、接受的科普活动,普及科技知识、传播科学思想和科学方法,对于在全社会弘扬科学精神,建设先进文化,提高公众科学文化素质,形成科学、健康、文明的生活方式具有独特而重要的作用。要从实践"三个代表"重要思想和实施科教兴国战略的高度,充分认识加强我国科技馆等科普设施建设的重要意义。

二、大力推进科技馆等科普设施的建设

要按照《科普法》的规定,大力推进科技馆等各级各类科普设施的建设。要把科技馆、青少年科技馆活动中心(站)、社区科普活动室(站)、科普画廊(橱窗)等科普设施建设作为重点列入城乡建设规划。在规划和建设中,要科学论证,合理确定建筑规模,量力而行,反对互相攀比和盲目追求外观;要统筹规划、合理布局,充分利用现有资源,避免重复建设和浪费。

科技馆是实施科教兴国战略的基础设施之一,要大力加强各级科技馆的建设。中国科技馆作为国家科技馆,要力争建成具有国际先进水平的科普场馆,并充分发挥其对全国各级科技馆的示范作用;各省、自治区、直辖市和计划单列市要力争在"十五"期间建设一个综合性、现代化和有地方特色的科技馆;经济条件较好、人口规模较大的地市和县在地方财力许可的范围内可自愿建设以举办展览等科普活动为主要功能的、规模适度并体现当地特色的科技馆。避免内容和功能趋同的重复建设。

各地要积极创造条件建立一批青少年科技活动中心(站),并结合社区建设,建立社区科普活动室(站)、科普画廊(橱窗)。同时,要重视自然博物馆、天文馆等其他科普设施的建设。

地广人稀、人口分散的少数民族地区,边疆地区,边远山区和农牧区可因地制宜地建设社区科普活动室(站)、科普画廊(橱窗)等科普设施,积极发展科普宣传车等流动科普设施。尚无条件建设专用科普设施的地方,可充分利用现有的科技、教育、文化等设施开展科普活动。

因建筑物功能的局限而不能充分发挥科普作用的科技馆等科普设施,各地要结合财力进行必要的改造,以利其发挥应有的作用;鼓励利用"关、停、并、转"企业的闲置厂房,改造、翻建科普场馆。

在科技馆等科普设施建设过程中,要将足够比例的资金用于研制展览内容和配备展教设备,以保证科普设施功能的充分发挥。中国科协将会同有关部门抓紧编制科技馆等科普设施的建设标准,规范科普设施的建设。

三、加强对现有科技馆等科普设施的管理和利用

要按照《科普法》的有关要求,加强对科技馆等科普设施的管理。政府财政投资建设的科技馆、自然博物馆、天文馆等科普场馆,要常年向公众开放,对青少年实行优惠;要进一步面向公众开展多种形式的科普活动,不断探索实践,提高科普活动的水平。

由科技部、中央宣传部、教育部和中国科协联合命名的"全国青少年科技教育基地",中国科协命名的"全国科普教育基地"以及各级各类科普教育基地,要充分发挥其科普教育示范作用,利用自身的优势创造条件开展面向公众的科普活动,定期对公众免费或以优惠票价开放。

国家机关、社会团体、企事业单位、农村基层组织的内部设施,有条件的,要开放或为公众开展科普活动提供方便。公园、商场、机场、车站、码头等各类公共场所,应根据自身特点增加相应的科普内容或设立科普画廊(橱窗)等专门的科普设施。

有关部门要加强对科技馆等科普设施专业技术人员的培训,建立科技馆等科普设施的科普志愿者队伍,充分依靠科技、教育、文化、艺术和科普等方面的专家,参与科技馆等科普设施的有关工作。

科技馆等科普场馆被挤占或挪作他用的,要尽快恢复其原有功能;缺少科普内容或很少开展科普活动的,要尽快增加科普内容,并积极开展面向公众的科普活动;科普内容陈旧、开展科普活动水平低的,要及时更新内容,提高开展科普活动的水平。

四、加强科技馆等科普设施建设的各项保障措施

(一)各级人民政府要把科技馆等科普设施建设纳入议事日程,切实加强领导,要把科普设施建设纳入当地国民经济和社会发展计划,所需经费列入同级财政预算,并逐步加大对各级各类科技馆等科普设施建设的投入。

(二)对科技馆等科普设施的建设用地,要给予优惠政策。各地新建符合当地经济发展水平的公益性科技馆等科普设施所需用地,可以划拨供地的,地方人民政府应优先划拨;采用有偿方式供地的,在同等情况下,对科技馆等科普设施用地,应在地价上给予优惠。城镇建设确需征用科普设施用地,必须做到先建后拆,或建拆同时进行,要保证重建的科技馆等科普设施的规模和水平均不低于原有设施。

(三)要按照国家对科技馆等科普设施的税收优惠政策,对科普设施给予税收优惠。

(四)各地方可以根据本地的情况,制定鼓励科技馆等科普设施发展的政策,以推动科普设施的建设和发展。

财政部　国家税务总局　海关总署　科技部 新闻出版总署关于鼓励科普事业发展 税收政策问题的通知

（财税〔2003〕55 号　2003 年 5 月 8 日）

各省、自治区、直辖市、计划单列市财政厅（局）、国家税务局、地方税务局、科技厅（局）、新闻出版局、海关广东分署、各直属海关，新疆生产建设兵团财务局、新闻出版局，解放军总政治部宣传部、新闻出版局：

经国务院批准，现将鼓励我国科普事业发展的税收政策问题通知如下：

一、2005 年以前，对综合类科技报纸和科技音像制品在出版环节的发行收入，实行增值税先征后退的办法。

综合类科技报纸是指以普及科学知识、倡导科学方法、传播科学思想、弘扬科学精神为宗旨的科技报纸。其具体范围是，新闻出版管理机关在报纸批准登记时分类与认定的综合科技类报纸，详见附件 1。

科技音像制品具体范围是，中国标准音像制品编码分类代码（ISRC）中的 A-马克思主义、列宁主义、毛泽东思想，B-哲学，D-政治、法律，E-军事，F-经济，K-历史、地理，N-自然科学总论，O-数理科学和化学，P-天文学、地球科学，Q-生物科学，R-医药、卫生，S-农业科学，T-工业技术，U-交通运输，V-航空、航天，X-环境科学、劳动保护科学。

科技报纸和科技音像制品的增值税退税，按照财政部、国家税务总局、中国人民银行《关于税制改革后某些企业实行"先征后退"有关预算管理问题的暂行规定的通知》（〔94〕财预字第 55 号）的有关规定办理。

违规出版物和多次出现违规的出版社、报社不得享受本通知规定的税收优惠政策。

二、对科技馆、自然博物馆、对公众开放的天文馆（站、台）和气象台（站）、地震台（站）、高校和科研机构对公众开放的科普基地的门票收入，以及县及县以上（包括县级市、区、旗等）党政部门和科协开展的科普活动的门票收入免征营业税。

三、2005 年以前，对科技馆、自然博物馆、对公众开放的天文馆（站、台）和气象台（站）、地震台（站）、高校和科研机构对公众开放的科普基地，从境外购买自用科普影视作品播映权而进口的拷贝、工作带，免征关税，不增收进口环节增值税，免征对境外单位转让上述播映权等无形资产应代扣（缴）的营业税；以其他形式进口的自用影视作品，免征关税和进口环节增值税。

进口影视作品的税号范围见附件 2。

四、对企事业单位、社会团体按照《捐赠法》的规定，通过中国境内非盈利的社会团体、国家机关向科技馆、自然博物馆、对公众开放的天文馆（站、台）和气象台（站）、地震台（站）、高校和科研机构对公众开放的科普基地的捐赠，符合《中华人民共和国企业所得税暂行条例实施细则》第十二条规定的，在年度内纳税所得额的 10％以内的部分，准予扣除。

五、科技馆、自然博物馆、对公众开放的天文馆（站、台）和气象台（站）、地震台（站）、高校和科研机构对公众开放的科普基地的认定标准和办法，以及县及县以上党政部门和科协开展的科普活动的认定标准和办法另行制定。

有关单位进口的自用科普影视作品，由省、自治区、直辖市和计划单列市科委（厅、局）认定。

六、经认定享受税收优惠政策的科普基地和科普活动，由税务部门凭相关证明办理税收优惠手续。

经认定享受税收优惠政策的科普影视作品，由海关、税务部门凭相关证明办理免税手续。

七、本通知自 2003 年 6 月 1 日起执行。

附件：1. 综合类科技报纸名单（略）

2. 进口影视作品税号范围（略）

财政部　国家税务总局　海关总署

科技部　新闻出版总署

二○○三年五月八日

中央宣传部　中央文明办　科技部　文化部 广电总局　新闻出版总署　中国科协 关于进一步加强科普宣传工作的通知

(中宣发〔2003〕27 号　2003 年 8 月 26 日)

各省、自治区、直辖市党委宣传部、文明办,科技厅(委、局)、文化厅(局)、广电局(厅)、新闻出版局,科学技术协会:

《中华人民共和国科学技术普及法》颁布实施和第三次全国科普工作会议召开以来,科普宣传工作有了新的进展。特别是在非典型肺炎这一突如其来的重大灾害面前,各地各部门切实加大工作力度,有针对性地开展抗击非典的科普宣传,取得了明显成效,受到社会各界的普遍欢迎和好评。经过抗击非典斗争的严峻考验,广大干部群众对普及科学知识、建设精神文明重要意义的认识更加深刻,对文明健康科学生活方式的追求更加强烈,对革除各种社会陋习的要求更加迫切,这为加强科普宣传工作提供了有利契机。各地各有关部门要充分认识新世纪新阶段做好科普宣传工作的重要意义,认真总结经验,切实把科普宣传工作做好、做实。

一、以"三个代表"重要思想为指导,积极推进科普宣传工作。科普宣传是一项思想性、科学性、公益性很强的工作。加强科普宣传工作,必须坚持以"三个代表"重要思想为指导,深入贯彻党的十六大精神,认真实施《中华人民共和国科学技术普及法》,紧紧围绕全面建设小康社会的奋斗目标,以推动科教兴国战略和可持续发展战略为目的,以公众易于理解、接受、参与的方式为载体,以普及科学知识、传播科学思想、倡导科学方法、弘扬科学精神,反对和抵制伪科学为内容,以提高人的科学素质和整体素质、促进人的全面发展为根本任务,在全社会营造学科学、爱科学、讲科学、用科学的浓厚氛围。要牢固树立发展是执政兴国第一要务的思想,自觉服从服务于经济建设这个中心,紧跟当代科学技术发展的潮流,主动适应经济社会发展的现实需要,推动经济发展和社会全面进步。要贴近实际、贴近生活、贴近群众,充分考虑不同地区、行业、对象的差异,区分情况、因人施教,多用群众语言,多用事实说话,多用喜闻乐见方式,多用社会认可成果,使科普宣传通俗易懂、深入人心。要常抓不懈、持之以恒,在开展集中宣传的同时加强日常教育,在保持舆论声势的同时力求取得实效,实现科普宣传群众化、社会化、经常化。要坚持与时俱进、开拓创新,深入研究科普宣传的特点和规律,积极创新科普宣传的体制、内容、方式和方法,做到与科技进步相配合,与群众需求相适应,与全面建设小康社会相同步。

二、适应新世纪新阶段的发展要求,大力宣传科学精神、科学知识、科学思想和科学方法。科普宣传既要全面系统,又要突出重点。当前,要结合学习贯彻十六大精神,大力宣传科学技术是第一生产力的观点和科学技术要面向经济建设主战场、经济建设要依靠科学技术的方针,深入阐释国家在推进新型工业化、城镇化、信息化过程中对科学技术提出的新任务、新要求,报道我国科技发展的重大成就和重大部署,反映当代世界科技发展的新动态和新趋势及其对人类社会的影响。大力宣传马克思主义唯物论和无神论,用科学知识解释各种自然现象,包括天文现象、宇宙和生命起源、地球形成和人类进化,以及各种自然灾害和生老病死成因等。普及哲学、历史、经济、法律等人文社会科学常识,帮助人们了解人类社会发展的一般过程和普遍规律,划清科学与迷信、文明与愚昧、进步与落后、守法与违法的界限。大力宣传与实施可持续发展战略密切相关的生态与环境保护知识,与走新型工业化道路密切相关的先进技术和科技成果,与繁荣农村经济密切相关的实用技术和科技致富经验,与提高领导水平密切相关的科学决策和管理知识,与提高人们生活质量密切相关的防病治病、强身健体、移风易俗等文明生活方式知识。大力宣传为国家科技进步作出突出贡献的先进典型,企业、农村、社区等城乡基层学科技、用科技、带领群众致富的先进典型,长期辛勤工作在科普战线,兢兢业业、默默无闻、甘于奉献的先进典型,使实事求是、探索求知、崇尚真理、勇于创新的科学精神在全社会大大发扬起来。

三、充分发挥大众传媒和文化艺术的重要作用,营造科普宣传的浓厚氛围。通讯社、报刊、广播、电视、互联网等各级各类大众传媒,要充分发挥各自优势,切实担负起科普宣传的责任。通讯社要加大对国内外科技信息报道力度,满足各类媒体的需要。各类报刊要加大科技科普宣传力度,开辟科学专栏、知识专版,着力解答群众生产生活遇到的科技难题,传播最新科技动态和科技知识。各级电台、电视台要在重要时段安排播出一定比例的科普节目和科普公益广告,建立一批科普节目制作基地,办好栏目,多出精品。要加强新闻网站科普宣传,充实内容,改进形式,使互联网成为科普宣传的新阵地、新渠道。要重点办好一批代表性强、影响力大,融思想性、知识性、艺术性、欣赏性于一体的科普类报刊、广播电视栏目和互联网网站或专栏,让它们在科普宣传工作中发挥排头兵作用。对重大科普活动,要统一安排,集中时间、集中版面、集中报道。充分运用小说、传记、诗歌、戏剧、小品、散文、绘画、摄影、卡通等多种文艺形式,努力创作一批题材健康、内容丰富、图文并茂的科普文艺作品。要有计划地选择重点题材,组织拍摄一批高水平的大型系列科普影视精品。认真做好优秀科普作品的展演、展映、展播和展示工作,使人们在欣赏艺术中获得科学知识、受到科学熏陶。

四、广泛开展各种形式的宣传教育活动,扩大科普宣传的社会影响。文明城市、文明村镇、文明行业等各类精神文明创建活动,要着眼提高人们的思想道德和科学文化素质,把科普宣传教育贯穿始终,让群众在受到思想教育的同时受到科普教育,在强化道德素质的同时强化科技素质。要把科普宣传的成效作为衡量创建工作的重要标准,凡是科普宣传不到位、愚昧迷信现象较多的地方,不能被评为创建工作先进单位。要广泛深入开展文化科技卫生"三下乡"、科教文体法律卫生"四进社区"、讲文明讲卫生讲科学树新风活动,大力发展社区文化、村镇文化、企业文化、校园文化、机关文化,寓科普宣传于各项群众性文体活动之中。充分利用各类图书馆、文化馆、体育馆、博物馆、科技馆、科普教育基地、科技实验室、科技活动中心、动物园、植物园和文物古迹等科普阵地,举办讲座、报告、展览、参观、读书、征文、知识竞赛等活动,开展日常科普宣传;利用科技活动周,地球日、环境日、电信日、人口日、戒烟日、诺贝尔科学奖公布日、艾滋病日等时机,开展主题科普宣传。办好城乡社区科普画廊、科普报栏和科普公益广告。旅游景点应利用标识牌、解说词向游客开展科普宣传。各类科普设施要不断更新内容,丰富形式,实现管理现代化、网络化,开展展品、设施的交流与合作,做到互通有无、资源共享,使有限的科普资源发挥最大的社会效益。

五、建立健全激励监督机制,促进科普宣传事业健康繁荣发展。各地各部门要采取具体措施和办法,认真制定实行面向科普研究、科普创作、科普宣传人员的专项激励政策,在职称、职务、分配、奖励等方面把科普与科研摆在同等地位,以吸引更多的科技、教育、文化等领域的优秀人才关心、支持、参与科普宣传。努力建立一支由科普专家、科技工作者和科普志愿者共同组成的、专群结合的人才队伍,培养一批从事科普宣传的名记者、名作家、名编导、名主持人、名出版家,为繁荣发展科普宣传事业提供人才资源。要把科普作品纳入"五个一"工程和全国性电影、电视优秀节目评奖,认真开展全国优秀科普作品奖和国家图书奖、国家期刊奖、全国优秀音像制品奖科普专项奖评选,通过公正公平公开的奖励机制,把科普宣传工作者的积极性和创造性调动好、发挥好、保护好,促进多出优秀作品。要适应对外开放和社会主义市场经济体制的要求,充分合理地发挥市场机制的作用,广泛开展国际交流与合作。要加强新闻出版单位内部管理,完善科普节目、科普读物审查、审读工作,严肃查处鼓吹迷信、伪科学、"法轮功"等非法出版物,确保科普宣传的正确导向。

六、切实加强组织领导,确保科普宣传各项工作落到实处。做好科普宣传工作要靠全党全社会的共同努力。各级党委和政府要把科普宣传工作纳入议事日程,督促各级领导干部重视科普宣传,为科普宣传提供组织和经费方面的支持。宣传部、文明办要认真做好科普宣传组织、指导、协调工作,总结推广科普实践特别是抗击非典斗争中创造的好经验、好做法,营造科普宣传的浓厚氛围。科技部门要认真做好制定工作规划、实施政策引导和督促检查工作。文化部门要动员文艺工作者深入科技工作第一线体验生活,积极投身科普文学艺术创作,组织文化队伍直接面向群众传播科学、传播文明。广电部门要充分发挥广播电视覆盖面广、时效性强、信息量大的优势,着力提高科教频道、科普专题、专栏节目制作播出质量。新闻出版部门要制定实施科普出版规划,加大对科普出版扶持力度,加强科普出版物的发行工作,积极引进国外优秀科普图书、报刊、音像制品和电子出版物,促进我国科普出版事业的发展。科协组织要充分发挥科普工作主力军作用,精心组织经常性的科普宣传活动。教育、卫生、体育、环保、气象、地质、文物、旅游,以及工会、共青团、妇联等部门和团体,要结合工作特点,发挥自身优势,积极组织各具特色的科普宣传活动,形成党政各部门、社会各方面齐抓共管、相互配合,共同开展科普宣传的生动局面。

科学技术部　财政部　国家税务总局海关总署　新闻出版总署关于印发《科普税收优惠政策实施办法》的通知

（国科发政字〔2003〕416 号　2003 年 11 月 14 日）

各省、自治区、直辖市、计划单列市科技厅（科委、局）、财政厅（局）、国家税务局、地方税务局、新闻出版局，海关广东分署，各直属海关、院校，新疆生产建设兵团科委、财务局、新闻出版局，解放军总政治部宣传部、新闻出版局，财政部驻各省、自治区、直辖市、计划单列市财政监察专员办事处：

为落实《财政部　国家税务总局　海关总署　科技部　新闻出版总署关于鼓励科普事业发展税收问题的通知》（财税〔2003〕55 号）精神，更有效地鼓励科普事业发展，科技部、财政部、国家税务总局、海关总署、新闻出版总署联合制定了《科普税收优惠政策实施办法》，现印发你们，请认真贯彻执行。

附件：科普税收优惠政策实施办法

科学技术部　财政部　国家税务总局

海关总署　新闻出版总署

二○○三年十一月十四日

附件：

科普税收优惠政策实施办法

为实施《关于鼓励科普事业发展税收政策问题的通知》（财税〔2003〕55 号，以下简称《通知》），现就科普基地、科普活动等有关认定工作规定如下：

一、关于综合类科技报纸和科技音像制品的认定

1.《通知》第一条所称的综合类科技报纸和科技音像制品是指以普及科学知识、倡导科学方法、传播科学思想、弘扬科学精神为宗旨,经批准正式出版的报纸和音像制品。

2. 新闻出版总署根据报纸经批准的办报宗旨和业务范围提出《综合类科技报纸名单》。新闻出版总署会同财政部、国家税务总局每年对《综合类科技报纸名单》调整一次,并将调整情况通报科技部。

根据有关文件要求,由省级新闻出版行政部门对符合条件的综合类科技报纸办理认定手续,财政部门办理增值税先征后返审核退付,并将有关情况通报同级科技行政部门。

3. 科技音像制品的范围要根据《通知》要求严格执行。出版单位对符合增值税退税条件的科技音像制品,须单独核算。由省级新闻出版行政部门办理科技音像制品认定手续,财政部门办理增值税审核退付手续,并将有关情况通报同级科技行政部门。

二、关于科技馆、自然博物馆等科普基地的认定

1. 科技馆、对公众开放的自然博物馆、天文馆(站、台)、气象台(站)、地震台(站)和设有植物园、标本馆、陈列馆等科普场所的高校和科研机构可以申请科普基地认定。

申请认定为科普基地的科技馆等,必须专门从事面向公众的科普活动,有开展科普活动的科普专职工作人员、场所、设施、工作经费等条件。有关科普工作的经费不得挪用,科普场所不得改作他用。

2. 申请认定为科普基地的自然博物馆、天文馆(站、台)、气象台(站)、地震台(站)以及设有植物园、标本馆、陈列馆等科普场所的高校和科研机构必须同时具备以下条件:

(1)面向公众从事《科普法》所规定的科普活动,有稳定的科普活动投入;

(2)有适合常年向公众开放的一定的科普设施、器材和场所等,累计每年不能少于200天;对青少年实行优惠或免费开放的时间不少于每年20天(含法定节假日);

(3)有常设内部科普工作机构并配备有必要的专职科普工作人员;

(4)有明确的科普工作规划和年度科普工作计划。

3. 符合以上条件的科技馆、自然博物馆等申请认定为科普基地的单位,应附相关证明材料、资料,经所在地的地(市)级科技行政管理部门审核同意后,报所在地的省级(包括省、自治区、直辖市、计划单列市,以下同)科技行政管理部门审批。省级科技行政管理部门应当在批准后一个月内,向同级财政、税务部门和国家科学技术部备案。

4. 经认定的科普基地开展科普活动的门票收入申请免征营业税时,须持科普基地认定批准文件、其他证明文件以及税务机关要求的其他材料,向所在地主管税务机关提出申请,经审核批准后,享受《通知》规定的税收优惠政策。取得享受税收优惠资格的科普基地,需进口科普影视作品的,应按海关规定向所在地海关备案。

5. 省级科技行政管理部门会同同级财政、税务部门对经认定的科普基地每年进行一次年检。不合格者,取消其科普基地资格,并将有关情况报科技部备案。

三、关于党政部门开展科普活动的认定

1. 县及县级以上(含县级市、区、旗等)的党委、政府及其工作部门以及科协、工会、妇联、共青团组织开展的科普活动,同时具备下列条件的,可以申请享受《通知》规定的税收优惠。

(1)必须是符合《科普法》规定,以普及科学知识、倡导科学办法、传播科学思想、弘扬科学

精神为宗旨的社会性、群众性科普活动；

(2)地方党委、政府及其工作部门和科协、工会、妇联、共青团必须是科普活动的主办单位，并且应当设置有专门的科普活动组织工作机构；

(3)应当有具体的科普活动方案；

(4)应当建立有完备的组织管理、财务管理等制度。

2. 举办符合以上条件的科普活动的地方党政部门等单位，应当在活动举办一个月前，向所在地的地(市)级科技行政管理部门提出认定申请，并提交科普活动批件、科普活动方案(包括主办单位、承办单位、活动目的、活动规模、门票定价等内容)等相关文件。

接受申请后，地(市)级科技行政管理部门认为必要的，应当负责活动的现场监督和过程管理。活动结束后一个月内，主办单位应当将科普活动总结报告以及相关证明材料、资料报经所在地的地(市)级科技行政管理部门审核同意后，由所在地的省级科技行政管理部门审批，并在批准后一个月内向同级财政、税务部门和国家科学技术部备案。

3. 跨省举办的科普活动，只得选择在一个省份申请认定，不得重复申请认定。

4. 对经认定的科普活动申请免征门票收入营业税时，主办单位须持科普活动认定批准文件、其他证明文件以及税务机关要求的其他材料，向所在地主管税务机关提出申请，经审核批准后，享受《通知》规定的税收优惠政策。

四、关于科普基地进口科普影视作品的认定

1.《通知》规定的从境外购买科普影视作品播映权而进口的拷贝、工作带必须同时符合下列条件：

(1)必须是由按照本办法经认定的科普基地自行进口或委托进口的；

(2)必须属于《通知》附件 2 所列税号范围；

(3)必须是为其自用，不得进行商业销售或挪作他用。

2. 经认定的科普基地进口的科普影视作品拷贝、工作带符合以上条件的，可以提出申请，并附带进口影视作品的合同、协议(含中文译本)和相关资料报经所在地的地(市)级科技行政管理部门初审合格后，由所在地的省级科技、新闻出版行政管理部门批准，并在批准后一个月内向同级财政部门及国家科学技术部和新闻出版总署备案。

3. 对经认定的进口科普影视作品拷贝、工作带申请享受税收优惠时，科普基地须持进口科普影视作品批准文件、其他证明文件以及海关要求的其他材料，向所在地海关提出申请，海关按规定办理减免税手续。

五、地(市)级科技行政管理部门受理科普基地认定申请后，应当在十五个工作日内作出初审决定。省级科技行政管理部门应当自收到初审决定之日起十五个工作日内作出是否认定的决定。不予认定的，应当说明理由并书面通知申请人。经过认定的，报同级财政、税务部门和国家科学技术部备案。

六、各省级科技行政管理部门可以根据本办法，结合本地区的实际情况，会同同级财政、税务、新闻出版等部门制定相应的实施细则，并报国家科学技术部备案。

七、本办法自 2003 年 6 月 1 日起施行。

国土资源部 科技部关于印发《国土资源科学技术普及行动纲要》(2004—2010 年)的通知

(国土资发〔2004〕93 号 2004 年 4 月 22 日)

各省、自治区、直辖市国土资源厅(国土环境资源厅、国土资源和房屋管理局、房屋土地资源管理局、规划和国土资源局),科学技术厅(科学技术委员会),国土资源部各直属单位,国土资源部部机关各司局:

国土资源科普工作是国土资源事业的重要组成部分,对于落实以人为本,全面、协调、可持续的科学发展观,在全社会进一步树立节约资源、保护资源的意识,形成有利于节约资源、减少污染的生产模式,建设资源节约型和生态保护型社会,实现全面建设小康社会的目标具有十分重要的意义。

为进一步做好国土资源科学技术普及工作,国土资源部与科学技术部共同制定了《国土资源科学技术普及行动纲要》(2004—2010 年),现印发给你们,请结合本单位实际,认真贯彻执行。

请各省、自治区、直辖市国土资源行政主管部门会同本地科学技术行政主管部门参照本行动纲要,编制本地的国土资源科学技术普及计划,并于 2004 年 12 月底前分别报国土资源部、科学技术部备案。

《国土资源科学技术普及行动纲要》(2004—2010 年)的组织实施工作由国土资源部国际合作与科技司负责。

国土资源部
科学技术部
二〇〇四年四月二十二日

附件：

国土资源科学技术普及行动纲要（2004—2010 年）

一、综述

（一）编制行动纲要的目的与意义

1.1 　我国将长期处于社会主义初级阶段，现已进入全面建设小康社会，加快推进社会主义现代化的新时期。我国人口众多、资源相对不足、生态环境承载能力弱。特别是随着经济的快速增长和人口的不断增加，能源、水、土地、矿产等资源不足的矛盾越来越尖锐，生态环境形势严峻。资源和环境问题关系中华民族生存与长远发展的根本大计，解决我国人口增长、经济社会发展与资源有限的矛盾，根本出路在于转变经济增长方式，大力推进国土资源科技进步与创新，不断提高公众节约资源、保护资源的科学素养，加快建设资源节约型社会。

1.2 　国土资源科学技术普及工作是国家科普事业的重要组成部分，是国土资源事业的一个重要方面，对于我国国土资源的节约和保护发挥着基础性的作用。资源意识和资源利用水平是衡量一个国家社会发展和文明程度的重要标志。只有不断提高我国资源保护的科学化水平和资源利用的效益，并使科学、文明、先进的资源利用和保护行为成为全社会的共同行动，才能统筹人与自然的和谐发展，走上生产发展、生活富裕、生态良好的文明发展道路，才能切实落实科学发展观，形成有利于节约资源、减少污染的生产模式和消费方式，建设资源节约型和生态保护型社会，实现全面建设小康社会的战略目标。同时，国土资源科普对于取得广泛的社会支持，形成广泛的群众基础，促进国土资源工作自身的发展也具有至关重要的意义。

1.3 　新中国成立 50 多年来，特别是改革开放以来，公众对资源国情有了一定的认识，我国的资源保护与合理开发利用水平有所提高。但是，按照经济社会可持续发展的要求，目前我国公众的资源意识还比较弱，国土资源开发利用保护的科学水平还不高，依靠科技进步解决实际问题的能力尚不足。进一步加强国土资源科普工作，提高全民族的国土资源科学素养和国土资源管理科学化水平，既是长期艰巨的任务，又是当前十分紧迫的工作。

1.4 　编制《国土资源科学技术普及行动纲要》（以下简称《纲要》）的目的是贯彻《中华人民共和国科学技术普及法》的法律规定，落实科学的发展观，发挥各有关部门和社会各方面的积极性，着力解决影响国土资源科普的突出问题，为推动全社会做好国土资源科普工作打好基础。

（二）国土资源科普的现状与问题

1.5 　国土资源科普工作已具有一定基础。特别是国土资源部成立以来，根据国家对科普工作的总体要求，国土资源部于 2002 年印发了《关于贯彻落实〈中华人民共和国科学技术普及法〉的通知》（国土资发〔2002〕381 号），初步制定了一些科普工作规定，促进、规范了国土资源的科普工作。各级国土资源管理部门对科普工作也比较重视，组织举办了"世界地球日"、"全国土地日"和"全国青少年地学夏令营"活动，参加了"全国科技活动周"、"国际博物馆日"等活动,并创造条件积极开展其他形式的科普活动,出版了科普读物。各有关部门、社会团体也利用多种形式开展宣传教育活动,国土资源科普工作取得了较大的进展。

1.6 从事国土资源工作的科学家有着良好的科普传统,老一辈地学先驱为国土资源科普工作树立了典范。国土资源系统的一些中青年科技工作者,在取得科研成果的同时,主动承担了科学普及的社会责任,积极进行科普宣传,在国内外取得了良好影响。目前全国已形成近千人的国土资源科普专兼职队伍,也有一批热心科普事业的工作者,为国土资源科普工作的发展奠定了良好的队伍基础。

1.7 我国已形成一批国土资源科普活动基地。据不完全统计,到上世纪末,全国共建成了以中国地质博物馆为代表的各级地质类博物(陈列)馆70多个,展出面积约8万平方米,各类地质标本46.1万件,年观众量约200万人次。已批准建立国家级地质公园85处,其中8个被列入联合国教科文组织批准为"世界地质公园"。国土资源科研院所拥有各类实验室近百个。此外,还建有一批地质图书馆(室),"中国大陆科学钻探工程"、"全球二叠—三叠系界线层型剖面"等国际知名的地学野外科研教学基地。

1.8 随着我国国土资源事业对外交流的发展,国土资源科普工作与国外建立了一定的联系,也开展了一些对外交流与合作活动。

1.9 国土资源科普工作存在亟需解决的一些问题,按照以人为本,全面、协调、可持续的科学发展观要求,国土资源科普工作还有较大差距,表现在:科普基础理论研究薄弱,缺乏现代科普理念;科普展示内容老化,形式陈旧;经常性科普活动不足,深度和广度不够;高水平科普人才不足,创作与策划专门人才匮乏;大部分科普基础设施老化,开放能力严重下降;科研单位重科研、轻科普,专业知识强、科普能力弱的现象普遍存在;国土资源科普经费十分短缺,科普制度不健全,有效的激励和保障机制尚未建立。这些问题都严重制约着国土资源科普工作的健康发展。

二、国土资源科普工作的目标和原则

(一)国土资源科普工作的总体目标和具体任务

2.1 总体目标是:到2010年,初步建成国土资源科普体系框架,推出一批优秀的科普基地,形成一支过硬的科普专兼职队伍,创作一批科普精品,打造若干有影响力的国土资源科普宣传品牌,完善科普工作管理制度,建立有效的科普投入、运行机制,使地球科学文化得到发展,科学文明的资源观念更加深入人心,节约利用资源与保护资源进一步成为全社会的共同行动。

2.2 具体任务是:大力开展科普宣传,加强经常性科普宣传工作。使科普宣传工作作为一项重要任务在国土资源系统各单位得到扎实开展,在社会各界得到响应。"世界地球日"、"全国土地日"、"全国青少年地学夏令营"等活动成为国内知名科普品牌,每年推出国土资源科普书刊、影视精品,建成各级国土资源科普网站。国土资源科学技术的新理论、新方法得到广泛的普及、应用。

拓宽人才培养渠道,加强科普人才培养。到2010年,培养高层次的国土资源科普带头人10人,培养具有较高水平的科普骨干100人。培养国土资源职业科普作家、科普记者和科普专栏作家。

充分发挥、整合现有基地和科研设施优势，加强科普基地建设。到 2010 年，建立一批结构布局合理、功能配套、特色鲜明、类型多样的国土资源科普基地，推出 10 个国家级科普基地。

逐步提高国土资源科普经费投入力度，形成多元化、多渠道的科普经费投入。到 2010 年，力争全国各地国土资源科普经费在现有基础上，再提高 10%。

加强制度建设，进一步规范科普工作。建立科普工作协调制度，科普工作考核制度，科普监督检查制度。形成科技成果科普化、科研单位科普开放日机制，建立健全科普激励、科普报告会和科普社会联系等制度。

加大科普宣传的国际交流与合作力度，积极开展国外考察与培训，学习国外先进的经验，提高我国国土资源科普水平。

（二）编制行动纲要的主要依据和原则

2.3　编制《国土资源科学技术普及行动纲要》主要依据是《中华人民共和国科学技术普及法》《中华人民共和国土地管理法》《中华人民共和国矿产资源法》，以及《国民经济和社会发展第十个五年计划纲要》《国土资源"十五"计划纲要》《2000—2005 年科学技术普及工作纲要》《国土资源部科学技术发展"十五"计划纲要》等。

2.4　编制行动纲要的原则是：

科学传播，公众理解科学。适应世界科普事业的发展趋势，走出一条适合我国科学发展、全面建设小康社会要求的国土资源科普事业发展的新道路；

提高能力，发挥整体功能。大力开展国土资源科普能力建设，整合各方面资源，共同推进国土资源科普工作；

突出重点，落实资源国策。坚持保护资源的基本国策，围绕为全面建设小康社会提供资源保障，不断提高公众的资源忧患意识，不断提高全社会节约和保护国土资源的水平；

讲求实效，健康有序发展。坚持切合实际，注重实效，统筹安排国土资源科普工作，分步实施。

2.5　行动纲要所指的国土资源科普是指：以公众易于理解、接受、参与的方式，围绕"保护资源"的基本国策，面向青少年普及地球系统科学知识，宣传人与自然和谐的思想，培养探索大自然的精神的活动；面向公众倡导集约、高效、持续利用国土资源的实践，推广节约利用、综合利用、循环利用资源和保护资源的方法与技术，普及保护资源环境、防灾减灾的科学常识的活动；面向国土资源管理干部弘扬尊重自然规律和社会发展规律、按客观规律办事的科学精神，普及国土资源调查评价、规划、管理、合理利用的新技术，以及宣传、推广国土资源科学技术研究的新成果的活动。

2.6　国土资源部、科学技术部负责《纲要》在全国实施的组织、协调；地方国土资源行政管理部门负责、地方科技行政管理部门协助《纲要》在本地区的组织、协调和实施工作。《纲要》的实施要充分发挥专业学会、行业协会和老科技工作者的作用，与各级宣传、教育、科技、文化等单位密切配合，争取公众的广泛参与。

2.7　国土资源部、科学技术部将依据《纲要》制定国土资源科普年度计划，对国土资源科普活动进行指导和督促检查。各省（区、市）国土资源行政主管部门负责、省（区、市）科学技术行政主管部门协助国土资源科普年度计划在本地的实施,组织协调本地的科普活动。地(市)、县(市)国土资源行政主管部门、地(市)、县(市)科学技术行政主管部门要将国土资源科普工作落实到人。

三、国土资源科普行动

(一)加强大众科普行动

3.1　打造国土资源科普品牌。以"世界地球日"、"全国土地日"等科普活动为基础,不断丰富科普内容,更新思路,创新形式,努力将其办成在国际国内有广泛影响力的知名科普品牌;转变观念,更新内容,提高质量,继续办好青少年地学夏令营。

3.2　推出国土资源科普精品。围绕保护地球、保护资源的主题,大力推进地球科学文化建设,加强科普创作,促进科学与文学艺术的结合,做好选题计划和组织工作,每年出版2～3部质量好、影响大、制作精、品味高的自创科普图书和影视作品。定期举办优秀科普作品的评选和展示。

3.3　加强国土资源科技新成果的普及和推广。通过发布国土资源科技发展年度报告,举办展览、发布会和发放光盘、资料等形式,通报国土资源科学技术研究的新成果、新技术。

3.4　开展经常性科普宣传。结合国土资源管理的电子政务建设,建立国土资源科普网站。办好《国土资源报》、《中国矿业报》的科普专栏,以公众喜闻乐见的形式,进行国土资源系列科普。创造条件在中央及省、市级新闻媒体上,进行国土资源科技新成果的科普宣传。指导和规范公共场所和重大活动的国土资源科普公益广告宣传。

(二)培养科普人才行动

3.5　将科普人才培养纳入国土资源创新人才工程计划,每年安排1～2个名额。

3.6　将科普基础性研究纳入国土资源科技创新计划及国家科技工作计划,培养高层次的科普人才。

3.7　将科普基础性研究纳入地方科技发展计划统筹安排,培养当地的国土资源科普人才。

3.8　将科研、生产与科普有机结合,在科研、生产的实践活动中培养造就科普人才。

3.9　有计划地对国土资源科普工作者进行培训,组织科普人员学习、考察和交流,加强对地质公园导游队伍的地球科学培训。

(三)优化基地建设行动

3.10　加强国土资源科普基地建设组织领导。科学技术部和国土资源部负责国土资源科普基地建设的规划和指导,国土资源部负责制定国土资源科普基地的国家标准,组织开展国土资源科普基地的认证、检查工作,每年优选2～3个基地给予重点扶持和引导;地方国土资源行政管理部门会同科技行政管理部门应根据本地情况,抓好本地的国土资源科普基地建设;国土资源系统各级事业单位应支持科技工作者结合科研进行科普活动,积极创造条件拓展科普功能,逐步向公众开放实验室、陈列室等场地设施,为国土资源科普工作搭建高水准的平台。

3.11　国家级地质公园应按规划建好科普展(馆)室,充分利用旅游资源,广泛普及地学知识。各风景名胜区都应根据本地情况,开展国土资源科普宣传。

3.12 地学野外科研教学基地要认真规划,精心设计,结合青少年爱国主义教育,把野外科研教学现场建成国土资源科普基地。

3.13 国土资源工作各类实验示范区要采取灵活多样的形式宣传科学规律,推广关键技术,充分发挥国土资源科普基地的作用。

(四)增加科普投入行动

3.14 加大国家投入力度。国土资源部、科技部每年投入一定的科普经费用于支持重点科普项目和引导、加强科普基地建设。

3.15 保证地方科普投入。地方各级国土资源行政管理部门和科技主管部门每年安排适当经费用于支持公益性的科普工作。

3.16 按照国家有关政策,积极引导、争取社会资金投入国土资源科普事业。鼓励企事业单位和个人按市场机制运营科普事业。依法保护科普投资者的合法权益。

3.17 按照国家有关规定,积极争取国内外机构和组织、企业和个人,对国土资源科普场馆建设和运营等方面的捐赠。对捐赠者给予广泛宣传、表彰。

(五)强化制度建设行动

3.18 建立科普工作协调制度。在国土资源部、科学技术部统一组织、协调下,建立由国土资源部国际合作与科技司牵头,科学技术部、国土资源部有关部门参加的联席会议制度,统筹和组织国土资源科普工作,制定加强国土资源科普的重大政策,协调各单位、各部门间的重大科普活动,促进全社会支持并参与国土资源科普工作,推动国土资源科普事业的健康发展。

3.19 建立科普工作考核制度。将科普工作目标纳入国土资源部科技发展规划,列入国土资源系统各单位年度工作计划,作为一项重要工作严格考核。

3.20 建立科普监督检查制度。依据《中华人民共和国科学技术普及法》,通过对年度科普成果、制度执行等审核,监督检查各单位国土资源科普工作情况。

3.21 建立科普开放日制度。国土资源系统的各科研院所、有关事业单位,每年定期向社会公众开放。国土资源重点实验室每年至少向公众开放六次,广泛普及国土资源科技成就和科学思想。

3.22 建立科技成果科普化制度。国家投资形成的科技成果,以及科技含量高的工作成果,除不宜公开者外,必须将成果科普化,并以适当形式向社会发布。

3.23 建立科学报告会制度。国土资源部和各省(市、区)国土资源行政管理部门每年至少举办2次高水平的科学报告会,并将报告会资料下发。地方国土资源行政管理部门要组织相应的活动。

3.24 建立科普激励制度。国土资源部每年对科普工作开展好的单位和个人予以表彰和奖励。国土资源科技奖中设立科普奖项,对优秀科普创作予以表彰和奖励。对科普精品实施后补助。

3.25 建立科普社会联系制度。国土资源系统各级行政管理部门、各事业单位都要联系共建一所中、小学,每年开展形式多样的课外、校外科技活动。与社区政府组织体系相配合,紧密结合社区居民的学习、生活和工作,定期举办科普讲座、展览等。重视广大农村的国土资源科普活动,结合农村经济发展和农民生活水平提高,每年组织合理利用国土资源的科学技术知识下乡活动。

（六）加强国际合作行动

3.26　推动国土资源科普国际合作项目的开展。加强科研院所、博物馆、大专院校的国际合作,共同组织实施一批国际科普项目。

3.27　每年组织一次国土资源系统科普工作的国际交流与考察培训,提高我国国土资源科普工作的能力和水平。

3.28　组织参加国际重大的科普活动。

3.29　与国外合作开展地学类科普夏令营活动。

国务院办公厅关于印发应急管理科普宣教工作总体实施方案的通知

(国办函〔2005〕90号　2005年10月21日)

各省、自治区、直辖市人民政府,国务院有关部门:

《应急管理科普宣教工作总体实施方案》已经国务院领导同志同意,现印发给你们,请认真贯彻实施。

做好应急管理科普宣教工作,是贯彻落实《国务院关于实施国家突发公共事件总体应急预案的决定》(国发〔2005〕11号)和全国应急管理工作会议精神的一项重要措施,对于增强公众的公共安全意识、社会责任意识和自救、互救能力,提高各级组织的应急管理水平,最大程度地预防和减少突发公共事件及其造成的损害,具有十分重要的意义。

各地区、各有关部门要高度重视,加强领导,制订工作方案,精心组织实施,将应急防护知识普及到公众,推进应急管理工作落实到基层。

国务院办公厅
二〇〇五年十月二十一日

应急管理科普宣教工作总体实施方案

为了贯彻落实《国务院关于实施国家突发公共事件总体应急预案的决定》(国发〔2005〕11号)和全国应急管理工作会议精神,深入开展面向全社会的宣传教育,做好应急预案的宣传和解读,预防、避险、自救、互救、减灾等应急防护知识的普及,增强公众的公共安全意识和社会责任意识,提高公众应对突发公共事件的综合素质,特制定本实施方案。

一、指导思想

以邓小平理论和"三个代表"重要思想为指导,按照党的十六届三中、四中、五中全会要求,认真贯彻落实全国应急管理工作会议精神,切实加强对应急管理科普宣教工作的组织指导,充分发挥各级政府和政府各部门,以及新闻媒体和社会各界的作用,深入开展应急管理科普宣教活动,大力提高公众的公共安全意识和自我防护素质,提高社区、农村、企业等基层单位应对突发公共事件的能力,保护人民生命财产安全,维护国家安全和社会稳定,有力推动社会主义和谐社会的建设。

二、主要内容

(一)以国家总体预案为核心,做好预案的宣传和解读工作。一是深入分析我国公共安全形势,宣传做好应急管理工作的重要意义。宣传政府切实履行社会管理和公共服务职能,提高保障公共安全和处置突发公共事件能力,最大程度预防突发公共事件并减少其损失,保障公众生命财产安全和合法权益的总体思路和具体措施。二是宣传在党中央、国务院领导下,各地区、各部门围绕预案编制,建立健全突发公共事件应急机制、体制和法制(以下简称"一案三制"),所做的大量卓有成效的工作。三是宣传预案的主要内容和处置规程。宣传抓好国家总体预案的落实要坚持防患于未然,加强预案的培训和演练,不断完善各类应急预案,特别要抓好基层,包括社区、农村、重点企事业单位应急预案的编制工作。四是宣传加强公共安全科学研究和技术开发,采用先进的检测、预测、预警、预防和应急处理技术及设备,预防与应急相结合、常态与非常态相结合,积极做好应对突发公共事件的各项准备工作。

(二)以应急知识普及为重点,提高公众的预防、避险、自救、互救和减灾等能力。按照灾前、灾中、灾后的不同情况,分类宣传普及应急知识。灾前教育以了解突发公共事件的种类、特点和危害为重点,掌握预防、避险的基本技能;灾中教育以自救、互救知识为重点,普及基本逃生手段和防护措施,告知公众在事发后第一时间如何迅速做出反应,如何开展自救、互救;灾后教育以经历过突发公共事件的公众为重点,抚平心理创伤,恢复正常社会生产生活秩序。

(三)以典型案例为抓手,增强公众的公共安全意识和法制意识。通过介绍国内外应对突发公共事件的正反两方面案例,剖析公众在遭遇突发公共事件时,临危不乱、灵活运用自救互救知识配合政府救援、减少人员伤亡的正确做法,增强公众"思危有备,有备无患"的忧患意识和法制意识,提高公众应对突发公共事件的综合素质。同时,通过总结分析案例中使用的处置手段、采用的应对措施等,进一步提高应对和处置突发公共事件的能力和水平。

三、组织实施

(一)广泛开展预案的宣传报道,营造全社会关心公共安全的舆论氛围。

1. 围绕总体预案进行深入报道。介绍制定总体预案的背景、目的、意义、原则和主要内容,及时报道各级政府认真贯彻落实总体预案的要求,积极采取有效措施,切实做好应急管理工作情况。

2. 开展专项预案的解读宣传。国家总体预案简本公布后,由新华社陆续播发可对外公开的 21 件国家专项预案简本(见附件 2)及其解读文章、背景材料,供媒体选用。

3. 进行典型案例宣传。通过选择有代表性的典型案例,对各地区、各部门推进"一案三制"工作,成功应对突发公共事件,以及在应急处置中涌现出的先进集体和先进个人进行宣传报道。

(二)开展专题宣传活动,树立公共安全意识和社会责任意识。

1. 开展公共安全主题宣传活动。通过公共安全宣传周和每年"全国科普活动周"、"全国安全生产月"、"国际减灾日"、"全国消防日"、"全国法制宣传日"等,开展形式多样、内容丰富、声势浩大的公共安全主题宣传活动,使社区、乡村基层群众了解公共安全知识,掌握避险和自救、互救等基本知识,增强公共安全意识。(由国务院应急办会同民政部、安全监管总局、卫生部、公安部和国家防办、地震局、气象局等部门负责组织实施)

2. 宣传普及应急管理法律法规知识。结合普法、依法行政等宣传活动,宣传普及有关应急管理的法律、法规知识。(由国务院应急办会同法制办等有关部门负责组织,作出具体安排,分步实施)

3. 结合政府应急能力建设规划进行宣传。结合国家"十一五"规划中政府应急能力建设内容和国家中长期科技发展战略中的公共安全专题等内容,宣传提高政府预防和处置突发公共事件的能力,是全面履行政府职能,进一步提高行政能力的重要内容,以及加强公共安全科技研究对提高政府预防和处置突发公共事件能力的重要作用。(由国务院应急办会同发展改革委、科技部等有关部门负责,在年内安排)

4. 开展"安全奥运"和"安全世博"等专题宣传活动。2008年北京奥运会和2010年上海世博会开幕前,在北京、上海等地分别开展"安全奥运"、"安全世博"的系列宣传活动。(由国务院应急办会同北京市应急办、北京奥组委,上海市应急办、世博会执委会组织实施)

(三)加强应急知识的科教普及,提高公众的预防、自救和互救能力。

1. 开辟应急管理科普知识专栏。在有关新闻媒体,包括广播、电视、报刊、杂志、网络,中国政府网和中央主要新闻媒体所属网站上开辟专栏、专版、专题、专刊,介绍普及应急知识。(由国务院应急办会同中宣部、广电总局、新闻出版总署和新闻办负责组织)

2. 编辑出版科普读物和音像制品。广泛收集有关资料,分类别整理有关应急知识,编辑出版科普读物及音像制品,指导协调制作和播出有关电影、电视、广播和动漫等作品。(由科技部、中国科协、民政部、国家防办、地震局、气象局、安全监管总局、卫生部、公安部和新闻出版总署、广电总局等部门负责组织,作出具体安排,分步实施)

3. 举办论坛、讲座等活动。通过举办论坛、讲座、科普展览、知识竞赛和专题文艺晚会等多种形式,从不同层面加大应急管理工作研讨、交流和宣传的力度。(由国务院应急办会同有关部门负责组织)

4. 开展公共安全知识进社区、进农村、进企业活动。编印发放公共安全手册,制作张贴宣传海报,投放公益广告,在社区、高危企业、建筑群和车站、机场、码头、商场、宾馆等公共场所设置应急标识。结合宣传贯彻十六届五中全会精神,把应急管理进农村作为建设社会主义新农村的重要内容之一。(由各级政府应急机构和建设部、民政部、农业部、旅游局负责组织实施)

(四)根据不同对象特点,有针对性地开展公共安全教育培训。

1. 学校教育。组织编写大、中、小学及幼儿园公共安全课程教材,尽快进入课堂。同时,利用教育电视台等远程教育平台,对社区、农村、企业等基层单位开展普及教育。(由国务院应急办会同教育部负责组织实施)

2. 公务员培训。制订培训计划,对各级领导干部进行培训,不定期举行短训班或专题研讨班;对各地区、各部门的应急管理机构负责人进行培训,对公务员和各地方政府、各部门新闻发言人进行培训。(由国务院应急办会同组织、人事部门和新闻办负责组织,明年开始实施)

3. 职业培训。对高危行业的从业人员进行安全知识的教育培训,在职业资格认定考试中增加相关内容。(由劳动保障部和安全监管总局等部门负责组织,明年开始实施)

4. 志愿者培训。(由国务院应急办会同共青团中央、民政部等单位负责组织,明年开始实施)

(五)各级地方政府组织开展形式多样的科普宣教活动。由各省(自治区、直辖市)人民政府制订本地区科普宣教工作方案。一是根据地域特点,编发公共安全手册;二是制作宣传海报,在社区、农村、企业、学校以及工地、机场、车站、市场、广场、公园等公共场所广泛张贴;三是拍摄公益广告和应急知识短片,在各地电台、电视台播出,在公共汽车、地铁列车、民航班机等运输工具上广泛宣传;四是在主要公共场所设立宣传栏,摆放展板,悬挂标语,发放宣传提纲;五是围绕公共安全主题宣传日(周、月)开展宣传活动,当地应急管理机构主要负责人要亲自参加,组织青年志愿者及社会各界人士积极参与。六是不定期开展应急知识和技术展览等活动。(由各地应急办负责组织实施)

军队应急管理科普宣教工作,由军队应急办组织实施。

四、工作要求

(一)积极配合新闻媒体,主动开展科普宣教工作。国务院有关部门要根据统一安排,成立由本部门负责人牵头的工作小组,细化方案,分步实施;同时要落实责任,及时提供素材,主动接受采访,积极做好科普宣教工作;各省、自治区、直辖市政府负责组织本地区的科普宣教工作。工作中注意把握好以下几个方面:

一是根据总体实施方案要求,各地区、各有关部门和新闻单位要制订科普宣传工作计划。从今年开始,利用五年的时间,初步在全社会树立公共安全意识和社会责任意识,宣传"尊重生命,热爱生活"的理念,普及基本的预防、避险、自救、互救、减灾等技能,逐步在公众中推广应急识别系统,倡导通过健康文明的生产、生活方式减少突发公共事件的发生,妥善应对突发公共事件以及减少因此而导致的生命和财产损失。

二是采取群众喜闻乐见、寓教于乐的方式,利用广播、电视、报刊、网络等多种媒体,细分受众层次,尽可能使用通俗语言,简明扼要,多题材、多角度、有针对性地进行宣传报道,将科普宣教工作的网络和触角延伸进社区、农村、企业、学校和家庭,在真正取得实效上下功夫。

三是将日常宣传与重、特大突发公共事件发生后的科普宣教工作结合起来。利用突发公共事件发生后,社会各界广泛关注的有利时机,结合救援和调查等工作的开展,及时、动态地进行科普宣教,扩大宣传效果。要宣传在应急处置工作中涌现出的先进典型。同时,还可以结合应急演练进行科普宣教。

四是动员社会各界积极参与。要组织动员社会团体、企事业单位以及志愿者等社会力量,发挥其在科普、宣传、教育、培训等方面的作用。

(二)加强组织指导和督促检查,确保科普宣教效果。国务院应急办会同中宣部、新闻办共同负责科普宣教工作总体实施方案的指导和协调工作,对各地区、各有关部门科普宣教工作进行督查和评优,确保科普宣教工作取得实效。

(三)提供专项经费保障,确保科普宣教工作顺利进行。各级地方政府及有关部门开展的应急管理科普宣教工作所需经费,由同级财政部门予以积极支持。国务院有关部门开展科普宣教工作所需经费,原则上在各部门相关预算中优先安排,需增加的经费在年度预算中申请。同时,也要动员、鼓励、支持媒体和社会团体、企事业单位等社会各界发挥好公益宣传作用。

(四)应急管理科普宣教工作总体方案实施时间。从 2005 年 11 月中旬开始在全国各地陆续展开。各地区、各有关部门要高度重视,加强领导,周密安排,精心组织,把各项工作落到实处。

附件1:

近期应急管理科普宣教工作任务分工表

	工作内容	牵头单位
一、预案的宣传报道		
1	国家总体预案的宣传报道	具体见中宣部宣传方案
2	国家专项预案的解读宣传	专项预案牵头起草部门提供解读文章、背景材料,新华社发通稿
3	典型案例宣传	国务院应急办协调有关部门提供稿件,中宣部安排播发
4	有关应急管理法律法规的宣传普及	国务院应急办会同法制办等有关部门负责
5	中国政府网站的专题宣传报道	国务院应急办牵头负责
6	《灾难的启示》等应急管理科普宣教片	国务院应急办负责
二、应急知识的科教普及		
7	编辑整理有关应急知识,开展应急知识进社会、进农村、进企业活动	国务院应急办会同公安部、民政部、农业部、卫生部、安全监管总局、地震局、气象局、国家防办等部门负责
8	出版科普读物及音像制品,举办科普和科技成果展览	科技部牵头,中国科协、新闻出版总署等有关部门负责
9	举办论坛、成果展览、知识竞赛、专题文艺晚会、讲座等	国务院应急办会同有关部门组织安排
10	指导协调制作和播出有关电影、电视、动漫等作品	广电总局等有关部门负责
11	编发公共安全手册	国务院应急办、各省(自治区、直辖市)人民政府负责
12	张贴宣传海报、投放公益广告	各省(自治区、直辖市)人民政府负责

续表

	工作内容	牵头单位
三、专题宣传活动		
13	在社区、高危企业、建筑群和车站、机构、码头、商场、宾馆等公共场所设置应急标识	建设部、旅游局等有关部门负责
14	公共安全宣传活动(每年三月第二周)	国务院应急办牵头组织实施
15	利用与应急管理有关的宣传日开展专题宣传活动	国务院有关部门负责
16	"安全奥运"宣传活动	国务院应急办牵头,北京市政府会同第 29 届奥组委组织实施
17	"安全世博"宣传活动	国务院应急办牵头,上海市政府会同世博会执委会组织实施
四、教育培训工作		
18	学校教育	教育部等有关部门负责
19	公务员培训	国务院应急办牵头,组织、人事等有关部门负责
20	职业培训	劳动保障部会同国务院有关部门负责
21	志愿者培训	国务院应急办会同共青团中央等社会团体负责
五、督查评优工作		
22	贯彻落实总体预案和全国应急管理工作会议情况	国务院应急办牵头负责
23	对开展应急管理科普宣教工作情况进行督查和评优	国务院应急办会同中宣部、新闻办负责

附件 2:

国家专项预案简本目录

(共 21 件)

国家自然灾害救助应急预案

国家防汛抗旱应急预案

国家地震应急预案

国家突发地质灾害应急预案

国家处置重、特大森林火灾应急预案

国家安全生产事故灾难应急预案

国家处置铁路行车事故应急预案

国家处置民用航空器事故应急预案

国家海上搜救应急预案

国家处置城市地铁事故灾难应急预案

国家处置电网大面积停电事件应急预案

国家核应急预案

国家突发环境事件应急预案

国家通信保障应急预案

国家突发公共卫生事件应急预案

国家突发公共事件医疗卫生救援应急预案

国家突发重大动物疫情应急预案

国家重大食品安全事故应急预案

国家粮食应急预案

国家金融突发事件应急预案

国家涉外突发事件应急预案

国务院关于印发《国家中长期科学和技术发展规划纲要(2006—2020 年)》的通知

(国发〔2005〕44 号   2005 年 12 月 26 日)

各省、自治区、直辖市人民政府,国务院各部委、各直属机构:

现将《国家中长期科学和技术发展规划纲要(2006—2020 年)》印发给你们,请结合本地区、本部门实际,认真贯彻实施。

国务院

二〇〇五年十二月二十六日

国家中长期科学和技术发展规划纲要 (2006—2020 年)(节选)

党的十六大从全面建设小康社会、加快推进社会主义现代化建设的全局出发,要求制定国家科学和技术长远发展规划,国务院据此制定本纲要。

一、序言

新中国成立特别是改革开放以来,我国社会主义现代化建设取得了举世瞩目的伟大成就。同时,必须清醒地看到,我国正处于并将长期处于社会主义初级阶段。全面建设小康社会,既面临难得的历史机遇,又面临一系列严峻的挑战。经济增长过度依赖能源资源消耗,环境污染严重;经济结构不合理,农业基础薄弱,高技术产业和现代服务业发展滞后;自主创新能力较弱,企业核心竞争力不强,经济效益有待提高。在扩大劳动就业、理顺分配关系、提供健康保障和确保国家安全等方面,有诸多困难和问题亟待解决。从国际上看,我国也将长期面临发达国家在经济、科技等方面占有优势的巨大压力。为了抓住机遇、迎接挑战,我们需要进行多方面的努力,包括统筹全局发展,深化体制改革,健全民主法制,加强社会管理等。与此同时,我们比以往任何时候都更加需要紧紧依靠科技进步和创新,带动生产力质的飞跃,推动经济社会的全面、协调、可持续发展。

科学技术是第一生产力,是先进生产力的集中体现和主要标志。进入 21 世纪,新科技革命迅猛发展,正孕育着新的重大突破,将深刻地改变经济和社会的面貌。信息科学和技术发展方兴未艾,依然是经济持续增长的主导力量;生命科学和生物技术迅猛发展,将为改善和提高人类生活质量发挥关键作用;能源科学和技术重新升温,为解决世界性的能源与环境问题开辟新的途径;纳米科学和技术新突破接踵而至,将带来深刻的技术革命。基础研究的重大突破,为技术和经济发展展现了新的前景。科学技术应用转化的速度不断加快,造就新的追赶和跨越机会。因此,我们要站在时代的前列,以世界眼光,迎接新科技革命带来的机遇和挑战。纵观全球,许多国家都把强化科技创新作为国家战略,把科技投资作为战略性投资,大幅度增加科技投入,并超前部署和发展前沿技术及战略产业,实施重大科技计划,着力增强国家创新能力和国际竞争力。面对国际新形势,我们必须增强责任感和紧迫感,更加自觉、更加坚定地把科技进步作为经济社会发展的首要推动力量,把提高自主创新能力作为调整经济结构、转变增长方式、提高国家竞争力的中心环节,把建设创新型国家作为面向未来的重大战略选择。

新中国成立 50 多年来,经过几代人艰苦卓绝的持续奋斗,我国科技事业取得了令人鼓舞的巨大成就。以"两弹一星"、载人航天、杂交水稻、陆相成油理论与应用、高性能计算机等为标志的一大批重大科技成就,极大地增强了我国的综合国力,提高了我国的国际地位,振奋了我们的民族精神。同时,还必须认识到,同发达国家相比,我国科学技术总体水平还有较大差距,主要表现为:关键技术自给率低,发明专利数量少;在一些地区特别是中西部农村,技术水平仍比较落后;科学研究质量不够高,优秀拔尖人才比较匮乏;同时,科技投入不足,体制机制还存在不少弊端。目前,我国虽然是一个经济大国,但还不是一个经济强国,一个根本原因就在于创新能力薄弱。

进入 21 世纪,我国作为一个发展中大国,加快科学技术发展、缩小与发达国家的差距,还需要较长时期的艰苦努力,同时也有着诸多有利条件。一是我国经济持续快速增长和社会进步,对科技发展提出巨大需求,也为科技发展奠定了坚实基础。二是我国已经建立起比较完备的学科体系,拥有丰富的人才资源,部分重要领域的研究开发能力已跻身世界先进行列,具备科学技术大发展的基础和能力。三是坚持对外开放,日趋活跃的国际科技交流与合作,使我们能分享新科技革命成果。四是坚持社会主义制度,能够把集中力量办大事的政治优势和发挥市场机制有效配置资源的基础性作用结合起来,为科技事业的繁荣发展提供重要的制度保证。五是中华民族拥有 5000 年的文明史,中华文化博大精深、兼容并蓄,更有利于形成独特的创新文化。只要我们增强民族自信心,贯彻落实科学发展观,深入实施科教兴国战略和人才强国战略,奋起直追、迎头赶上,经过 15 年乃至更长时间坚韧不拔的艰苦奋斗,就一定能够创造出无愧于时代的辉煌科技成就。

二、指导方针、发展目标和总体部署

1. 指导方针

本世纪头 20 年,是我国经济社会发展的重要战略机遇期,也是科学技术发展的重要战略机遇期。要以邓小平理论、"三个代表"重要思想为指导,贯彻落实科学发展观,全面实施科教兴国战略和人才强国战略,立足国情,以人为本,深化改革,扩大开放,推动我国科技事业的蓬勃发展,为实现全面建设小康社会目标、构建社会主义和谐社会提供强有力的科技支撑。

今后15年,科技工作的指导方针是:自主创新,重点跨越,支撑发展,引领未来。自主创新,就是从增强国家创新能力出发,加强原始创新、集成创新和引进消化吸收再创新。重点跨越,就是坚持有所为、有所不为,选择具有一定基础和优势、关系国计民生和国家安全的关键领域,集中力量、重点突破,实现跨越式发展。支撑发展,就是从现实的紧迫需求出发,着力突破重大关键、共性技术,支撑经济社会的持续协调发展。引领未来,就是着眼长远,超前部署前沿技术和基础研究,创造新的市场需求,培育新兴产业,引领未来经济社会的发展。这一方针是我国半个多世纪科技发展实践经验的概括总结,是面向未来、实现中华民族伟大复兴的重要抉择。

要把提高自主创新能力摆在全部科技工作的突出位置。党和政府历来重视和倡导自主创新。在对外开放条件下推进社会主义现代化建设,必须认真学习和充分借鉴人类一切优秀文明成果。改革开放20多年来,我国引进了大量技术和装备,对提高产业技术水平、促进经济发展起到了重要作用。但是,必须清醒地看到,只引进而不注重技术的消化吸收和再创新,势必削弱自主研究开发的能力,拉大与世界先进水平的差距。事实告诉我们,在关系国民经济命脉和国家安全的关键领域,真正的核心技术是买不来的。我国要在激烈的国际竞争中掌握主动权,就必须提高自主创新能力,在若干重要领域掌握一批核心技术,拥有一批自主知识产权,造就一批具有国际竞争力的企业。总之,必须把提高自主创新能力作为国家战略,贯彻到现代化建设的各个方面,贯彻到各个产业、行业和地区,大幅度提高国家竞争力。

科技人才是提高自主创新能力的关键所在。要把创造良好环境和条件,培养和凝聚各类科技人才特别是优秀拔尖人才,充分调动广大科技人员的积极性和创造性,作为科技工作的首要任务,努力开创人才辈出、人尽其才、才尽其用的良好局面,努力建设一支与经济社会发展和国防建设相适应的规模宏大、结构合理的高素质科技人才队伍,为我国科学技术发展提供充分的人才支撑和智力保证。

2. 发展目标

到2020年,我国科学技术发展的总体目标是:自主创新能力显著增强,科技促进经济社会发展和保障国家安全的能力显著增强,为全面建设小康社会提供强有力的支撑;基础科学和前沿技术研究综合实力显著增强,取得一批在世界具有重大影响的科学技术成果,进入创新型国家行列,为在本世纪中叶成为世界科技强国奠定基础。

经过15年的努力,在我国科学技术的若干重要方面实现以下目标:一是掌握一批事关国家竞争力的装备制造业和信息产业核心技术,制造业和信息产业技术水平进入世界先进行列。二是农业科技整体实力进入世界前列,促进农业综合生产能力的提高,有效保障国家食物安全。三是能源开发、节能技术和清洁能源技术取得突破,促进能源结构优化,主要工业产品单位能耗指标达到或接近世界先进水平。四是在重点行业和重点城市建立循环经济的技术发展模式,为建设资源节约型和环境友好型社会提供科技支持。五是重大疾病防治水平显著提高,艾滋病、肝炎等重大疾病得到遏制,新药创制和关键医疗器械研制取得突破,具备产业发展的技术能力。六是国防科技基本满足现代武器装备自主研制和信息化建设的需要,为维护国家安全提供保障。七是涌现出一批具有世界水平的科学家和研究团队,在科学发展的主流方向上取得一批具有重大影响的创新成果,信息、生物、材料和航天等领域的前沿技术达到世界先进水平。八是建成若干世界一流的科研院所和大学以及具有国际竞争力的企业研究开发机构,形成比较完善的中国特色国家创新体系。

到 2020 年,全社会研究开发投入占国内生产总值的比重提高到 2.5% 以上,力争科技进步贡献率达到 60% 以上,对外技术依存度降低到 30% 以下,本国人发明专利年度授权量和国际科学论文被引用数均进入世界前 5 位。

3. 总体部署

未来 15 年,我国科学技术发展的总体部署:一是立足于我国国情和需求,确定若干重点领域,突破一批重大关键技术,全面提升科技支撑能力。本纲要确定 11 个国民经济和社会发展的重点领域,并从中选择任务明确、有可能在近期获得技术突破的 68 项优先主题进行重点安排。二是瞄准国家目标,实施若干重大专项,实现跨越式发展,填补空白。本纲要共安排 16 个重大专项。三是应对未来挑战,超前部署前沿技术和基础研究,提高持续创新能力,引领经济社会发展。本纲要重点安排 8 个技术领域的 27 项前沿技术,18 个基础科学问题,并提出实施 4 个重大科学研究计划。四是深化体制改革,完善政策措施,增加科技投入,加强人才队伍建设,推进国家创新体系建设,为我国进入创新型国家行列提供可靠保障。

根据全面建设小康社会的紧迫需求、世界科技发展趋势和我国国力,必须把握科技发展的战略重点。一是把发展能源、水资源和环境保护技术放在优先位置,下决心解决制约经济社会发展的重大瓶颈问题。二是抓住未来若干年内信息技术更新换代和新材料技术迅猛发展的难得机遇,把获取装备制造业和信息产业核心技术的自主知识产权,作为提高我国产业竞争力的突破口。三是把生物技术作为未来高技术产业迎头赶上的重点,加强生物技术在农业、工业、人口与健康等领域的应用。四是加快发展空天和海洋技术。五是加强基础科学和前沿技术研究,特别是交叉学科的研究。

……

八、若干重要政策和措施

为确保本纲要各项任务的落实,不仅要解决体制和机制问题,还必须制定和完善更加有效的政策与措施。所有政策和措施都必须有利于增强自主创新能力,有利于激发科技人员的积极性和创造性,有利于充分利用国内外科技资源,有利于科技支撑和引领经济社会的发展。本纲要确定的科技政策和措施,是针对当前主要矛盾和突出问题而制定的,随着形势发展和本纲要实施进展情况,将不断加以丰富和完善。

……

9. 提高全民族科学文化素质,营造有利于科技创新的社会环境

实施全民科学素质行动计划。以促进人的全面发展为目标,提高全民科学文化素质。在全社会大力弘扬科学精神,宣传科学思想,推广科学方法,普及科学知识。加强农村科普工作,逐步建立提高农民技术和职业技能的培训体系。组织开展多种形式和系统性的校内外科学探索和科学体验活动,加强创新教育,培养青少年创新意识和能力。加强各级干部和公务员的科

技培训。

加强国家科普能力建设。合理布局并切实加强科普场馆建设,提高科普场馆运营质量。建立科研院所、大学定期向社会公众开放制度。在科技计划项目实施中加强与公众沟通交流。繁荣科普创作,打造优秀科普品牌。鼓励著名科学家及其他专家学者参与科普创作。制定重大科普作品选题规划,扶持原创性科普作品。在高校设立科技传播专业,加强对科普的基础性理论研究,培养专业化科普人才。

建立科普事业的良性运行机制。加强政府部门、社会团体、大型企业等各方面的优势集成,促进科技界、教育界和大众媒体之间的协作。鼓励经营性科普文化产业发展,放宽民间和海外资金发展科普产业的准入限制,制定优惠政策,形成科普事业的多元化投入机制。推进公益性科普事业体制与机制改革,激发活力,提高服务意识,增强可持续发展能力。

九、科技投入与科技基础条件平台

科技投入和科技基础条件平台,是科技创新的物质基础,是科技持续发展的重要前提和根本保障。今天的科技投入,就是对未来国家竞争力的投资。改革开放以来,我国科技投入不断增长,但与我国科技事业的大发展和全面建设小康社会的重大需求相比,与发达国家和新兴工业化国家相比,我国科技投入的总量和强度仍显不足,投入结构不尽合理,科技基础条件薄弱。当今发达国家和新兴工业化国家,都把增加科技投入作为提高国家竞争力的战略举措。我国必须审时度势,从增强国家自主创新能力和核心竞争力出发,大幅度增加科技投入,加强科技基础条件平台建设,为完成本纲要提出的各项重大任务提供必要的保障。

……

2. 调整和优化投入结构,提高科技经费使用效益

加强对基础研究、前沿技术研究、社会公益研究以及科技基础条件和科学技术普及的支持。合理安排科研机构(基地)正常运转经费、科研项目经费、科技基础条件经费等的比例,加大对基础研究和社会公益类科研机构的稳定投入力度,将科普经费列入同级财政预算,逐步提高科普投入水平。建立和完善适应科学研究规律和科技工作特点的科技经费管理制度,按照国家预算管理的规定,提高财政资金使用的规范性、安全性和有效性。提高国家科技计划管理的公开性、透明度和公正性,逐步建立财政科技经费的预算绩效评价体系,建立健全相应的评估和监督管理机制。

……

国务院关于印发全民科学素质行动计划纲要
(2006—2010—2020 年)的通知

(国发〔2006〕7 号　2006 年 2 月 6 日)

各省、自治区、直辖市人民政府,国务院各部委、各直属机构:

现将《全民科学素质行动计划纲要(2006—2010—2020 年)》印发给你们,请结合本地区、本部门实际,认真贯彻实施。

国务院
二○○六年二月六日

全民科学素质行动计划纲要(2006—2010—2020 年)

根据党的十六大和十六届三中、四中、五中全会精神,依照《中华人民共和国科学技术普及法》和《国家中长期科学和技术发展规划纲要(2006—2020 年)》(国发〔2005〕44 号),制定并实施《全民科学素质行动计划纲要(2006—2010—2020 年)》(以下简称《科学素质纲要》)。

一、前言

科学素质是公民素质的重要组成部分。公民具备基本科学素质一般指了解必要的科学技术知识,掌握基本的科学方法,树立科学思想,崇尚科学精神,并具有一定的应用它们处理实际问题、参与公共事务的能力。提高公民科学素质,对于增强公民获取和运用科技知识的能力、改善生活质量、实现全面发展,对于提高国家自主创新能力、建设创新型国家、实现经济社会全面协调可持续发展、构建社会主义和谐社会,都具有十分重要的意义。

根据有关调查,我国公民科学素质水平与发达国家相比差距甚大。公民科学素质的城乡差距十分明显,劳动适龄人口科学素质不高;大多数公民对基本科学知识了解程度较低,在科学精神、科学思想和科学方法等方面更为欠缺,一些不科学的观念和行为普遍存在,愚昧迷信在某些地区较为盛行。公民科学素质水平低下,已成为制约我国经济发展和社会进步的瓶颈之一。

公民科学素质建设是坚持走中国特色的自主创新道路,建设创新型国家的一项基础性社会工程,是政府引导实施、全民广泛参与的社会行动。改革开放以来,特别是实施科教兴国战略以来,我国公民科学素质建设有了较大的发展,但仍存在许多问题。人均接受正规教育年限低于世界平均水平;因长期受应试教育影响,学生科学素质结构存在明显缺陷;社会教育、成人教育的发展尚不全面和深入,公民缺少接受终身教育的机会。科普长效运行机制尚未形成;科普设施、队伍、经费等资源不足;大众传媒科技传播力度不够、质量不高。公民科学素质建设的公共服务未能有效满足社会需求,公民提升自身科学素质的主动性尚未充分调动。

全民科学素质行动计划旨在全面推动我国公民科学素质建设,通过发展科学技术教育、传播与普及,尽快使全民科学素质在整体上有大幅度的提高,实现到本世纪中叶我国成年公民具备基本科学素质的长远目标。本《科学素质纲要》提出了全民科学素质行动计划在"十一五"期间的主要目标、任务与措施和到2020年的阶段性目标。

二、方针和目标

指导方针:

以邓小平理论和"三个代表"重要思想为指导,坚持科学发展观,发挥政府主导作用,充分调动全社会力量共同参与,大力加强公民科学素质建设,促进经济社会和人的全面发展,为提升自主创新能力和综合国力、全面建设小康社会和实现现代化建设第三步战略目标打下雄厚的人力资源基础。

今后15年,实施全民科学素质行动计划的方针是"政府推动,全民参与,提升素质,促进和谐"。

政府推动——各级政府将公民科学素质建设作为全面建设小康社会的重要工作,加强领导。各级政府将《科学素质纲要》纳入有关规划计划,制定政策法规,加大公共投入,推动《科学素质纲要》的实施。社会各界各负其责,加强协作。

全民参与——公民是科学素质建设的参与主体和受益者,要充分调动全体公民参与实施《科学素质纲要》的积极性和主动性,在全社会形成崇尚科学、鼓励创新、尊重知识、尊重人才的良好风尚。

提升素质——提高公民科学素质是《科学素质纲要》的出发点和落脚点。通过实施《科学素质纲要》,推动形成全民学习、终身学习的学习型社会,促进人的全面发展。

促进和谐——认真落实科学发展观,以人为本,实现科学技术教育、传播与普及等公共服务的公平普惠,促进社会主义物质文明、政治文明、精神文明建设与和谐社会建设全面发展。

目标:

到2020年,科学技术教育、传播与普及有长足发展,形成比较完善的公民科学素质建设的组织实施、基础设施、条件保障、监测评估等体系,公民科学素质在整体上有大幅度的提高,达到世界主要发达国家21世纪初的水平。

到2010年,科学技术教育、传播与普及有较大发展,公民科学素质明显提高,达到世界主要发达国家20世纪80年代末的水平。围绕公民科学素质建设最关键、最具基础性的问题,实现以下目标:

——促进科学发展观在全社会的树立和落实。重点宣传普及节约资源、保护生态、改善环境、安全生产、应急避险、健康生活、合理消费、循环经济等观念和知识,倡导建立资源节约型、环境友好型社会,形成科学、文明、健康的生活方式和工作方式。

——以重点人群科学素质行动带动全民科学素质的整体提高。未成年人对科学的兴趣明显提高,创新意识和实践能力有较大增强;农民和城镇劳动人口的科学素质有显著提高,城乡居民科学素质水平差距逐步缩小;领导干部和公务员的科学素质在各类职业人群中位居前列。

——科学教育与培训、科普资源开发与共享、大众传媒科技传播能力、科普基础设施等公民科学素质建设的基础得到加强,公民提高自身科学素质的机会与途径明显增多。

三、主要行动

根据指导方针和目标,在"十一五"期间实施以下主要行动:

(一)未成年人科学素质行动。

任务:

——宣传科学发展观,重点宣传我国人口众多、资源有限、人均占有资源远低于世界平均水平的基本国情,使未成年人从小树立人与自然和谐相处和可持续发展的意识。

——完善基础教育阶段的科学教育,提高学校科学教育质量,使中小学生掌握必要和基本的科学知识与技能,体验科学探究活动的过程与方法,培养良好的科学态度、情感与价值观,发展初步的科学探究能力,增强创新意识和实践能力。

——普及农村义务教育,切实提高农村中小学科学教育质量。为农村未成年人提供更多参与科普活动的机会,培养改善生存状况、提高生活质量和自我发展的能力。

——开展多种形式的科普活动和社会实践,增强未成年人对科学技术的兴趣和爱好,初步认识科学的本质以及科学技术与社会的关系,培养社会责任感以及交流合作、综合运用知识解决问题的能力。

措施:

——通过实施新世纪素质教育工程,推进新科学课程的全面实施。针对不同年龄段学生特点,注重课程的综合性与连贯性;开展学龄前科学启蒙教育,采取有效措施,积极推广义务教育阶段综合性科学课程,逐步推进高中科学课程改革;深化中小学科学课程教材、教学内容和教学方法改革,充分发挥现代教育技术的作用,改革科学教育评价制度,定期监测科学教育质量。

——提高农村未成年人科学教育水平和质量。结合农村实际,加强农村中小学现代远程教育的科学教育资源建设,发展针对农村校外未成年人的非正规教育,开展生活能力和生产技能培训等科普活动。

——开展课外科技活动,引导未成年人增强创新意识和实践能力。普及保护生态环境、节约资源能源、心理生理健康、安全避险等知识。加强"珍爱生命、远离毒品"和崇尚科学文明、反对愚昧迷信的宣传教育。发挥未成年人在家庭和社区科普宣传中对成年人的独特影响作用。

——通过"大手拉小手科技传播行动"、科技专家进校园(社区、科普基地)、中学生进科研院所(实验室)等活动,组织科技工作者与未成年人开展面对面的科普活动。

——提高母亲的科学素质,重视家庭教育在提高未成年人科学素质中的重要作用。

——新闻出版、广播电视、文化等机构和团体加大面向未成年人的科技传播力度,用优秀、有益、生动的科普作品吸引未成年人,为未成年人的健康成长营造良好的舆论环境。

——整合校外科学教育资源,建立校外科技活动场所与学校科学课程相衔接的有效机制。利用科技类博物馆、科研院所等科普教育基地和青少年科技教育基地的教育资源,为提高未成年人科学素质服务;加强现有青少年宫、儿童活动中心等综合性未成年人校外活动场所的科普教育功能,在有条件的地区建设青少年科技活动中心等专门的科普活动场所。发挥社区教育在未成年人校外教育中的作用。

(二)农民科学素质行动。

任务:

——面向农民宣传科学发展观,重点开展保护生态环境、节约水资源、保护耕地、防灾减灾,倡导健康卫生、移风易俗和反对愚昧迷信、陈规陋习等内容的宣传教育,促进在广大农村形成讲科学、爱科学、学科学、用科学的良好风尚,促进社会主义新农村建设。

——围绕科学生产和增效增收,激发广大农民参与科学素质建设的积极性,增强科技意识,提高获取科技知识和依靠科技脱贫致富、发展生产和改善生活质量的能力,并将推广实用技术与提高农民科学素质结合起来,着力培养有文化、懂技术、会经营的新型农民。

——提高农村富余劳动力向非农产业和城镇转移就业的能力。

——提高农村妇女及西部欠发达地区、民族地区、贫困地区、革命老区农民的科学文化素质。

措施:

——逐步建立内容丰富、形式多样、适应需求的农村科学教育、宣传和培训体系。制定《农民科技教育培训体系建设规划》和《中国农民科学素质教育大纲》,指导面向农民的各类科学教育活动。

——大力开展农民科技培训。结合实施全国农村党员干部现代远程教育、农村党员基层干部适用技术和市场经济知识培训计划、绿色证书工程、星火科技培训专项行动、双学双比、巾帼科技致富工程等,开展针对性强、务实有效、通俗易懂的农业科技培训,多渠道加大培训力度。使参加绿色证书培训达 1000 万人;重点培育 100 万个科技示范户,辐射带动 2000 万个农户。发挥好农业广播电视学校、农村成人文化技术学校、农村致富技术函授大学、农业科教与网络联盟、有关大中专院校和其他农村成人教育机构在农村科技培训中的作用。

——广泛开展各种形式的科技下乡和群众性、社会性、经常性科普活动。深入开展文化科技卫生"三下乡"、科技活动周、全国科普日等活动,总结推广科技特派员、科技入户、科技 110、科普之冬(春)、科普大集、专家大院、科技咨询服务站、科技大王下乡、科教兴村等行之有效的做法,探索科技人员与农民互动的科技咨询服务长效机制。

——开展农村科技、科普示范活动,建立和完善示范体系。深入开展全国科技进步示范市(县、区)和全国科普示范县(市、区)乡(镇)、村、户等建设活动,大力发展科技、科普示范基地,发挥好它们的示范作用。

——开展农村富余劳动力转移就业科技培训。建立健全农村劳动力转移培训机制,按照

《2003—2010年全国农民工培训规划》要求,积极开展农民工的引导性培训、职业技能培训和岗位培训。

——建立健全农村科技教育、传播与普及服务组织网络和人才队伍。发展农业技术推广机构、农村基层科普组织和农民合作经济组织,重点扶持1万个农村专业技术协会。组织专家咨询服务和志愿者队伍,形成动员科技人员为"三农"服务的有效机制;培养农民技术员队伍,提高农村实用人才的学习能力、实践能力和传播能力。

——加强农村基层科普能力建设。依托农村中小学、村党员活动室、农村成人文化技术学校、文化站和有条件的乡镇企业、农村专业技术协会等农民合作组织,发展乡村科普活动场所。推动乡村科普橱窗、宣传栏等建设,开发和充实适应需求、富有特色的展示教育内容。加强民族地区科普工作队建设,提高西部地区特别是边疆民族地区基层的科普能力。

(三)城镇劳动人口科学素质行动。

任务:

——在广大城镇宣传科学发展观,重点倡导和普及节约资源、保护环境、节能降耗、安全生产、健康生活等观念和知识,促进经济增长方式的转变和科学文明健康生活方式的形成。

——围绕走新型工业化道路和发展现代服务业的需求,以学习能力、职业技能和技术创新能力为重点,提高第二、第三产业从业人员科学素质,更好地适应经济社会和自身发展的要求。

——围绕城镇化进程的要求,提高进城务工人员的职业技能水平和适应城市生活的能力。

——提高失业人员的就业能力、创业能力和适应职业变化的能力。

措施:

——加强对劳动者科技教育培训的宏观管理,进行专门的规划、组织和监督实施。统筹协调各相关部门的关系,合理分工、加强合作。

——将劳动人口应具备的基本科学素质内容纳入各级各类职业教育和成人教育的课程内容和培训教材,将有关科学素质的要求纳入国家职业标准,作为各类职业培训、考核和鉴定的内容。

——开展各种形式的劳动预备制培训、再就业培训、创业培训、农民工培训和各类从业人员的在岗培训和继续教育。城镇职工在职培训达到2.5亿人次,失业人员再就业培训1500万人,农民工培训2亿人。使新增劳动力接受劳动预备制培训的比例由目前的70%提高到90%。

——在企业广泛开展科普宣传、技能培训和创建学习型组织、争做知识型职工等活动,着力加强科学方法、科学思想和科学精神教育,提高职工的科学文化素质。鼓励群众性技术创新和发明活动。充分发挥企业科协、职工技协、研发中心等组织和机构的作用。

——建立企业事业单位从业人员带薪学习制度,鼓励职工在职学习,形成用人单位和从业人员共同投资职业培训的机制。在职业培训中,加大有关科学知识的内容。

——优化整合各种教育培训资源,实现资源共享,形成广覆盖、多层次的教育培训网络,为劳动者提高科学素质提供更多机会和途径。

——以城镇社区为依托,通过社区科普活动室、科普学校、科普画廊等机构和设施,开展多种形式的科普宣传,建设学习型社区,发挥社区在提高劳动者科学素质方面的作用。

（四）领导干部和公务员科学素质行动。

任务：

——在面向领导干部普及科学技术知识的同时，突出弘扬科学精神，提倡科学态度，讲究科学方法，增强领导干部贯彻落实科学发展观的自觉性和科学决策的能力。

——围绕贯彻落实科学发展观和建设学习型机关，调动公务员提高自身科学素质的积极性和主动性，增强终身学习和科学管理的能力。

措施：

——将提高科学素质列为公务员和事业单位、国有企业负责人培训教育规划和相关计划的重要内容。

——各级机关在创建学习型机关中，其学习培训制度应体现提高领导干部和公务员科学素质的要求。

——各级行政院校和干部学院将提高学员科学素质列入教学计划，采取切实措施加以落实。

——举办讲座、报告会等科普活动，编辑出版相关的科普读物，向领导干部和公务员介绍现代科技知识及发展趋势，传播科学思想、科学方法、科学精神。组织公务员参与科普活动。

——报刊、电台、电视台和各级政府网站创办有关提高领导干部和公务员科学素质的栏目和节目。

——在公务员录用考试大纲及题库中，列入与科学素质要求有关的具体内容。

四、基础工程

配合上述行动计划，"十一五"期间重点实施以下基础工程：

（一）科学教育与培训基础工程。

任务：

——加强教师队伍建设，培养一支专兼结合、结构合理、素质优良、胜任各类科学教育与培训的教师队伍。

——加强教材建设，改革教学方法，形成适应不同对象需求、满足科学教育与培训要求的教材教法。

——加强教学基础设施建设，充分利用现有的教育培训场所、基地，配备必要的教学仪器和设备，为开展科学教育与培训提供基础条件支持。

措施：

——加强中小学科学教育教师队伍建设。采取多种途径，开展中小学和农村成人文化技术学校科学教育教师培训工作，尤其重视县以下中小学科学教育教师的培训，提高学历层次和实施科学教育的能力和水平。鼓励师范院校设置科学教育专业，培养具有较高专业水平和职业能力的科学教育教师。

——建立科技界和教育界合作推动科学教育发展的有效机制。动员组织高等院校、科研院所的科技专家参与中小学科学课程教材建设、教学方法改革和科学教师培训。

——加强科学教育与培训志愿者队伍建设。发挥老科技工作者协会、老教授协会的作用，动员组织离退休科技工作者、教育工作者、公务员和企业事业单位管理者参与科学教育与培训。发展青少年科技辅导员队伍,提高辅导员的素质和能力。

——加强科学教育研究,按照普及性、基础性、发展性的要求,促进科学课程的完善与发展,更新课程内容,提高中小学科学课程的教材质量,改进教学方法。以创新意识和实践能力的培养为重点,促进学习方式的变革。

——加强职业教育、成人教育和各类培训中科学教育的教材建设。根据农民、城镇劳动人口、领导干部和公务员的特点和需求,以科学发展观、先进适用技术、职业技能、现代科技知识为主要内容编写教材。重视少数民族文字的教材编写和音像类教材的开发制作。

——加强中小学特别是农村中小学科学教育基础设施建设。根据科学课程的需要,建立健全实验室、图书室,充实实验仪器、教具、音像设备、计算机等教学器材,并面向社会提供服务。

——增强行政院校和干部学院,高等院校、科研院所,职业学校、函授学校、广播电视学校等机构的科学教育和培训功能。

——利用社会资源开展科学教育和培训。鼓励和支持科技馆等科普场馆、社区学校、成人文化技术学校等开展科学教育与培训。构建不同职业、不同工种、布局合理的职业技能培训基地。

(二)科普资源开发与共享工程。

任务:

——引导、鼓励和支持科普产品和信息资源的开发,繁荣科普创作。围绕宣传落实科学发展观,创作出一批紧扣时代发展脉搏、适应市场需求、公众喜闻乐见的优秀作品,并推向国际市场,改变目前科普作品"单向引进"的局面。

——集成国内外科普信息资源,建立全国科普信息资源共享和交流平台,为社会和公众提供资源支持和公共科普服务。

措施:

——建立有效激励机制,促进原创性科普作品的创作。以评奖、作品征集等方式,加大对优秀原创科普作品的扶持、奖励力度,吸引和鼓励社会各界参与科普作品创作;调动科技工作者科普创作的积极性,把科普作品纳入业绩考核范围;建立将科学技术研究开发的新成果及时转化为科学教育、传播与普及资源的机制;鼓励和支持科普创作、科技传播专业团体发挥作用;制定优惠政策和相关规范,鼓励和吸引更多社会力量参与科普资源开发。

——加强合作与交流。推动科普、科技、教育、传媒界的有效合作,引进国外优秀作品,借鉴国际先进创作理念和方法,促进我国科普创作整体水平的提高。

——集成国内外现有科普图书、期刊、挂图、音像制品、展教品、文艺作品以及图片、科普志愿者等各类科普信息,建成数字化科普信息资源库和共享交流平台,通过互联网为社会和公众提供资源支持和公共科普服务。

——开展优秀科普作品的推介、展演、展映、展播和展示活动,扩大科普信息资源的共享范围。针对公众生产生活的实际需求,组织编制简明生动的科普资料,以公众易于获得的方式送达基层。

——制定相关法规、规章和标准,充分保护知识产权,创造公共科普信息资源公平使用的法制环境。

（三）大众传媒科技传播能力建设工程。

任务：

——加大各类媒体的科技传播力度。电视台、广播电台科技节目的播出时间,各类科普出版物的品种和发行量,综合性报纸科技专栏的数目和版面,科普网站和门户网站的科技专栏等大幅度增加。

——打造科技传播媒体品牌。提高科技频道、专栏制作传播质量,培育一批读者量大、知名度高的综合性报纸科技专栏、专版和科普图书、报刊、音像制品、电子出版物,形成一批在业内有一定规模和影响力的科普出版机构。

——发挥互联网等新型媒体的科技传播功能,培育、扶持若干对网民有较强吸引力的品牌科普网站和虚拟博物馆、科技馆。

措施：

——鼓励、支持"科技博览"、"科技之光"、"科普大篷车"等电视科技栏目进一步提高质量,使其成为有广泛影响的媒体精品。择优扶持若干有特色、覆盖率高的知名科普网站。

——制定优惠政策和相关规范,积极培育市场,推动科普文化产业发展。

——建立与市场、公众需求相适应的管理体制与运行机制,树立以消费者为中心的经营理念。引进现代营销模式与先进编创技术,注重市场调研,提高播出和编辑出版质量。

——建立与市场经济相适应的科普出版物发行渠道,加强网点建设,大力扶持科普出版物在农村和边远地区、民族地区的发行工作。

——提高各类媒体对公共卫生事件和重大自然灾害等突发事件的反应能力,指导公众以科学的行为和方式应对突发事件。

——研究开发网络科普的新技术和新形式。开辟具有实时、动态、交互等特点的网络科普新途径,开发一批内容健康、形式活泼的科普教育、游戏软件。

（四）科普基础设施工程。

任务：

——拓展和完善现有基础设施的科普教育功能。对现有科普设施进行机制改革和更新改造,充实内容、改进服务、激发活力,满足公众参与科普活动的需求。整合利用社会相关资源,充分发挥科研基础设施的资源优势,发展青少年科技教育基地和科普教育基地。

——多渠道筹集资金,在充分研究论证的前提下,新建一批科技馆、自然博物馆等科技类博物馆。各直辖市和省会城市、自治区首府至少拥有 1 座大中型科技馆,城区常住人口 100 万人以上的大城市至少拥有 1 座科技类博物馆,全国科技类博物馆的接待能力有显著增长。

——发展基层科普设施。在城乡社区建设科普画廊、科普活动室、运用网络进行远程科普宣传教育的终端设备等设施;增强综合性未成年人校外活动场所的科普教育功能,有条件的市(地)和县(市、区)可建设科技馆等专门科普场馆;在一些市(州、盟和县)配备科普大篷车,以"流动科技馆"的形式为城乡社区、学校特别是贫困、边远地区提供科普服务。

措施：

——突出社会公益性,加强对科普基础设施建设的宏观指导。制定科普设施的发展规划、建设标准、认定办法和管理条例,规范科普设施的建设与管理。

——科普基础设施建设纳入国民经济和社会事业发展总体规划及基本建设计划,加大对公益性科普设施建设和运行经费的公共投入。

——对科普教育功能薄弱的设施进行更新改造,完善基层科普设施的功能;引进和开发适应公众需求的活动项目,创新活动方式,增强吸引力,提高管理水平和服务质量。增强社区科普设施为老年人服务的功能,为他们老有所学、老有所乐、老有所为提供条件和机会。落实科普场馆对未成年人和老年人的优惠措施。

——鼓励社会力量参与科普基础设施建设。落实有关优惠政策,鼓励社会各界对公益性科普设施建设提供捐赠、资助;吸引境内外资本投资兴建和参与经营科普场馆;鼓励有条件的企业事业单位根据自身特点建立专业科普场馆;落实有关鼓励科普事业发展的税收优惠政策,鼓励社会力量参与科普基础设施建设。

——国家级青少年科技教育基地和科普教育基地总数由目前的 300 余座增加至 500 座,省部级青少年科技教育基地和科普教育基地总数由目前的 1000 余座增加至 2000 座,定期对公众免费或优惠开放。有条件的科研院所、高等院校、自然科学和社会科学类团体向公众开放实验室、陈列室和其他场地设施;鼓励高新技术企业对公众开放研发机构和生产车间。

——培育科普展览、展品市场,推动设计制作社会化;制定技术规范和设计制作机构的资质认定办法;择优扶持一批设计制作机构,提高设计制作水平。

五、保障条件

(一)政策法规。

完善有关公民科学素质建设的政策法规,明确政府、社会组织、企业及公民个人在公民科学素质建设中的责任、权利和义务。根据形势发展需要,对现有政策法规进行修订、补充和调整。

——在国民经济和社会发展计划和有关科学技术教育、传播与普及的法律法规中,体现公民科学素质建设的目标和要求。

——制定《中华人民共和国科学技术普及法》实施细则。

——制定鼓励和吸引境内外机构、个人独资或合作兴办科学技术教育、传播与普及机构的政策。

——制定表彰和奖励政策。

(二)经费投入。

采取多种措施,加大政府和社会投入,形成多渠道投入机制,为《科学素质纲要》的实施提供资金保障。

——加大财政保障力度。切实执行《中华人民共和国教育法》和《中华人民共和国科学技术普及法》的有关规定,各级政府根据财力情况和公民科学素质建设发展的实际需要,逐步提高教育、科普经费的增长速度,并将科普经费列入同级财政预算,保障《科学素质纲要》的顺利实施。中央财政根据财力状况,逐步加大对地方的转移支付力度。各级政府要从中央财政的财力性转移支付资金中安排一定的经费用于公民科学素质建设。

——落实各相关部门实施经费。各有关部门、事业单位和人民团体根据承担的《科学素质纲要》实施任务,按照国家预算管理的规定和现行资金渠道,统筹考虑和落实所需经费。

——鼓励捐赠,广辟社会资金投入渠道。进一步完善捐赠公益性科普事业个人所得税减免政策和相关实施办法,广泛吸纳境内外机构、个人的资金支持公民科学素质建设。

(三)队伍建设。

培养专业化人才,发掘兼职人才,建立志愿者队伍,加强理论研究,为公民科学素质建设提供人才保障和智力支撑。

——开展多种形式的培训和进修活动,加强业务学习,全面提升在职科学技术教育、传播与普及人员的科学素质和业务水平。

——通过高等院校和有关研究机构培养大批科学技术传播与普及专门人才;改革文博专业课程内容,为不同类型科普场馆培养适应性广泛的专业人才。

——建立有效机制和相应激励措施,充分调动在职科技工作者、大学生、研究生和离退休科技、教育、传媒工作者等各界人士参加公民科学素质建设的积极性,发挥他们的专业和技术特长,形成一支规模宏大、素质较高的兼职人才队伍和志愿者队伍。对在公民科学素质建设中作出重要贡献的个人和组织予以表彰和奖励。

——增强科技界的责任感,支持科技专家主动参与科学教育、传播与普及,促进科学前沿知识的传播。

——开展公民科学素质建设理论研究,加强国内外学术交流,把握基本规律和国际发展趋势,为公民科学素质建设的实践提供指导。

六、组织实施

(一)组织领导。

——国务院负责领导《科学素质纲要》的实施工作,成立《科学素质纲要》实施领导小组,进行统一动员部署和检查监督。各有关部门、事业单位和人民团体按照《科学素质纲要》的要求,将有关任务纳入相应工作规划和计划,充分履行相关工作职责,发挥各自优势,密切配合,形成合力,切实推进公民科学素质建设。

——地方各级政府将公民科学素质建设纳入当地国民经济和社会发展的总体计划,将《科学素质纲要》的实施纳入政府的议事日程,纳入业绩考核。

——建立和完善实施《科学素质纲要》的工作机制。《科学素质纲要》实施领导小组办公室设在中国科学技术协会,承担领导小组的日常工作,并定期向领导小组汇报。

(二)监测评估。

——制定《中国公民科学素质基准》。根据社会主义现代化建设的战略目标,结合我国国情,借鉴国外相关经验和成果,围绕公民生活和工作的实际需求,提出公民应具备的基本科学素质内容,为公民提高自身科学素质提供衡量尺度和指导,并为《科学素质纲要》的实施和监测评估提供依据。

——建立公民科学素质状况和《科学素质纲要》实施的监测指标体系,并纳入国家社会发展指标体系。

——委托有关监测评估机构对公民科学素质状况和《科学素质纲要》实施情况进行监测评估,并提出相应对策和建议。

科技部 中国科协关于加强县(市)科技工作和科普事业发展的指导意见

(国科发农字〔2006〕450 号 2006 年 11 月 14 日)

各省、自治区、直辖市、计划单列市科技厅(委、局)、科协,新疆生产建设兵团科技局、科协:

为深入贯彻《中共中央关于构建社会主义和谐社会若干重大问题的决定》、《中共中央、国务院关于推进社会主义新农村建设的若干意见》和《国家中长期科学和技术发展规划纲要(2006—2020 年)》,认真落实《全民科学素质行动计划纲要(2006—2010—2020 年)》和《关于推进县(市)科技进步的意见》,进一步加强县(市)科技行政部门和科协组织的紧密合作,实现"科技富民强县专项行动计划"与"科普惠农兴村计划"、全国科技进步示范市(县、区)与全国科普示范县(市)创建工作的有机结合,全面促进县(市)科技进步和公众科学素质提高,构建社会主义和谐社会,提出以下指导意见。

一、充分认识新时期加强县(市)科技工作,推动科普事业发展的重要意义

1. 加强县(市)科技工作,加快科普事业发展是全面推进社会主义新农村建设的重要举措。县(市)是我国功能相对完备的国民经济基本单元,并处于统筹城乡区域发展的特殊地位。当前,科技进步已成为县(市)域经济社会发展的关键因素,科技水平的差距已成为城乡差距和地区差距的主要原因之一。科学普及是科技工作的重要组成部分,科技进步与科学普及是科技工作的一体两翼。全面推进县(市)科技进步和科学普及,对加强社会主义新农村建设、促进经济社会协调发展、区域协调发展、城乡协调发展、构建社会主义和谐社会具有十分重要的意义。

2. 加强县(市)科技工作,发展农村科普事业是使科技惠及亿万人民的重要利民工程。科技的目标不仅要"顶天",在科学前沿和高技术领域有所创造、有所作为,而且还要"立地",通过科学普及让广大人民群众认识科技、理解科技、运用科技,为广大群众提供科技服务,全面提高公众的科学素质是全面建设小康社会的基础性工作。特别是在经济发展水平低、市场发育程度低的地区,基层科技工作和科普工作具有更为重要的地位。

二、进一步明确新时期加强县(市)科技工作,推动科普事业发展的指导思想和目标

3. 围绕社会主义新农村建设,加强县(市)科技工作和科普事业发展。"十一五"时期是为

社会主义新农村建设打下坚实基础的关键时期,是使新型工农城乡关系构建取得突破进展的关键时期,也是农村小康建设得到加速推进的关键时期。"十一五"时期要坚持以邓小平理论和"三个代表"重要思想为指导,全面贯彻落实科学发展观,紧紧围绕社会主义新农村建设的重要历史任务,按照《中共中央国务院关于推进社会主义新农村建设的若干意见》、《全民科学素质行动计划纲要》和《关于推进县(市)科技进步的意见》的总体部署,以加快区域经济发展,富民强县(市)为宗旨,以科技成果应用、推广和产业化及提高农民科学素质为主线,按照统筹规划、联合推动、资源共享、加强整合、服务基层的原则,团结协作,大力实施"科技富民强县行动计划"、"科普惠农兴村计划"等重点项目,为促进县(市)域经济社会全面协调可持续发展服务。

4. 明确目标、注重实效,不断强化县(市)科技工作,推动科普事业深入发展。"十一五"期间,要建立和完善政府推动、全社会共同参与、资源互补共享的县(市)科技工作和科普事业发展的新机制,进一步推动新型科学普及和科技服务体系的完善和发展,增强科技公共服务能力,提高公众科学文化素质,加强适合基层需求的科技人才队伍和科普服务队伍建设,显著提高科技创新能力和科学普及水平,使县(市)域经济社会发展真正转移到依靠科技进步和提高劳动者素质的轨道上来。

三、突出重点、加强合作,扎实稳步推进县(市)科技工作和科普事业的发展

5. 加快县(市)科技进步,为发展县域经济提供有力的科技支撑。以科技富民强县专项行动计划为重要载体,充分发挥示范引导作用,强化县(市)科技公共服务能力。在组织申报和实施科技富民强县专项行动计划工作中,县(市)科技行政部门要根据科技部、财政部《"科技富民强县专项行动计划"实施方案(试行)》的要求,主动协调县(市)科协等各有关部门参与,形成共同推进机制。县(市)科技行政部门和科协组织要根据当地和重点项目的科技需求,在引进、推广、转化与应用先进适用技术成果方面,利用组织网络优势,引进先进适用技术成果,向周围企业和农民辐射推广,为农民增收和企业发展发挥有效的作用;在组织开展科技培训方面,借助专家智力资源,围绕专项行动开展面向广大农民的实用技术培训和面向企业劳动者的技术培训,提高从业人员科技素质和技能,培养一批农村致富带头人和专业技术人员;在科技信息网络建设和基层科技服务能力建设方面,集成科普信息资源,通过县(市)科技信息服务站,为基层提供方便、快捷、实用的科技信息服务。

6. 积极推进科普惠农兴村工作,助力社会主义新农村建设。依托"科普惠农兴村计划",在"十一五"期间,每年在全国评比、表彰一批有突出贡献的、有较强区域示范作用的、辐射性强的农村专业技术协会、科普示范基地、农村科普带头人、少数民族科普工作队等先进集体和个人,按照"以奖代补和奖补结合"的原则给予奖励支持,使其更好地发挥"以点带面、榜样示范"的作用。在实施"科普惠农兴村计划"中,县(市)科协要按照中国科协、财政部《"科普惠农兴村计划"实施方案》要求,主动争取县(市)科技行政等部门参与,共同推进。县(市)科技行政部门要积极推荐长期在农村科普工作中有突出贡献的、有较强区域示范作用的个人和集体,并大力支持农村专业技术协会、科普示范基地、农村科普带头人、少数民族科普工作队等基层科普组织和个人,为他们创造条件,面向农民开展科普工作,为科普惠农兴村做贡献。

7. 扎实推动全国科技进步示范市(县、区)和全国科普示范县(市)创建工作。全国科技进

步示范市(县、区)和全国科普示范县(市)建设工作,在推动县(市)落实科教兴国战略、可持续发展战略和人才强国战略,推动经济社会全面协调可持续发展和全面建设小康社会方面发挥了重要的作用,已成为带动地方科技进步和科学普及事业发展的重要手段。县(市、区)科技行政部门和县(市)科协要认真按照科技部《关于加强和推进科技进步示范市(县、区)建设的意见》和中国科协《关于深入开展全国科普示范县(市)创建活动的意见》的有关要求,加强合作,共同推动全国科技进步示范市(县、区)和全国科普示范县(市)创建工作。

8. 切实加强面向农民的科技培训、科普宣传工作,提高农民科学素质。地方科技行政部门和科协组织应在实施农民科学素质行动、星火计划中紧密合作,进一步开展师资培训、科技管理培训和现代远程培训;围绕农民科技培训,双方加强在现代农业科技知识培训、非农产业就业技能培训、市场经营知识培训和全面、整体素质培训上的合作;以提高农民的科技意识,增强科学观念为重点,共同大力开展科技下乡等各类科普活动,建立和规范一批农村科普试验、示范基地。

四、加强领导,开创县(市)科技工作和科普事业发展的新局面

9. 加强对县(市)科技工作和科普事业发展的领导。各级科技行政部门、科协组织要将共同加强县(市)科技进步和科普事业发展作为科技行政部门与科协组织合作的重点工作来抓,通过共同实施农民科学素质行动、"科技富民强县专项行动计划"、"科普惠农兴村计划"、全国科技进步示范市(县、区)、全国科普示范县(市)建设、星火计划等重点工作,逐步建立和完善合作机制,共同推动县域科技进步和公民科学素质的提高,为县域经济社会发展做贡献。

10. 创新机制,确保政策措施落实到位。各地区科技行政部门和科协组织要认真贯彻国家关于地方科技工作和科普工作的各项法律法规和政策规定,结合实际抓紧制定和完善配套措施及具体办法,积极研究解决共同推进工作中遇到的新问题,确保涉及地方科技和科普的各项政策措施落到实处。

二○○六年十一月十四日

科技部　中宣部　国家发展和改革委员会
教育部　财政部　中国科协　中国科学院
关于科研机构和大学向社会开放
开展科普活动的若干意见

（国科发政字〔2006〕494 号　　2006 年 11 月 30 日）

各省、自治区、直辖市科技厅（科委）、党委宣传部、发展改革委、教育厅（教委）、财政厅、科协，新疆生产建设兵团科技局、党委宣传部、发展改革委、教育局、财政局、科协，中国科学院各单位：

为实施《国家中长期科学和技术发展规划纲要（2006—2020 年）》和《全民科学素质行动计划纲要（2006—2010—2020 年）》，营造激励自主创新环境，努力建设创新型国家，根据《国务院关于实施〈国家中长期科学和技术发展规划纲要（2006—2020 年）〉若干配套政策的通知》（国发〔2006〕6 号），充分发挥科研机构和大学在科普事业发展中的重要作用，进一步建立健全科研机构和大学面向社会开放、开展科普活动的有效制度，提出以下意见。

1. 科研机构和大学利用科研设施、场所等科技资源向社会开放开展科普活动，让科技进步惠及广大公众，是其重要社会责任和义务，有利于提升我国科普能力，增强公众创新意识，营造创新的社会氛围，提高公众科学素质，培养科技后备人才，对于加快科技事业发展，增强自主创新能力具有十分重要的意义。

2. 本意见所称的科研机构和大学，是指由各级政府举办的各类从事自然科学、工程科学与技术研究的单位和相关高等院校。开放范围包括科研机构和大学中的实验室、工程中心、技术中心、野外站（台）等研究实验基地；各类仪器中心、分析测试中心、自然科技资源库（馆）、科学数据中心（网）、科技文献中心（网）、科技信息服务中心（网）等科研基础设施；非涉密的科研仪器设施、实验和观测场所；科技类博物馆、标本馆、陈列馆、天文台（馆、站）和植物园等。

3. 科研机构和大学向社会开放要坚持公益性原则，不以营利为目的，突出社会效益。开放活动要充分体现实践性、体验性、参与性和实效性，采取喜闻乐见、深入浅出的方式，使公众通过参观科研过程、参与科研实践和探讨科技问题等活动，增进对科学技术的兴趣和理解，提升其使用科技手段分析和解决问题的能力。

4. "十一五"期间推动开放工作的目标是：2008 年底前，实现中国科学院所属科研机构、国务院部门所属社会公益类科研机构和进入"211 工程"的相关大学率先实现向社会开放。2010

年底前,其他部门、地方所属科研机构和大学要积极创造条件,借鉴先期开放的科研机构和大学的经验与做法,实现向社会开放。

5. 实施开放的科研机构和大学(以下简称"开放单位")要制定科研场所和设施向社会开放的管理办法,明确责任分工和条件保障。要将向社会开放作为一项工作制度,纳入工作规划和年度计划。要整合优势资源,为开放提供资金支持和条件保障。要充分利用各种学术交流活动,开展科普宣传,使公众及时了解国内外科技最新进展。

6. 开放单位要加强开放工作的人员队伍建设。逐步设立科普工作岗位,纳入专业技术岗位范围管理。要完善业绩考核办法,将科研人员和教师参与开放的工作量,视同科研和教学工作量,作为科研人员和教师职称评定、岗位聘任和工作绩效评价的重要依据。鼓励科研人员、教师、研究生和大学生以志愿者的身份参与开放工作。要加强对从事开放工作人员的业务培训,不断提升其科普作品的创作、讲解演示等与公众的沟通能力和技巧,有效满足公众多层次、多样化的需求。

7. 开放单位每年向社会开放的时间应相对固定。全国范围内的重大群众性科技活动期间,应实施开放。开放单位要积极创造条件,逐步增加开放时间,到"十一五"末期,每年开放时间一般不少于15天。鼓励有条件的单位实行长期开放。开放单位应通过制作科普图册、张贴图片、摆设展板、制作科研成果的科普模型和示意展品,发放科普创作图书等多种形式,进一步强化展示手段。要通过建立宣传网站、与新闻媒体联合制作宣传节目等多种形式,加强宣传工作。要加强与教育部门、城市社区以及其他单位和组织的协调工作,结合自身科研工作特色,开展内容丰富的科普宣传活动。要加强开放期间的涉密管理和安全保卫工作。

8. 鼓励开放单位设立面向公众的专门科普场所。在进行新建、扩建和改建等工程项目时,要根据面向社会开放,开展科普活动的实际需要,经相关部门批准后将相应的科普设施和场所建设纳入基本建设计划。

9. 开放单位在承担国家科技计划项目过程中,要注重科普资源的开发,并将科技成果及知识的传播与扩散等相关科普活动作为科技计划的目标和任务之一。对于非涉密的基础研究、前沿技术及其他易于开展科普活动的国家科技计划项目,在有效保护知识产权的前提下,项目承担单位有义务及时向公众发布成果信息和传播知识,并应作为项目立项和验收考核目标之一。

10. 科技行政管理部门及开放单位的行政主管部门要加强对开放活动的监督检查。在评估科研机构和大学的科技工作绩效时,要将开放工作作为一项重要内容纳入考核指标,从活动内容、时间安排、经费使用、服务质量和实际效果等方面定期进行评估考核,并作为评选全国青少年科技教育基地、全国科普教育基地的重要依据。属于科技基础条件平台建设范围内的设施,在进一步面向社会加强开放、共享的同时,也要提供多种形式的科普服务,并把科普服务作为对科技基础条件平台建设成绩突出单位进行奖励的重要考核指标。

11. 各级教育行政部门要把组织中小学生到开放单位参加科普活动,作为对学校和教师进行综合评价和考核的重要内容。要建立校外科技活动场所与学校科学课程相衔接的有效机制。开放单位要根据学校科技教育的需要,精心设计能够与科学课程有机结合的活动项目。中小学要有计划地组织学生、科技教师到开放单位参加科普活动,将其列入教学计划当中,作为学校科技教育和未成年人思想道德建设的重要内容之一。

12. 鼓励和支持转制科研机构、民办科研机构和大学以及企业所属的独立科研机构,按照本意见要求向社会开放,开展科普活动,并享受本意见规定的相关政策。

13. 各地、各部门可以根据本意见,制定具体实施办法。

科学技术部　中宣部

国家发展和改革委员会　教育部

财政部　中国科协　中国科学院

二〇〇六年十一月三十日

财政部　国家税务总局关于宣传文化
增值税和营业税优惠政策的通知

(财税〔2006〕153号　2006年12月5日)

各省、自治区、直辖市、计划单列市财政厅(局)、国家税务局、地方税务局,新疆生产建设兵团财务局,财政部驻各省、自治区、直辖市、计划单列市财政监察专员办事处:

为继续支持我国宣传文化事业的发展,经国务院批准,现将宣传文化的增值税和营业税支持政策通知如下:

一、自2007年1月1日起,将音像制品和电子出版物的增值税税率由17%下调至13%。

"音像制品",是指正式出版的录有内容的录音带、录像带、唱片、激光唱盘和激光视盘。

"电子出版物",是指以数字代码方式,使用计算机应用程序,将图文声像等内容信息编辑加工后存储在具有确定的物理形态的磁、光、电等介质上,通过内嵌在计算机、手机、电子阅读设备、电子显示设备、数字音/视频播放设备、电子游戏机、导航仪以及其他具有类似功能的设备上读取使用,具有交互功能,用以表达思想、普及知识和积累文化的大众传播媒体。载体形态和格式主要包括只读光盘(cD只读光盘 CD-ROM、交互式光盘 CD-I、照片光盘 Photo-CD、高密度只读光盘 DVD-ROM、蓝光只读光盘 HD-DVD ROM和BD ROM等)、一次写入式光盘(一次写入 cD光盘 CD-R、一次写入高密度光盘 DVD-R、一次写入蓝光光盘 HD-DVD/R,BD-R等)、可擦写光盘(可擦写 CD光盘 CD-RW、可擦写高密度光盘 DVD-RW、可擦写蓝光光盘 HDDVD-RW和BD-RW、磁光盘 MO等)、软磁盘(FD)、硬磁盘(HD)、集成电路卡(CF卡、MD卡、SM卡、MMC卡、RS-MMC卡、Ms卡、sD卡、xD卡、T-Flash卡、记忆棒等)和各种存储芯片。

二、自2006年1月1日起至2008年12月31日,实行以下增值税先征后退政策:

(一)对以下出版物在出版环节实行增值税先征后退政策:

1. 中国共产党和各民主党派的各级组织的机关报纸和机关刊物,各级人大、政协、政府、工会、共青团、妇联、科协的机关报纸和机关刊物,新华社的机关报纸和机关刊物,军事部门的机关报纸和机关刊物。

上述各级的机关报纸和机关刊物,增值税先征后退范围掌握在一个单位一报一刊以内。

2. 科技图书、科技报纸、科技期刊、科技音像制品和技术标准出版物。

3. 专为少年儿童出版发行的报纸和刊物,中小学的学生课本。

4. 少数民族文字出版物。

5. 盲文图书和期刊。

6. 在内蒙古、广西、西藏、宁夏、新疆五个自治区内批准注册的出版单位出版的出版物。

7. 列入本通知附件 1 的图书、报纸和期刊。

上述图书包括租型出版的图书。

(二)对新疆维吾尔自治区新华书店和乌鲁木齐市新华书店销售的出版物实行增值税先征后退政策。

(三)对下列印刷、制作业务实行增值税先征后退政策:

1. 对少数民族文字的图书、报纸、期刊的印刷业务。

2. 对少数民族文字的音像制品、电子出版物的制作业务。

3. 列入本通知附件 2 的新疆印刷企业的印刷业务。

三、自 2006 年 1 月 1 日起至 2008 年 12 月 31 日,实行以下增值税免税政策:

(一)对全国县(含县级市、区、旗,下同)及县以下新华书店和农村供销社在本地销售的出版物免征增值税。对新华书店组建的发行集团或原新华书店改制而成的连锁经营企业,其县及县以下网点在本地销售的出版物,免征增值税。

县(含县级市、区、旗)及县以下新华书店包括地、县(含县级市、区、旗)两级合二为一的新华书店,以及对因撤县(县级市、区、旗)改区名称发生变化的新华书店,但不包括城市中县级建制的新华书店。

(二)对经国务院或国务院广播影视行政主管部门批准成立的电影制片企业销售的电影拷贝收入免征增值税。

四、自 2006 年 1 月 1 日起至 2008 年 12 月 31 日,实行以下营业税政策:

(一)对电影发行单位向放映单位收取的发行收入,免征营业税。

(二)对科普单位的门票收入,以及县及县以上(包括县级市、区、旗)党政部门和科协开展的科普活动的门票收入免征营业税。对科普单位进口自用科普影视作品播映权免征其应为境外转让播映权单位代扣(缴)的营业税。

(三)对报社和出版社根据文章篇幅、作者名气收取的"版面费"及类似收入,按照"服务业"税目中的广告业征收营业税。

五、自 2006 年 1 月 1 日起至 2008 年 12 月 31 日,对依本通知第二条第一款规定退还的增值税税款应专项用于技术研发,设备更新,新兴媒体的建设和重点出版物的引进开发。对依本通知第三条第一款规定免征的增值税税款应专项用于发行网点建设和信息系统建设。

六、享受本通知第二条第一款规定的增值税先征后退政策的纳税人必须是具有国家新闻出版总署颁发的具有相关出版物的出版许可证的出版单位(包括以"租型"方式取得专有出版权进行出版物的印刷发行的出版单位)。承担省级以上新闻出版行政部门指定出版、发行任务的单位,因各种原因尚未办理出版、发行许可的出版单位,经省级财政监察专员办事处商同级新闻出版主管部门核准,可以享受相应的增值税先征后退政策。

纳税人应将享受上述税收优惠政策的出版物在财务上实行单独核算,不进行单独核算的不得享受本通知规定的优惠政策。违规出版物和多次出现违规的出版社、报社和期刊社不得享受本通知规定的优惠政策。

七、本通知的有关定义

（一）本通知所述"科普单位"，是指科技馆，自然博物馆，对公众开放的天文馆（站、台）、气象台（站）、地震台（站），以及高等院校、科研机构对公众开放的科普基地。

（二）本通知所述"出版物"，是指根据国家新闻出版署的有关规定出版的图书、报纸、期刊、音像制品和电子出版物。所述图书、报纸和期刊，包括随同图书、报纸、期刊销售并难以分离的光盘、软盘和磁带等信息载体。

（三）图书、报纸、期刊（即杂志）的范围，仍然按照《国家税务总局关于印发〈增值税部分货物征税范围注释〉的通知》（国税发〔1993〕151 号）的规定执行。

（四）本通知所述"科技图书"，是指按照《图书在版编目数据》（GB/T 12451—2001）规定在其图书在版编目数据第三部分正式列有指定分类号的图书，分类号不止一个时，以第一个分类号为准。

（五）本通知所述"科技报纸"的具体范围按附件 3 执行。

（六）本通知所述"科技期刊"，是指按照《国际标准连续出版物号》（GB/T9999—2001）的规定列有指定分类号的期刊。

（七）本通知所述"科技音像制品"，是指按照中国标准音像制品编码（ISRC）规则列有指定分类号的音像制品。

（八）上述"指定分类号"是指下列分类号：A（马克思主义、列宁主义、毛泽东思想）、B（哲学）、D（政治、法律）、E（军事）、F（经济）、K（历史、地理）、N（自然科学总论）、0（数理科学、化学）、P（天文学、地球科学）、Q（生物科学）、R（医药、卫生）、s（农业科学）、T（工业技术）、U（交通运输）、V（航空、航天）、x（环境科学）和 z2（百科全书、类书）。

（九）本通知所述"技术标准出版物"，是指经国家新闻出版总署批准正式出版的使用统一书号的各类技术标准、规范、规程图书（包括合订本、单行本以及使用标准书号的电子出版物）。

（十）本通知所述"专为少年儿童出版发行的报纸和刊物"，是指以初中及初中以下少年儿童为主要对象的报纸和刊物。

（十一）本通知所述"中小学的学生课本"，是指普通中小学学生课本和中等职业教育课本。普通中小学学生课本是指根据教育部中、小学教学大纲的要求，由经国家新闻出版行政管理部门审定而具有"中小学教材"出版资质的出版单位出版发行的中、小学学生上课使用的正式课本，具体操作时按国家和省级教育行政部门每年春、秋两季下达的"中小学教学用书目录"中所列的"课本"的范围掌握；中等职业教育课本是指经国家和省级教育行政部门审定，供中等专业学校、职业高中和成人专业学校学生使用的课本，具体操作时按国家和省级教育行政部门每年下达的教学用书目录认定。中小学的学生课本不包括各种形式的教学参考书、图册、自读课本、课外读物、练习册以及其他各类辅助性教材和辅导读物。

八、办理和认定

（一）本通知规定的各项增值税先征后退政策由财政部驻各地财政监察专员办事处根据财政部、国家税务总局、中国人民银行《关于税制改革后对某些企业实行"先征后退"有关预算管理问题的暂行规定的通知》[（94）财预字第 55 号]的规定办理。各地财政监察专员办事处和负责增值税先征后退初审工作的财政机关要采取措施,按照本通知第五条规定的用途监督纳税人用好退税或免税资金。

(二)科普单位、科普活动和科普单位进口自用科普影视作品的认定仍按《科技部　财政部　国家税务总局　海关总署　新闻出版总署关于印发〈科普税收优惠政策实施办法〉的通知》(国科发政字〔2003〕416号)的有关规定执行。

九、本通知自2006年1月1日起执行。《财政部　国家税务总局关于出版物和电影拷贝增值税及电影发行营业税政策的通知》(财税〔2001〕88号)、《财政部　国家税务总局关于若干报刊享受出版物增值税先征后退政策的通知》(财税〔2001〕89号)、《财政部　国家税务总局关于人民公安报执行出版物增值税先征后退政策的通知》(财税〔2002〕19号)、《财政部　国家税务总局关于对英文〈中国妇女〉杂志和华文教材实行增值税先征后返问题的通知)(财税〔2002〕22号)、《财政部　国家税务总局关于扩大新疆新华书店增值税退税范围的通知》(财税〔2002〕45号)、《财政部　国家税务总局关于县改区新华书店增值税退税问题的通知》(财税〔2002〕138号)、《财政部　国家税务总局　海关总署　科技部　新闻出版总署关于鼓励科普事业发展税收政策问题的通知》(财税〔2003〕55号)的第一条和第二条的规定及第三条的营业税政策规定、《财政部　国家税务总局关于出版物增值税和营业税政策的补充通知》(财税〔2003〕90号)、《财政部　国家税务总局关于技术标准等出版物增值税政策问题的通知》(财税〔2003〕239号)、《财政部　新闻出版总署关于综合类科技报纸增值税先征后返有关问题的通知》(财税〔2004〕26号)、《财政部　国家税务总局关于新疆出版印刷企业增值税政策的通知》(财税〔2005〕47号)、《财政部　国家税务总局关于印刷少数民族文字出版物增值税政策的通知》(财税〔2005〕48号)同时废止。按照本通知第三条和第四条规定应予免征的增值税或营业税,凡在收到本通知以前已经征收入库的,应予以抵减以后纳税期应交增值税、应交营业税或者直接予以退库处理。

附件:

1. 指定的图书、报纸和期刊名单(略)

2. 新疆印刷企业名单(略)

3. 综合类科技报纸名单(略)

财政部　国家税务总局

二〇〇六年十二月五日

国家环境保护总局　科学技术部
关于印发《国家环保科普基地申报与
评审暂行办法》的通知

（环发〔2006〕210 号　　2006 年 12 月 28 日）

各省、自治区、直辖市环境保护局（厅）、科技厅（科委、科技局），新疆生产建设兵团环保局、科委，各有关单位：

为全面落实科学发展观，向公众普及环境保护科学知识，提高公众的环境保护意识和科技文化素质，依据《中华人民共和国环境保护法》、《中华人民共和国科学技术普及法》和国家环境保护总局、科学技术部《关于加强全国环境保护科普工作的若干意见》（环发〔2002〕175 号），国家环境保护总局和科学技术部将在全国范围内推进国家环保科普基地的建设。为做好国家环保科普基地的申报与评审，现将《国家环保科普基地申报与评审暂行办法》印发给你们，请遵照执行。

附件：1. 国家环保科普基地申报与评审暂行办法
　　　2. 国家环保科普基地申报表（略）

二〇〇六年十二月二十八日

附件一：

国家环保科普基地申报与评审暂行办法

为了全面落实科学发展观，深入贯彻实施《环境保护法》、《科普法》，向全社会普及环境保护科学知识，提高公众的环境保护意识和素质。根据国家环境保护总局、科学技术部《关于加强全国环境保护科普工作的若干意见》（环发〔2002〕175 号）精神，国家环境保护总局、科学技术部决定在全国范围内开展国家环保科普基地评审工作。

国家环保科普基地是向公众普及环保科技知识,提高全民环保意识和素质的单位或场所,在开展知识性、科学性、趣味性的科普活动中具有公益性和示范性。国家环保科普基地应在落实科学发展观,促进人与自然的和谐发展,建设和谐社会的过程中发挥积极作用,履行相应的义务。

一、评审对象

1. 体现人与自然和谐相处,具有环境保护科普功能的场、馆、园等社会公共活动场所。

2. 实现清洁生产、循环经济的企业或单位。

3. 国家级"自然保护区"、"生态工业园区"、"生态示范区"等单位。

4. 从事核设施及放射性废物处理处置设施、危险废物处理装置、城镇污水处理、垃圾无害化处理设施、城镇自来水生产企业或单位。

5. 从事环境科学研究的科研院所、环境监测站点、监控中心、高等院校、重点实验室和工程技术中心等。

6. 其他具有环保科普功能的单位和场所。

二、申报资格

1. 申报单位必须是具有独立法人资格,管理规范、运行良好、环保业绩突出,并愿意向公众开放的单位。

2. 注重环境保护工作,污染物排放达到国家和地方环境保护法律和标准的要求。具有良好的环保工作业绩,近两年内没有受到各级环保行政部门的处罚。

3. 环保科普工作列入本单位的发展规划和日常工作任务,每年有具体的环保科普工作计划,具有科普创作能力和组织策划能力。

4. 具有环境保护科普知识展示场所和公众活动场地,有一定的对公众特别是面向未成年人的开放时间,有专门的展教设备或设施,可向公众演示或展示环境保护的科普知识。

5. 有固定用于环境保护科普活动的经费。

6. 有专(兼)职从事环保科普工作的人员,解说词要体现环保科普内容。

7. 可向公众提供环境保护科普资料,具有与公众交流的渠道,能对公众提出的问题和意见及时解答,具有宣传、展示环保科普内容的网页(站)。

8. 能为公众提供安全保障。

三、申报材料与程序

1. 申报单位填写申报书(格式附后,略),并按照要求提供附件材料,报送所在省、自治区、直辖市环境保护行政主管部门。国家环境保护总局直属单位、双重领导单位以及国家环境保护总局重点实验室和工程技术中心经本单位初审后,可直接向国家环境保护总局申报。

2. 附件材料包括:

(1)申报单位的独立法人资格证明复印件。

(2)对公众提供的科普场所、设备设施实验室等,以及科普资料及制品。

(3)单位环境保护科普工作制度、规划或计划书面材料。

(4)本单位近两年的科普工作计划、实施方案、实施效果,特别是开展重大环保科普活动的有关资料。

3. 各省、自治区、直辖市环境保护行政主管部门会同同级科技行政主管部门负责本行政区域内国家环境保护科普基地的推荐和初审工作。初审要求如下:

(1)申报单位是否符合本要求中的有关规定。

(2)《国家环保科普基地申报表》的填写是否符合填写说明的要求,需要的附件是否齐全。

(3)《国家环保科普基地申报表》填写的内容是否属实。

4. 初审合格的有关材料装订成册,报送国家环境保护总局。

四、评审程序

1. 国家环境保护总局会同科技部组织国家环保科普基地评审工作。总局科技司将聘请有关人员组成国家环保科普基地评审委员会(具体方案另定),对申报材料进行评审。日常管理工作由中国环境科学学会负责。评审工作将每两年进行一次。

2. 评审标准包括科普工作计划、科普知识展示场所、科普经费、对公众开放时间、环保科普工作业绩、宣传员、科普资料等若干方面。

3. 评审专家委员会将根据申报材料和评审标准提出评审结果。

4. 评审工作实行公示制度。评审结果向社会公告,自公告之日起 30 天内为公示期。有异议者,应在公示受理期内向国家环境保护总局或科技部提出署名书面异议材料,并提供必要的证明材料。

5. 国家环境保护总局、科技部对评审专家委员会评审通过的,并且没有异议或经处理消除异议的单位正式授予"国家环保科普基地"称号。

五、管理程序

1. 获得"国家环保科普基地"称号的单位,每年年底向国家环境保护总局和科技部提交工作总结。

2. 国家环境保护总局会同科技部对获得"国家环保科普基地"称号的单位进行不定期抽查,同时每四年进行一次复核。抽查和复核合格将继续保留该单位"国家环保科普基地"称号。

3. 如在抽查和复核中被发现达不到本要求规定标准或不能按时提交工作总结,限期进行整改。若整改后仍达不到标准的,国家环境保护总局和科技部将撤消该单位"国家环保科普基地"称号,并正式对外公布。被撤消"国家环保科普基地"称号的单位在四年内不得重新申报"国家环保科普基地"。

4. 本办法由国家环境保护总局会同科技部负责解释。

科学技术部 中共中央宣传部 国家发展和改革委员会 教育部 国防科学技术工业委员会 财政部 中国科学技术协会 中国科学院关于加强国家科普能力建设的若干意见

（国科发政字〔2007〕32 号　2007 年 1 月 17 日）

各省、自治区、直辖市、计划单列市、新疆生产建设兵团科技厅（委、局）、党委宣传部、发展改革委、教育厅（委、局）、国防科工委（办）、财政厅（局）、科协，国务院各有关部委、各有关直属机构科技主管部门，中国科学院各单位：

为实施《国家中长期科学和技术发展规划纲要（2006—2020 年）》和《全民科学素质行动计划纲要（2006—2010—2020 年）》，营造激励自主创新环境，努力建设创新型国家，根据《国务院关于实施〈国家中长期科学和技术发展规划纲要（2006—2020 年）〉若干配套政策的通知》（国发〔2006〕6 号），加强国家科普能力建设，提高公众科学素质，提出如下意见。

一、加强国家科普能力建设是建设创新型国家的一项重大战略任务

（一）国家科普能力表现为一个国家向公众提供科普产品和服务的综合实力。主要包括科普创作、科技传播渠道、科学教育体系、科普工作社会组织网络、科普人才队伍以及政府科普工作宏观管理等方面。加强国家科普能力建设，提高公民科学素质是增强自主创新能力的重要基础，是推进创新型国家建设的重要保障。

（二）改革开放以来，党中央、国务院发布了《关于加强科学技术普及工作的若干意见》，颁布了《中华人民共和国科学技术普及法》，制定并实施了《全民科学素质行动计划纲要》，确立了新时期科普事业发展的基本方向和战略方针，推动了我国科普事业繁荣发展，公民的科学素质不断提高。随着创新型国家战略目标的提出，公众对科普需求大幅增加，提升公众科学素质的任务更加艰巨，科普能力建设薄弱的问题更加突出，主要体现在：高水平的原创性科普作品比较匮乏，科普基础设施不足、运行比较困难，科普队伍和科普组织不够健全和稳定，科学教育、大众传媒等教育和传播体系不够完善，高水平的科普人才缺乏，政府推动和引导科普事业发展

的政策和措施有待加强等。这些问题的存在,直接关系到公民科学素质提高的进程,必须采取有力措施,大力加强国家科普能力建设,为实现建设创新型国家的目标奠定坚实的社会基础。

(三)新时期加强国家科普能力建设,要坚持以邓小平理论和"三个代表"重要思想为指导,全面落实科学发展观,围绕增强自主创新能力、建设创新型国家、构建社会主义和谐社会的实际需求,立足现有基础,坚持政府引导与全社会参与、公益性与市场机制相结合的原则,全面落实《国家中长期科学和技术发展规划纲要》和《全民科学素质行动计划纲要》确定的有关任务,经过15年左右的努力,形成一个比较完备的公众科学教育和传播体系,创作出一批适合不同人群需要的优秀科普作品,造就一支高素质的专兼职科普人才队伍,构建一个有效运行的科普工作组织网络,建设一批功能健全的科普基础设施和科普教育基地,营造一个激励全社会广泛参与科普事业发展的社会环境,推动我国科普能力的不断增强,促进公民科学素质不断提高。

二、"十一五"期间加强国家科普能力建设的主要任务

(一)繁荣科普创作,大力提高我国科普作品的原创能力。

1. 推动科普作品创作工作,鼓励原创性优秀科普作品不断涌现。针对新时期公众需求和欣赏习惯的变化,结合现代科技发展的新成就和新趋势,大力倡导自然科学和社会科学结合,知识性和娱乐性结合,专业科技人员与文艺创作人员、媒体编创人员相结合。使科普创作做到既要普及现代科学技术知识,大力弘扬科学精神、倡导科学思想、传播科学方法,又要掌握和创新科普作品的创作技巧,做到内容与形式的有效统一。推动全社会参与科普作品创作,既要引导文学、艺术、教育、传媒等社会各方面的力量积极投身科普创作,又要鼓励科研人员将科研成果转化为科普作品。要采取多种形式,建立有效激励机制,对优秀科普作品将给予支持和奖励。

2. 把科普展品和教具的设计制作与研究开发作为科普作品创作的重要内容。针对科普场所建设和中小学校科技教育的现状及需求,重点开展科普展品和教具的基础性、原创性研究开发。制定科普展品和教具的技术规范,鼓励和引导一批科研机构、大学、企业等社会力量开展科普展品和教具的设计和研究开发。

(二)加强公众科技传播体系和科普基础设施建设,建立更加广泛的科技传播渠道。

1. 加大大众媒体的科技传播力度。综合类报纸、期刊和电视、广播、互联网等大众媒体要设立科普类专题、专栏、专版或频道,增加播出时间、版面,提高质量和水平。要逐步提高编创水平,打造精品科普栏目,满足广大公众不同层次和形式的需求。建立以社会效益为主的科普类节目收视评价体系,积极推进广播电视节目制作、播出分离的改革,推动科普节目制作社会化,丰富节目来源。发挥网络等新兴媒体的科技传播作用,打造和扶持一批富有特色的、高水平的科普网站或栏目。拓展科普出版物的发行渠道,大力扶持科普出版物在农村、西部和少数民族地区的发行工作。采用市场机制与政府支持相结合的手段,推出一批科普影视作品、精品专题栏目和动漫作品。

2. 推进科普场馆建设。根据提高我国公众科学素质的需要和经济社会发展的实际,在科学论证的基础上,制定《科普基础设施发展规划》和《科学技术馆建设标准》,明确科普设施的发展目标、功能定位、分布、规模和建设方式等,加强对各类科普基础设施建设的规范和指导。通

过新建、改建和扩建等方式,建设一批布局合理、管理科学、运行规范、符合需求的科普场馆。加强西部地区和少数民族地区科普场馆建设。鼓励企业、社会团体和非营利组织等社会力量建设专业科普场馆,同时推动科研机构、大学建立定期向公众开放的制度,开展科普活动。建立科普场馆开放、流动、协作的运行机制,构建科普资源创新和共享平台,形成综合性场馆和专业性场馆优势互补、协同发展的良好格局。

3. 加强基层科普场所建设。在县文化馆、图书馆和乡镇文化站、广播站、农民书屋、中小学校、农村党员干部现代远程教育接收站点等基层公共设施建设中,增加和完善科普功能。通过开辟乡村科普活动站、科普宣传栏,配备科普大篷车等多种方式,强化农村专业化科普设施建设,为提高农民科学文化素质、建立健康文明的生产生活方式服务。将城市社区科普设施纳入城市建设和发展总体规划,将科普工作纳入社区工作的重要内容,通过设立社区科普活动场所,举办科普讲座、展览、培训、竞赛等多种活动,满足社区居民的科普需求。将社区科普设施建设和开展科普活动情况作为文明社区评选的重要条件之一。

(三)完善中小学科学教育体系,提高科学教育水平。

1. 促进中小学科学课程的改革与发展。积极倡导并要求各地初级中学逐步规划开设科学课程,推进以科学探究为核心的科学教育改革,定期开展中小学科学教育质量评价,推广优秀的科学教育改革经验,促进科学课程教育质量的不断提高。加快师范院校教师培养课程的改革,为中小学输送高质量的科学课程教师。鼓励和引导高等学校、科研院所的科研人员利用自身优势,支持和参与中小学科学课程教材建设、教学改革和科学课程教师培训。

2. 加强中小学科学教育基础设施建设。建立健全科学教育实验室,使中小学校尤其是边远农村学校实验室数量、实验室的仪器设备,能够基本满足科学课程教学的需要。科学教育的教学仪器、实验材料、工具及多媒体等多种科学教育资源的研发与配备,要体现“以科学探究为核心”的科学教育理念。采取有效措施,进一步培养中小学生对科学的兴趣,提高其操作和动手能力,形成爱科学、学科学、用科学的良好氛围。加强中小学图书室建设,充实科技类图书,扭转我国中小学特别是边远农村学校图书馆规模偏小和科技类图书数量严重不足的现状。主要依托现有力量,建设青少年科普活动资源咨询中心,为全社会提供青少年科普活动的信息和服务。

3. 积极开展多种形式的未成年人科普活动。制定并实施《2006—2010 年中国青少年科学技术普及活动指导纲要》,加强现有青少年宫、儿童活动中心等未成年人校外活动场所的科普教育功能,推动中小学校与就近的高等学校、科研院所、科技场馆建立相对稳定的联系,充分利用校外的科学教育资源,开展教学和课外科技活动。

(四)完善政府与社会的沟通机制,促进公众理解科学。

1. 加强国家科技计划项目的科普工作。国家科技计划项目要注重科普资源的开发,并将科技成果面向广大公众的传播与扩散等相关科普活动,作为科技计划项目实施的目标和任务之一。对于非涉密的基础研究、前沿技术及其他公众关注的国家科技计划项目,其承担单位有责任和义务及时向公众发布成果信息和传播知识。

2. 建立公众参与政府科技决策的有效机制,提高决策透明度。要建立通畅的沟通渠道,听取公众对科技规划和政策研究制定的意见和建议。加强公众对科研不端行为的监督,推动科学道德和科研诚信建设。对于涉及公共安全、社会伦理等与公众利益密切相关的科研项目,要逐步建立听证制度,扩大公众对重大科技决策的知情权和参与能力。

3. 建立和完善科技信息发布机制。在国家重大工程项目、科技计划项目和重大科技专项实施过程中,逐步建立健全面向公众的科技信息发布机制,让社会公众及时了解、掌握有关科技知识和信息。规范商业活动中科技信息传播。大众传媒要担负起向公众准确发布科技信息的责任。对企业产品发布中含有虚假科技信息的行为,相关行政主管部门要予以及时纠正;对利用科技信息的欺诈行为,要依法给予查处。各级科协组织、有关社会团体、科研机构要采取多种方式,加强面向公众的科技信息咨询,建立通畅的科技信息传播渠道。

(五)加强示范引导,进一步提高科普工作的社会动员能力。

1. 深入开展各类群众性科普活动。动员社会各界力量,搭建群众性、社会性、经常性的科普活动平台,继续集中开展一系列全国性的重大科普活动,为广大公众参与科普活动创造条件。进一步提高科普活动组织管理的专业化水平,根据形势发展在内容和形式上不断创新。建立绩效评价机制,定期开展对重大科普活动的效果评估,接受社会监督。建立科普活动集中宣传机制,突出重点,强化特色,确保实效,形成地方和部门联动、集中性和经常性活动相结合的长效机制。

2. 加强不同行业的科普工作。各行业部门要充分发挥优势,根据自身特点和资源,把医疗卫生、计划生育、环境保护、国土资源、农业、体育、气象、地震、文物、旅游等工作与科普工作有机结合,研究制定行业性科普工作发展规划和指导意见,建设一批具有鲜明特色的行业科普教育基地,大力发展行业的基层科普组织,形成一支高水平的行业科普队伍。调动行业部门积极性,挖掘行业科普资源,体现行业特色,开展专题性、系列性科普活动。

3. 加强国防科普工作。统筹规划,整合资源,充分利用现有航空、航天、核、兵器、船舶工业的科普资源,在保持原有特色的基础上,拓展其功能并增加现代化的高新技术展示手段,在科普宣传内容和形式上不断创新。在安全保密许可的前提下,充分利用退役、待销毁的某些军工设施和军事装备等资源,进行适当改造和开发,建设一批国防科普教育基地。编辑出版多层次的国防科普作品,建设国防特色科普网站,适度开放国防科研院所和所属高校的实验室等设施,面向公众开展多种形式的国防科普教育活动。鼓励国防科技工作者积极开展科普工作。

4. 加强企业科普工作。鼓励企业利用自身的产品、技术、服务和设施优势,向社会开放,面向公众开展形式多样的科普活动。国家高新技术产业开发区要根据高新技术企业密集的特点,集中展示高新技术成果和产品,让公众了解和感受高新技术及其产业对经济社会发展的巨大作用。鼓励企业捐资捐助社会公益性的科普设施建设和科普宣传活动。充分发挥职工技协、企业科协、企业研发中心等组织机构的作用,积极开展企业职工岗位技能培训、群众性技术创新和发明等活动。要把支持和开展科普活动,作为创新型企业试点的重要内容加以推进。

(六)专兼职结合,建设高素质的科普人才队伍。

1. 提高科普人员的专业化水平。不断壮大由科技工作者、科学课程教师、科普创作人员、大众传媒的科技记者和编辑、科普场馆的展览设计制作人员、科普活动的策划和经营管理人员、科普理论研究工作者等组成的科普人才队伍。适应市场化进程和现代传媒业发展的需要,在高校设立科技传播专业方向,跨学科培养一批科技传播、科普创作和理论研究的创新型人才。加强具有理工科和文科教育背景的专业化、职业化的科普创编和策划人才队伍建设。开展面向科普工作管理人员、科技场馆展览设计人员、科技记者和编辑、科普导游、科普讲解员的培训,进一步提高科技传播队伍的素质。积极倡导广大科技人员投身科普事业,让更多最新科学技术成果惠及人民群众。

2. 加强科普志愿者队伍建设。通过暑期社会实践和支农支边支教活动,形成一支能够在基层,特别是深入农村和西部地区开展科普宣传活动的志愿者队伍。组织老专家、老教授发挥专业和技术特长,积极参与科学教育和科技传播工作,广泛开展科普宣传活动。发展城市社区、乡村科普志愿者队伍,培养科普宣传员。

三、加强国家科普能力建设的保障措施

(一)加强对科普工作的领导和协调。国家科普能力建设是政府推进科普工作的重要着力点。要进一步发挥科普工作联席会议制度和全民科学素质工作领导小组的组织协调作用,统筹部署,集成资源,引导全社会共同推动国家科普能力建设。科技行政管理部门会同有关部门要按照《科普法》的要求,通过制定规划和政策、开展监督检查等措施,加强对国家科普能力建设工作的领导。各级科协组织以及工会、共青团、妇联等人民团体在科普事业发展中发挥着重要作用,要积极做好国家科普能力建设的相关组织实施工作。各地方、各行业要根据本地区、本行业的实际,积极推进具有地域特色和行业特色的科普能力建设。

(二)加大科普投入。将科普经费列入各级财政预算,逐步提高科普投入水平,保障科普工作顺利开展。积极引导社会资金投入科普事业,逐步建立多层次、多渠道的科普投入体系。在实施国家科技计划项目的过程中,应推进科研成果科普化工作。

(三)完善科普奖励政策。逐步将科普图书、科普影视、科普动漫和科普展教具等科普作品纳入国家科技奖励范围。鼓励社会力量设立多种形式的科普奖。加大对科普工作先进集体和先进个人的表彰和奖励力度。

(四)加强国家科普基地建设。在现有科技类场馆、专业科普机构以及向社会开放的科研机构和大学中,开展国家科普基地建设试点,在提高展示能力、创新能力和管理水平等方面发挥示范和带动作用。

(五)建立国家科普能力建设的监测和评估体系。制定科学合理的评价指标,构建科普监测工作网络,及时了解和掌握地方、部门在科普政策实施、科普能力建设中的最新进展和动态,定期开展公民科学素质监测调查和科普工作统计,为政府决策提供科学的依据。

(六)加强科普的理论研究。针对科普创作、科学教育、科技传播、创新文化、公民科学素质基准和监测等重大问题,开展多学科交叉融合的理论研究。重点扶持一批高校、科研机构开展相关研究工作,支持办好高水平的专业化科普理论研究期刊。

(七)加强科普资源共享。集成国内外现有科普图书、期刊、挂图、音像制品、展教品、文艺作品以及相关科普信息,以建设中国数字科技馆为契机,建立数字化科普信息资源和共享机制,为社会和公众提供资源支持和公共科普服务。

国家科普能力建设是建设创新型国家的一项基础性、战略性任务。科技界、教育界和社会

各界都要高度重视,切实抓好。各有关部门要认真研究制定加强国家科普能力建设工作的实施方案,尽快落实,认真执行。

科学技术部　中共中央宣传部　国家发展和改革委员会

教育部　国防科学技术工业委员会　财政部

中国科学技术协会　中国科学院

二○○七年一月十七日

财政部关于鼓励科普事业发展的
进口税收政策的通知

（财关税（2007）4 号　　2007 年 1 月 22 日）

科技部、海关总署：

　　经国务院批准，自 2006 年 1 月 1 日至 2008 年 12 月 31 日，对公众开放的科技馆、自然博物馆、天文馆（站、台）和气象台（站）、地震台（站）、高校和科研机构对外开放的科普基地，从境外购买自用科普影视作品播映权而进口的拷贝、工作带，免征进口关税，不征进口环节增值税；对上述科普单位以其他形式进口的自用影视作品，免征关税和进口环节增值税。进口影视作品的商品名称及税号范围见附件。

　　以上科普单位进口的自用科普影视作品，由省、自治区、直辖市和计划单列市科委（厅、局）认定。

　　经认定享受税收优惠政策的进口科普影视作品，由海关凭相关证明办理免税手续。

　　附件：进口影视作品的商品名称及税号范围（略）

财政部

二○○七年一月二十二日

科学技术部关于转发《关于鼓励科普事业发展的进口税收政策的通知》的通知

（国科发财字〔2007〕55 号　　2007 年 2 月 6 日）

各省、自治区、直辖市、计划单列市科技厅（委、局），各有关科研机构和单位：

现将财政部《关于鼓励科普事业发展的进口税收政策的通知》（以下简称《通知》）转发给你们。请按照《通知》要求认真执行。

附件：财政部关于鼓励科普事业发展的进口税收政策的通知（略）

科学技术部

二〇〇七年二月六日

中国气象局 科学技术部关于加强气候变化和气象防灾减灾科学普及工作的通知

(气发〔2008〕3 号 2008 年 1 月 7 日)

各省、自治区、直辖市、计划单列市气象局、科技厅(委、局),新疆生产建设兵团气象局、科技局:

为贯彻党的第十七次全国代表大会和全国气象防灾减灾大会精神,根据《中华人民共和国气象法》(以下简称《气象法》)、《中华人民共和国科学技术普及法》(以下简称《科普法》)以及《中国应对气候变化国家方案》(国发〔2007〕17 号)、《关于进一步加强气象灾害防御工作的意见》(国办发〔2007〕49 号)和《国家中长期科学和技术发展规划纲要(2006—2020 年)》(以下简称《规划纲要》),中国气象局和科学技术部为进一步动员全社会力量,加大气候变化和气象防灾减灾科学普及工作的力度,现将有关事项通知如下:

一、要从深入落实科学发展观、构建社会主义和谐社会的高度,切实提高对做好气候变化和气象防灾减灾科学普及工作重要性的认识

1. 近年来,在全球变暖的大背景下,我国极端天气、气候事件明显增多,造成的损失和影响不断加重,应对气候变化和防灾减灾形势十分严峻。气候变化和气象防灾减灾科学普及工作,是面向公众普及应对气候变化、防御气象灾害的科学知识,全面提高全社会参与应对气候变化行动能力,进一步提升气象灾害预警信息传播和公众防灾避灾、自救互救水平,落实科学发展观,保障社会主义和谐社会建设的重要举措。

2. 要充分认识气候变化和气象防灾减灾科学普及工作的重要意义。应对气候变化,防御气象灾害,提高公众参与气候变化应对行动的能力和应急避险、自救互救的知识水平,是事关我国经济社会可持续发展全局,事关人民生命财产安全的重大问题。面向公众,普及气候变化和节能减排基本知识,加强气象灾害和相关避险知识的宣传,有利于节约资源、减少污染、保护环境等良好社会风气的形成,有利于减少气象灾害造成的生命和财产损失。因此,各级气象和科技部门、科普团体,要在各级党委和政府的正确领导下,把开展气候变化和气象防灾减灾科学普及工作作为深入落实科学发展观的重要内容,从构建社会主义和谐社会的高度,以高度的政治责任感和对人民群众生命财产安全高度负责的态度,充分认识做好气候变化和气象防灾减灾科学普及工作的重要性和紧迫性。

3. 要按照《气象法》和《科普法》的要求,切实把党中央、国务院关于应对气候变化和气象防灾减灾工作的方针、政策和战略部署落到实处,通过开展气候变化和气象防灾减灾科普工作,大力提高公众对气候变化的科学认识,加强全社会防灾减灾的意识,促进经济社会健康协调可持续发展。

二、要采取多种形式,切实将气候变化和气象防灾减灾科学普及工作落到实处

4. 要按照《规划纲要》的要求,结合国家和本地区应对气候变化和气象防灾减灾工作目标任务,将气象科学普及工作纳入规划和计划,建立健全气象科学普及工作体系和管理、运行机制,进一步完善和规范气象科学普及网络,增强社会应对气候变化和气象防灾减灾功能。

5. 要充分利用每年的"3.23"世界气象日、科技活动周、气象夏令营和全国科普日等契机,向社会公众特别是重点地区、重点人群开展有关气候变化和防灾减灾等的科学背景和基本知识的普及宣传,提高公众应急避险、自救互救和参与节能减排的能力。

6. 要按照科学技术部、中共中央宣传部、国家发改委、教育部、财政部、中国科协、中国科学院等七部门发布的《关于科研机构和大学向社会开放,开展科普活动的若干意见》(国科发政字〔2006〕494 号)的要求,创造条件,积极推动气象类科研单位、高等院校和气象台站的开放工作,使其在完成科研、教学等正常工作的同时,逐步成为面向公众,开展有关气候变化和防灾减灾等科学知识普及宣传的基地。

7. 要努力发挥学校教育的主渠道作用。要围绕课堂和课外学习,发展学校气象科普宣传教育第二课堂和课外兴趣活动小组,通过开展气象科普知识讲座、气象科学知识竞赛、青少年气象夏令营以及气象科技兴趣小组等课外、校外科普活动,对学生进行气象基础科学知识、应对气候变化和避险自救互救技能的教育,培养中小学生对气象科技的兴趣和向社会开展"二次宣传"的能力。

8. 要加强城镇社区的气候变化和气象防灾减灾科学普及工作。根据不同特征的居民群体,组织开展具有针对性的气象科学普及活动,增强积极参与应对气候变化和气象防灾减灾活动的自觉性,增强对各种气象事件的正确认识能力,以保障正常的社会生活秩序。

9. 要重视和加强农村的气候变化和气象防灾减灾科普教育工作。围绕社会主义新农村建设,向农民群众普及各类气象灾害常识和防御要点,结合气候变化的影响,推出针对性强、通俗易懂的科普宣传品,逐步增强光大农民群众应对气候变化和气象防灾减灾意识。

10. 要重视和加强对企业的气候变化和气象防灾减灾科普工作。结合企业发展需求,重点对影响企业生产经营的有关气候变化和气象灾害防避知识进行普及,加强对各类相应气象服务产品的推荐和宣传,以帮助企业有效防范风险、避免损失。

11. 要进一步加强机场、车站、码头等人员密集场所的气候变化和气象防灾减灾科普工作。以公交车、地铁及火车等的车厢、车站、站台为平台,推出广播稿、宣传折页、口袋书、科普光盘、科普挂图和展板等多种形式的宣传品,进一步拓宽相关知识普及的覆盖面。

12. 充分发挥现代传媒的优势和作用,利用电视、广播、报刊、图书和互联网等传播手段,开展多种形式的气候变化和气象防灾减灾科普宣传,努力形成全社会参与应对气候变化和气象防灾减灾活动的良好氛围。

三、加强气象科普基地建设，繁荣气候变化和气象防灾减灾科普创作

13. 要切实加强气象科普基地建设。气象科普教育基地是开展气象科普宣传教育的重要阵地。大力发展气象台(站)类科普教育基地，进一步完善其科普教育功能。各级气象台(站)每年应根据当地气象灾害的种类，结合气候变化的影响，举办气候变化和防灾减灾专题展览，开展应急演练等防灾减灾宣传活动。特别是做好《气象灾害预警信号发布与传播办法》的宣传、教育工作，使社会公众了解预警信号、防御指南等气象防灾减灾和自救互救常识。

14. 要大力推动气象科普创作。各级气象、科技部门要广泛组织气象科普工作者特别是一线气象科技工作者，结合自己的科学研究和工作实际，推出一批内容准确、通俗易懂、情趣丰富、形象生动，集知识性、科学性、趣味性于一体的高品位的气候变化和气象防灾减灾科普文字、图像、音响、影视、模型等科普作品，并将工作任务列入各有关单位年度考核内容。要进一步办好各种气象科普宣传刊物，发挥其在气候变化和气象防灾减灾科学普及中的重要作用。

四、加强对气候变化和气象防灾减灾科学普及工作的领导，建立适应经济社会发展需要的气象科学普及工作机制

15. 各级气象和科技部门要结合落实科学发展观的要求，加强对气象科学普及工作的领导和协调。统筹协调气象科学普及工作规划、计划的规定实施、监督检查和政策引导，对在气象科学普及工作中做出突出成绩的集体和个人要进行表彰。

16. 要建立气象科学普及人才激励机制，积极推动气象科学普及队伍建设。鼓励和支持气象科技工作者积极参与科普工作，创造条件鼓励他们将所掌握的气象科学知识和科技成果转化为科普产品。建立和发展气象科普志愿者队伍，并进行专业培训，使之能够深入基层特别是农村和边远山区开展气候变化和防灾减灾科普宣传活动，将应对气候变化和气象防灾减灾的科学知识传播到千家万户。

17. 要建立气象科学普及的社会化协作机制。加强合作，逐步形成在党和政府领导下，社会各界通力协作的气象科学普及工作体系，形成全社会重视、关心气候变化和气象防灾减灾科普工作的良好环境。

18. 各级气象类学会、协会等社会团体，要充分发挥在气候变化和气象防灾减灾科学普及工作中的作用，为我国气象科学普及事业做出应有的贡献。

19. 要多渠道增加气象科学普及工作的投入。各级气象部门和科技行政部门，每年应安排一定的经费，开展气象科普创作和科学普及工作。气象和科技部门的重大项目，应安排适当的经费，用于科学普及工作。要创造条件，吸引社会各界关注和支持气候变化和气象防灾减灾科学普及工作，鼓励更多的社会力量投入气象科学普及工作。

中国气象局　科学技术部

二〇〇八年一月七日

国家发展改革委　科技部　财政部
中国科协关于印发科普基础设施发展规划
(2008—2010—2015 年)的通知

(发改高技〔2008〕3086 号　2008 年 11 月 14 日)

各省、自治区、直辖市及计划单列市、新疆生产建设兵团发展改革委、科技厅(局)、财政厅(局)、科协,国务院各部委、直属机构:

　　为贯彻落实《全民科学素质行动计划纲要(2006—2010—2020 年)》,加强对科普基础设施建设和运行的宏观指导,提升科普基础设施的服务能力,满足建设创新型国家的要求,我们组织编制了《科普基础设施发展规划(2008—2010—2015 年)》现印发你们,请认真贯彻执行。

　　附:科普基础设施发展规划(2008—2010—2015 年)

国家发展改革委　科技部　财政部　中国科协
二〇〇八年十一月十四日

科普基础设施发展规划(2008—2010—2015 年)

　　根据《全民科学素质行动计划纲要(2006—2010—2020 年)》(国发〔2006〕7 号,以下简称《科学素质纲要》),制定《科普基础设施发展规划(2008—2010—2015 年)》。

一、前言

　　科普公共基础设施是科学技术普及工作的重要载体,是为公众提供科普服务的重要平台,具有鲜明的公益性特征。公众通过利用各类科普基础设施,了解科学技术知识,学习科学方法,树立科学观念,崇尚科学精神,提高自身的科学素质,提升应用科学技术处理实际问题以及参与公共事务的能力。

大力发展科普基础设施,满足公众提高科学素质的需求,实现科学技术教育、传播与普及等公共服务的公平普惠,对于全面贯彻落实科学发展观,建设创新型国家,实现全面建设小康社会的奋斗目标都具有十分重要的意义。

本规划所涉及的科普基础设施主要包括科技类博物馆、基层科普设施、数字科技馆以及其它具备科普展示教育功能的场馆等类型。

改革开放以来,在党中央、国务院的领导下,各地各部门认真贯彻落实《中华人民共和国科学技术普及法》和《中共中央国务院关于加强科学技术普及工作的若干意见》,积极推动科普基础设施发展。经过全社会共同努力,我国科普基础设施建设取得长足发展:政策环境逐步改善,各类科普基础设施数量明显增加,内容建设得到加强,服务能力不断提高。然而,从总体上看,我国科普基础设施尚不能满足公众提高科学素质的需要,与《科学素质纲要》提出的要求有较大差距,发展还面临诸多困难和问题。主要表现为:一是科普基础设施总量不足且发展不平衡,建设管理理念落后、科普教育活动缺乏创新,科普教育功能未能充分发挥。二是现有展教资源数量少且更新周期长,全社会优质展教资源的集成和共享还不充分,尚未形成引导和鼓励社会力量共同参与展教资源共建共享的局面。三是科普人才队伍规模小且专业人才缺乏,现有的专职、兼职和志愿者队伍尚不能满足科普事业快速发展的需求,制约了科普基础设施功能的发挥。四是保障体系还不够完善,尚未形成促进科普基础设施资源共享的政策体系和激励社会力量参与科普基础设施建设和运行的有效机制。

制定和颁布本规划,旨在围绕《科学素质纲要》提出的战略目标和重点任务,充分发挥政府的主导作用,从国家层面强化总体战略部署,加强对科普基础设施建设和运行的宏观指导。通过提升各类科普基础设施的服务能力,切实发挥科普教育的效果,不断满足广大公众的需求;加强科普资源的共享,充分利用现有科普设施资源,积极挖掘潜在社会资源,优化配置新增资源,推动全社会科普设施资源的合理分布和高效利用;推动科普工作体制机制创新,强化政策保障体系和人才队伍建设,实现科普基础设施可持续发展。

本规划提出了到 2015 年我国科普基础设施的发展目标、总体部署与重点任务以及保障措施,同时明确了 2010 年的阶段性目标和具体任务。

二、方针和目标

指导方针:

我国科普基础设施发展的指导方针是"提升能力,共享资源,优化布局,突出实效"。

提升能力,就是要立足长远发展,完善已有科普基础设施,拓展社会资源的科普功能,采取有效措施加强科普产品的研发,努力提高人才队伍的专业素质和知识水平,提升各类科普设施的服务能力。

共享资源,就是要树立社会化"大科普"意识,探索建立科普基础设施资源共享模式和机制,搭建科普基础设施服务平台,营造全社会科普资源开放共享的环境,推进科普资源的高效利用。

优化布局,就是要科学规划,盘活存量与发展增量相结合,统筹区域、城乡和不同类型科普设施的发展,适当向中西部地区和贫困地区倾斜,因地制宜,发挥特色优势,实现全社会资源优化配置以及科普服务的公平普惠。

突出实效，就是要以人为本，强化需求导向，完善运行机制，创新服务方式，加强展教内容的互动性、展出形式的多样性和展教资源的时效性，增强科普基础设施的吸引力和服务效果。

发展目标：

到 2015 年，使我国科普基础设施的整体服务能力大幅度增强，公众提高自身科学素质的机会与途径明显增多。科普资源配置得到优化，科普基础设施总量明显增加，形成较为合理的全国整体布局；科普展教资源的研发能力和产业化水平明显提高，形成公益性和经营性相结合的展教资源研发体系，展教资源产业初具规模；科普基础设施长效发展的保障体系基本建立。

近三年的工作目标是：各类科普基础设施的展教水平显著提高，拥有一批适应不同类型科普设施需求的展教资源，科普教育功能得到拓展和完善；社会科普资源实现初步共享，建成科普基础设施资源门户系统以及科普教育资源展示平台和网络科普互动平台，建成若干科普数字资源库，数字科技馆的访问量显著增加；全国科普基础设施的整体布局有所改善，城区常住人口 100 万人以上的大城市至少拥有 1 座科技类博物馆，各直辖市、省会城市和自治区首府至少拥有 1 座大中型科技馆，全国科技类博物馆年接待观众量达到 5000 万人次，国家级科普基地总数达到 500 余个，省级科普基地总数达到 2500 余个，发展一批具有鲜明特色的行业科普教育基地；基层科普基础设施有长足发展，全国所有的县（市、区）拥有综合性科普活动场所，县（市、区）、街道（乡镇）、城乡社区（村）的公共活动场所建有科普活动室（站）、科普画廊（宣传栏）并能定期更新科普内容，电子科普画廊等新型基层科普设施得到发展，全国所有的地（市、州）和有条件的县（市、区）拥有科普大篷车等流动科普设施；相关科普人才队伍的业务能力有较大提升、政策环境不断完善，形成一支能基本满足科普基础设施运行服务需求的专职、兼职和志愿者队伍。

三、总体部署与重点任务

总体部署：

围绕到 2015 年的总体发展目标，对全国科普基础设施建设与运行加强宏观指导、系统设计和前瞻布局，从科普展教资源开发工程、科普基础设施拓展工程、数字科技馆建设工程、科普人才队伍培养工程等四个层面推进科普基础设施的全面发展，构筑公民科学素质建设的物质支撑体系。

（一）科普展教资源开发工程

科普展教资源开发工程是为各类科普基础设施提供展示和教育内容的核心支撑。基本思路是：大力开发新的科普展教品，加强主题展览和科普活动的策划，充分挖掘和利用全社会的展教资源，建立公益性和经营性相结合的开发体系，推动展教资源的产业发展，提高展品设计与制作水平。

1. 大力发展科普展教品

开展基础性、原创性研发。加强科普展教品内容的整体设计，围绕公众科学生产、文明生活、科学探究以及应对突发事件，制定重点创作选题规划。着力开发优秀、原创性科普展教品，加强展教衍生品的研发和推广，研制全国普适性展教品与发展区域特色展教品相结合，丰富各类科普设施的展示和活动内容。

促进将社会教育资源转化为科普展教品。推动与科技、教育、传媒界合作,挖掘自然、科技、人文社会等潜在教育资源,重点将科研机构、大学、企业、动植物园、自然保护区、天文台站等相关方面的教育资源开发、转化为科普展教品。推动各地结合地方特色和民族特点,挖掘具有鲜明特色的科普展教资源,形成全社会力量参与科普展教品开发的局面。

推动国内外交流与合作。引进、借鉴国际先进理念和方法,提高国内自主开发科普展教品的能力。营造交流与合作环境,推动国内外科普展教品研发的有效合作。适度引进国外优秀展教资源,推动科普展教品国内外交流与合作。

2. 创新科普展览和教育活动

强化科普展览和教育活动的策划与组织。围绕未成年人、老年人、农民、城镇劳动人口、领导干部和公务员等人群的心理特点和个性化需求,结合青少年活动中心、社区活动中心、农业教育培训机构、企业职业技能培训机构和党校、行政院校、干部学院等开展的培训教育活动,设计开发各类互动式、体验式科普展览和教育活动。将开发科教影视节目、科普图书、挂图等展教资源与各类科普基础设施的展教活动有机结合起来,提高资源利用率和活动效果。推动旅游景区、农业观光园、绿色生态园等结合自身优势,开展特色科普展教活动。策划针对中西部地区的科普展览和科普活动。

推动主题展览和常设展品在中小科技场馆之间进行交流与共享。搭建互动平台,形成工作机制,丰富中小科技场馆的展示和活动内容,逐步提高中小科技场馆开展科普活动的能力与水平。依托图书馆、文化馆、活动中心等场所,推出简便易行、具有特色的科普展览和科普活动。增加科技实验趣味性演示和科技实用技术性培训的内容,加大对学校科学实验室、实验器材、教具等科普设施设备的配备。

促进科普展教活动与学校科学课程教学、综合实践和研究性学习相衔接。适应学校科学教育的要求,集成现有展教资源并适当研发新的展教资源,将学校的科学课程安排到科技类博物馆和科普基地等科普设施中。集成优化科技类博物馆和科普基地等各项科普设施的科普展览和教育资源,送到广大农村地区和中小城市的中小学。

3. 培育科普展教资源产业

培育科普展教资源市场。制定和完善有关优惠政策,引入市场机制,加强与文化创意产业的结合,推动设计制作社会化。鼓励科研机构、大学、企事业单位、社会团体等加强合作,参与科普产品研发中心的建设和展教资源的开发活动。支持企业经营展教资源的研发、生产、销售和服务,为各类科普设施提供市场化的展览开发服务。建立区域合作与互助机制,促进东西部、发达地区和欠发达地区之间的展教资源交流。开展科普展教资源研发理论研究,完善展教资源技术规范和设计制作机构资质认定办法等,培育科普展览策划、研制、使用、推广的一体化产业。

加强知识产权保护。开展科普产品知识产权战略和管理的研究工作,完善科普产品知识产权保护相关政策及制度。开展知识产权宣传工作,加强法制教育,营造尊重和保护科普产品知识产权的良好环境。加强科普产品知识产权法律实施的监督、检查工作,保障知识产权保护制度的有效实施。

（二）科普基础设施拓展工程

科普基础设施拓展工程是为全体公民提供更多参与科普教育活动机会的公共服务体系保障。基本思路是：充实和完善现有各类科普基础设施的科普教育功能，统筹利用、挖掘潜力，拓展和提升社会设施资源的科普服务能力，改建、扩建和新建相结合，形成各类科普基础设施优势互补、协同发展的良好格局。

4. 拓展完善科技类博物馆

更新改造现有科技类博物馆。按照《科学技术馆建设标准》，对不具备展教功能或不能充分发挥科普作用的科技馆进行必要的更新改造，激发活力，满足公众参与科普活动的需求。有计划地对现有自然博物馆进行更新改造，引入新理念，从简单展出标本向揭示自然发展规律等主题展示转变。配合国家重大安排和重点区域布局，突出生态环境保护、防震减灾等区域重点和特色，在科技馆、自然博物馆、天文馆等适当新增部分内容。

挖掘潜在社会科普设施资源。充分利用国家有关重大工程项目或企业闲置、淘汰的生产设施，建设工业科技类博物馆。在有条件的研究机构、大学和具有重要资源的城市，利用现有设施和资源建设专业或产业科技类博物馆。积极推动农业科学技术博物馆、健康科学博物馆等具有专业特色的科技类博物馆建设。结合国家文物类博物馆、工程技术展览馆等建设，充实科学技术相关内容。与建立民族、民俗博物馆相结合，在少数民族地区建立具有民族特色的科技类博物馆。

适当新建科技类博物馆。鼓励社会力量参与科技类博物馆建设，结合区域、产业发展重点，积极推动科技馆（科学中心）、自然科学博物馆、天文馆以及专业科技馆、产业科技馆等在全国各区域、各层级的合理布局，避免科技类博物馆建设的功能重复、形式单一、内容雷同。鼓励、推动有条件的企事业单位根据自身特点，因地制宜地建设一批工业科技类博物馆或产业科技类博物馆。注重内容建设，将展览展品设计纳入新建科技类博物馆建设工程的整体规划中，鼓励设计理念、主题内容和展示框架的创新，提高展教品制作工艺水平，增强展览展品的互动性、生动性、趣味性。

5. 开发开放科普基地

推进各类科普基地建设。适度发展国家级和省部级科普基地。充分发挥各行业部门和地方优势，根据自身特点和资源，把农业、林业、国土资源、医疗卫生、计划生育、生态环境保护、安全生产、气象、地震、体育、文物、旅游、妇女儿童、民族、国防教育等工作与科普工作有机结合，按照开展科学技术教育、传播与普及等需要，建设不同功能的行业科普基地。

挖掘和综合利用社会科普教育资源。推动科研机构和大学面向公众开放实验室、研究中心等科研设施，支持和鼓励科研机构和大学创造条件设立面向公众的专门科普场所。推动青少年宫和青少年实践基地等未成年人校外活动场所、妇女儿童活动中心、家长学校、文化宫、职工学校、技工院校、职业技能培训机构和农村致富技术函授大学等增加科普内容，实现科普教育的功能。完善相关政策措施，鼓励高新技术园区开展科普活动，有条件的企业面向公众开放研发机构、生产设施（流程）或展览馆，并根据自身特点建设专门科普场所；引导海洋馆、野生动物园、主题公园、自然保护区、森林公园、地质公园、动植物园等经营性旅游场馆强化科普教育功能。

6. 大力发展基层科普设施

完善基层科普服务设施体系。推动在全国所有的县(市、区)建设具备科普教育、培训、展示等功能的县级综合性科普活动场所。在县(市、区)、街道(乡镇)、城乡社区(村)的公共活动场所建立科普活动站(室)、科普画廊(宣传栏),定期更新科普内容。

依托现有社会设施共建共享基层科普设施。依托县级文化馆、图书馆、青少年活动中心、妇女儿童活动中心、少年宫等,拓展科普教育功能,建设县级综合性科普活动场所。依托遍布在乡镇(街道)、村(社区)的文化站、广播站、中小学校、成人文化技术学校、职业培训学校、党校(党员活动室)以及有条件的乡镇企业、农村专业合作经济组织等公共设施,结合农村党员干部现代远程教育、全国文化信息资源共享工程、"农家书屋"和"农民科技书屋"工程、科技大院等国家重点项目,增加科普图书、挂图、声像资料以及有关展示设备的数量和比例,丰富科普教育内容,建设"科普活动站(室)"、"科普图书室"、"社区科普学校(大学)"等基层科普阵地。有条件的中小学根据科学课程的需要,利用现有的教育培训场所、基地,充实实验仪器、教具、音像设备、计算机等教学器材,建立青少年科学工作室。发展具有地方特色的农业观光园、绿色生态园和科技示范园,增强其农业科技教育服务功能。拓展各类职业培训中心、再就业培训中心(基地)等基础设施的科普功能。

7. 加大科普大篷车建设力度

完善科普大篷车等流动科普设施的布局。增加科普大篷车配发数量,重点向地(市、州)和有条件的县(市、区)倾斜。鼓励有条件的地方发展符合当地需求的流动科普设施。探索与社会各界共建"科普大篷车"的新形式,拓展"西部乡村流动图书车"、"农业科技入户直通车"等流动设施的科普展教功能。鼓励、引导社会各方面力量参与各类流动科普设施的研制、配发和运行,扩大配发覆盖面,搭建省、地、县三级服务梯形结构,使其活动覆盖全国城乡社区。

扩展科普大篷车功效。根据服务对象的不同需求,开发研制专题科普大篷车系列车型。充实和完善已有各类流动设施的科普功能,不断创新车载设备和展品的形式与内容,丰富活动形式,提高活动效果。研究适合科普大篷车运行的活动模式和教育项目。完善科普大篷车相关技术标准、产品生产规范。加大公共投入,制定优惠政策,广泛吸纳社会资金,为科普大篷车的配发及运行服务提供支撑和保障。

(三)数字科技馆建设工程

数字科技馆建设工程是利用网络信息技术开展科普活动的重要手段,是对实体科普基础设施的重要补充。基本思路是:健全数字科技馆共建共享机制,集成社会现有科普资源并进行数字化开发和转化,加快支撑服务体系建设,重点建设科普基础设施资源门户系统和面向社会的展示服务系统,搭建功能完备、运行高效的科普传播平台。

8. 集成和开发数字科普资源

建设数字化科普资源库。建立有效机制,集成全社会优质科普资源,对各类科技、教育等资源进行开发和转化,实现资源的科普化、数字化、信息化、网络化和集成化。做好整体规划和标准制订,定期发布科普资源建设指南,不断完善科普资源内容的覆盖面和规范化建设。及时更新科普内容,重点建立科普图库、科普动漫作品库、科普音像库、科普书库、科普报告库、科普基地资源库、科技馆展品库和博物馆藏品库等若干数字化科普资源数据库。

9. 完善科普资源信息服务功能

强化中国数字科技馆的平台功能。拓展科普信息发布、虚拟科普社区、资源集成与组合、动态跟踪与监管等功能,构建支持视频、音频和图像等多媒体形式的交互式科普信息内容的集成平台、发布平台和管理平台。培育和扶持一批对公众有较强吸引力的优秀科普网站。

建立虚拟科普场馆。利用多媒体、虚拟现实和人机交互等现代信息技术,配置数字化藏品和场景,建立主题虚拟博物馆或各类兼具知识传播和科学实践功能的专题虚拟科学体验区,构建包括观察认知、探索体验和实验制作等众多主题的虚拟科学乐园,使公众通过人机交互等方式体验科学的过程。

10. 健全科普信息资源共建共享机制

完善数字科技馆标准规范体系。加强规范化建设,遵循"实用、简明、可操作"原则,制定和完善科学合理的技术、质量和可用性标准与规范。加大标准规范的执行力度,不断提升建设质量。建立全面高效的评估系统,促进实现数字科技馆的长效服务功能。

建立数字科技馆共建共享机制。健全保障数字科技馆建设与运行的绩效考核机制、共享监管机制和人才评价机制,探索数字科技馆的市场化运行机制。完善资源整合与共享过程中的部门协调机制与措施,加强应用推广。坚持政府引导与社会参与、公益性与市场机制相结合原则,调动拥有数字科普资源的各方面力量,积极参与数字科技馆建设。

(四)科普人才队伍培养工程

科普人才队伍培养工程是促进科普基础设施长效发展的人力资源保障。基本思路是:完善正规教育体系中科普基础设施适用人才培养体系和科普基础设施人员在职培训体系;加强与社会兼职科普专家的密切联系,发展和壮大兼职、志愿者队伍。

11. 重点建设专职科普人才队伍

完善正规教育体系中科普基础设施适用人才培养工作。加强科技传播学和科技博物馆学等学科建设,利用现有科技传播学、科学教育、科学技术史、科学技术哲学、科学社会学、工业设计、动漫制作等学科点和相关专业博士后流动站,培养科技传播和科技博物馆领域的研究、开发、设计和制作专业人才,以及各类科普设施运行管理服务人才。支持大学开设科技传播、博物馆学、科学技术史、科学技术与社会、科学方法论、科普创作等课程,鼓励设立科技传播及科技博物馆领域和方向的博士后工作站和研究项目,激发大学生对科普事业的兴趣。

建立科普基础设施人员在职培训体系。围绕科普基础设施建设与运行管理,充分利用现有科技场馆、研究机构、高等院校资源,通过设立专题进修班、研究生课程班等,积极开展学术探讨和经验交流,加大在职人员培训力度,提升从业人员的创新服务能力和综合素质。不断拓宽国际合作渠道,加强科普设施人才的国际交流与培养。

加强科普岗位人员配置。完善考核激励机制,强化岗位设置和人员配备,建立科技类博物馆馆长的职业化管理模式,增加在编专职科学教育或展教人员的比例。在特大、大型科技馆等科普场馆设立展教资源研发岗位。采取相应措施,吸引工业、艺术等展览专业人才从事科普教育工作。逐步改进和完善各类科普设施的用人机制和分配政策,制定与科普工作岗位特点相适应的工作业绩考核和评价办法,逐步形成激发从业人员不断进取、创新服务的激励机制。

12. 积极发展兼职、志愿者科普队伍

建设稳定、高素质的兼职科普队伍。科技工作者有义务参与科学技术教育、传播与普及工作。通过设立荣誉或客座职位,鼓励大学、研究机构和传媒等领域的专家、学者到科技类博物馆、科普基地等兼职。充分利用基层单位的人才资源,建立专兼结合、一专多能的社区、乡村科普宣传员队伍,积极推动大学生村官兼任科普宣传员。

发展壮大志愿者科普队伍。充分发挥在职科技工作者、高校学生和离退休科技、教育和传媒工作者等各界人士的专业和技术特长,鼓励他们积极参与科学教育、传播与普及工作,及时将科学前沿的研究成果转化为科普资源。鼓励在校大学生、研究生利用假期社会实践和支农支边支教等活动开展科普宣传。充分利用少数民族科普工作队、县级科普工作队等形式,动员和组织广大科技工作者深入基层开展科技教育、传播与普及活动。探索有效激励机制,推动建设能够定期、长期深入城乡社区和边远、贫困和少数民族地区开展科普宣传活动的志愿者队伍。

提高兼职、志愿者科普队伍服务能力。加强兼职、志愿者队伍的培训,提高科普教育服务能力。研究制定对科普基地工作人员进行行业绩考核的办法,将其开展的科普教育工作纳入业绩考核范围,调动他们的积极性。

未来三年的重点任务:

未来三年是推动我国科普基础设施发展的重要阶段。国家将逐步加大对科普基础设施的支持力度,采取相应的行动,落实相关任务,集中优势资源,着力解决关键环节,努力实现一下具体任务:

1. 加强科普展教资源的创新和开发。研究制定《科普资源共建共享工作方案》,重点围绕"节约能源资源、保护生态环境、保障安全健康"等主题,开发一批展品、图书、挂图、音像制品和设备等。推进国家科技计划项目科普创作试点,推出一批科普创作精品。开发适合科普大篷车活动的互动表演剧、科普活动资源包和主题展览。推进"科技馆活动进校园"工作,设计和开发一批与学校科学课程有机结合的活动项目。制作一批在青少年中有广泛影响且具有知识性、趣味性的科普作品和科普网络游戏。发展适合乡村党员活动室、文化站、科技大院、农家书屋等设施的科普展教品,促进基层科普设施的内容建设。

2. 加强科普展教资源的共享与服务。向社会推介优秀科普作品和选题。继续实施中小科技馆支援计划,重点推动主题展览的巡展和交换,支持中小科技场馆充实和丰富展教内容,为中小科技场馆提供技术支持和人员培训服务,提高其业务水平。

3. 加强科普产品研发中心建设。扶持一批不以盈利为目的、专业化的展教资源设计和开发机构,使其初步具备科普展教资源的基础性、原创性研发能力,助其成为科普产品研发中心。

4. 推动现有特大、大型和中型科技馆达标。按照《科学技术馆建设标准》,对各地科技馆进行考核评估,推动不能充分发挥科普作用的科技馆进行必要的更新完善和机制改革,激发活力,改进服务,满足公众需求。

5. 加强对各地建设科技类博物馆的指导。指导各地在未建立科技类博物馆的省会城市和自治区首府以及常住人口 100 万以上的城市新建 20～30 座科技类博物馆,其中特大、大型和中型科技馆 10～15 座。在我国具有天文观测站的重点城市新建、扩建 5 座天文馆,展示天文学的最新成就,激发公众尤其是青少年的兴趣。推动在西藏、青海、新疆等地围绕生态环境保护等内容建设主题自然科学博物馆。推动面向妇女、儿童等特定人群的博物馆建设。

6. 规范科普基地建设,发掘和拓展社会相关设施的科普教育功能。研究制定《关于加强科普基地的若干意见》,完善科普基地的认定办法和管理条例。开展示范性引导、专业咨询以及资源服务等工作,推动现有科普基地拓展完善科普展教功能。实施国家科普基地建设工程,发展一批国家级和省部级科普基地,重点建设一批以体验、观察为主的科普教育基地。积极推动国家安全生产教育示范基地、煤炭矿区安全生产科普示范基地、北京市奥运村科技园科普教育平台、国家环保科普基地、中国林业数字科技馆、全国林业科普基地、中国科学院系统 30 个科学传播基地、工程科学技术教育基地的科学发展。研究制定《关于科研机构和大学向社会开放开展科普活动的若干意见》的相关配套政策措施。中国科学院所属科研机构、国务院部门所属科研机构和大学率先实现向社会定期开放其相关科普设施,其他科研机构逐步实现向社会开放。通过国家自然科学基金科普项目重点资助科研机构、大学面向社会开展科学普及教育活动。制订科普基础设施的认定办法和管理条例,规范和推动科技类博物馆及基层科普设施的建设、运行与发展。推动科普展览、展品、科普大篷车等产品技术标准的制订工作。

7. 共建共享基层科普设施。增强现有县级科技馆(科技活动中心)的科普展教功能,与有关部门共建一批具备科普教育、培训、展示等功能的县级综合性科普活动场所。与相关社会设施共建共享基层科普活动站(室)、科普画廊(宣传栏),建立遍布城乡社区的基层科普服务网点。在充分利用和整合现有资源的基础上,所有的城市街道、半数以上的社区以及农村近半数的乡镇拥有综合性的科普活动室和至少一处长度 10 米以上的科普画廊(宣传栏),近半数的行政村拥有科普活动站和至少一处长度 5 米以上的科普宣传栏(画廊)。加强科普展教资源送达基层的物流和信息流服务,建立需求反馈迅速、资源提供及时、群众使用方便的服务机制。基层科普画廊(宣传栏)的展示内容每两个月更新一次,有条件的全国科普示范县(市、区)每月更新科普宣传栏的展示内容。鼓励发展电子科普画廊等新型基层科普设施。结合科普惠农兴村计划的实施,发挥农村科普示范基地的带动辐射作用。

8. 加强科普大篷车配发工作。新配置科普大篷车整车装备 200～300 台,重点向中西部和偏远地区倾斜。结合"节约能源资源、保护生态环境、保障安全健康"等主题内容,重点开发研制专题系列车载展品,创新单项车载展品。

9. 集成开发一批数字化科普资源。集成各部门现有科普资源,重点围绕能源资源节约、生态环境保护、安全生产与避险、健康生活与消费等内容,进行科普资源的数字化开发。重点开发科技类博物馆和科普基地的展品、藏品等数字化科普资源。将有关国家科技计划成果开发成数字化科普资源。

10. 建设科普基础设施资源门户系统。以"中国数字科技馆"为基础,建立科普基础设施的资源导航、信息检索等一站式服务系统,对科普基础设施的运行管理情况进行监测评估。开发具有自主知识产权的网络科普游戏引擎,研发集成一批数字科技馆建设所需的应用工具软件。

11. 建设科普资源数据共享服务中心。构建若干大型科普资源数据库及存储设施,集成各方面已有数字化科普资源。采用分布与集中相结合的共享数据库维护机制,建立科普数据资源、科普信息资源、科普产品资源数据服务中心,分步骤完成全国服务节点的布局和建设,提供方便、实用、快捷的数据维护、数据管理与数据发布手段,为各类科普活动的开展提供资源信息共享服务。

12.研究制定数字科技馆建设的指导性工作规范以及资源建设、运行服务和评价等方面的标准规范。制定《数字科技馆建设标准》。统一资源接口标准和技术,先期启动与农村党员干部现代远程教育系统、农村中小学现代远程教育工程以及全国文化信息资源共享工程的衔接。组织开展标准规范的技术培训,加强标准规范的执行力度。制定《数字科技馆运行管理办法》和《数字科技馆知识产权管理办法》,明确运行服务职责,保障数字科技馆切实发挥好作用。

13.加强科普基础设施负责人和业务骨干在职培训。充分发挥相关社会团体组织的作用,联合大学和研究机构,通过短期集中和远程教育等方式,定期组织培训和经验交流活动,提升在职科技教育、传播与普及人员的科学素质和业务水平。

四、保障措施

政策法规、经费投入以及组织实施等,是推动科普工作体制机制创新,动员全社会力量参与,推动科普基础设施发展的重要保障。

(一)政策法规

贯彻落实国家现行法律法规及相关政策。按照《中华人民共和国科学技术普及法》、《中华人民共和国科学技术进步法》、《关于进一步加强和改进未成年人校外活动场所建设和管理工作的意见》、《关于加强科技馆等科普设施建设的若干意见》、《关于加强国家科普能力建设的若干意见》和《关于科研机构和大学向社会开放开展科普活动的若干意见》等现行政策法规的要求,加强和规范科普基础设施的建设与运行管理。进一步贯彻落实现行国家鼓励科普事业发展的税收优惠政策,激励企事业单位、社会团体和个人参与科普设施建设和运行管理。

加快相关政策法规的制定,完善国家公共科普基础设施管理体制和运行机制。一是研究制定促进科普展教资源建设的政策。推动将国家科技计划项目成果转化为科普资源,探索建立科技成果及时转化为展教资源的工作机制。创造公共科普展教资源公平使用的政策环境,推动科普文化产业健康发展。二是研究制定加强科普基础设施公共服务的政策。推动公益类科技馆、科普基地等科普基础设施优惠开放,进一步推进科研机构和大学面向社会开展科普活动。三是研究制定加快人才队伍建设的相关政策。将相关科普人才的培养列入国家人才工作规划。依托重点科普设施建设,吸引和凝聚高水平人才。探索建立有效机制和激励措施,充分调动在职和离退休科技、教育、传媒工作者、大学生、研究生等各界人士从事科技传播和普及工作的积极性。

(二)经费投入

将科普基础设施建设纳入国民经济和社会事业发展总体规划。加大对公益性科普基础设施建设和运行经费的公共投入。加强国家对社会资金的引导,多渠道、多层次筹措资金,鼓励社会力量参与科普基础设施建设和运行服务。

(三)组织实施

《科普设施规划》是贯彻落实《科学素质纲要》的重要任务。国家发展改革委、科技部、财政部和中国科协负责协调和推动落实,相关部门结合本部门的职能制定工作规划和计划并加以落实。各级地方政府要将科普基础设施建设纳入国民经济和社会事业发展总体规划,落实建设和运行经费。充分发挥各有关学会、协会和研究会等社会团体的作用,加强对各类科普基础设施建设与运行的咨询和指导。

按照《科学素质纲要》实施的要求,研究制定科普基础设施建设与运行的监测评估指标体系,定期开展监测评估工作,促进科普基础设施全面、协调、可持续发展。对做出突出成绩的单位和个人进行表彰和奖励。

国土资源部办公厅关于印发《国土资源科普基地推荐及命名暂行办法》的通知

（国土资厅发〔2009〕29号 2009年3月24日）

各省、自治区、直辖市国土资源厅（国土环境资源厅、国土资源局、国土资源和房屋管理局、规划和国土资源管理局），计划单列市国土资源行政主管部门，解放军土地管理局，新疆生产建设兵团国土资源局，各派驻地方的国家土地督察局，中国地质调查局及部其他直属单位，部机关各司局：

《国土资源科普基地推荐及命名暂行办法》已经2009年2月26日第8次部长办公会议审议通过，现予以印发。

创建国土资源科普基地，是加强科普基础设施建设、普及地球科学知识、提升国土资源事业公众认知度的有效途径，是构建保障和促进科学发展新机制的具体实践。各级国土资源管理部门、各有关单位应积极创造条件，创建国土资源科普基地，为国土资源知识普及和政策宣传打造高水准的科普平台，进一步提升国土资源事业的公众认识度及社会影响力。

附件1：国土资源科普基地推荐及命名暂行办法
附件2：国土资源科普基地标准

国土资源部办公厅
二〇〇九年三月二十四日

附件1：

国土资源科普基地推荐及命名暂行办法

第一条 为贯彻落实《中华人民共和国科学技术普及法》、《全民科学素质行动计划纲要（2006—2010—2020年）》、《科普基础设施发展规划（2008—2010—2015年）》和《国土资源科学技术普及行动纲要（2004－2010年）》，积极推动我国国土资源科普事业发展，充分发挥国土资源领域科技场馆、科研实验基地、资源保护区的科普作用,有序开展国土资源科普基地建设,特制定本办法。

第二条 本办法所称国土资源科普基地(以下简称"科普基地")是指,符合《国土资源科普基地标准》,经国土资源部核准并命名为"国土资源科普基地"的单位及(或)场所。原则上科普基地的命名工作每两年开展一次。

第三条 国土资源部科技主管部门负责指导科普基地建设,制定科普基地标准,统一部署科普基地审核、命名等工作,加强与有关部门和单位的协调,为科普基地建设做好支撑和服务。

第四条 在中国地质博物馆设立国土资源科普基地管理办公室(以下简称"基地办公室"),具体负责国土资源科普基地建设指导工作。主要职责为:(1)建立科普基地推荐评审及评估制度;(2)负责组织科普基地推荐材料的审查、专家咨询评议、专业评估及宣传等工作;(3)组织开展科普基地建设相关科技研究和业务交流活动;(4)提供科普基地建设的技术咨询和信息社会化服务;(5)承办科普基地日常管理工作。

第五条 各省(区、市)国土资源科技主管部门负责组织推进本地区科普基地建设,制定科普基地建设规划,组织科普基地推荐工作,对已获命名的科普基地进行督促指导。

第六条 中国地质调查局及国土资源部其他直属单位负责组织本单位科普基地建设工作,推荐拟申请命名的科普基地,对已获命名的科普基地进行管理监督。

第七条 申报单位需对照《国土资源科普基地标准》,按要求填写《国土资源科普基地申报书》,主要内容包括拟申请科普基地基本情况、现有科普条件、已开展国土资源科普工作情况、科普工作规划等,以及相关说明材料。

第八条 各省(区、市)国土资源科技主管部门和中国地质调查局及国土资源部其他直属单位对申报材料审查后,提出推荐意见送基地办公室。基地办公室组织专家对推荐材料进行咨询及必要的考察,根据专家咨询意见,综合提出科普基地命名方案,并向社会公示。公示结束后,报请国土资源部核准科普基地命名名单,向社会公布。

第九条 各级国土资源科技主管部门应加强与相关部门、协会、学会的沟通协作,积极创造条件做好服务,充分发挥科普基地在宣传我国国土资源国情国策、普及地学知识、推广重大科技成果和技术方面的作用,引导公众积极参与国土资源节约集约利用实践。

第十条 已获命名的科普基地应按照其科普工作规划认真履行职责,不断提升科普能力,积极组织开展"世界地球日"、"全国土地日"、"科技活动周"等国土资源重大科普活动。每年12月20日前向基地办公室提交年度科普工作总结及下一年科普工作计划。

第十一条 基地办公室组织专家对获得"国土资源科普基地"称号的单位进行技术指导和运行情况评估,向国土资源部提交评估意见。国土资源部根据运行情况,对做出突出成效的科普基地进行宣传、表彰;对未认真履行科普基地职责,运行不良的科普基地,取消"国土资源科普基地"称号。

第十二条 本办法自发布之日起施行。

附件 2：

国土资源科普基地标准

为贯彻落实《中华人民共和国科学技术普及法》及《国土资源科学技术普及行动纲要(2004—2010 年)》,加强国土资源科普能力建设,参照《全国科普教育基地标准》及《科学技术馆建设标准》,特制定本标准。

本标准是有关单位、机构在建设国土资源科普基地时应达到的基本条件,同时也是国土资源部命名国土资源科普基地的依据。

一、范围

本标准所称国土资源科普基地是指,能独立开展土地资源、矿产资源、海洋资源、基础地质、地质环境、地质灾害、测绘科技等国土资源领域国情教育和科学技术普及活动的科技场馆、科研实验基地、资源保护区等。

国土资源科普基地包括科技场馆类、科研实验类、资源保护类三种类型。

科技场馆类国土资源科普基地是指,以展示、宣传国土资源领域科学技术知识及优秀成果、国土资源先进管理理念等为主要内容,达到本标准的博物馆、科技馆等科普场所。

科研实验类国土资源科普基地是指,有条件广泛开展国土资源科普活动,达到本标准的国土资源领域国家级、部级重点实验室,相关科研院所和高校重点开放实验室以及长期科学观测台站。

资源保护类国土资源科普基地是指,具有室外国土资源科普资源和条件,达到本标准的地质公园、矿山公园等。

二、目的

国土资源科普基地要以公众易于接受、理解、参与的各种形式,达到以下目的:

1. 普及国土资源领域相关科学技术知识及优秀科研成果,传播科学精神、科学思维和科学方法,培养青少年对地球科学的认知兴趣。

2. 介绍我国国土资源国情,宣传贯彻节约资源和保护环境的基本国策。引导公众了解所在地区国土资源特征,普及保护资源、节能减排、防灾减灾的科学常识,倡导树立集约、节约、高效、持续利用国土资源的意识,鼓励公众积极参与国土资源节约利用、综合利用、循环利用的实践。

3. 宣传国土资源先进的管理理念、知识和成果,普及新认识,宣传新技术,促进国土资源管理的现代化水平。

三、任务

国土资源科普基地要根据自身特点以及公众和社会需求,积极广泛开展持续有效的国土资源科普活动。其主要任务是：

1. 配合各级政府及其主管部门开展国土资源专项科普活动。根据每年全国性的"世界地球日"、"全国土地日"、"科技活动周"、"全国科普日"等活动主题，以及各地组织的"科技周"、"科技节"等大型科普宣传活动，积极举办国土资源主题科普活动，并在活动期间对公众免费或优惠开放。

2. 经常性地组织开展国土资源科普报告、讲座、影视观摩等教育活动，以及面向青少年的科学实验、竞赛等科普实践活动。

3. 与其所在地的社区、乡镇、学校（含"李四光中队"）、企事业等单位建立固定联系，定期合作开展社会化国土资源科普活动。

4. 组织开展以提高国土资源科普教育水平为目的的研究。

5. 有计划地对专、兼职科普工作人员进行培训。

6. 按要求报送科普工作年度计划，年度工作总结，重要科普活动方案和文字、照片、录像等活动资料，以及接待公众人数等有关统计数据。

四、基本条件

国土资源科普基地应满足针对所属类型的分类条件，并同时符合基地的一般条件。

（一）分类条件

1. 科技场馆类国土资源科普基地。

（1）具有固定的馆址。如馆舍设置在主管部门办公区，其建筑布局应相对独立，有方便公众抵达的出入口。

（2）馆内应有相应的科普场所和配套设施。科普场所包括常设展厅、临时展厅、报告厅、影像厅、科普活动室等展览教育场所，展厅应有声光电等多媒体展示设备。省级及以上国土资源主管部门所属的科技场馆，或其他部门所属的国土资源科技场馆展厅面积不小于 1500 平方米，展出面积不小于 600 平方米；省级以下各级政府部门所属的国土资源科技场馆展厅面积可适当缩减。配套设施指支撑科普工作的公众服务、业务研究、管理保障等用房及设备。

（3）室外应有一定的活动场地，如观众集散场地、停车场、公共绿地等。

（4）常设和临时科普展览均应突出区域、专题特色，及时反映国土资源科技发展方面的最新成果。常设展品应以标本、模型为主，且每年有所更新。

（5）每年开放天数不少于 250 天，参观人数应达到以下水平：省级及以上国土资源主管部门所属的科技场馆，或其他部门所属的国土资源科技场馆每年参观人次不少于 10000 人次；省级以下各级政府部门所属的国土资源科技场馆每年参观人次不少于 5000 人次。西部边远地区可酌情下调 20%。

2. 科研实验类国土资源科普基地。

（1）在国土资源某研究领域具有领先地位，科研特色鲜明，创新成果突出，科研基础设施齐备，具备开展国土资源科学技术普及的科技成果条件。

（2）具备良好的开放和参观条件，已安排安全、可靠、方便的参观通道、场所和参观路线。

（3）设置有能让公众实际参与的演示装备或仪器设备。

(4)建有"科普开放日制度",根据公众需求和自身工作安排,定期或不定期向公众开放,每年开放天数不少于 30 天,参观人次不少于 2000 人次。

3. 资源保护类国土资源科普基地。

(1)符合地质公园、矿山公园等园区建设的基本条件,并通过相应主管部门审批。

(2)配套建有免费向公众开放的科普展馆或展室,展示面积不小于 100 平方米,着重介绍、展示相关主题科学技术知识及研究成果。

(3)具备组织野外科普活动的基本装备、设施和专业人员,能经常性地组织开展野外观测、标本采集、野外地质探险、地学夏令营、冬令营等科普实践活动。

(4)每年参与科普活动的人员不少于 10000 人次。

(二)一般条件

1. 应有完备的标示说明系统。标示说明及解说文字等应有丰富的科普内容,表达形式通俗易懂,并应采用中英文双语形式(少数民族地区可以增加本族通用语言),且经过相关领域专家审定。

2. 有易于公众理解的图、文、影视等科普宣传材料,有条件的还应提供方便公众使用的科技知识、科研成果数据(非保密性)数字化查询系统。

3. 具有从事科普设计研究、公众教育的工作人员。有专(兼)职的讲解、接待、辅导人员,讲解员应经过 1 个月以上国土资源领域科技知识培训。可采取聘任专家、志愿者等方式充实研究和教育队伍。

4. 建有宣传、展示科普基地整体情况和科普内容的网站或网页。网站或网页的内容应与科普基地设施建设、科普内容的变化、科普活动的开展情况同步更新。网站或网页开设读者服务热线或论坛,能及时解答公众提出的相关问题。

5. 加强横向联系,保证参观人数每年都有所增长。新开展国土资源科普活动的单位须建立保证基本参观人数的机制和措施。

6. 符合相关公共设施、场所安全标准。

五、附则

本标准由国土资源部科技主管部门负责解释。

财政部关于 2009—2011 年鼓励科普事业发展的进口税收政策的通知

（财关税〔2009〕22 号　2009 年 4 月 1 日）

科技部、海关总署：

经国务院批准，自 2009 年 1 月 1 日至 2011 年 12 月 31 日，对公众开放的科技馆、自然博物馆、天文馆（站、台）和气象台（站）、地震台（站）、高校和科研机构对外开放的科普基地，从境外购买自用科普影视作品播映权而进口的拷贝、工作带，免征进口关税，不征进口环节增值税；对上述科普单位以其他形式进口的自用影视作品，免征关税和进口环节增值税。进口影视作品的商品名称及税号范围见附件。

以上科普单位进口的自用科普影视作品，由省、自治区、直辖市和计划单列市科委（厅、局）认定。

经认定享受税收优惠政策的进口科普影视作品，由海关凭相关证明办理免税手续。

附件：进口影视作品的商品名称及税号范围（略）

财政部

二〇〇九年四月一日

财政部 国家税务总局关于继续实行 宣传文化增值税和营业税优惠政策的通知

(财税(2009)147 号 2009 年 12 月 10 日)

财政部驻各省、自治区、直辖市、计划单列市财政监察专员办事处,各省、自治区、直辖市、计划单列市财政厅(局)、国家税务局、地方税务局,新疆生产建设兵团财务局:

为支持我国宣传文化事业的发展,经国务院批准,在 2010 年底以前,对宣传文化事业继续实行增值税和营业税税收优惠政策。现将有关事项通知如下:

一、自 2009 年 1 月 1 日起至 2010 年 12 月 31 日,实行下列增值税先征后退政策:

(一)对下列出版物在出版环节实行增值税 100％先征后退的政策:

1. 中国共产党和各民主党派的各级组织的机关报纸和机关期刊,各级人大、政协、政府、工会、共青团、妇联、科协、老龄委的机关报纸和机关期刊,新华社的机关报纸和机关期刊,军事部门的机关报纸和机关期刊。

上述各级组织的机关报纸和机关期刊,增值税先征后退范围掌握在一个单位一份报纸和一份期刊以内。

2. 专为少年儿童出版发行的报纸和期刊,中小学的学生课本。

3. 少数民族文字出版物。

4. 盲文图书和盲文期刊。

5. 经批准在内蒙古、广西、西藏、宁夏、新疆五个自治区内注册的出版单位出版的出版物。

6. 列入本通知附件 1(略)的图书、报纸和期刊。

(二)对下列出版物在出版环节实行增值税先征后退 50％的政策:

1. 除本通知第一条第(一)项规定实行增值税 100％先征后退的图书和期刊以外的其他图书和期刊、音像制品。

2. 列入本通知附件 2(略)的报纸。

(三)对下列印刷、制作业务实行增值税 100％先征后退的政策:

1. 对少数民族文字出版物的印刷或制作业务。

2. 列入本通知附件 3(略)的新疆维吾尔自治区印刷企业的印刷业务。

二、自 2009 年 1 月 1 日起至 2010 年 12 月 31 日,对下列新华书店实行增值税免税或先征后退政策:

（一）对全国县（含县级市、区、旗，下同）及县以下新华书店和农村供销社在本地销售的出版物免征增值税。对新华书店组建的发行集团或原新华书店改制而成的连锁经营企业，其县及县以下网点在本地销售的出版物，免征增值税。

县（含县级市、区、旗）及县以下新华书店包括地、县（含县级市、区、旗）两级合二为一的新华书店，不包括位于市（含直辖市、地级市）所辖的区中的新华书店。

（二）对新疆维吾尔自治区新华书店和乌鲁木齐市新华书店销售的出版物实行增值税100％先征后退的政策。

三、自 2009 年 1 月 1 日起至 2010 年 12 月 31 日，对科普单位的门票收入，以及县（含县级市、区、旗）及县以上党政部门和科协开展的科普活动的门票收入免征营业税。对境外单位向境内科普单位转让科普影视作品播映权取得的收入免征营业税。

四、自 2009 年 1 月 1 日起至 2010 年 12 月 31 日，对依本通知第一条规定退还的增值税税款应专项用于技术研发、设备更新、新兴媒体的建设和重点出版物的引进开发。对依本通知第二条规定免征或退还的增值税税款应专项用于发行网点建设和信息系统建设。

五、享受本通知第一条第（一）项、第（二）项规定的增值税先征后退政策的纳税人必须是具有国家新闻出版总署颁发的具有相关出版物的出版许可证的出版单位（含以"租型"方式取得专有出版权进行出版物的印刷发行的出版单位）。承担省级以上新闻出版行政部门指定出版、发行任务的单位，因各种原因尚未办理出版、发行许可的出版单位，经省级财政监察专员办事处商同级新闻出版主管部门核准，可以享受相应的增值税先征后退政策。

纳税人应将享受上述税收优惠政策的出版物在财务上实行单独核算，不进行单独核算的不得享受本通知规定的优惠政策。违规出版物和多次出现违规的出版单位不得享受本通知规定的优惠政策，上述违规出版物和出版单位的具体名单由省级及以上新闻出版行政部门及时通知相应省级财政监察专员办事处。

六、本通知的有关定义

（一）本通知所述"科普单位"，是指科技馆，自然博物馆，对公众开放的天文馆（站、台）、气象台（站）、地震台（站），以及高等院校、科研机构对公众开放的科普基地。

（二）本通知所述"出版物"，是指根据国家新闻出版总署的有关规定出版的图书、报纸、期刊、音像制品和电子出版物。所述图书、报纸和期刊，包括随同图书、报纸、期刊销售并难以分离的光盘、软盘和磁带等信息载体。

（三）图书、报纸、期刊（即杂志）的范围，仍然按照《国家税务总局关于印发〈增值税部分货物征税范围注释〉的通知》（国税发〔1993〕151 号）的规定执行。

（四）本通知所述"专为少年儿童出版发行的报纸和期刊"，是指以初中及初中以下少年儿童为主要对象的报纸和期刊。

（五）本通知所述"中小学的学生课本"，是指普通中小学学生课本和中等职业教育课本。普通中小学学生课本是指根据教育部中、小学教学大纲的要求，由经国家新闻出版行政管理部门审定而具有"中小学教材"出版资质的出版单位出版发行的中、小学学生上课使用的正式课本，具体操作时按国家和省级教育行政部门每年春、秋两季下达的"中小学教学用书目录"中所列的"课本"的范围掌握；中等职业教育课本是指经国家和省级教育、人力资源社会保障行政部门审定,供中等专业学校、职业高中和成人专业学校学生使用的课本,具体操作时按国家和省级教育、人力资源社会保障行政部门每年下达的教学用书目录认定。中小学的学生课本不包括各种形式的教学参考书、图册、自读课本、课外读物、练习册以及其他各类辅助性教材和辅导读物。

(六)本通知第一条第(一)项和第(二)项规定的图书包括租型出版的图书。

七、办理和认定

(一)本通知规定的各项增值税先征后退政策由财政部驻各地财政监察专员办事处根据财政部、国家税务总局、中国人民银行《关于税制改革后对某些企业实行"先征后退"有关预算管理问题的暂行规定的通知》〔(94)财预字第 55 号〕的规定办理。各地财政监察专员办事处和负责增值税先征后退初审工作的财政机关要采取措施,按照本通知第四条规定的用途监督纳税人用好退税或免税资金。

(二)科普单位、科普活动和科普单位进口自用科普影视作品的认定仍按《科技部 财政部 国家税务总局 海关总署 新闻出版总署关于印发〈科普税收优惠政策实施办法〉的通知》(国科发政字〔2003〕416 号)的有关规定执行。

八、本通知自 2009 年 1 月 1 日起执行。《财政部 国家税务总局关于宣传文化增值税和营业税优惠政策的通知》(财税〔2006〕153 号)同时废止。

按照本通知第二条和第三条规定应予免征的增值税或营业税,凡在接到本通知以前已经征收入库的,可抵减纳税人以后月份应缴纳的增值税、营业税税款或者办理税款退库。纳税人如果已向购买方开具了增值税专用发票,应将专用发票追回后方可申请办理免税。凡专用发票无法追回的,一律照章征收增值税。

财政部 国家税务总局
二〇〇九年十二月十日

科学技术部办公厅关于转发《关于继续实行宣传文化增值税和营业税优惠政策的通知》的通知

（国科办政〔2010〕7 号　2010 年 2 月 22 日）

各省、自治区、直辖市及计划单列市科技厅（委、局）、新疆生产建设兵团科技局、副省级城市科技局，中央和国家有关部门科技工作主管司局：

经国务院批准，财政部印发了《关于继续实行宣传文化增值税和营业税优惠政策的通知》（财税〔2009〕147 号）（以下简称《优惠政策通知》），规定"自 2009 年 1 月 1 日起至 2010 年 12 月 31 日，对科普单位的门票收入，以及县（含县级市、区、旗）及县以上党政部门和科协开展的科普活动的门票收入免征营业税。对境外单位向境内科普单位转让科普影视作品播映权取得的收入免征营业税"。

该税收优惠政策的实施，对我国科普基地建设和向公众开放，开展科普活动具有重要意义。现将《优惠政策通知》转发你们，请贯彻落实。

附件：财政部　国家税务总局关于继续实行宣传文化增值税和营业税优惠政策的通知（略）

科学技术部办公厅

二〇一〇年二月二十二日

国务院办公厅关于印发全民科学素质行动计划纲要实施方案(2011—2015年)的通知

(国办发〔2011〕29号　2011年6月19日)

各省、自治区、直辖市人民政府,国务院各部委、各直属机构:

《全民科学素质行动计划纲要实施方案(2011—2015年)》已经国务院同意,现印发给你们,请认真贯彻执行。

中华人民共和国国务院办公厅

二〇一一年六月十九日

全民科学素质行动计划纲要实施方案(2011—2015年)

根据《中华人民共和国国民经济和社会发展第十二个五年规划纲要》和《国务院关于印发全民科学素质行动计划纲要(2006—2010—2020年)的通知》(国发〔2006〕7号,以下简称《科学素质纲要》),为实现全民科学素质工作2020年的目标,进一步安排"十二五"期间全民科学素质工作的阶段目标、重点任务和保障措施等,制订本实施方案。

一、背景和意义

自2006年国务院颁布实施《科学素质纲要》以来,各地区各部门以科学发展观为指导,围绕党和国家工作大局,联合协作,采取了一系列政策措施,公民科学素质建设取得了显著成绩,较好地实现了"十一五"全民科学素质工作目标,为"十二五"开局和实现2020年长远目标奠定了坚实基础,为构建社会主义和谐社会、建设创新型国家作出了积极贡献。2010年我国公民具备基本科学素质的比例达到3.27%,比2005年的1.6%提高了1.67个百分点;对未成年人、农民、城镇劳动者、领导干部和公务员等重点人群科学素质行动措施的稳步推进,带动了全民科学素质的整体提高;科学教育和科普活动广泛开展、科普设施不断完善、科普资源逐步丰富、大众传媒科技传播能力显著增强,使公民科学素质建设的公共服务能力得到较大提升;联合协作工作机制的建立,为全民科学素质工作的顺利开展提供了保障。

但是,也应清醒地看到,目前我国公民科学素质水平与发达国家相比仍有较大差距,全民科学素质工作发展还不平衡,不能满足全面建设小康社会的需要和建设创新型国家的要求。主要表现在:面向农民、社区居民、少数民族地区群众的全民科学素质工作亟待强化;科普资源整合力度仍然不够,科普基础设施服务能力有待提升,科普人才队伍建设有待加强;科普事业投入不足,科普产业培育和发展仍在起步阶段;科学基础教育需要进一步推进,社会各方力量参与全民科学素质工作的积极性还没有充分调动。"十二五"时期是全面建设小康社会的关键时期,是深化改革开放、加快转变经济发展方式的攻坚时期。进一步加强公民科学素质建设,对于增强自主创新能力,转变经济发展方式,保障和改善民生,坚持以人为本,促进经济社会长期平稳较快发展,具有重要战略意义。

二、方针和目标

指导方针:

高举中国特色社会主义伟大旗帜,以邓小平理论和"三个代表"重要思想为指导,深入贯彻落实科学发展观,坚持"政府推动、全民参与、提升素质、促进和谐"的方针,围绕"节约能源资源、保护生态环境、保障安全健康、促进创新创造"的工作主题,面向基层、关注民生,完善机制、提升能力,加强领导、开拓创新,推动科学技术教育、传播与普及,不断提高全民科学素质。

目标:

到2015年,科学技术教育、传播与普及有显著发展,基本形成公民科学素质建设的组织实施、基础设施、条件保障、监测评估等体系,我国公民具备基本科学素质的比例超过5%。

——促进科学发展观在全社会的深入贯彻落实。突出工作主题,更加关注保障和改善民生,重点宣传普及低碳生活、创新创造、公共安全、身心健康等观念和知识,倡导建立资源节约型、环境友好型社会,促进人与自然和谐相处,提高生态文明水平,推动发展向主要依靠科技进步、劳动者素质提高、管理创新转变。

——以重点人群科学素质行动带动全民科学素质整体水平持续提升。未成年人对科学的兴趣明显增强,领导干部和公务员的科学决策水平不断提高,农民、城镇劳动者、社区居民的科学素质显著提升,城乡居民之间、经济发达地区与欠发达地区居民之间科学素质差距逐步缩小。

——公民科学素质建设的公共服务能力大幅提升。科学教育与培训体系逐步完善,大众传媒科技传播能力和科普基础设施的服务能力不断增强,科普资源更加丰富,科普人才队伍发展壮大,促进基本科普服务的公平普惠,公民提高科学素质的机会与途径显著增多。

——公民科学素质建设机制不断创新。资源共享机制逐步完善,资源集成和有效利用得到加强,公益性科普事业与经营性科普产业并举的体制初步建立。动员激励机制不断完善,社会各方面参加公民科学素质建设的积极性明显提高,社会化工作格局基本形成。科普工作与科研、教育、文化等事业紧密结合,联合协作机制不断完善,全民科学素质工作合力不断增强。

三、重点任务

根据指导方针和目标,"十二五"时期重点开展以下工作:

(一)实施未成年人科学素质行动。

任务:

——宣传科学发展观,结合我国国情,重点宣传节约能源资源、保护生态环境、保障安全健康、促进创新创造等内容,使未成年人不断提高科学认知水平,从小树立人与自然和谐相处和可持续发展的意识。

——完善基础教育阶段的科学教育,提高学校科学教育质量,着力提升中小学生的学习能力、实践能力和创新能力,使中小学生掌握基本的科学知识与技能,体验科学研究活动的过程,培养良好的科学态度与兴趣。

——巩固农村义务教育普及成果,推进教育均衡发展,提高农村中小学科学教育质量,为农村未成年人特别是女童和留守儿童提供更多接受科学教育和参加科普活动的机会,培养他们独立学习和自我发展的能力。

——开展多种形式的科普活动和社会实践,引导未成年人形成对科学技术的兴趣和爱好,树立科学意识、崇尚科学精神,养成运用科学知识和方法思考、解决问题的习惯。

措施:

——在幼儿园日常教育中融入科学启蒙教育。结合幼儿年龄特点,利用身边的事物与现象,通过游戏、活动等方式激发幼儿的认知兴趣和探究欲望,养成良好的行为习惯。

——推进义务教育阶段的科学教育。总结完善义务教育阶段素质教育改革经验,构建符合素质教育要求的课程体系和评价、考试制度,培育学生的创新意识和创新精神。实施科学等课程标准,提高科学课程和数学、物理、化学、生物等课程的教学质量和效果,帮助学生掌握基本的科学知识与技能。加强数字技能学习教育,培养学生运用互联网学习和获取信息的能力。进一步推广"做中学"活动的经验和成果,创新科学教育方法,鼓励学生通过参与、体验、实践和动手制作等方式提高科学素质。

——推进高中阶段的科学教育。鼓励普通高中开设科学教育选修课,拓宽学生的知识面。鼓励开设通用技术课程,支持开展研究性学习、社区服务和社会实践活动,提高学生的探究能力。大力发展中等职业教育,加强基础能力建设,推进教育教学改革,着力培养学生的职业道德、职业技能和就业创业能力。逐步实施农村新成长劳动力免费劳动预备制培训。

——丰富校外和课外科学教育活动。动员科技和教育工作者开展与青少年面对面的科技交流活动。发挥科技场馆等科普教育基地的作用,开展大手拉小手科技传播行动、科技专家进校园(社区)、走进科学殿堂等活动。鼓励学生进实验室、动手做科研、参加科学调查体验。办好青少年科技创新大赛、明天小小科学家、青少年科技创新奖等活动,提高各类科技竞赛的质量。积极鼓励地方和民间公益组织开展普及性科技活动,扩大参与面和影响力。面向乡村学生、农民工子女组织开展学业辅导、亲情陪伴、感受城市、自护教育等各类志愿服务,帮助他们提高科学素质、丰富生活阅历、增长见识。

——营造崇尚科学的校园文化氛围。在创建平安校园、文明校园、绿色校园、和谐校园活动中,普及保护生态环境、节约能源资源、心理生理健康、安全避险自救等知识,加强珍爱生命、远离毒品和崇尚科学文明、反对愚昧迷信的宣传教育。开展学校科技节、科技周等活动,鼓励学生进行小制作、小发明、小创造,组织开展防灾避险应急演练,设立科普教育长廊、板报,营造师生自由讨论的文化氛围。

——建立完善校外科技活动与学校科学课程的衔接机制。总结推广青少年学生校外活动场所科普教育共建共享试点工作经验,逐步扩大试点范围。开展科技馆活动送校园、科普大篷车进校园等工作,鼓励中小学校利用科技馆、青少年宫、儿童活动中心、科普教育基地、青少年科技教育基地等资源,开展科学教育和科普活动。

——发挥家庭教育在提高未成年人科学素质中的作用。鼓励中小学校利用家长会、家校联系会议等形式,对未成年人父母或其他监护人的育儿观念、方法给予指导,提高其科学育儿水平。鼓励父母或其他监护人为未成年人进行科学实践活动提供条件,引导其广泛接触自然、社会,培养亲近自然的情感。

分工:由教育部、共青团中央牵头,中央宣传部、科技部、人力资源社会保障部、环境保护部、卫生部、广电总局、中科院、社科院、工程院、气象局、自然科学基金会、全国妇联、中国科协参加。

(二)实施农民科学素质行动。

任务:

——面向农民宣传科学发展观,重点开展保护生态环境、节约资源、保护耕地、发展循环农业、建设生态家园等内容的宣传教育,推动广大农村形成讲科学、爱科学、学科学、用科学的良好风尚,促进社会主义新农村建设。

——提高农民运用先进适用技术发展生产、增产增收致富的能力,引导农民发挥主动性和创造性,将普及实用技术与提高农民科学素质结合起来,着力培养有文化、懂技术、会经营的新型农民和农村实用人才。

——提高农村富余劳动力向非农产业和城镇转移就业以及适应现代科学文明生活的能力。

——提高农村妇女及革命老区、民族地区、西部欠发达地区、贫困地区农民的科学文化素质。

措施:

——建立农村科学教育培训体系。落实《农民科学素质教育大纲》,充分发挥党员干部现代远程教育网络、农业广播电视学校、农村致富技术函授大学、农村成人文化教育机构、农业科教与网络联盟、普通高校、乡镇综合文化站、村文化活动室等在农村科技培训中的作用,面向农民大力开展科学教育活动。

——继续开展形式多样的农民科技培训。结合农民创业培训、绿色证书培训、星火科技培训、双学双比、技能竞赛、巾帼科技致富工程、百万新型女农民教育培训等活动,开展针对性强、务实有效、通俗易懂的农业科技培训,提高农民的创业、创新和创造能力。

——继续实施农业从业人员培训。面向农业产前、产中、产后服务人员和农村社会管理人员,开展技能培训,提高农民职业技能水平。根据就业市场需求和企业岗位实际要求,对农村转移就业劳动者开展订单式培训或定岗培训,使其掌握初级以上职业技能或达到上岗要求。鼓励农村未继续升学的应届初高中毕业生等新成长劳动力参加 1～2 个学期的劳动预备制培训,提升技能水平和就业能力。组织有技术、资金和创业意愿的农民开展创业培训,加强项目开发、开业指导、小额贷款、后续扶持等"一条龙"服务,帮助其自谋职业和自主创业。支持鼓励各级各类学校参与培养有文化、懂技术、会经营的新型农民,开展进城务工人员、农村劳动力转移培训。

——广泛开展各种形式的群众性、社会性、经常性农村科普活动。深入开展文化科技卫生"三下乡"、科技活动周、全国科普日等活动,总结推广科技特派员、科技入户、科技 110、科普之冬(春)、科普大集、专家大院、科技咨询服务站、科技专家和致富能手下乡、科教兴村、科技之光青年专家服务团、"三农"网络书屋等行之有效的做法,探索科技工作者"常下乡,常在乡"的长效机制。继续实施千乡万村环保科普行动,结合农村环境综合整治,开展节约资源和综合利用农业废弃物等宣传,开展反对封建迷信等科普活动。

——加强农村科普示范体系建设。继续实施科普惠农兴村计划、基层农技推广体系改革与建设示范项目、农村清洁工程、农村民居防震保安工程等惠农工程。加强农村基层科普队伍和科普能力建设,充分发挥农村专业技术协会、农村科普示范基地和科普工作队等示范带动作用,探索建立科普服务"三农"的长效机制。深入开展全国科技进步示范市(县)和全国科普示范县(市、区)、乡(镇)、村等创建活动,推广农民科学素质行动的先进经验。

——健全农村科普公共服务体系。完善农村科技教育、传播与普及服务组织网络。依托农业技术推广机构、农民专业合作组织、乡镇企业等发展农村基层科普组织。对农村党员、基层干部、骨干农民、科技示范户、农民合作组织负责人以及农村各类实用人才开展科普工作培训,重点加强对各类农村实用技术培训机构教师的继续教育和培训。发挥乡镇科协、村科普小组、农村专业技术协会和各类农村实用技术培训机构在农技服务中的作用,发挥科技特派员、大学生村官、西部计划志愿者的科普宣传、科技咨询服务作用,组织专家咨询服务和志愿者队伍,形成动员科技人员为"三农"服务的有效机制。

——加强对少数民族群众和民族地区的科普工作。探索开展科普富民兴边行动,提高少数民族群众和民族地区农牧民的科学素质。落实国家民委等部门《关于进一步加强少数民族和民族地区科技工作的若干意见》。扶持少数民族语言文字科普宣传品的翻译出版,加强双语科普工作。加强民族地区科普基础设施建设。利用广播、电视、互联网等开展面向少数民族群众的科技教育、传播与普及。进一步发展少数民族科普工作队,组建民族院校少数民族学生科普志愿者队伍,支持其发挥作用。结合少数民族传统节日,组织开展内容丰富的科普宣传活动。

分工:由农业部、中国科协牵头,中央组织部、中央宣传部、教育部、科技部、国家民委、人力资源社会保障部、环境保护部、卫生部、广电总局、安全监管总局、林业局、中科院、工程院、气象局、全国总工会、共青团中央、全国妇联参加。

(三)实施城镇劳动者科学素质行动。

任务:

——宣传科学发展观,重点普及节约资源、保护环境、节能减排、安全生产、健康生活等知识,促进经济发展方式的转变和科学文明健康生活方式的形成。

——围绕走新型工业化道路和发展现代服务业的需求,以学习能力、职业技能和技术创新能力为重,提高第二、第三产业从业人员科学素质,更好地适应经济社会和自身发展的要求。

——围绕城镇化进程的要求,提高进城务工人员的职业技能水平和适应城市生活的能力。提高失业人员的就业能力、创业能力和适应职业变化的能力。

措施:

——加强对城镇劳动者科技教育培训的宏观管理。将科学素质内容纳入各级各类职业教育和成人教育课程及培训教材,将有关科学素质的要求纳入国家职业标准,作为各类职业培训、考核和鉴定的内容。促进用人单位加强全民科学素质工作,建立健全从业人员带薪学习制度,鼓励职工在职学习。

——大力开展各种形式的职业培训。健全以就业技能培训、岗位技能提升培训和创业培训为主要内容的职业培训制度。开展创业培训、创业指导和创业小额贷款工作。提高劳动者创业能力。根据企业用工需求和劳动者的就业需求,组织订单式、定向式培训,提高劳动者职业技能水平。实施青工技能振兴计划,开展青年岗位能手活动、中国青年就业创业行动,推进进城务工青年订单式技能培训,组织青年技能训练营,鼓励青年积极参加职业技能竞赛。深入实施全国妇女巾帼建功活动,广泛开展妇女岗位培训和创业技能培训,激励妇女在工作岗位建功成才。

——加强专业技术人员继续教育工作。实施新的专业技术人才知识更新工程,举办专业技术人员高级研修班,建立国家级专业技术人员继续教育基地,开展少数民族专业技术人才特殊培养工作,推进专业技术人员继续教育法制建设,促进专业技术人员能力水平和科学素质的全面提升。充分发挥科技社团在专业技术人员继续教育中的重要作用,帮助专业技术人员开展技术攻关、解决技术难题,参加跨行业、跨学科的学术研讨和技术交流活动。

——开展日常性职工科普教育活动。继续深入推进"创建学习型组织、争做知识型职工"、"讲理想、比贡献"等活动,着力打造一批学习型、创新型、技能型团队。充分发挥企业科协、职工技协、研发中心等组织和机构的作用,举办面向职工的专题讲座,组织职工技能竞赛和同业技术交流,广泛开展小革新、小发明、小创造等群众性技术革新活动,组织专家团队深入乡镇企业和国有大型企业开展技术咨询服务等活动。在企业内部刊物、广播、闭路电视、局域网络上开办科普专栏,设立科普橱窗、职工书屋等,充分利用有关实验室、产品陈列室等建设科普宣传阵地。加大面向科技工作者的健康知识科普宣传,组织开展健康讲座、心理培训等宣传教育活动。关注进城务工青年的情感需求和心理问题,着力加强对务工青年的人文关怀和心理疏导。

分工:由人力资源社会保障部、全国总工会、安全监管总局牵头,中央宣传部、教育部、科技部、卫生部、广电总局、中科院、工程院、气象局、共青团中央、全国妇联、中国科协参加。

(四)实施领导干部和公务员科学素质行动。

任务:

——深入贯彻落实科学发展观,将提高科学素质贯穿于领导干部和公务员的选拔录用、教育培训、综合评价全过程,弘扬科学精神,提倡科学态度,讲究科学方法,增强领导干部贯彻落实科学发展观的自觉性和科学执政的能力,增强公务员终身学习和科学管理的能力,使领导干部和公务员的科学素质在各类职业人群中位居前列。

措施:

——加强规划,把提高科学素质作为领导干部和公务员教育培训的长期任务。按照全国干部教育培训工作部署,落实各级各类干部培训规划,将弘扬科学精神、提倡科学态度、讲究科学方法作为领导干部和公务员培训的重要内容。重点培训市县党政领导、地方和部门各级科技行政管理干部、科研机构负责人和国有企业、高新技术企业技术负责人等科技管理人员。

——以创建学习型党组织为载体,加强领导干部和公务员科学素质学习。在党委(党组)中心组理论学习中,将科学发展观、建设创新型国家等战略思想以及我国科技发展规划作为重要内容。在组织培训、自主选学和在职自学中,强化科学知识、科学方法、科学思想、科学精神的学习。组织开展院士专家西部行等活动,开展关于贯彻落实科学发展观、建设学习型党组织内容的宣传教育。

——在领导干部和公务员选拔录用、综合评价中体现科学素质的要求。建立体现科学发展观要求的干部综合考核评价体系。在党政领导干部、国有企业负责人选拔任用考试大纲和题库中,强化与科学素质要求有关的具体内容。在公务员录用考试中,强化科学素质有关内容。研究制订领导干部和公务员科学素质监测、评估标准。

——依托各类干部培训院校,加强领导干部和公务员科学素质的培训。将科学素质教育纳入各级各类干部教育培训机构的教学计划中。在全国干部培训教材建设中,加强科普内容的编写和使用。

——开展各类科普活动,向领导干部和公务员普及现代科技知识。继续办好院士专家科技讲座、科普报告和专题科普讲座等各类科技知识讲座和报告。有计划地组织领导干部和公务员到科研场所实地参观学习。针对领导干部和公务员编辑出版科普读物。

——加大宣传力度,为领导干部和公务员提高科学素质营造良好氛围。推出一批注重科学素养、弘扬科学精神、提倡科学态度、讲究科学方法的领导干部和公务员典型,宣传其好做法、好经验。落实中央宣传部等部门《关于进一步加强科技宣传工作的意见》,大力传播科学思想、科学方法和科学精神。

分工:由中央组织部、人力资源社会保障部牵头,中央宣传部、科技部、环境保护部、卫生部、中科院、社科院、气象局、共青团中央、全国妇联、中国科协参加。

(五)实施社区居民科学素质行动。

任务:

——宣传科学发展观,普及节约资源、保护环境、节能减排、健康生活等知识,促进社区居民形成科学文明健康的生活方式。

——提升社区居民应用科学知识解决实际问题、改善生活质量、应对突发事件的能力,激发社区居民提高科学素质的主动性和积极性。

——围绕建设文明和谐的学习型社区,提升社区科普服务能力,完善社区公共服务体系。

措施:

——开展形式多样的社区科普宣传和教育活动。围绕安全健康、节能环保、防灾减灾等内容,开展科教进社区、卫生科技进社区、全民健康科技行动、社区科普大讲堂、节能减排家庭行动、心理健康咨询等活动。发挥社区教育在提高劳动者科学素质、服务民生和促进社会和谐方面的作用。面向老年人、妇女、少年儿童开展科学、安全、健康生活等宣传和教育活动。引导未成年人正确使用网络资源,获得有益知识,拒绝不良信息。面向农民工开展提升自身素质、适应城市生活的宣传和教育活动。

——提升社区科普能力。实施社区科普益民计划。充分依托社区公共服务场所和设施,建立完善社区科普活动室、科普图书室、科普画廊等基础设施,发挥其科普功能。结合社区信息化建设,发挥互联网、移动通信、移动电视等新型传媒的科普宣传功能。健全街道科协、科普协会和社区科普小组等网络组织。建立社区科普宣传员和科普志愿者队伍。开展科普示范街道、社区、楼宇、家庭等创建活动。

——搭建社会化的社区科普工作格局。整合社区及周边科普资源,建立共建共享机制,鼓励学校、科研院所、企业、科技社团、科普场馆、科普教育基地和部队积极参与社区科普活动。

分工:由中国科协、全国妇联牵头,中央宣传部、教育部、科技部、国家民委、环境保护部、卫生部、广电总局、安全监管总局、中科院、社科院、气象局参加。

(六)实施科学教育与培训基础工程。

任务:

——加强教师的科学素质建设,提高教师队伍整体科学素质和水平。

——加强教材建设,改进教学方法,适应不同对象需求,满足科学教育与培训要求。

——加强教学基础设施建设,充分利用现有的教育培训场所、基地,根据需要建设新的科学教育基础设施,配备必要的教学仪器和设备,为开展科学教育与培训提供基础条件支持。

措施:

——大力提高教师的科学素质。鼓励高等师范院校和有关高校增设科学教育相关专业,着力培养科学教育的专门师资。在职教师培训增加科学教育内容,推进中小学教师科学素质与课程实施能力建设,广泛开展中小学科学教师之间的业务交流,提高实施科学教育的能力和水平。以县及县以下幼儿园、中小学科学教育教师培训为重点,加强科学教育骨干教师培训。逐步完善科学教育教师职称评价标准和办法。

——建立健全科技与教育结合、共同推动科学教育的有效模式。推动高等院校、科研院所的科技专家参与中小学科学课程教材建设、教学方法改革和科学教师培训。继续实施科教合作共建中小学教师专业发展支持系统项目。推动有条件的中学科学教师到高等院校、科研机构和重点实验室参与科研实践。

——提高科学教育与培训的教材质量。按照基础教育课程标准,进一步提高科学课程教材的质量和水平,增强教学内容的趣味性、直观性和吸引力。将科普工作与素质教育紧密结合,注重培养学生创新创造能力,将科普内容纳入各级各类教育培训教材和教学计划。根据农民、城镇劳动者、社区居民、领导干部和公务员的特点和需求,加强各类人群科学教育培训的教材建设。重视少数民族文字的教材编写和音像类教材的开发制作。

——改进科学教育与培训的教学方法。加强中小学科学教育研究,改进教学方法,广泛应用现代教育技术与先进教学理念,增强教育教学效果。针对不同人群开展科学教育培训,改革与探索成人教育教学方式,提高培训效果。

——加强科学教育与培训的基础条件建设。逐步实现义务教育学校特别是边远农村地区中小学科学仪器、教具、图书等基本达标,面向社会提供服务。继续推进中小学科学教育网络资源建设,支持和鼓励现有科学教育网站扩大科学教育资源。加强农村中小学现代远程教育的科学教育资源建设。充分利用报纸、广播、电视等媒体,动员大学、科研院所、科技馆、职业学校、成人文化教育机构、社区学校等公共机构对公众进行分类教育和培训。

分工:由教育部、人力资源社会保障部牵头,中央宣传部、发展改革委、科技部、农业部、中科院、社科院、工程院、气象局、自然科学基金会、全国总工会、共青团中央、全国妇联、中国科协参加。

(七)实施科普资源开发与共享工程。

任务:

——繁荣科普创作。围绕宣传落实科学发展观,紧扣时代发展脉搏,适应国家、社会和公众的需要,注重科学与艺术、自然科学与人文社会科学的结合,创作开发一批优秀科普作品。

——集成国内外科普资源及信息,建立共享交流平台,为社会和公众提供基本科普资源支持和公共科普服务。

——促进科普资源开发、集散和服务的社会化,发挥市场机制引导作用,积极推动科普产业发展。

措施:

——促进原创性科普作品的创作。以评奖、作品征集等方式,加大对优秀原创科普作品的扶持、奖励力度,鼓励社会各界参与科普作品创作。推出一批群众喜闻乐见的优秀挂图、图书、展览、影视作品、文艺节目等科普资源,加大宣传力度,提高公众的认知度。推动国家有关部门和单位制作的优秀科普电影、电视节目在基层播放。加强国际合作与交流,引进国外优秀科普产品,带动我国科普创作整体水平的提高。激发科技、教育、传媒工作者的科普创作热情,把科普作品纳入业绩考核范围。

——推进科技成果转化为科普资源。促进各类科研项目成果的传播和普及工作,提高公众对国家重大工程项目、科技计划项目和科技重大专项产生的创新成果的关注度和知晓率。积极探索将学术交流与科普活动紧密结合的新途径,充分发挥科技社团联系科技工作者及科普创作团队的作用,选择适宜向公众传播的科技成果,探索将科技成果转化为科普资源的机制。鼓励和支持科研项目承担单位和负责人将科研成果向社会公众传播。

——加强科普资源的开发、集成与共享。开展主题科普展览巡回展出活动,推动展览和展品在各类科普场馆、设施、服务机构之间交流。推动科普资源包开发,集成各种科普展览、教育和活动资源,供广大青少年宫、活动中心、图书馆、文化馆、科普活动站等场所和学校、农村、城镇社区等基层单位共享使用,为其开展科普工作提供公共指导和服务。促进科普展教活动与学校科学课程教学、综合实践和研究性学习相衔接。加强发达地区对欠发达地区展教资源的支援力度。建立应急科普资源开发与服务机制。

——制定科普资源开发共享的相关标准和规范。加强科普资源开发和共享的指导和规划,不断优化科普资源的内容和结构。探索科普产品的新形式,开发适用于电信网、互联网、广播电视网"三网融合"需要的新型科普资源。

——建立全国科普资源及信息的共享交流平台。以中国数字科技馆等优秀科普网站为平台,建立动员激励机制,通过分散存储、集中服务等形式,推动全社会优质科普资源集成共享。

——推动科普产业发展。以公众科普需求为导向,发挥市场的引导、优化和调节作用,推动科普产品的研发、生产、集散和服务。加强知识产权保护,研究制定科普产品技术规范和设计制作机构资质认定办法等,促进科普产业的良性发展。举办科普产品博览会、交易会,及时发布科普场馆建设和科普活动信息,为企业及其他社会机构搭建交流和服务平台。推动科普出版、科普旅游馆(园)、科普展览展品开发制作、科普玩具、科普教育与科普游戏软件、营利性科普网络等科普产业发展,逐步建立公益性科普事业与经营性科普产业并举的体制。

分工:由中国科协、科技部牵头,中央宣传部、教育部、国家民委、环境保护部、农业部、卫生部、广电总局、安全监管总局、林业局、中科院、社科院、工程院、气象局、自然科学基金会、全国总工会、共青团中央参加。

(八)实施大众传媒科技传播能力建设工程。

任务:

——加大报刊、广播、电视等传统媒体的科技传播力度。

——发挥互联网等新兴媒体在科技传播中的积极作用。

——提升大众传媒的科技传播质量。

措施:

——制定鼓励大众传媒开展科技传播的政策措施。推动电视台、广播电台制作更多喜闻乐见的科技节目并增加播出时间,出版单位增加各类科普出版物的品种和发行量,综合性报纸增加科技专栏的数目和版面,科普网站和门户网站建设科技专栏。中央主要新闻媒体确定专人负责科技宣传工作,设立科技宣传专门机构。完善考核评价机制,扶持科技宣传报道做大做强。推动各类大众传媒机构参与科普产品的开发和制作。大力扶持科普出版物等科普产品在农村和边远地区、民族地区的发行和使用工作。充分发挥科技宣传联席制度的作用,统筹协调科技宣传工作,组织指导中央和地方媒体开展科技宣传,做好科技领域热点敏感问题、突发事件的舆论引导。

——提升大众传媒从业者的科学素质与科技传播能力。各媒体配备一定数量的科技记者,专门负责科技宣传报道。吸收自然科学类专业毕业生充实科技宣传报道队伍。加强科技宣传报道人员业务培训,定期组织科技宣传报道编辑记者集中学习培训。组建科技宣传专家库。推动科技社团与媒体交流互动,定期举办科学家与媒体交流活动,提高媒体从业者客观准确报道最新科技创新成果、具有科技背景的社会热点话题以及自然灾害、突发公共卫生事件的能力。

——打造科技传播媒体品牌。推动形成一批有一定规模和影响力的科普出版机构。中央主要新闻媒体开辟科技宣传专栏或专题节目,定期进行科技宣传报道。各地各类新闻媒体参照中央媒体做法,开设专题、专栏或专版,加大科技宣传报道力度。

——发挥互联网、移动通信、移动电视等新兴媒体在科技传播中的积极作用。研究开发网络科普的新技术和新形式。中央重点新闻网站开设科技宣传专栏。培育、扶持若干有较强吸引力的品牌科普网站和虚拟博物馆、科技馆。开辟具有实时、动态、交互等特点的网络科普新途径,开发一批内容健康、形式活泼的科普教育、游戏软件。发挥中国互联网协会网络科普联盟的作用,促进网站之间开展科技传播的交流与合作。

分工:由中央宣传部牵头,教育部、科技部、农业部、广电总局、中科院、社科院、气象局、全国总工会、共青团中央、全国妇联、中国科协参加。

(九)实施科普基础设施工程。

任务:

——大幅度增强科普基础设施的整体服务能力,增加公众提高科学素质的机会与途径。

——优化科普资源配置,增加科普基础设施总量,形成较为合理的全国整体布局。

——完善科普基础设施建设与发展的保障体系。

措施:

——加强对科普基础设施发展的宏观指导。落实发展改革委等部门《科普基础设施发展规划(2008—2010—2015 年)》。研究制定科普基础设施的建设标准、认定办法、管理条例及监测评估体系,定期开展监测评估,发布科普基础设施发展报告。将科普基础设施建设纳入国民经济和社会发展总体规划及各地基本建设计划,加大对公益性科普基础设施建设和运行经费的公共投入。

——积极发展科技馆。按照《科学技术馆建设标准》,对不具备展教功能或不能充分发挥科普作用的科技馆进行必要的更新改造。积极推动科技馆在全国的合理布局。重点在市(地)和有条件的县(市)发展主题、专题及其他具有特色的科技馆。创新理念,加强展览和教育活动的设计策划,增强科技馆的教育功能。提高各级各类科技馆的重复参观率。加强对科技馆运行的规范管理,开展科技馆评级和绩效评价。

——建设各类专业科技博物馆。鼓励和推动有条件的研究机构、大学、企业和具有重要资源的城市,因地制宜建设和发展一批专业或产业科技博物馆。充分利用国家重大工程项目或企业闲置淘汰的生产设施,建设富有特色的科技博物馆。积极推动科技博物馆合理布局。

——推进科普基地建设。发展国家级和省级科普教育基地,到 2015 年底,使国家级科普教育基地总数达到 1000 个左右,省级科普教育基地总数达到 3000 个左右。建设不同功能的行业科普基地,不断完善运行机制,纳入国家整体布局。进一步推动科研机构和大学开展科普活动。鼓励有条件的企业向公众开放研发机构、生产设施(流程)或展览馆,建设专门科普场所。推动青少年宫、妇女儿童活动中心、妇女培训基地、文化宫等增加科普教育功能。引导海洋馆、野生动物园、主题公园、自然保护区、森林公园、地质公园、动植物园等强化科普教育功能。

——发展基层科普设施。依托现有社会设施,推动在全国所有的县(市、区)建设具备科普教育、培训和展示等功能的县级综合性科普活动场所。在充分利用和整合现有资源的基础上,到 2015 年底,在全国 60％的街道(乡镇)、社区(行政村)建有科普活动站(室),60％的社区(行政村)建有科普画廊(宣传栏),宣传内容每年更新 10 次以上。加大科普大篷车配发工作力度,扩大服务范围,更新展品展项,增强为基层群众服务能力。鼓励有条件的农村职业学校、成人教育机构、中小学、青少年宫利用现有场所建立青少年科学工作室。

分工:由中国科协、发展改革委、科技部、财政部牵头,教育部、人力资源社会保障部、环境保护部、农业部、卫生部、林业局、中科院、气象局、全国总工会、共青团中央、全国妇联参加。

（十）实施科普人才建设工程。

任务：

——提升科普人才队伍的整体素质，培养和造就一支规模适度、结构优化、素质优良的科普人才队伍。

——优化科普人才队伍结构。稳定专职科普人才队伍，逐步建立一支专业化科普管理人才队伍。不断壮大兼职科普人才队伍，积极发展科普志愿者队伍。大力培养面向基层的科普人才。

——培育一批高水平的科普创作与设计、科普研究与开发、科普活动策划与组织、科普传媒、科普产业经营与管理等方面的人才。

措施：

——加强农村实用科普人才培养。依托农村党员、基层干部、基层科普组织人员、农村专业技术协会业务骨干、农村科技带头人和基层科技、教育工作者以及离退休人员，积极发展科普员队伍，向群众传递科技信息，组织群众参与科技教育、传播与普及活动。利用农业技术推广机构、农村合作经济组织、农村专业技术协会、农村致富技术函授大学等，采取培训、示范和实践相结合的方式，培养农村实用科普人才，提高科普服务能力。发挥农村科普示范户、农村专业技术协会骨干等农村科普带头人的示范作用。加强少数民族和民族地区科普人才建设，充分发挥少数民族科普人才特别是双语科普人才在科普宣传中的重要作用。

——建立社区科普人才队伍。结合科技进社区、卫生科技进社区、全民健康科技行动、社区科普大讲堂等活动以及社区科普益民计划，建立社区科普宣传员队伍。依托大学、科研机构、科普组织、科普场馆、科技社团、社区科普大学等，建设社区科普人才培养培训基地。鼓励学校、科研机构、企业、科技社团、科普场馆、科普教育基地等企业事业单位和部队的专业人才积极参与社区科普活动，建立社区科普人才队伍交流协作机制。

——发展企业科普人才队伍。充分发挥企业科协、企业团委、职工技协、研发中心等组织和机构的作用，开展专业技术人员的继续教育和职业技能培训等，培养和造就企业实用科普人才。

——积极发展青少年科技辅导员队伍。结合中小学科学课程和课外科普活动，重点在中小学、科普场馆、青少年科技活动中心、青少年宫等建立专职青少年科技辅导员队伍。依托科技专家、大学生志愿者、老科技工作者等建立兼职青少年科技辅导员队伍。加强对青少年科技辅导员的培训，提高其开展科学技术教育、组织策划科普活动的能力。

——大力发展科普志愿者队伍。推动建立科普志愿者协会、科普志愿者服务站等组织，为科普志愿者施展才能提供服务平台。鼓励老科技工作者、高校师生、中学生、在职科研人员、传媒从业者参加科普志愿者队伍。在大型主题科普活动和科普场馆、科普教育基地的展教活动中，充分发挥科普志愿者的作用，为其提供参与科普实践的机会。

——加快高端和专门科普人才培养。办好科技传播和相关专业，建设一批科普专门人才培训和实践基地。培养大批科普创作与设计、科普研究与开发、科普传媒、科普产业经营、科普活动组织策划等专门人才。

分工：由科技部、中国科协、人力资源社会保障部牵头，中央组织部、中央宣传部、教育部、国家民委、环境保护部、农业部、卫生部、广电总局、安全监管总局、林业局、中科院、社科院、工程院、气象局、自然科学基金会、全国总工会、共青团中央、全国妇联参加。

（十一）完善公民科学素质建设长效机制。

任务：建立健全广泛动员社会各界参加全民科学素质工作的机制。

措施：

——完善人才培养和动员机制。落实国家中长期科技、教育、人才发展规划纲要，建设好专职和兼职科普工作队伍。通过学校培养、在职培训、国外进修、国际交流、实践锻炼等，培养适应我国科技馆、科普传媒等事业发展需要的专门人才，制定专职科普工作者的评价标准。完善科普人才评价政策，提高科普人员和科普成果在科技考核指标中所占比重。研究制定激励措施，充分调动社会各界参与科普创作，传播科学知识和科技成果。

——建立科研与科普密切结合机制。研究制定在国家科技计划项目中相应增加科普任务的措施与办法。将科普工作作为国家重大科技创新任务的有机组成部分，在不涉及保密的情况下，使公众能够及时了解最新科技发现和创新成果。推动国家重大工程项目、科技计划项目和科技重大专项在立项时增加相应科普任务，验收时对科普效果进行评价。推动承担国家科技项目的科研团队、企业、高校和广大科技专家在科研与科普工作的结合上发挥示范和带头作用，为广大科技工作者作出表率。

——强化科普投入和产业发展保障机制。逐步加大对科技场馆等公益性科普设施的投入，保障基本建设、维护良性运转。落实完善捐赠公益性事业税收政策，广泛吸纳民间资金投入公民科学素质建设。推动各类科普平台的整合共享，提高科普资源使用效益。落实和完善有利于科普产业发展的财政、税收、金融等政策措施，研究制定科普产业相关技术标准、规范，推动科普产业健康快速发展。

——健全监测评估体系和考核激励机制。制定《中国公民科学素质基准》，建立《科学素质纲要》实施的监测指标体系，定期开展中国公民科学素质调查和全国科普统计工作，为公民提高自身科学素质提供衡量尺度和指导，为《科学素质纲要》的实施和监测评估提供依据。探索将全民科学素质工作纳入业绩考核，充分调动工作积极性。对在公民科学素质建设中作出突出贡献的集体和个人给予奖励和表彰，大力宣传先进人物和典型经验。

分工：由科技部、财政部、中央宣传部牵头，中央组织部、发展改革委、教育部、国家民委、人力资源社会保障部、环境保护部、农业部、卫生部、广电总局、安全监管总局、林业局、中科院、社科院、工程院、气象局、自然科学基金会、全国总工会、共青团中央、全国妇联、中国科协参加。

四、组织实施

（一）组织领导。

——国务院负责领导《科学素质纲要》的实施工作。各有关部门按照《科学素质纲要》的要求，将有关任务纳入相应工作规划和计划，充分履行工作职责，发挥各自优势，密切配合，形成合力。中国科协要发挥综合协调作用，会同有关方面共同推进公民科学素质建设。

——地方各级政府负责领导当地的《科学素质纲要》实施工作。要把公民科学素质建设作为推动地区经济社会发展的一项重要工作，纳入本地区经济社会发展总体规划，把实施《科学素质纲要》的重点任务列入年度工作计划,纳入目标管理考核。要因地制宜,制定本地区"十二五"全民科学素质工作的实施方案。要继续完善公民科学素质建设的工作机制和制度,制定具体政策措施,加大投入,为实施《科学素质纲要》提供保障。

——加强《科学素质纲要》实施的督促检查,推动工作任务的落实。

(二)保障条件。

——政策法规。在国家和地方的国民经济和社会发展规划、相关专项规划以及有关科学技术教育、传播与普及的法律法规中,体现公民科学素质建设的目标和要求。完善促进公民科学素质建设的政策法规,根据形势发展需要,对现有政策法规进行修订、补充和调整。推进《中华人民共和国科学技术普及法》实施条例和地方科普条例的研究制定工作,落实有关鼓励科普事业发展的科普税收优惠等相关政策,为提高全民科学素质提供政策保障。

——经费投入。各级政府根据财力情况和公民科学素质建设发展的实际需要,逐步提高教育、科普经费的投入水平,并将科普经费列入同级财政预算,保障《科学素质纲要》的顺利实施。中央财政根据财政状况,逐步加大对地方的转移支付力度。地方各级政府安排一定的经费用于公民科学素质建设。各有关部门根据承担的《科学素质纲要》实施任务,按照国家预算管理的规定和现行资金渠道,统筹考虑和落实所需经费。落实完善捐赠公益性科普事业税收政策,广泛吸纳境内外机构、个人的资金支持公民科学素质建设。

(三)进度安排。

——启动实施。2011年,推动和指导各地制定本地"十二五"全民科学素质工作实施方案并启动实施工作。组织制订本实施方案中11项重点任务的具体实施方案。做好"十二五"《科学素质纲要》实施动员和宣传工作。

——深入实施。2012—2014年,继续完善工作机制,加强监测评估,针对薄弱环节,解决突出问题,全面推进各项重点任务的实施。

——总结评估。2015年,组织开展督查,对"十二五"期间全民科学素质工作进行总结和评估,继续推进组织实施工作。

教育部　科学技术部　中国科学院　中国科学技术协会关于建立中小学科普教育社会实践基地开展科普教育的通知

（教基一函〔2011〕10 号　2011 年 7 月 7 日）

各省、自治区、直辖市教育厅（教委）、科技厅（局），中国科学院各分院、有关科研机构，科协，新疆生产建设兵团教育局、科技局：

为贯彻《科学技术普及法》及《国家中长期教育改革和发展规划纲要（2010—2020 年）》《国家中长期科学和技术发展规划纲要（2006—2020 年）》《国家中长期人才发展规划纲要（2010—2020 年）》《全民科学素质行动计划纲要（2006—2010—2020 年）》的精神，进一步推动青少年科普教育，创新人才培养机制体制，教育部、科技部、中国科学院、中国科协决定充分利用现有科技资源联合建立中小学科普教育社会实践基地，普遍开展科普教育活动，现将有关要求通知如下。

一、建立中小学科普教育社会实践基地的意义和要求

建立中小学科普教育社会实践基地开展科普实践活动是促进青少年学识结合、全面提高科学素养，普及科学常识，提升科技能力，实现人才培养的有效途径。也是实施素质教育的关键环节，是教育适应经济社会发展的必然选择。长期以来，科技馆、高校、科研机构、企业、科技园区等在促进青少年科普教育工作中取得了显著的成效，对促进科学技术的普及和人才培养起到了积极作用。随着我国创新型国家建设和对创新型人才培养的要求，青少年的科学素养、科学精神、科技能力的培养日益重要，青少年科普工作既是教育部门、科技部门的责任，也是其义务。各级教育、科技部门要进一步加强协作、相互配合，共同做好未成年人的科普教育工作，探索建立有效的合作机制，积极建设好一批中小学科普教育的社会实践基地，把校内外教育有效结合起来，发挥各行业开展科普教育的社会资源优势，形成教育合力。

二、中小学科普教育社会实践基地的主要资源和基本要求

中小学科普教育社会实践基地的资源单位，主要包括以下三类：

1. 科技馆、自然博物馆、专业技术博物馆等科普类场所；

2. 高校、中科院、地方政府所属科研机构;

3. 科技创新园区和科技创新型企业等。

各地应根据不同类型的科普资源设计相关的实践活动方案和内容。科技馆、自然博物馆、专业技术博物馆、动植物园等科普类场所在坚持长年开放的基础上,应与当地教育行政部门联合利用馆藏资源设计与学校课程相关的教育活动方案,为学校在科普场所开展课堂教学活动提供支持;高校、中科院、地方政府所属科研机构在进一步贯彻落实《关于科研机构和大学向社会开放科普活动的若干意见》(国科发政字〔2006〕494号)的前提下,逐步做到每月有一个固定半天面向周边中小学生开放,方便中小学生到实验室参观学习实践或进行课题研究活动,同时鼓励科研院所和科研基地为有科学发展潜质的青少年学生提供参与相关科研课题研究的机会,探索并不断完善创新型人才系统培养的有效途径和办法;科技创新园区和科技创新型企业要在不影响正常生产秩序的前提下设计提供青少年学生学习考察的路线,安排固定时间段有序地接待中小学生,并对学生的学习实践活动提供讲解与辅导。

各科普教育社会实践基地因地制宜开展富有特色的科普教育活动,活动方案要注重与学校课程相结合,针对不同年龄段学生的需求,开发出适合学生的实践活动实施方案,主要包括:

1. 基础条件:明确实践活动的基本场所、提供的设施设备和指导人员,需要观摩的要有参观路线,需要体验感受的要有具体内容,需要动手操作的要有操作方案。

2. 内容设置:设计结合科技馆、博物馆、高校、科研机构、企业和园区的具体工作和生产任务,根据中小学科普教育要求的具体教育内容,形成按步实施的完整活动方案,并明确适合的年级。

3. 活动形式:设计与内容设置相应的具体活动形式,讲解知识时相配套的形式,体验感受时营造的环境,动手操作时采取的方式。突出学生问问题、讨论和谈感受的环节。

4. 时间安排:明确科技馆、博物馆、高校、科研机构、企业和园区根据工作和生产特点及安排,提供中小学开展社会实践的具体时间,以及如何接受有需求学校的具体办法。

5. 服务质量:提出对利用科技馆、博物馆、科研机构、企业和园区资源达到教育效果的预期目标,明确参与指导实践活动的企业或机构人员的知识、能力和行为规范要求,以及接受指导、辅导、保护中小学生适当培训的要求。明确活动整个过程的细节服务规范。

6. 安全保障:制定切实可行的安全措施和预案,切实保证活动场地、设施、器材的安全性,配备安全保护人员,设置必要的安全警示标志,向学生讲清与实践内容相关的操作程序、安全制度,培养学生安全生产和操作的意识,防止意外事故发生。

三、建立全国中小学科普教育社会实践基地

各省、自治区、直辖市科技厅(科委),新疆生产建设兵团科技局,中国科学院各分院、有关科研机构,各省、自治区、直辖市科协,新疆生产建设兵团科协,在自愿的基础上完善和改造硬件设施,与当地教育行政部门一起开发科普教育的活动方案,制定组织工作方案,使之符合上述要求。

第一批中小学科普教育社会实践基地的申报时间从本通知下发之日起至2011年10月底止,由各省级教育行政部门会同科技厅(委)、所在地中科院分院、省级科协,统筹当地自愿申报

为科普教育社会实践基地的科普类场所、高校、科研单位、企业、园区等,按照优中选优、兼顾平衡的原则进行统一申报,每省原则申报 2～3 个单位。上报材料一式两份报教育部基础教育一司,由教育部会同科技部、中国科学院和中国科协组织专家对各地上报的材料进行综合评审,确定符合条件的单位予以挂牌、命名,并逐步形成激励或退出机制,引导社会实践基地健康发展。

鼓励各地从本地实际情况出发,参照国家命名中小学科普教育社会实践基地的模式,评选省(地市)级中小学科学教育社会实践基地。以就近就便满足广大学生日常开展学习和科学普及教育的需要。

教育部基础教育一司

联系人:(略)

电话:(略)

传真:(略)

附件:中小学科普教育社会实践基地申报表(略)

教育部　科学技术部

中国科学院　中国科学技术协会

二〇一一年七月七日

国土资源部　科学技术部关于印发《国土资源"十二五"科学技术普及行动纲要》的通知

（国土资发〔2011〕94 号　2011 年 7 月 11 日）

各省、自治区、直辖市国土资源主管部门、科学技术厅（委），中国地质调查局及国土资源部其他直属单位，各派驻地方的国家土地督察局，国土资源部部机关各司局：

为进一步做好国土资源科学技术普及工作，国土资源部与科学技术部共同制定了《国土资源"十二五"科学技术普及行动纲要》，现印发给你们，请结合实际，认真贯彻执行。

请各省（区、市）国土资源主管部门会同科学技术主管部门参照本行动纲要，编制本省（区、市）的国土资源科学技术普及计划，并于 2011 年 11 月底前分别报国土资源部、科学技术部备案。

《国土资源"十二五"科学技术普及行动纲要》的组织实施工作由国土资源部科技与国际合作司负责。

国土资源部　科学技术部
二〇一一年七月十一日

附件：

国土资源"十二五"科学技术普及行动纲要

依据《中华人民共和国科学技术普及法》，为贯彻落实《国家中长期科学和技术发展规划纲要（2006—2020 年）》、《全民科学素质行动计划纲要（2006—2010—2020 年）》和《科普基础设施发展规划（2008—2010—2015 年）》，按照《国家"十二五"科学技术普及发展规划》、《国土资源"十二五"规划纲要》，制定《国土资源"十二五"科学技术普及行动纲要》。

一、前言

国土资源科学技术普及（以下简称国土资源科普）是指采取公众易于理解、接受、参与的方式，普及国土资源科学技术知识，倡导科学方法，传播科学思想，弘扬科学精神，培养青少年对地球系统科学和可持续发展科学的学习和研究兴趣;宣传国土资源国情国策,增强公众资源忧患意识,普及保护和合理利用国土资源和国土空间、防治地质灾害的科学常识,引导公众积极参与节约、集约、高效、持续利用国土资源的实践,促进经济发展方式转变;贯彻落实科学发展观,宣传国土资源管理的新理念,普及新认识,推广新成果、新技术,提升国土资源管理现代化水平,提升国土资源事业的社会认知度。地球系统科学和可持续发展科学是公众关注的领域,又是辩证唯物主义教育的重要方面。因此,国土资源科普是加强国家科普能力建设,提高全民科学素养的重要组成部分,是国土资源事业发展的重要基础。

(一)国土资源科普工作面临的形势

1. 科普工作正面临重要的发展机遇期。我国正处在改革发展的关键阶段,深入贯彻落实科学发展观,全面建设小康社会,实现中华民族伟大复兴,必须大力提高公民素质。科学素质是公民素质的重要组成部分。加强科学技术普及,提高公民科学素质,对于增强公民获取和运用科技知识的能力,提高国家自主创新能力,转变经济发展方式,实现经济社会全面协调可持续发展,意义重大。

2. 新形势下国家对科普工作提出更高要求。《全民科学素质行动计划纲要(2006—2010—2020 年)》指出,到 2020 年,科学技术教育、传播与普及有长足发展,公民科学素质在整体上有大幅度的提高,达到世界主要发达国家 21 世纪初的水平。《国家"十二五"科学技术普及发展规划》提出,"十二五"期间,加强国家科普示范基地建设,完善国家科普奖励制度,建立健全国家科学传播体系,发挥大众传播媒体的作用,不断提高公众对科学的信任度和支持度,使国家科普能力和公民科学素质得到明显提升。

3. 迫切需要加强国土资源科普工作。一方面,我国人口众多、资源相对不足,随着经济、人口规模不断增长,土地、矿产等资源不足的矛盾越来越尖锐。随着全球经济一体化的发展,资源将在更大范围内配置,加之应对气候变化等新的挑战,要求我们必须依靠科技进步,加快转变经济增长方式,建设资源节约型、环境友好型社会。大力推进国土资源科技进步,不断提高公众国土资源科学素养,是社会发展的必然趋势和要求。另一方面,随着社会发展和人民生活水平不断提高,提高科学文化、享受现代文明成果的能力越来越成为公众的需求,公众科普需求呈现多样化态势。必须全面提升国土资源科普能力,构建国土资源科普体系,提高公众国土资源科学素养,逐步形成"政府推动,全民参与,提升素质,促进和谐"的局面,满足不断增长的公众需求。

(二)国土资源科普工作现状

1. 国土资源领域科普资源丰厚。我国国土资源十分丰富,发育有 38 亿年以来各个地质时代的地质遗迹和各种类型的矿产,有许多世界罕见的地质现象,为普及国土资源科学知识提供了良好条件。经过多年的发展,我国已经拥有一批精英荟萃的国土资源科学研究单位、高等院校相关院系、各类实验室、野外科学研究基地,以及数量众多的地质(自然)博物馆(室)、地质公园、矿山公园、自然遗迹等,为普及地球系统科学知识、宣传资源国情国策提供了大量看得见、摸得着、可参与、便互动的实物和现场,是十分重要且独具行业特色的科普资源。同时,国土资源领域基础研究、专业教育体系渐趋完善,高新技术研发不断取得新成果,新技术已广泛应用于国土资源事业各个领域和环节,国土资源科普内容丰富,受众广泛。

2. 国土资源科普工作成效显著。国土资源部高度重视科普工作。2004 年,国土资源部、科技部联合印发了《国土资源科学技术普及行动纲要(2004 年—2010 年)》。在纲要引领下,国土资源部持续组织开展了世界地球日、全国土地日、全国科技活动周、全国青少年地学夏令营等系列重大科普精品活动,出版了一批科普丛书,发布了《国土资源科普基地推荐及命名暂行办法》,制定了《国土资源科普基地标准》,命名了 57 个国土资源科普基地,各级地学实验室逐步建立公众开放日制度,专兼职科普队伍进一步扩大,国土资源科普体系框架初步形成,国土资源科普工作取得显著进展。

3. 国土资源科普水平亟待提高。虽然国土资源科普工作在"十一五"期间取得显著进展,但距国家的要求和社会的期望还有较大差距。科普能力总体较弱,科普基地发展不均衡,传播渠道单一,对大众媒体及现代化传播手段应用不足,经常性科普活动不足,科研实验机构开放日制度尚不健全,丰富的国土资源科普资源未得到充分的发掘和利用,科研成果科普化程度很低,优秀科普作品系列缺乏,高层次科普人才紧缺。体制机制上,部分单位对科普工作重视不够,缺乏长期固定的经费支持,缺乏有效的激励机制,政府仍是开展科普活动的主体,学会、协会、基金会、事业单位、企业等主体作用尚未充分发挥,科研工作者科普意识不够,市场化机制探索不足。国土资源科普工作任重道远。

二、指导思想和发展目标

(一)指导思想

以邓小平理论和"三个代表"重要思想为指导,深入贯彻落实科学发展观,政府引导,充分调动全社会力量共同参与,在新的社会经济发展阶段和科技进步条件下,结合创建资源节约型、环境友好型社会等中心工作,突出国土资源行业特点,以逐步提高全民国土资源科学技术素养为目标,以加强国土资源科普能力建设为主线,构建和发展国土资源科普体系,全面推进国土资源科普事业。

(二)发展目标

到 2015 年,通过科普基地、科普活动、科普作品、科普人才以及科普基础工作的全面发展和进步,形成特色鲜明的国土资源科普体系,国土资源科普能力显著提升,公民国土资源科学素养大幅度提高,国土资源科普事业得到长足发展,总体水平处于全国各行业前列。

具体目标为:新命名建设全国国土资源科普基地 100 个,力争成功推荐 5 个国家科普示范基地,发展一批省级国土资源科普基地;组织编写出版 5 套具有广泛社会影响的科普图书和音像制品,完善科普作品奖励制度;培育一批全国国土资源科普活动精品;推进科技项目成果科普化及科普开放日制度;培育壮大国土资源科普人才队伍;丰富和拓展科普渠道,建成具有全国影响力的科普网络平台、数字地质博物馆、数字地质公园各 1 个,打造 1~2 种国内外具有一定知名度的科普期刊,促进上电视、进校园等科普形式的常态化、系列化。

三、重点任务

(一)建设科普基地

修订完善科普基地相关办法,分级命名建设 150 个国土资源科普基地,优化国土资源科普基地建设结构,建设和开通科普基地网站,为全面提升国土资源科普能力提供基础和支撑,打造高水平的国土资源科普平台。

1. 制定《国土资源科普基地发展规划》,完善《国土资源科普基地推荐及命名暂行办法》,修改细化国土资源科普基地命名、评估标准。分类型编制《国土资源科普基地建设工作指南》,指导国土资源科普基地建设发展。

2. 分级命名建设国土资源科普基地。到2015年,全国国土资源科普基地达150个,省级国土资源科普基地初具规模,部分有条件的市县探索开展市县级国土资源科普基地命名建设工作。

3. 优化国土资源科普基地建设结构。一是科技场馆类、资源保护类、科研实验类三种类型的国土资源科普基地发展更为均衡,根据实际情况可增加新的国土资源科普基地类型;二是平衡发展土地、地质矿产、地质环境与灾害各领域的国土资源科普基地,注重土地领域及综合性国土资源科普基地建设;三是逐步缩小各地区国土资源科普基地建设的差距,加大对贫困落后地区、西部地区、偏远山区国土资源科普基地建设的支持。

4. 开通国土资源科普基地网站,建设统一共享的数字化网络科普平台。将科普信息化建设纳入国土资源信息化建设体系,充分发挥信息技术的重要作用,采用国家通用的标准,建设中国数字地质博物馆、中国数字地质公园,利用多媒体、虚拟现实和人机交互等现代信息技术,配置数字化藏品和场景,建立国土资源基础数据多维立体可视模型,集中展示国土资源科普基地的典型科普资源。

5. 对已命名国土资源科普基地进行科学评估,对评估结果特别优秀的国土资源科普基地,优先推荐申报国家科普示范基地,优先支持开展有关科学研究。

(二)开展系列科普活动

充分利用各种科普资源和渠道,面向青少年、大学生、社会公众以及国土资源管理干部等不同群体,规范和强化常规性科普活动,做精重大主题科普活动,积极开展应急性科普宣传活动。

1. 规范强化常规科普活动。到2015年,重点实验室、专业开放实验室、标本陈列馆(室)、博物馆等凡具有科普资源和条件的国土资源系统科研、事业单位,均建立科普开放日制度,与高等院校、中小学和社区建立固定联系,定期向公众开放,安排固定的专兼职人员开展科普活动,以科普讲座、现场参观、相关科学实验演示和操作、科学家与公众互动、专题展览等形式普及国土资源科技知识。年开放天数一般不低于15天,开放计划提前通过网络、报纸等媒体告知全社会。探索在各级党校、大中小学及社区开设国土资源相关课程或讲座。

2. 做精重大主题科普活动。国土资源系统科研院所、高校相关院系、有关事业单位、学会、协会、基金会、科普基地、"李四光中队"及行业相关机构、企业是开展科普活动的主体,要充分借助"世界地球日"、"防灾减灾日"、"科技活动周"、"全国土地日"、"全国科普日"等平台,创新形式,扩大影响,开展系列重大主题科普活动,创建一批影响力大、示范性强的科普活动精品。

3. 积极开展应急性科普宣传活动。充分发挥国土资源领域权威专家的作用,针对社会公众关注的相关话题或突发事件,以电视专题节目、网站在线访谈、报刊专题文章等形式,普及有关科学知识。

（三）创作奖励和宣传科普作品

组织编写出版具有广泛社会影响的科普图书和音像制品，奖励、宣传优秀国土资源科普作品及其创作者。

1. 创作科普作品。组织高水平科普创作人员或团队，针对不同人群及年龄段，以图书、电视节目、电影、动漫游戏等多种形式，创作一批涉及地球系统科学、国土资源可持续发展、土地矿产资源国情、地质灾害、气候变化等知识的有广泛影响力的系列科普作品。相关出版社要组织编辑力量及时出版优秀的科普作品。

2. 奖励优秀科普作品。鼓励优秀科普作品申报国土资源科学技术奖。在国土资源科学技术奖基础上，推荐优秀科普作品申报国家科学技术奖。通过社会力量，按照国家规定设立专项基金或奖项，开展国土资源科普作品创作、评选及推广工作。

3. 宣传推广科普作品。建立公开共享的国土资源科普作品库，集中展示优秀科普作品。遴选代表性的科普期刊，刊登优秀科普文章，宣传推广优秀科普作品。相关报纸、杂志和专业期刊等要开设科普专栏，报道科普动态，刊登优秀科普作品。充分利用优秀的科普作品，开展农村党员干部现代远程教育，以及县（市）、乡（镇）国土资源管理干部培训工作。与相关媒体合作，共建有影响、喜闻乐见的国土资源科普栏目和频道，展示优秀科普作品。

（四）培训培养一批科普人才

加大对科普工作人员的培训，扩大志愿者科普人才队伍，逐步实现相关科研事业单位、学会、协会、国土资源科普基地都有1~2名专职科普管理人员、若干兼职科普专家及工作人员。

1. 开展系统培训。对博物馆和地质、矿山公园讲解员，科普志愿者，以及科普管理人员进行专项培训，提升国土资源专业知识水平，普及教育学、心理学、传播学等基本知识和技能，培养优秀科普人才。到2015年，科普人才培训不低于1000人次。

2. 扩大志愿者队伍。加强与高校的联系合作，发展壮大大学生国土资源科普志愿者队伍，探索将大学生志愿讲解等活动纳入社会实践或专业实习范畴，使大学生成为普及国土资源知识、宣传国土资源国情的有生力量。

（五）做实科普统计等基础工作

扎实做好科普统计、公民国土资源科学素质基准及评价等基础性科普工作。

1. 做好科普统计工作。科普统计是客观反映科普工作状况的重要途径，是经国家统计部门批准的年度基础性工作。各单位要按照国家科技主管部门的要求，认真填写科普工作调查表，如实反映科普人员、科普场地、科普经费、科普传媒、科普活动等的基本情况。

2. 确定公民国土资源科学素质基准及评价体系。结合全国公民素质基准调查等工作，开展公民国土资源科学素质基准及评价体系研究，定期或不定期开展公民国土资源科学素质调查评估，为宏观决策提供客观依据。

四、保障措施

（一）加强组织领导

充分发挥各级科普工作联席会议的作用，加强各级国土资源主管部门与科技主管部门的联系合作,整合科普资源,联合开展国土资源科普工作。

国土资源主管部门充分发挥国土资源科技领导小组、国土资源科技专家咨询委员会的决策、咨询作用,做好国土资源科普工作的统筹协调和宏观指导工作。要充分发挥学会、协会、基金会、科研院所、有关事业单位等的主体作用,显著提升其他社会组织、企业在国土资源科普事业中的作用和影响力。

(二)完善工作机制

建立定期联系机制。各级国土资源主管部门与科技主管部门要建立长期的联系沟通机制,以共同举办年度科普工作研讨会等形式加强合作对接。

探索联动机制。加强与环境保护、旅游等部门以及科学技术协会等组织的合作联动,共同开展重大科普活动。积极探索,联合多家国土资源科普基地,共同开展重大科普活动,定期组织珍贵稀有展品、专题展览的交流巡展。探索建立"国土资源科普基地护照"制度,持有护照的公众参观游览各国土资源科普基地时可享受相应的优惠或服务。

完善考核和激励机制。将科普工作纳入科研事业单位年度重点工作和考评体系。通过指定期刊或报纸发表的科普文章,在考核评估时与在学术性期刊发表的专业论文同等对待。对学会、协会、基金会建立相应的激励机制,对科普工作成绩突出的单位及个人给予表彰。

(三)加大经费投入

加大对公益性国土资源科普工作经费的财政投入。将科普基地建设、科普活动支出、科普作品创作、科普人才培养、科普基础工作等必要的科普经费纳入各级国土资源行政管理部门及有关事业单位预算。各级国土资源主管部门与科技主管部门每年投入一定的科普经费用于支持重点科普项目,引导、加强科普能力建设。

国土资源部门要进一步宣传用好国家鼓励科普事业发展的税收优惠政策,积极引导鼓励社会多元化资金投入国土资源科普事业。支持设立相关的基金,鼓励企业及个人投入开展国土资源科普工作,引导开拓地学文化创意产业市场,运用市场化机制促进国土资源科普工作的长期可持续发展。

(四)转化科研成果

统筹开展国土资源科技创新与科技普及工作,促进科研成果科普化。

组织实施国家科技计划、国土资源部公益性行业科研专项等非涉密科研项目时,在立项、实施、验收等环节推进科研成果科普化。立项阶段,根据专家建议确定项目科研成果是否应该科普化。对确定应该科普化的项目,下达项目任务书时,明确将成果报告公众读本或音像制品等作为考核指标;在结题验收时,提交简明、通俗、生动的科普成果,并通过国土资源部网站进行宣传共享。

强化国土资源领域各工作专项项目承担单位的科普责任,鼓励以科普作品形式宣传普及实施各专项中产生的科研成果。对成效显著的科学家及研究团队,优先持续支持开展相关科学研究工作。对优秀的科研成果科普化作品,纳入国土资源科普作品库,组织编写国土资源科技成果科普化丛书,推广普及优秀科技成果。

(五)加强国际合作

加强与国际相关机构、组织的交流合作,支持科研院所、相关事业单位开展有关国际合作,参加国际重大科普活动或夏令营,实施国际科普项目。邀请国际科研事业单位、学会协会要加强与国内外有关企业、社会机构的合作,共同开展重大科普活动,创作高水平的科普作品。

加强国际交流与考察培训,支持优秀国土资源科普工作人员到国际相关机构、学校培训,借鉴国际先进经验,提高我国国土资源科普工作的能力和水平。

财政部　国家税务总局关于继续执行宣传文化增值税和营业税优惠政策的通知

（财税〔2011〕92 号　2011 年 12 月 7 日）

各省、自治区、直辖市、计划单列市财政厅（局）、国家税务局、地方税务局，新疆生产建设兵团财务局，财政部驻各省、自治区、直辖市、计划单列市财政监察专员办事处：

为支持我国宣传文化事业的发展，经国务院批准，在 2012 年底以前，对宣传文化事业继续执行增值税和营业税税收优惠政策。现将有关事项通知如下：

一、自 2011 年 1 月 1 日起至 2012 年 12 月 31 日，执行下列增值税先征后退政策

（一）对下列出版物在出版环节执行增值税 100％先征后退的政策：

1. 中国共产党和各民主党派的各级组织的机关报纸和机关期刊，各级人大、政协、政府、工会、共青团、妇联、科协的机关报纸和机关期刊，新华社的机关报纸和机关期刊，军事部门的机关报纸和机关期刊。

上述各级组织的机关报纸和机关期刊，增值税先征后退范围掌握在一个单位一份报纸和一份期刊以内。

2. 专为少年儿童出版发行的报纸和期刊，中小学的学生课本。

3. 专为老年人出版发行的报纸和期刊。

4. 少数民族文字出版物。

5. 盲文图书和盲文期刊。

6. 经批准在内蒙古、广西、西藏、宁夏、新疆五个自治区内注册的出版单位出版的出版物。

7. 列入本通知附件 1 的图书、报纸和期刊。

（二）对下列出版物在出版环节执行增值税先征后退 50％的政策：

1. 除本通知第一条第（一）项规定执行增值税 100％先征后退的图书和期刊以外的其他图书和期刊、音像制品。

2. 列入本通知附件 2 的报纸。

（三）对下列印刷、制作业务执行增值税 100％先征后退的政策：

1. 对少数民族文字出版物的印刷或制作业务。

2. 列入本通知附件 3 的新疆维吾尔自治区印刷企业的印刷业务。

二、自 2011 年 1 月 1 日起至 2012 年 12 月 31 日，对下列新华书店执行增值税免税或先征

后退政策

（一）对全国县（含县级市、区、旗，下同）及县以下新华书店和农村供销社在本地销售的出版物免征增值税。对新华书店组建的发行集团或原新华书店改制而成的连锁经营企业，其县及县以下网点在本地销售的出版物，免征增值税。

县（含县级市、区、旗）及县以下新华书店包括地、县（含县级市、区、旗）两级合二为一的新华书店，不包括位于市（含直辖市、地级市）所辖的区中的新华书店。

（二）对新疆维吾尔自治区新华书店、乌鲁木齐市新华书店和克拉玛依市新华书店销售的出版物执行增值税 100％先征后退的政策。

三、自 2011 年 1 月 1 日起至 2012 年 12 月 31 日，对科普单位的门票收入，以及县（含县级市、区、旗）及县以上党政部门和科协开展的科普活动的门票收入免征营业税。对境外单位向境内科普单位转让科普影视作品播映权取得的收入免征营业税。

四、自 2011 年 1 月 1 日起至 2012 年 12 月 31 日，对依本通知第一条规定退还的增值税税款应专项用于技术研发、设备更新、新兴媒体的建设和重点出版物的引进开发。对依本通知第二条规定免征或退还的增值税税款应专项用于发行网点建设和信息系统建设。

五、享受本通知第一条第（一）项、第（二）项规定的增值税先征后退政策的纳税人必须是具有国家新闻出版总署颁发的具有相关出版物的出版许可证的出版单位（含以"租型"方式取得专有出版权进行出版物的印刷发行的出版单位）。承担省级以上新闻出版行政部门指定出版、发行任务的单位，因进行重组改制等原因尚未办理出版、发行许可的出版单位，经省级财政监察专员办事处商同级新闻出版主管部门核准，可以享受相应的增值税先征后退政策。

纳税人应将享受上述税收优惠政策的出版物在财务上实行单独核算，不进行单独核算的不得享受本通知规定的优惠政策。违规出版物和多次出现违规的出版单位不得享受本通知规定的优惠政策，上述违规出版物和出版单位的具体名单由省级及以上新闻出版行政部门及时通知相应省级财政监察专员办事处。

六、本通知的有关定义

（一）本通知所述"科普单位"，是指科技馆，自然博物馆，对公众开放的天文馆（站、台）、气象台（站）、地震台（站），以及高等院校、科研机构对公众开放的科普基地。

（二）本通知所述"出版物"，是指根据国家新闻出版总署的有关规定出版的图书、报纸、期刊、音像制品和电子出版物。所述图书、报纸和期刊，包括随同图书、报纸、期刊销售并难以分离的光盘、软盘和磁带等信息载体。

（三）图书、报纸、期刊（即杂志）的范围，仍然按照《国家税务总局关于印发〈增值税部分货物征税范围注释〉的通知》（国税发〔1993〕151 号）的规定执行。

（四）本通知所述"专为少年儿童出版发行的报纸和期刊"，是指以初中及初中以下少年儿童为主要对象的报纸和期刊。

（五）本通知所述"中小学的学生课本"，是指普通中小学学生课本和中等职业教育课本。普通中小学学生课本是指根据教育部中、小学教学大纲的要求，由经国家新闻出版行政管理部门审定而具有"中小学教材"出版资质的出版单位出版发行的中、小学学生上课使用的正式课本，具体操作时按国家和省级教育行政部门每年春、秋两季下达的"中小学教学用书目录"中所列的"课本"的范围掌握;中等职业教育课本是指经国家和省级教育、人力资源社会保障行政部门审定,供中等专业学校、职业高中和成人专业学校学生使用的课本,具体操作时按国家和省级教育、人力资源社会保障行政部门每年下达的教学用书目录认定。中小学的学生课本不包括各种形式的教学参考书、图册、自读课本、课外读物、练习册以及其他各类辅助性教材和辅导读物。

(六)本通知所述"专为老年人出版发行的报纸和期刊",是指以老年人为要对象的报纸和期刊,具体范围详见附件4。

(七)本通知第一条第(一)项和第(二)项规定的图书包括租型出版的图书。

七、办理和认定

本通知规定的各项增值税先征后退政策由财政部驻各地财政监察专员办事处根据财政部、国家税务总局、中国人民银行《关于税制改革后对某些企业实行"先征后退"有关预算管理问题的暂行规定的通知》(〔94〕财预字第55号)的规定办理。各地财政监察专员办事处和负责增值税先征后退初审工作的财政机关要采取措施,按照本通知第四条规定的用途监督纳税人用好退税或免税资金。

八、本通知自2011年1月1日起执行。《财政部　国家税务总局关于继续实行宣传文化增值税和营业税优惠政策的通知》(财税〔2009〕147号)同时废止。

按照本通知第二条和第三条规定应予免征的增值税或营业税,凡在接到本通知以前已经征收入库的,可抵减纳税人以后月份应缴纳的增值税、营业税税款或者办理税款退库。纳税人如果已向购买方开具了增值税专用发票,应将专用发票追回后方可申请办理免税。凡专用发票无法追回的,一律照章征收增值税。

附件:1. 适用增值税100%先征后退政策的特定图书、报纸和期刊名单(略)
　　　 2. 适用增值税50%先征后退政策的报纸名单(略)
　　　 3. 适用增值税100%先征后退政策的新疆维吾尔自治区印刷企业名单(略)
　　　 4. 专为老年人出版发行的报纸和期刊名单(略)

财政部　国家税务总局

二〇一一年十二月七日

财政部　海关总署　国家税务总局关于鼓励科普事业发展的进口税收政策的通知

（财关税〔2012〕4 号　2012 年 1 月 17 日）

各省、自治区、直辖市、计划单列市财政厅（局）、国家税务局，新疆生产建设兵团财务局，海关总署广东分署、各直属海关：

经国务院批准，自 2012 年 1 月 1 日至 2015 年 12 月 31 日，对公众开放的科技馆、自然博物馆、天文馆（站、台）和气象台（站）、地震台（站）、高校和科研机构对外开放的科普基地，从境外购买自用科普影视作品播映权而进口的拷贝、工作带，免征进口关税，不征进口环节增值税；对上述科普单位以其他形式进口的自用影视作品，免征进口关税和进口环节增值税。进口科普影视作品的商品名称及税号见附件。

以上科普单位进口的自用科普影视作品，由省、自治区、直辖市和计划单列市科技厅（委、局）认定。经认定享受税收优惠政策的进口科普影视作品，由海关凭相关证明办理免税手续。

附件：科普影视作品的商品名称及税号（略）

财政部　海关总署　国家税务总局
二〇一二年一月十七日

科学技术部办公厅
关于转发关于继续执行宣传文化增值税和
营业税优惠政策的通知和关于鼓励科普事业
发展的进口税收政策的通知的通知

（国科办政〔2012〕16 号　　2012 年 2 月 24 日）

各省、自治区、直辖市及计划单列市科技厅（委、局）、新疆生产建设兵团科技局，中央、国务院有关部门科技主管单位：

经国务院批准，2011 年 12 月，财政部、国家税务总局印发了《关于继续执行宣传文化增值税和营业税优惠政策的通知》（财税〔2011〕92 号），规定"自 2011 年 1 月 1 日起至 2012 年 12 月 31 日，对科普单位的门票收入，以及县（含县级市、区、旗）及县以上党政部门和科协开展的科普活动的门票收入免征营业税。对境外单位向境内科普单位转让科普影视作品播映权取得的收入免征营业税"。

2012 年 1 月，财政部、海关总署、国家税务总局印发了《关于鼓励科普事业发展的进口税收政策的通知》（财关税〔2012〕4 号），规定"自 2012 年 1 月 1 日至 2015 年 12 月 31 日，对公众开放的科技馆、自然博物馆、天文馆（站、台）和气象台（站）、地震台（站）、高校和科研机构对外开放的科普基地，从境外购买自用科普影视作品播映权而进口的拷贝、工作带，免征进口关税，不征进口环节增值税；对上述科普单位以其他形式进口的自用影视作品，免征进口关税和进口环节增值税"。

上述两项税收优惠政策的继续实施，充分体现了党中央、国务院对我国科普事业发展的高度重视和大力支持，是贯彻落实《中华人民共和国科学技术普及法》的有力举措，对促进"十二五"期间我国科普事业发展，推进我国科普基地建设和向公众开放，开展科普活动具有重要意义。现将两项科普税收优惠政策转发你们，请协助做好科普税收政策的实施工作。

附件：1. 财政部　国家税务总局关于继续执行宣传文化增值税和营业税优惠政策的通知（略）
　　　2. 财政部　海关总署　国家税务总局关于鼓励科普事业发展的进口税收政策的通知（略）

科学技术部办公厅
二○一二年二月二十四日

科学技术部关于印发国家科学技术普及
"十二五"专项规划的通知

（国科发政〔2012〕224 号   2012 年 4 月 5 日）

各省、自治区、直辖市、计划单列市科技厅（委、局），新疆生产建设兵团科技局，中央、国务院有关部门科技主管单位，各有关单位：

为深入实施《中华人民共和国科学技术普及法》，进一步贯彻落实《国家中长期科学和技术发展规划纲要（2006—2020 年）》和《国家"十二五"科学和技术发展规划》，在全社会弘扬科学精神，普及科学知识，提高公民科学素质，推进我国科普事业发展，科学技术部组织编制了《国家科学技术普及"十二五"专项规划》。

现将该规划印发你们，请结合本地区、本部门、本单位的实际情况，做好落实工作。

附件：国家科学技术普及"十二五"专项规划

中华人民共和国科学技术部

二〇一二年四月五日

国家科学技术普及"十二五"专项规划

"十二五"时期是我国全面建设小康社会的关键时期，是提高自主创新能力、建设创新型国家的攻坚阶段。加强科学技术普及，提高公民科学素质，对加速科技进步和创新，加快促进经济发展方式转变，推动我国经济社会长期平稳较快发展具有重要意义。为深入贯彻党的十七届五中、六中全会精神和《国民经济和社会发展第十二个五年规划纲要》，全面落实《中华人民共和国科学技术普及法》，深入实施《国家中长期科学和技术发展规划纲要（2006—2020 年）》、《国家"十二五"科学和技术发展规划》和《全民科学素质行动计划纲要（2006—2010—2020年）》，加强国家科普能力建设，提升公民科学素质，促进我国科普事业持续健康发展，制定本专项规划。

一、形势与需求

（一）我国科普事业发展取得的主要成效

"十一五"期间,我国科普事业全面发展,取得了显著成效,主要表现在以下几个方面。

1. 公民科学素养水平明显提高,科普人员数量不断增长。据测算,2010 年我国公民具备基本科学素质的比例达到 3.27%,比 2005 年的 1.6% 提高了 1.67 个百分点。截止 2010 年底,全国共有科普人员 175.14 万人,较 2005 年增长 7.88%。其中,科普专职人员 22.34 万人,科普兼职人员 152.80 万人。全国每万人口拥有科普人员 13.06 人。

2. 科普经费投入持续增加,科普基础设施建设不断完善。2010 年,全社会科普经费筹集额为 99.52 亿元,比 2005 年增长 112.53%。政府拨款的科普经费中,科普专项经费为 35.06 亿元,全国人均年科普专项经费 2.61 元。截止 2010 年底,全国共有各类科普场馆 1511 个(建筑面积在 500 平方米以上),比 2005 年增长 75.90%。全国共有科普画廊 23.73 万个,城市社区科普(技)活动专用室 7.32 万个,农村科普(技)活动场地 41.46 万个。

3. 科普传播媒介形式多样,科普活动成为科技惠及公众的重要平台。2010 年,全国共出版科普图书 0.65 亿册,出版科普期刊 1.55 亿册,共发放科普读物和资料 7.25 亿份,较 2005 年分别增长 32.46%、16.74% 和 23.77%。全国广播电台播出科普(技)节目总时长 19.15 万个小时,全国电视台播出科普(技)节目总时长为 26.39 万个小时,较 2005 年分别增长 93.05% 和 132.01%。2010 年,全国共举办科普(技)讲座 81.34 万次,听众达 1.69 亿人次,较 2005 年分别增长 12.45% 和 14.27%。共举办科普(技)专题展览 12.73 万次,参观人数超过 2.01 亿人次,较 2005 年分别增长 23.53% 和 38.08%。共举办科普(技)竞赛 5.42 次,参加人数达 5406.97 万人次,较 2005 年分别增长 12.56% 和 27.98%。

4. 科普政策环境不断优化,有利于科普发展的社会氛围初步形成。《科普法》实施工作不断深化,各地制订了一批相关配套地方法规。《全民科学素质行动计划纲要》深入推进,使公民科学素质的公共服务能力得到较大提升。加强科普能力建设、对科普场馆门票收入和进口科普产品给予税收优惠等一系列鼓励科普事业发展政策和措施制定出台,强化了政府科普服务能力建设,调动了社会各界参与和支持科普发展的积极性,形成了全力推进科普发展的工作机制,营造了有利于科普事业发展的良好社会氛围。

（二）我国科普事业发展面临的新需求

我国正处在加快经济发展方式转变、全面建设小康社会的关键时期,科技创新促进经济社会发展的作用日益突出。科学研究、技术创新、产业发展、社会进步相互促进和一体化发展趋势更加明显,正在深刻改变世界科技和经济社会发展形态,新技术、新产品、新型服务的广泛应用深刻地影响着人民的生活和生产方式,科技发展与人民群众生活的关系更加密切。随着我国经济和社会快速发展,人民生活水平不断提高,公众对科学精神、科学思想、科技知识和科学方法的需求不断增长。科技创新活动日趋活跃,迫切需要公众理解科学、支持和参与科学技术活动,不断提高全民科学素质,从而为建设创新型国家打下坚实的社会基础。

面对世界科技发展的新趋势和国内经济社会发展的新需求,我国科普事业发展中仍然存在一些薄弱环节和深层次问题。主要表现为:我国公民科学素质水平不高,与发达国家相比仍有较大差距;科普资源整合力度不够,科普基础设施服务能力有待提升;科普产品研发能力不强,科普原创作品少,科普产业培育和发展仍在起步阶段;专业科普人员数量偏少,科技工作者、企业等社会力量参与科普积极性还没有充分调动;科普事业投入不足,企业和社会力量对科普事业的捐助较少等。

"十一五"期间,我国的科技创新能力加速提升,科技资源总量快速增加,科技支撑引领作用日益凸显,自主创新环境不断优化,为加快我国科普事业发展提供了良好条件和重要支撑。"十二五"时期,我国科普事业发展处于可以大有作为的重要战略机遇期。要积极推动科学技术创新和科学技术普及的紧密结合、协调发展,在全社会大力普及科技知识、倡导科学方法、传播科学思想、弘扬科学精神,加快提高公民科学文化素质,充分发挥科普工作对促进经济发展和社会进步的重要基础性作用。

二、总体思路与发展目标

(一)总体思路

以邓小平理论和"三个代表"重要思想为指导,深入贯彻落实科学发展观,以提高全民科学素质为目标,以加强国家科普能力建设为重点,广泛开展科学技术普及活动,加强重点人群、重点领域科普工作,支持公益性科普事业健康发展,鼓励经营性科普产业发展,加强科普对外交流与合作,促进教育、科研与科普的紧密结合,完善科普发展机制和政策环境,为推进自主创新、建设创新型国家打下坚实的基础。

(二)发展目标

到 2015 年,实现我国公民科学素质的显著提高,使我国公民具备基本科学素质的比例超过 5%,达到世界主要发达国家 20 世纪 90 年代中期的水平。国家科普能力明显增强,科普事业发展的基础设施、政策法规、条件保障、监测评估等体系进一步完善。

具体目标:

1. 形成以政府投入为主的多渠道科普投入体系。实现政府科普投入显著提高,到 2015 年,实现全国人均科普专项经费达到 3 元/年,发达地区和城市人均科普专项经费达到 5 元/年以上。全面落实鼓励科普事业发展的税收政策,使企业成为科普投入的重要主体,社会团体和个人成为科普投入的重要来源。

2. 形成不同类型和特色的科普基地。到 2015 年底,创建 100 个国家级科普示范基地;中央和国家部委所建立的特色科普基地总数达到 1000 个左右;省级科普基地总数达到 3000 个左右。全国科普基础设施的整体布局有所改善,城区常住人口 100 万人以上的大城市至少拥有 1 座科技类博物馆,各省会城市和自治区首府至少拥有 1 座大中型科技馆,在中等城市建有一座科技馆,县级市建有科技活动中心,在大型国有企业建有专题科技馆。实现在全国 50% 的街道(乡镇)、社区建有科普活动站(室),50% 的行政村建有科普画廊(宣传栏)。

3. 社会科普资源得到充分利用。实现 6000 家科研机构和高等学校向社会开放,开展科普活动;鼓励有条件的企业面向公众开放研发机构、生产设备设施(流程)或展览馆;在高新技术企业和创新型企业中推动建设 500 家科普示范企业,为公民理解科学和参与科技创新实践提供丰富的场所。全国科技馆年接待观众量达到 5000 万人次。逐步推进省级以上科技馆向社会免费或低成本开放。

4. 优秀科普作品不断涌现,群众性科技活动广泛开展。大力创作图书、影视文艺节目等群众喜闻乐见的科普作品,推出一批原创科普精品。引进国外优质科普资源,为公众提供优质科普服务。拓展科普传播渠道,增强大众传播媒体的科技传播能力,使公民提高科学素质的机会和途径显著增多。

5. 形成一支专兼职结合的科普人才队伍。通过学校培养、在职培训、国外进修、国际交流、实践锻炼等培养一支专兼职结合的高水平、高素质科普管理和服务人才队伍,万人拥有专兼职科普工作者人数达到 15 人。

三、重点任务

根据发展思路和主要目标,"十二五"期间重点开展以下工作:

(一)推进重点人群科学素质工作

1. 提高未成年人科学素质。完善基础教育阶段的科学教育,提高学校科学教育质量,开展多种形式的科普活动和社会实践,使未成年人对科学的兴趣明显增强,引导未成年人树立科学意识、崇尚科学精神,养成运用科学知识和方法思考、解决问题的习惯。在幼儿园日常教育中融入科学启蒙教育,构建义务教育阶段符合素质教育要求的课程体系和评价、考试制度,进一步推广"做中学"活动的经验和成果,不断完善基础教育中的科学教育。鼓励普通高中开设科学教育选修课和通用技术课程,支持开展研究型学习、社区服务和社会实践活动,推进高中阶段的科学教育。发挥家庭教育在提高未成年人科学素质教育中的作用,建立完善校外科技活动与学校科学课程的衔接机制,丰富校外和课外科学教育活动,营造崇尚科学的校园文化氛围。为农村未成年人特别是女童和留守儿童提供更多接受科学教育和参加科普活动的机会,培养他们独立学习和自我发展的能力,巩固农村义务教育普及成果。

2. 提高农民科学素质。将普及实用技术与提高农民科学素质结合起来,继续实施科普惠农兴村计划,着力培养有文化、懂技术、会经营的新型农民和农村实用人才。结合农民创业培训、绿色证书培训、星火培训、双学双比、技能竞赛、巾帼科技致富工程、百万新型女农民教育培训等活动,继续开展形式多样、针对性强、务实有效、通俗易懂的农业科技培训。继续实施农业从业人员培训,支持和鼓励各级各类学校,根据就业市场需求和企业岗位实际要求,参与开展对进城务工人员、农村转移就业劳动者的订单式或定岗培训,使其掌握初级以上职业技能或达到上岗要求,提高其职业技能水平和适应城市生活的能力。

3. 提高城镇劳动者科学素质。围绕走新型工业化道路和发展现代服务业的需求,开展各种形式的职业培训、继续教育、技能竞赛和日常科普教育活动,提高第二、第三产业从业人员科学素质和职业技能,更好地适应经济社会和自身发展的要求。将科学素质内容纳入各级各类职业教育和成人教育课程与培训教材,将有关科学素质的要求纳入国家职业标准,作为各类职业培训、考核和鉴定的内容。

4. 提高领导干部和公务员科学素质。把提高科学素质作为领导干部和公务员培训的重要任务,落实各级各类干部培训规划,将弘扬科学精神、提倡科学态度、讲究科学方法作为领导干部和公务员培训的重要内容。将科学素质教育纳入各级各类干部教育培训机构的教学计划,增强领导干部和公务员终身学习和科学管理的能力,使其科学素质在各类职业人群中处于前列。将提高科学素质贯穿与领导干部和公务员的选拔录用、教育培训、综合评价全过程,增强领导干部贯彻落实科学发展观的自觉性和科学执政能力。

5.提高社区居民科学素质。依托社区公共服务场所和设施,提升社区科普能力,实施社区科普益民计划。围绕安全健康、节能环保、防灾减灾等内容,开展科教进社区、卫生科技进社区、全民健康科技行动、社区科普大讲堂、节能减排家庭行动、心理健康咨询等活动,提升社区居民应用科学知识解决实际问题、改善生活质量、应对突发事件的能力,促进社区居民形成科学文明健康的生活方式。开发社区内及周边科普资源,鼓励科研院所、学校、科普场馆、科普教育基地、企事业单位等驻区单位开展科普活动,推动科普活动的社会化。

(二)加强国家科普能力建设

1.加强科普基础设施建设。将科普基础设施建设纳入国民经济和社会事业发展总体规划及各地基本建设计划,加大对公益性科普设施建设和运行经费的公共投入。研究制定科普基础设施的建设标准、认定与管理办法以及监测评估体系,定期开展检查评估。推动大型城市、中等城市、县级市(区)建设适应需求、各具特色的科普类场馆。大力推进基层科普设施示范工程,进一步加强街道(乡镇)、社区、行政村的科普活动站(室),科普画廊、宣传栏的建设。

2.加强科普基地建设。发挥中国科技馆、上海科技馆、广东科学中心等超大型、综合性科技馆在科学传播普及中的示范作用。鼓励有条件的科研机构、高等学校和企业向公众开放科研仪器和设施、生产设施(流程)或展览馆,建设一批有特色的行业科普教育基地。鼓励和支持各级、各类科普基地结合自身优势,进校园、进社区、进农村开展形式多样的科普活动,进一步发挥科普基地的职能和效用。重点支持中小科技场馆充实和丰富展教内容,为中小科技场馆提供技术支持和人员培训服务,提高其业务水平。推动青少年宫、妇女儿童活动中心、妇女培训基地、文化宫等增加科普教育功能。引导海洋馆、野生动物园、主题公园、自然保护区、森林公园、地质公园、动植物园等增强其科普教育功能。

3.繁荣科普创作。大力创作图书、影视文艺节目等群众喜闻乐见的科普作品,推出一批原创科普精品。重点围绕"节约能源资源、保护生态环境、保障安全健康、促进创新创造"的主题,开发一批展品、图书、挂图、音像制品和设备等。以评奖、作品征集等方式,加大对优秀原创科普作品的扶持、奖励力度,鼓励社会各界参与科普作品创作。开展全国优秀科普作品评选和推介活动,推动优秀科普电影、电视节目在基层播放。把科普绩效列为相关单位与人员的年度考核内容,激发科技、教育、传媒工作者的科普创作热情。鼓励将科学、人文、艺术融为一体的科普资源开发,加强民生、生态和应急科普资源的开发,以及适合农村和社区科普的设施和产品的开发。推进"科技馆活动进校园"工作,设计和开发一批与学校科学课程有机结合的活动项目。制作一批在青少年中有广泛影响且具有知识性、趣味性的科普作品和科普网络游戏。开发适合社区乡村党员活动室、文化站、科技大院、农家书屋等设施使用的科普展教品,加快基层科普设施建设。

4.促进科研与科普的紧密结合。研究制定在国家科技计划项目中相应增加科普任务的办法与措施。依托国家重大科技项目开展科普活动,推进国家科技计划项目科普创作试点。将科普工作作为国家科技创新任务的有机组成部分,在不涉及保密的情况下,使公众能够及时了解最新科技发现和创新成果。完善国家科技计划管理,对承担政府科技项目的单位和承担者从事科普的责任和义务做出明确规定,在科技项目立项时提出科普要求,在项目实施中鼓励向社会普及,在项目验收时检验其科普成果及社会效应。

(三)增强大众传媒科技传播能力

1. 加大报刊、广播、电视等传统媒体的科技传播力度。制定鼓励大众传媒开展科技传播的政策措施,推动电视台、广播电台制作更多喜闻乐见的科普节目并增加播出时间,出版单位增加各类科普出版物的品种和发行量,综合性报纸增加科普栏目的数量和版面。推动各类大众传播机构参与科普产品的开发与制作。充分发挥科技宣传联席制度的作用,统筹协调科普宣传工作,做好热点问题、突发事件的舆论引导。

2. 发挥互联网、移动电视、移动互联网等新兴媒体在科学传播中的积极作用。研究开发网络科普的新技术和新形式。开发一批内容健康、形式活泼的科普游戏软件。中央重点新闻网站开设科普专栏,科普网站和门户网站建设科技专栏,培育和扶植若干有较强吸引力的品牌科普网站和虚拟博物馆、科技馆,促进网站之间开展科技传播交流与合作,不断提升网络科学传播水平。

3. 提升大众传媒的科学传播质量。加强科学传播从业人员的业务培训,提高大众传媒从业者的科学素质与科技传播能力。组建科普宣传专家库,推动科技社团与媒体的交流互动,定期举办科学家与媒体交流活动,提高媒体从业人员科技报道质量。

(四)强化若干重点领域科普工作

1. 人口与健康科普工作。结合我国人口健康状况和疾病防控要求,推进重点人群和重点疾病的科普宣传,努力在慢性非传染性疾病防治、重大传染病防治、基层和社区常见多发病防治、重大公共卫生等领域开展科普工作。充分利用现代新传媒手段,采取有效措施开展科普活动,促进医学科技资源科普化。在科技活动周、文化科技卫生三下乡、科普日、世界人口日、世界卫生日等重要纪念日和活动中,加强食品安全、转基因食品、心理健康、流行病预防和职业性疾病防控、戒烟禁毒、性病预防等方面的科普专题活动。

2. 环境与气候变化科普工作。创建类型多样、布局合理、适应不同人群的环保科普教育基地。要充分利用电视、广播、新媒体、报纸、科普教育基地等,普及气候变化和节能减排等基本知识,营造有利于节约资源、减少污染、保护环境等良好社会风气。

3. 防灾减灾与公共安全科普工作。针对不同自然灾害的特点,因地制宜,组织多种形式的防灾减灾和公共安全科普宣传活动,提高公众应急避险、自救互救能力。做好地震、气象、火灾、洪灾、台风等灾害预警等方面科普工作,使社会公众了解预警信号、防御指南等气象防灾减灾和自救互救常识。

(五)组织若干重大科普示范活动

1. 组织好科技活动周等重大科普活动。组织科研机构、高等学校、社会团体和企业广大科技人员从事科技惠民服务活动,积极参加科技活动周、全民健康科技行动等群众性科技活动;开展"科普日"、"院士专家西部行"、"院士专家科普巡讲"、"科技列车西部行"、"科学使者校园行"。各地要结合民族传统节日、国际纪念日、安全生产月和防灾减灾日等,组织开展各具特色、丰富多彩的主题科普活动。

2.围绕重大科学事件和经济社会发展中的热点问题开展专题性科普活动。围绕节能环保、新一代信息技术、生物、高端装备制造、新能源、新材料、新能源汽车等战略性新兴产业发展,有针对性地开展形式多样的科普工作,提高公众对战略性新兴产业的认知水平和从业人员的职业技能。对涉及公众健康和安全的工程项目,建立面向公众的科学听证制度,扩大公众对重大科技决策的知情权和参与能力。

3.深入开展文化科技卫生"三下乡"活动,推进"科普惠农兴村计划"。针对农民对科技的需求,创新科普服务方式,提高科普服务水平,广泛开展科技特派员、科技入户、科技110、科技专家和致富能手下乡、"三农"网络书屋等农村科普活动。充分利用科普活动站(室)、科普宣传栏、科普大篷车与流动科技馆等多种科普教育形式,以普及知识、更新观念和传授技能为重点,加强对农村基层,特别是贫困、边远地区农民群众的科普服务能力。扩大科普大篷车服务范围,促进展品展项更新,增强为基层群众服务能力。鼓励有条件的农村职业学校、成人教育机构、中小学利用现有的教育培训场所建立青少年科技创新操作室。

4.组织开展科技专家进校园,活跃青少年科普活动。不断丰富科普活动内容,创新科普活动形式,持续开展大手拉小手科技传播活动、走进科学殿堂等青少年科学教育活动,鼓励在校学生参与科技实践的活动,培养和提高青少年的科技创新能力。组织在校博士生到所在地中小学校开展科普服务,从事指导学生科学实验,传播科学知识等公益活动。

(六)鼓励经营性科普产业发展

1.鼓励兴办科普产业。以公众科普需求为导向,以多元化投资和市场化运作的方式,推动科普展教品、科普图书出版、科普影视、科普动漫、科普玩具、科普游戏、科普旅游等经营性科普产业的发展。扶持一批具有较强实力和较大规模的科普展览、设计制作公司,形成一批具有较高知名度的科普品牌,形成多渠道兴办科普事业的良好局面。

2.开展科普产业试点示范工作。探索科普产业化发展的新机制和政策措施,研究制定科普产业相关技术标准和规范,建设一批科普动漫、科普影视、科普出版、科普会展、科普创意等科普产业试点示范基地,加强试点引导,发挥示范带动作用。

3.加强科普产品研发和市场推广。加大对科普产品研发的支持力度,扩大科普服务外包、科普产品与服务采购。举办科普产品博览会、交易会,发布科普产品需求信息。支持科普资源研发中心和服务中心的建设。

(七)构建应急科普宣传机制

1.建立健全重大突发公共事件应急科普工作机制。制定应急科普宣传预案和工作实施方案,建立起协调到位、职责明确、任务落实的应急科普组织体系,实行点面结合、专群结合的运作机制,逐步建立和不断完善突发公共事件应急科普工作管理机制。

2.提高应对重大突发公共事件的应急科普专业化水平。运用现代应急管理理念,选择国内外重大突发性公共事件,开展深入的科学研究,进行应急科普的理论探索和相关技术开发。建立专家信息库,组织各行各业的专家、学者和专业技术人员加入应急科普队伍。

3.建立针对重大突发公共事件的日常性科普引导机制。通过专家讲座、举办展览、技能培训、媒体报道、体验式演习等科普活动,提高社会公众和青少年应对社会突发事件及自然灾害的能力。针对社区、农村、企业和学校的不同情况,分类开展经常性的应急科普知识宣传教育,向社会公众介绍传授突发公共事件的自救、互救、预防、逃生、避险等基本技能和防护措施等,普及应急知识和心理卫生知识,引导公众科学应对突发事件,为社会的稳定与危机的化解提供有力的科学支持。

4.建立和完善应急科普服务支撑体系。根据我国国情和经济社会发展的特点,积极动员社会各界力量共同参与,建立储备应对突发事件和自然灾害的科普资源,在全国范围内形成一批专业化的应急科普资源开发、集成及配送等机构,丰富应急科普资源总量。在整合、开发应急科普资源的基础上,充分运用现代信息技术,建立网络应急科普资源合作共享的模式,推动网络应急科普资源的共享。

(八)积极开展国际科普交流与合作

1.广泛开展政府和民间的国际科普交流与合作。学习国外先进的科普理念,引进国外先进的展教用品等优质科普资源,为公众提供优质科普服务,带动我国科普能力的提高。支持我国优秀的科普展品、作品走向世界。

2.加强内地与港澳台地区的科普交流与合作。广泛开展科技夏令营、冬令营等青少年科普交流活动,加强内地与港澳台地区的科技馆展教具交流与互展活动,合作开展各种不同主题的科技活动周等群众性科技活动,鼓励两岸三地的科普人员进行学术交流与专题研讨,支持澳门办好科技活动周。

四、保障措施

(一)完善科普组织机制与政策法规

1.加强政府对科普事业进行统筹协调的机制建设。充分发挥科普工作联席会议制度的组织协调作用,协调相关部门开展科普工作,整合资源,形成合力,确保科普工作依法行政有效推进。协调解决国家科普能力建设中的重大问题,监督检查重点科普任务的实施进展和落实情况。

2.完善国家科普政策和法规体系。加强科普政策法规体系建设,加快制定《科普法实施条例》;推进地方科普条例制定工作。借鉴国际经验,结合我国国情,研究制定《中国公民科学素质基准》,并进行试点监测;研究制定国家科技计划项目开展科普工作、科普资源共建共享等相关政策。

3.加强对科普事业发展的监测评估。依照《科普法》,加强政府对科普工作的督促检查,加强对各地和有关部门、科研机构、高等院校、企业、社会团体等开展科普活动的监测与评估。

(二)加大政府财政支持,引导社会多元投入

1.加大财政支持力度。各级人民政府要按照《科普法》的规定,将科普经费列入同级财政预算,逐步提高科普投入水平。各级科技行政管理部门要不断增加科普经费支出,保障科普工作顺利开展。各有关部门也要结合职能,加大科普经费投入,为开展科普活动、支持科普创作、建设科普示范基地、开展科普统计与监测以及加强农村和少数民族地区科普工作等提供经费保障。

2.建立政府有效引导、社会广泛参与科普事业的多元化投入机制。在政策和资金上对社会力量开展科普活动给予资助和扶持,形成政府、企业、社会团体、个人等多元化科普投入体

系。建立科普投入和产业发展的保障机制,逐步加大对公益性科普设施的投入,落实吸纳社会资金投入的优惠政策,推动各类科普平台整合共享,提高资源使用效益。

3. 鼓励经营性科普文化产业发展。针对社会需求,引导企业开发科普产品,拓展新型科普服务,实现良性发展。落实国家支持科普事业发展的税收政策,鼓励企业加大对科普的投入和捐赠,享受减免税收的政策,成为科普投入的重要主体;鼓励社会团体和个人捐助科普事业,相应享受减免税收的政策。

(三)建立专业化的科普人才队伍

1. 加快形成一支专业化、高素质的科普人才队伍。落实《国家中长期科技人才发展规划(2010—2020年)》,吸引更多人才投身科普事业,不断壮大科普人才队伍。加强高等院校科技传播等专业学科建设,培养专业化科普人才。开展多种形式的培训和进修活动,加强业务学习,全面提升科学技术教育、传播与普及人员的科学素质和业务水平。

2. 建立健全社会动员机制,形成一支具有相当规模、素质较高的科普兼职人才和志愿者队伍。积极倡导科技工作者、技术能手参与科学教育、传播与普及,促进科学前沿知识的传播。鼓励科技、教育、传媒等方面的离退休专家和企事业单位专业技术人员参与科普工作,不断壮大科普兼职人才队伍。开展博士科普使者行活动,支持在校大学生和研究生参与科普志愿者服务。

3. 加强农村基层科普队伍建设。依托农村党员、基层干部、基层科普组织人员、农村专业技术协会业务骨干、农村科技带头人和基层科技、教育工作者以及离退休人员,积极发展科普员队伍。发挥农村科普示范户、农村专业技术协会骨干等农村科普带头人的示范作用。加强少数民族和民族地区科普人才建设,充分发挥少数民族科普人才特别是双语科普人才在科普宣传中的重要作用。

(四)加强科普资源共享机制建设

1. 加强科普展教资源的共享与服务。推进科普视频网络的共建共享工作,向社会推介优秀科普作品和选题。开展主题科普展览巡回展出活动,推动展览和展品在各类科普场馆、设施、服务机构之间交流。促进科普展教活动与学校科学课程教学、综合实践和研究性学习相衔接。加强发达地区对欠发达地区展教资源的支援力度。

2. 建设科普资源数据共享服务中心。构建若干大型科普资源数据库及存储设施,集成各方面已有数字化科普资源。建立科普数据资源、科普信息资源、科普产品资源数据服务中心,分步骤完成全国服务节点的布局和建设,为各类科普活动的开展提供资源信息共享服务。

3. 共建共享基层科普设施。增强现有县级科技馆(科技活动中心)的科普展教功能,共建一批具备科普教育、培训、展示等功能的县级综合性科普活动场所。与相关社会设施共建共享基层科普活动站(室)、宣传栏,建立遍布城乡社区的基层科普服务网点。

(五)完善监测评估与表彰奖励机制

1. 加强科普监测评估。建立科普活动实施效果评价机制,形成对科普活动的良好导向。在充分科学论证的基础上,制定各类科普场馆的建设标准、管理条例和评估办法,对科普场馆的运行状况和绩效进行评价。研究制定国家级科普示范基地标准和科普基地分类管理办法。深入开展国家科普统计工作,加强对科普工作的监测和评估,为政府和社会提供科普事业发展基础数据,完善国家科普统计数据库建设。

2. 加大对科普工作表彰和奖励力度。在国家科技奖励中加大对优秀科普作品的奖励比重。通过设立青少年科技英才奖等方式,激励青少年参与科技创新实践并取得优秀成果。探索建立鼓励科研机构、高等学校和企业开展科普活动的激励机制。研究制定鼓励科技人员从事科普工作的相关政策,吸引和鼓励更多社会力量参与科普资源开发。加大对优秀原创科普作品的扶持、奖励力度,吸引和鼓励社会各界人士参与科普作品创作。鼓励社会团体和企事业单位设立多种形式的科普奖。

本规划由国家科技主管部门牵头组织实施。各地方、各部门要依据本规划,结合各自实际,突出优势和特色,做好与本规划的总体思路、主要目标和重点任务的衔接,加强科普资源统筹和科普工作协同,切实把各项重大科普任务落到实处。各级科技管理部门要加强对科普规划的贯彻宣传,做好协调服务和实施指导,加强实施情况监测评估,充分调动社会各方面的积极性和创造性,不断提高全民科学素质,努力营造讲科学、爱科学、学科学、用科学的良好氛围,为建设创新型国家打下最深厚最持久的基础。

中国地震局　中宣部
关于进一步做好防震减灾宣传工作的意见

（中震防发〔2012〕49号　2012年7月25日）

各省、自治区、直辖市党委宣传部、地震局,新疆生产建设兵团宣传部、地震局,中央直属机关工委宣传部、中央国家机关工委宣传部,中央各主要新闻单位:

党中央、国务院高度重视防震减灾工作,将防震减灾纳入国民经济和社会发展总体部署,贯彻预防为主、防御与救助相结合的方针,坚持以人为本、民生优先,把保护人民生命财产安全放在首位,科学、依法、合力推进防震减灾工作,形成了依靠全社会力量防御和应对地震灾害的良好局面。我国防震减灾事业快速发展,工作基础不断增强,工作体系不断完善,工作机制不断健全,夺取了汶川和玉树抗震救灾的伟大胜利,成功实施多次国际紧急救援行动,为人类社会共同抵御地震灾害作出了不可磨灭的重大贡献。

为了增强全民防震减灾素质,进一步提升我国防震减灾综合能力,最大限度减轻地震灾害损失,促进经济社会科学发展,按照中央关于宣传思想文化工作和防震减灾工作的总体部署,对进一步做好防震减灾宣传工作,提出以下意见。

一、做好防震减灾宣传工作的重要性和紧迫性

做好防震减灾宣传工作,是适应我国多震灾国情的需要。我国是一个多地震国家,地震灾害给人民生命财产造成了重大损失。让公众普遍了解地震常识,具备防震减灾意识,掌握防震避震技能,引导全社会共同参与防震减灾活动,是增强防震减灾综合能力的根本途径。做好防震减灾宣传工作,是保障经济社会又好又快发展的需要。当前我国正处于全面建设小康社会的关键时期,经济快速发展,人民安居乐业,都迫切需要安全的发展环境。将防震减灾措施落实到经济社会发展的各个领域,促进防震减灾与经济建设协调发展,是保护发展成果、维护发展局面的必然要求。各地各部门必须从政治、全局和战略的高度,深刻认识防震减灾宣传工作的重要性和紧迫性,增强做好防震减灾宣传工作的责任感和使命感。

二、防震减灾宣传工作的总体思路和基本要求

防震减灾宣传工作的总体思路是:以科学发展观为指导,深入落实中央关于宣传思想文化工作和防震减灾工作的总体部署,按照及时准确、公开透明、有序开放、有效管理、正确引导的

方针,贯彻最大限度减轻地震灾害损失的根本宗旨,坚持主动、稳妥、科学、有效的原则,倡导抗震救灾精神,弘扬防震减灾文化,普及防震减灾知识,逐步使公众普遍具备防震减灾意识、知识和技能,形成全社会共同防御和应对地震灾害的良好氛围和强大合力,全面提升防震减灾能力,促进经济社会科学发展。

防震减灾宣传工作具有很强的政策引导性、专业特殊性和社会敏感性。开展防震减灾宣传工作,要把握好以下基本要求:

坚持党委领导、部门协作。强化党委统一领导,为开展防震减灾宣传工作提供坚强政治保证。专业部门牵头组织,宣传部门统筹协调,相关部门分工协作,社会各界积极参与,巩固防震减灾宣传工作良好局面。

坚持围绕中心、服务大局。遵循经济社会发展和防震减灾事业发展的客观规律,服从于、服务于经济社会发展大局,发挥宣传工作的影响力,促进防震减灾与经济社会协调发展。

坚持以人为本、科学有效。把握工作重点,强化工作措施,改善工作方式,做到贴近实际、贴近群众。创新社会管理,完善公共服务,促进社会参与,提升防震减灾宣传工作科学化水平。

坚持平震结合、维护稳定。以保护人民生命安全为根本,以维护社会和谐稳定为前提,注重平时常规性宣传,强化震时集中性宣传,保障群众对防震减灾的知情权和认知度,为增强防震减灾综合能力奠定良好的社会基础。

三、进一步做好防震减灾宣传工作的重点任务

(一)大力倡导抗震救灾精神。党和政府领导全国各族人民在抗击汶川特大地震和玉树重大地震灾害的斗争中,铸就了万众一心、众志成城,不畏艰险、百折不挠,以人为本、尊重科学的伟大抗震救灾精神,这是中华民族的宝贵财富,是推进防震减灾事业发展的精神动力。要大力宣传和倡导伟大抗震救灾精神,坚定攻坚克难的决心和信心,巩固做好防震减灾工作的社会基础和思想基础。

(二)大力宣传国家政策法规。要加强对国家防震减灾方针政策的宣传,让各地各部门领导干部、各单位管理人员和广大社会公众领会国家防震减灾方针政策,提高政策实施的自觉性和能动性。要加强对国家防震减灾法律法规的宣传,按照中央关于开展"六五"法制宣传教育活动的统一部署,将防震减灾法律法规宣传到社会的方方面面,增强全社会防震减灾法制意识,自觉履行法定职责和义务,为防震减灾事业发展营造良好的法制环境。

(三)大力普及防震减灾知识。将防震减灾知识纳入全民素质教育体系,推进防震减灾知识进机关、进学校、进企业、进社区、进农村、进家庭,加大防震减灾知识宣传教育的覆盖面。有组织地开展应急演练,使社会公众掌握防震避震知识和自救互救技能。坚持不懈地宣传防震减灾知识,切实做到家喻户晓、人人皆知。通过广泛宣传,使社会公众科学认识地震灾害、主动防范地震灾害、正确应对地震灾害。

(四)大力弘扬防震减灾文化。深入贯彻落实党中央关于推动社会主义文化大发展大繁荣的决定,加强防震减灾文化建设。不断探索创作符合防震减灾规律、适应经济社会需求的防震减灾文化产品,培育科学的、大众的、民族的减灾文化,传播主动防灾、科学避灾、有效减灾的理念,增强文化影响力和软实力,提升民族忧患意识、科学减灾意识和安全发展意识。

四、进一步做好防震减灾宣传工作的主要措施

（一）健全防震减灾宣传工作机制。做好防震减灾宣传工作，要完善党委统一领导、党政齐抓共管、专业部门牵头组织、宣传部门统筹协调、有关部门分工负责、社会力量积极参与的工作机制。各级党委宣传部门要切实加强防震减灾宣传工作的统筹协调，各级地震部门要履行好策划、组织、指导、协助和督促职责，教育、科技、文化和广播电视等部门要各负其责、密切协作，中央和地方新闻媒体要强化开展防震减灾公益宣传的社会责任感，形成防震减灾宣传工作的强大合力。

（二）创新防震减灾宣传工作方式。要坚持普遍宣传与重点宣传相结合，将防震减灾知识纳入各级党校、行政学院的培训内容，纳入中小学公共安全教育指导纲要，强化重点对象的宣传。要坚持常规宣传与集中宣传相结合，充分利用防灾减灾日、唐山地震纪念日、全国科普日、科技周等时机，强化重点时段的宣传。要坚持自发开展与专门组织相结合，拓宽防震减灾宣传渠道，通过举办防震减灾图片展、社区科普报告会、广播电视访谈和公益热线咨询等活动，促进公众自我教育和自觉行动。

（三）强化防震减灾宣传工作基础。要充分利用信息技术发展的新趋势，建立技术先进、传播快捷、覆盖广泛的防震减灾知识宣传教育网络。适应社会需求，利用社会资源，组织实施好防震减灾宣传精品工程，把握科学性、时代性、趣味性，创作适合于通过电视、广播传播的宣传产品，创作适合于报纸、杂志、图书传播的宣传产品，创作适合于互联网、手机传播的宣传产品，强化防震减灾宣传的工作基础。要充分发挥县级人民政府及其有关部门和乡镇人民政府、城市街道办事处、居委会和村委会等基层组织的作用，面向社会，服务公众，经常性开展防震减灾知识普及活动。

（四）规范防震减灾宣传工作管理。地震信息具有很强的时效性和敏感性，必须加强防震减灾宣传工作的管理。要落实管理职责，各有关部门要加大对防震减灾宣传工作的督促检查力度。要严格管理制度，善于运用法律手段规范防震减灾宣传工作，依法查处制造、传播地震谣言的行为。要完善管理措施，注重新技术的应用，加强网络信息的监控，把握舆情动态，提高应对和引导地震舆情社情的能力。

五、切实强化防震减灾宣传工作的组织领导和保障

（一）坚持党的领导，为做好防震减灾宣传工作提供政治保障。开展防震减灾宣传工作，必须坚持党的领导，贯彻中央关于宣传工作和防震减灾工作的方针政策，严格遵守相关的法律法规和工作纪律，把握正确的舆论导向，将思想认识统一到中央的总体要求上来。各级党委宣传部门要把防震减灾宣传纳入宣传工作的总体部署，摆在重要位置，纳入重要日程，科学引导，统筹安排，充分发挥防震减灾宣传工作的统筹协调作用。

（二）强化条件支持，为做好防震减灾宣传工作提供物质保障。开展全民防震减灾知识宣传教育，使防震减灾知识家喻户晓、人人皆知，是一项长远的、庞大的系统工程。各级党委政府的相关部门要为开展防震减灾宣传教育提供必要的条件支持和物质保障，推进防震减灾科普教育基地建设、科普示范学校建设和科普示范社区建设。

（三）加强队伍建设，为做好防震减灾宣传工作提供人才保障。开展防震减灾宣传工作，要加强人才队伍建设，使防震减灾宣传工作者做到政治坚定、业务精通、纪律严明、作风正派。要加强工作人员的业务培训，把握宣传工作的基本要求，发挥宣传工作者的积极性、主动性和创造性。

防震减灾宣传工作任务艰巨，责任重大。各地各部门必须紧密团结在以胡锦涛同志为总书记的党中央周围，深入贯彻落实科学发展观，以高度的责任感和使命感，切实做好防震减灾宣传工作，为全面增强防震减灾综合能力、促进经济社会科学发展努力奋斗！

附件：国务院防震减灾工作联席会议成员单位名单

地震局　中宣部
2012 年 7 月 25 日

附件：

国务院防震减灾工作联席会议成员单位名单

外交部、发展改革委、教育部、科技部、工业和信息化部、公安部、民政部、财政部、国土资源部、环境保护部、住房和城乡建设部、交通运输部、铁道部、水利部、商务部、卫生部、海关总署、质检总局、广电总局、安全监管总局、旅游局、港澳办、气象局、保监会、国台办、国新办、海洋局、民航局、总参作战部、武警总部

财政部 国家税务总局关于延续宣传文化增值税和营业税优惠政策的通知

（财税〔2013〕87号 2013年12月25日）

各省、自治区、直辖市、计划单列市财政厅（局）、国家税务局、地方税务局，新疆生产建设兵团财务局，财政部驻各省、自治区、直辖市、计划单列市财政监察专员办事处：

为促进我国宣传文化事业的发展繁荣，经国务院批准，在2017年底以前，对宣传文化事业增值税和营业税优惠政策作适当调整后延续。现将有关事项通知如下：

一、自2013年1月1日起至2017年12月31日，执行下列增值税先征后退政策。

（一）对下列出版物在出版环节执行增值税100％先征后退的政策：

1. 中国共产党和各民主党派的各级组织的机关报纸和机关期刊，各级人大、政协、政府、工会、共青团、妇联、残联、科协的机关报纸和机关期刊，新华社的机关报纸和机关期刊，军事部门的机关报纸和机关期刊。

上述各级组织不含其所属部门。机关报纸和机关期刊增值税先征后退范围掌握在一个单位一份报纸和一份期刊以内。

2. 专为少年儿童出版发行的报纸和期刊，中小学的学生课本。

3. 专为老年人出版发行的报纸和期刊。

4. 少数民族文字出版物。

5. 盲文图书和盲文期刊。

6. 经批准在内蒙古、广西、西藏、宁夏、新疆五个自治区内注册的出版单位出版的出版物。

7. 列入本通知附件1的图书、报纸和期刊。

（二）对下列出版物在出版环节执行增值税先征后退50％的政策：

1. 各类图书、期刊、音像制品、电子出版物，但本通知第一条第（一）项规定执行增值税100％先征后退的出版物除外。

2. 列入本通知附件2的报纸。

（三）对下列印刷、制作业务执行增值税100％先征后退的政策：

1. 对少数民族文字出版物的印刷或制作业务。

2. 列入本通知附件3的新疆维吾尔自治区印刷企业的印刷业务。

二、自2013年1月1日起至2017年12月31日，免征图书批发、零售环节增值税。

三、自 2013 年 1 月 1 日起至 2017 年 12 月 31 日,对科普单位的门票收入,以及县(含县级市、区、旗)及县以上党政部门和科协开展的科普活动的门票收入免征营业税。自 2013 年 1 月 1 日至 2013 年 7 月 31 日,对境外单位向境内科普单位转让科普影视作品播映权取得的收入,免征营业税。

四、享受本通知第一条第(一)项、第(二)项规定的增值税先征后退政策的纳税人,必须是具有相关出版物的出版许可证的出版单位(含以“租型”方式取得专有出版权进行出版物的印刷发行的出版单位)。承担省级及以上出版行政主管部门指定出版、发行任务的单位,因进行重组改制等原因尚未办理出版、发行许可的出版单位,经财政部驻各地财政监察专员办事处(以下简称财政监察专员办事处)商省级出版行政主管部门核准,可以享受相应的增值税先征后退政策。

纳税人应将享受上述税收优惠政策的出版物在财务上实行单独核算,不进行单独核算的不得享受本通知规定的优惠政策。违规出版物、多次出现违规的出版单位及图书批发零售单位不得享受本通知规定的优惠政策,上述违规出版物、出版单位及图书批发零售单位的具体名单由省级及以上出版行政主管部门及时通知相应财政监察专员办事处和主管税务机关。

五、已按软件产品享受增值税退税政策的电子出版物不得再按本通知申请增值税先征后退政策。

六、办理和认定

(一)本通知规定的各项增值税先征后退政策由财政监察专员办事处根据财政部、国家税务总局、中国人民银行《关于税制改革后对某些企业实行“先征后退”有关预算管理问题的暂行规定的通知》〔(94)财预字第 55 号〕的规定办理。

(二)科普单位、科普活动和科普单位进口自用科普影视作品的认定仍按《科技部　财政部　国家税务总局海关总署新闻出版总署关于印发〈科普税收优惠政策实施办法〉的通知》(国科发政字〔2003〕416 号)的有关规定执行。

七、本通知的有关定义

(一)本通知所述“出版物”,是指根据国务院出版行政主管部门的有关规定出版的图书、报纸、期刊、音像制品和电子出版物。所述图书、报纸和期刊,包括随同图书、报纸、期刊销售并难以分离的光盘、软盘和磁带等信息载体。

(二)图书、报纸、期刊(即杂志)的范围,仍然按照《国家税务总局关于印发〈增值税部分货物征税范围注释〉的通知》(国税发〔1993〕151 号)的规定执行;音像制品、电子出版物的范围,仍然按照《财政部　国家税务总局关于部分货物适用增值税低税率和简易办法征收增值税政策的通知》(财税〔2009〕9 号)的规定执行。

(三)本通知所述“专为少年儿童出版发行的报纸和期刊”,是指以初中及初中以下少年儿童为主要对象的报纸和期刊。

(四)本通知所述“中小学的学生课本”,是指普通中小学学生课本和中等职业教育课本。普通中小学学生课本是指根据教育部中、小学教学大纲的要求,由经国务院出版行政主管部门审定而具有“中小学教材”出版资质的出版单位出版发行的中、小学学生上课使用的正式课本,具体操作时按国家和省级教育行政部门每年春、秋两季下达的“中小学教学用书目录”中所列的"课本"的范围掌握;中等职业教育课本是指经国家和省级教育、人力资源社会保障行政部门审定,供中等专业学校、职业高中和成人专业学校学生使用的课本,具体操作时按国家和省级教育、人力资源社会保障行政部门每年下达的教学用书目录认定。中小学的学生课本不包括各种形式的教学参考书、图册、自读课本、课外读物、练习册以及其他各类辅助性教材和辅导读物。

(五)本通知所述"专为老年人出版发行的报纸和期刊",是指以老年人为主要对象的报纸和期刊,具体范围详见附件4。

(六)本通知第一条第(一)项和第(二)项规定的图书包括"租型"出版的图书。

(七)本通知所述"科普单位",是指科技馆,自然博物馆,对公众开放的天文馆(站、台)、气象台(站)、地震台(站),以及高等院校、科研机构对公众开放的科普基地。

八、本通知自2013年1月1日起执行。《财政部 国家税务总局关于继续执行宣传文化增值税和营业税优惠政策的通知》(财税〔2011〕92号)同时废止。

按照本通知第二条和第三条规定应予免征的增值税或营业税,凡在接到本通知以前已经征收入库的,可抵减纳税人以后月份应缴纳的增值税、营业税税款或者办理税款退库。纳税人如果已向购买方开具了增值税专用发票,应将专用发票追回后方可申请办理免税。凡专用发票无法追回的,一律照章征收增值税。

附件:1. 适用增值税100%先征后退政策的特定图书、报纸和期刊名单(略)

2. 适用增值税50%先征后退政策的报纸名单(略)

3. 适用增值税100%先征后退政策的新疆维吾尔自治区印刷企业名单(略)

4. 专为老年人出版发行的报纸和期刊名单(略)

财政部 国家税务总局

2013年12月25日

中国地震局 科技部
关于进一步加强防震减灾科普工作的意见

（中震防发〔2014〕20 号　2014 年 3 月 11 日）

各省、自治区、直辖市、计划单列市地震局、科技厅（委、局），新疆生产建设兵团地震局、科技局：

为深入贯彻党的十八大精神，实施《中华人民共和国防震减灾法》、《中华人民共和国科学技术普及法》和《国家地震科学技术发展纲要（2007－2020 年）》，增强全社会地震灾害综合防御能力，不断提高全民防震减灾科学素质，最大限度减轻地震灾害损失，更好地服务和保障经济社会发展，现就进一步加强防震减灾科学普及工作，提出以下意见。

一、充分认识防震减灾科普工作的重要意义

我国地震多、强度大、分布广，地震灾害给人民群众生命财产造成严重损失。国内外防震减灾经验表明，拥有地震忧患意识和防震减灾技能的社会公众，能够主动做好震前防御工作，从容应对突发地震事件，自觉维护地震灾区社会秩序，积极协助政府有效减轻地震灾害损失。当前，我国正处在全面建成小康社会、实现"两个百年目标"的关键时期，进一步加强防震减灾科普工作，对于全面提升社会公众防震减灾科学素养，弘扬防震减灾先进文化，促进防震减灾工作与经济社会发展相融合，实现对突发地震事件的主动防灾、科学避灾、有效减灾，具有重要意义。

二、防震减灾科普工作的指导思想和基本原则

（一）指导思想

以邓小平理论、"三个代表"重要思想、科学发展观为指导，深入学习贯彻党的十八大精神和习近平同志系列讲话精神，围绕落实党中央、国务院关于实施创新驱动发展战略和防震减灾工作部署，坚持主动、稳妥、科学、有效的原则，整合资源、突出重点、创新形式、示范引领，深入持久地开展防震减灾科普教育工作，持续增强防震减灾科普工作能力和全民防震减灾科学素养，大力推进防震减灾科普教育均等化，形成主动防灾、科学避灾、有效减灾的社会环境，最大限度减轻地震灾害损失，为全面建成小康社会提供地震安全保障。

（二）基本原则

坚持党委领导、政府负责、部门协作、社会参与、法制保障相统一；坚持日常宣传与应急宣

传、阵地宣传与流动宣传、知识传播与技能培训相结合；坚持科学普及、示范引领、实践养成相促进；坚持因地制宜、分类指导、创新形式、丰富内容相协调。

三、防震减灾科普工作的主要任务

(一)普及防震减灾知识

将防震减灾知识纳入全民素质教育体系，推进防震减灾知识进机关、进学校、进企业、进社区、进农村、进家庭、进军营，坚持不懈的宣传防震减灾知识，做到家喻户晓、人人皆知。充分利用国家防灾减灾日、科技活动周、文化科技卫生三下乡、全国中小学安全教育日、科普日等重要时段和活动，通过科技咨询服务、发放科普资料、举办知识讲座和开展知识竞赛等多种形式，向社会公众普及防震减灾方针政策、法律法规、地震基本知识、监测预警知识、震灾预防知识、应急救援知识，提高全民防震减灾科学素养。

(二)推进防震减灾科普基地建设

创建防震减灾科普基地，到2020年前，建成100个国家防震减灾科普基地，建成1000个省级防震减灾科普基地。继续发挥各类科技馆、科普展馆、青少年宫、农村和社区科普活动站（室）、地震观测台站、地震遗迹遗址的防震减灾科普教育功能。中国地震局、科技部等部门共同制定国家防震减灾科普基地指标体系和认定管理办法，指导各地防震减灾科普基地建设工作。各省地震、科技等部门依照国家有关要求，推进当地防震减灾科普基地创建工作。加强防震减灾流动科普阵地建设，提高防震减灾科普的覆盖面，促进城乡防震减灾科普服务均等化。

(三)发挥防震减灾示范工程和活动的作用

把防震减灾科普作为重要内容，纳入防震减灾示范城市、示范县（区）、示范学校、示范社区、示范企业和农村民居地震安全示范工程。充分利用"院士专家西部行"、"院士专家科普巡讲"、"科技列车行"、"科学使者校园行"、"科普惠农兴村计划"、"社区科普益民计划"、"农家书屋"等平台，推进防震减灾科普工作深入开展。

(四)繁荣防震减灾科普作品创作

推进防震减灾科技成果转化，形成满足各族群众、不同年龄层次和不同受众群体的系列化、高水平防震减灾科普作品。完善防震减灾科普产品市场化机制，推动社会力量参与防震减灾科普产品的开发与制作，举办产品博览会、交易会，建立产品交易平台，及时发布防震减灾科普产品需求信息。组织开展防震减灾科普作品比赛、优秀作品推介活动。

(五)增强大众传媒防震减灾科普传播能力

发挥电视传媒、广播传媒、平面传媒优势，促进集中宣传、日常宣传和应急宣传活动全面开展。发挥互联网、移动电视、手机等新兴媒体在防震减灾科普中的作用，不断提升防震减灾科普知识网络传播水平。加强大众传媒从业人员的防震减灾业务培训，推进防震减灾科普工作者与媒体的交流互动，提高媒体防震减灾科普能力和水平。建立健全媒体沟通协调机制，做好地震热点问题和突发事件的舆论引导。

(六)开展防震避险和自救互救技能培训

有计划地组织举办培训班、进修班、经验交流、应急演练等活动，不断提高各级领导干部震后应对与处置决策能力，提高各类人员抢险救灾、防震避险、自救互救、心理救治等基本技能，提高农村工匠地震安全农居建造技能。充分利用现代科技手段，创建具备实时、动态、交互等特点的网络科普咨询平台，开发内容健康、形式活泼的知识测试、游戏软件，提高社会公众参与的主动性和积极性。

（七）完善地震应急科普宣传机制

制定地震应急科普宣传预案和工作实施方案，健全完善突发地震事件应急科普工作机制。运用现代应急管理理念，开展应急科普的理论探索和相关技术开发，提高应对地震灾害事件的应急科普专业化水平。储备应对突发地震事件的科普资源，在全国范围内形成一批专业化的应急科普资源开发、集成及配送等机构，丰富应急科普资源总量。充分运用现代信息技术，建立网络应急科普资源合作共享的模式，推动网络应急科普资源的共享。

（八）强化国际科普交流与合作

学习国外先进的科普理念，引进国外先进的展教用品等优质科普资源，为公众提供优质科普服务，带动我国地震科普能力的提高。支持我国优秀的科普展品、作品走向世界。加强内地与港澳台地区的科技馆展教具交流与互展活动，鼓励两岸三地的地震科普人员进行学术交流与专题研讨。广泛开展地震科技夏令营、冬令营等青少年科普交流活动。

（九）加强防震减灾科普人才队伍建设

将防震减灾科普人才队伍建设培养纳入防震减灾人才培养规划中统筹考虑，为防震减灾科普提供人才保障和智力支撑。整合、协调现有科普队伍，引进和培养新闻传播、科普教育、艺术设计等专业技术人才，逐步形成一支专兼职结合、精干高效的科普宣传团队。通过项目合作、培训交流等多种形式，提高专职人员业务素质和创新能力。支持专家学者、鼓励离退休科技工作者从事科学普及工作。建立防震减灾科普宣传志愿者队伍，积极参加防震减灾科普宣传等工作。建立能够长期深入边远贫困地区和少数民族地区开展防震减灾宣传活动的科普宣传队伍。

四、防震减灾科普工作的保障措施

（一）加强组织领导

正确认识我国多震灾的基本国情，把防震减灾科普能力建设纳入国家防震减灾重大工程、科研项目和当地国民经济和社会发展的总体计划。加强领导，明确任务，落实责任。健全完善地震、科技部门之间防震减灾科普协作机制，加强组织协调和检查指导。

（二）完善政策保障

认真贯彻实施《中华人民共和国防震减灾法》《中华人民共和国科学技术普及法》，在全社会营造依法推进防震减灾科普的良好氛围。加强防震减灾科普工作的配套法规制度建设，明确政府、社会组织、企业及公民在防震减灾科普中的责任、权利和义务。研究制定开展防震减灾科普工作、推进科普资源共享共建等的相关政策。

（三）健全投入机制

各级政府应将防震减灾科普经费列入同级财政预算并逐步增长，为防震减灾科普工作长期持续开展提供必要保障。各级地震、科技等有关部门按照国家和地方预算管理的规定和现行资金渠道，统筹考虑和落实防震减灾科普工作所需经费。进一步完善捐赠公益性防震减灾科普事业个人所得税减免政策和相关实施办法,广泛吸纳境内外机构、个人的资金支持防震减灾科普工作。落实国家对科普单位的门票收入及县以上党政部门开展的科普活动的门票收入免征营业税政策,对境外单位向境内科普单位转让科普影视作品播映权取得的收入,免征营业税的政策。

(四)强化考核评估

尊重国际标准,结合我国国情,在《中国公民科学素质基准》中确定公民应具备的防震减灾科学素质内容,建立防震减灾知识普及指标体系,并将其纳入科普发展和科学素质实施的监测指标体系,进行评估和考核。建立科普活动实施效果评价机制,加大对防震减灾科普工作表彰和奖励力度,形成对科普活动的良好导向。各地结合实际,出台相关行业政策和激励制度,支持防震减灾科普事业发展,鼓励、扶持开展防震减灾科普示范活动。

中国地震局　科技部

2014 年 3 月 11 日

中国气象局　中国气象学会关于印发
《全国气象科普教育基地管理办法》的通知

(气发〔2014〕43 号　2014 年 6 月 3 日)

各省、自治区、直辖市气象局、气象学会,各直属单位,各内设机构:

由中国气象局和中国气象学会联合命名,以面向社会公众开展气象科学知识普及,宣传气象科技发展和具有专业特色气象文化为主要内容的"全国气象科普教育基地",历经多年的建设发展,截至目前已有 218 家。这些基地在传播气象知识、提升全民科学素质中发挥了重要作用。

为进一步加强全国气象科普教育基地的建设、运行和管理,办公室和学会秘书处联合修订了《全国气象科普教育基地管理办法》(气发〔2005〕141 号),对其申报、评审、命名和考核的组织管理工作进行规范。现将修订后的《全国气象科普教育基地管理办法》印发给你们,请遵照执行。《全国气象科普教育基地管理办法》(气发〔2005〕141 号)同时废止。

中国气象局　中国气象学会
2014 年 6 月 3 日

全国气象科普教育基地管理办法

第一章　总　　则

第一条　根据《中华人民共和国科学技术普及法》、《中华人民共和国气象法》和实施《全民科学素质行动计划纲要(2006—2010—2020 年)》要求,广泛联合社会力量,推动气象科普基础设施建设,促进全民科学素质提升,制定本办法。

第二条　本办法适用于全国气象科普教育基地的申报、评审、命名和考核的组织管理工作。

"全国气象科普教育基地"指:以面向社会公众开展气象科学知识普及、宣传气象科技发展和具有专业特色气象文化为主要内容,具有良好引导示范作用的各种场所的总称。

获得"全国青少年科技教育基地"、"全国科普教育基地"称号的气象行业有关单位,参照本办法进行管理和考核。

第三条 全国气象科普教育基地建设、运行和管理原则:

(一)政府推动、全民参与。将气象科普教育基地建设纳入全民科学素质行动计划纲要总体规划中,纳入气象事业发展规划和气象现代化建设中,鼓励利用社会公共资源和现有条件建设气象科普教育基地,鼓励企事业单位、社会团体及公民个人参与建设,共同推动气象科学技术知识的教育、传播与普及。

(二)科技为先,深化内涵。围绕公众与社会需求,及时跟进世界气象科技发展步伐,注重体现气象科技发展水平,并深入挖掘和提升其科技内涵。结合数字化、人性化、智能化的发展趋势,丰富科普展示的内容与形式,进一步增强基地的现代化水平和感染力。

(三)以人为本、关注民生。面向基层、关注民生,突出防灾减灾和应对气候变化知识传播,帮助公众理解气象知识,用好气象信息,掌握科学方法,弘扬科学精神,提高面向重点人群的科普服务能力,不断提升气象科普服务效果。

(四)统筹资源,促进创新。加强顶层设计,科学合理布局。创新技术手段,提升气象科普教育基地综合效益。发挥互联网等新兴媒体在科技传播中的积极作用,拓宽公众获取科学知识的渠道,实现大众化、社会化气象科普传播。

第四条 气象科普主管部门负责对气象科普教育基地管理工作进行监督、管理、指导和协调。中国气象学会秘书处负责全国气象科普教育基地的组织申报和评估考核工作。

成立全国气象科普教育基地管理领导小组(简称领导小组),下设办公室(设在学会秘书处,简称领导小组办公室),负责指导全国气象科普教育基地建设、运行、管理和本办法实施工作。

各省、自治区、直辖市气象学会负责本地区符合条件单位申报全国气象科普教育基地的审核和推荐工作。

第二章 申报范围

第五条 分为 3 类进行申报:综合类、示范校园气象站和基层防灾减灾社区(乡镇)类。

(一)综合类申报范围包括:

1. 联合社会力量共建或独立兴建的具有气象科普展示、教育功能的科技、文化、教育类公共科技教育活动场所。

2. 气象行业中具有气象科技展示、教育功能的气象业务、科研场所,如气象台(站)、观测场(站)、雷达站等。

3. 气象相关科研机构和大学面向公众开放的实验室、陈列室、科研中心或野外观测站、农业试验站等。

(二)示范校园气象站类申报范围包括:建有校园气象站、并依托校园气象站开展气象科普活动的各类学校。

(三)基层防灾减灾社区(乡镇)类申报范围包括:积极促进气象预警信息传播,面向居民开展气象科普宣传,有效提高公众应用气象信息和防灾减灾能力的城市社区或乡镇。

第三章　申报条件

第六条　申报条件。

(一)综合类

1. 具有面积不少于 100 平方米的固定气象科普活动场所,具备开展经常性科普活动的条件和设备。在显著位置设有公告栏,公示基地的开放制度。

2. 重视科普基地工作,有分管领导负责。

3. 制定科普基地的发展规划,将科普工作列入本单位年度计划;建有日常科普工作管理制度。

4. 有具备开展科普活动的专兼职队伍,科普活动经费列入本单位经费预算并落实到位。

5. 积极参加每年世界气象日、防灾减灾日、科技活动周、全国科普日等活动及各地方组织的科普活动,发挥示范作用。

6. 每年开放天数不低于 30 天,年接待人数不低于 5000 人,有条件的科普基地可常年开放。有固定的解说词。

7. 经常开展或参加经验交流、工作培训和理论研讨等,主动与新闻媒体合作,加强对科普基地和科普活动的宣传。

8. 积极推进气象科普基地信息化、网络化和数字化建设。

(二)示范校园气象站类

1. 建有人工观测气象站和能对 4 个或 4 个以上气象要素进行观测的自动观测气象站。

2. 重视校园气象科普工作,有分管校长负责。

3. 将校园气象站和气象科普活动列入年度工作计划;建有校园气象站管理制度,定期研究、检查、总结气象科普工作。

4. 有专门负责此项工作的教师或兼职培训人员,有一定的经费保障。

5. 成立气象科技兴趣活动小组,组织学生连续 2 年以上定期开展气象观测和记录,并将资料存档。依托校园气象站定期开展校园气象科普活动,能够发挥示范引领作用。

6. 命名后接受当地气象主管机构或气象学会对校园气象站的指导,并积极参加有关交流、培训等活动。

7. 积极推进校园气象站信息化、网络化和数字化建设。

(三)基层防灾减灾社区(乡镇)类

1. 建有气象科普长廊或专栏,农家书屋或社区阅览室、文化室,存有气象科普读物。

2. 重视气象科普工作,有所在地分管领导负责。

3. 将气象科普工作列入当地年度工作计划。

4. 建有气象信息员队伍,有一定的经费保障。

5. 能够准确及时地将气象预警信息传递到辖区内的基层防灾减灾社区(乡镇),经常开展气象科普活动,能够发挥示范引领作用。

6. 积极参加气象防灾减灾相关交流、培训等活动。

7. 积极推进基层防灾减灾社区(乡镇)信息化、网络化和数字化建设。

第四章　申报程序

第七条　全国气象科普教育基地申报评审工作每两年开展一次,采取自愿申请的原则。

第八条　凡符合上述申报条件的单位,按要求向所在省、自治区、直辖市气象学会提出申请。申报材料包括:《全国气象科普教育基地申报表》、相关附件和证明材料。经所在地气象学会审核同意后,向领导小组申报。

第五章　评审程序

第九条　领导小组负责全国气象科普教育基地的评审。评审活动的组织、受理、审查等工作由领导小组办公室负责。

第十条　各省、自治区、直辖市气象学会负责组织申请材料的初审,并在规定时间内向领导小组办公室报送推荐材料。

第十一条　领导小组办公室负责审查申报材料,对拟认定单位的评审结果向社会公示。公示期内,任何单位和个人对拟认定单位有异议,应在规定期限内以真实身份向领导小组办公室提交书面材料,逾期和匿名不予受理。

第十二条　公示后的名单报领导小组审定后命名,颁发证书、牌匾。命名单位材料需报中国气象局办公室备案。

综合类命名为"全国气象科普教育基地"。示范校园气象站类命名为"全国气象科普教育基地—示范校园气象站"。基层防灾减灾社区(乡镇)类命名为"全国气象科普教育基地—基层防灾减灾社区(乡镇)"。

第六章　考核奖惩

第十三条　全国气象科普教育基地自命名起,应于每年的 12 月底前将年度工作总结报送至领导小组办公室。

第十四条　领导小组每两年对全国气象科普教育基地运行情况进行考核。对考核合格者,保留"全国气象科普教育基地"名称。对考核优秀者,鼓励其进一步发挥示范作用。对考核不达标者,提出警告,并要求在一年内完成整改;到期仍未达标者,将撤销命名并向社会公布。

第十五条　有以下行为之一的,撤销其命名。

(一)违法违纪行为的。

(二)宣传封建迷信、伪科学的。

(三)损害公众利益的。

第七章　附　则

第十六条　本办法由领导小组办公室负责解释。

第十七条　本办法自发布之日起实行。原《全国气象科普教育基地管理办法》(气发〔2005〕141 号)废止。

中国科协印发《中国科协关于加强科普信息化建设的意见》的通知

（科协发普字〔2014〕90 号　2014 年 12 月 10 日）

各全国学会、协会、研究会，各省、自治区、直辖市科协，新疆生产建设兵团科协，各有关科普机构：

为全面推进《全民科学素质行动计划纲要（2006—2010—2020 年）》实施，大力提升我国科学传播能力，切实提高国家科普公共服务水平，实现我国公民科学素质的跨越提升，服务于创新驱动发展、全面建成小康社会，制定了《中国科协关于加强科普信息化建设的意见》，现印发给你们，请结合实际，认真贯彻落实。

中国科协

2014 年 12 月 10 日

中国科协关于加强科普信息化建设的意见

为全面推进《全民科学素质行动计划纲要（2006—2010—2020 年）》实施，大力提升我国科学传播能力，切实提高国家科普公共服务水平，实现我国公民科学素质的跨越提升，服务于创新驱动发展、全面建成小康社会，现就加强科普信息化建设提出如下意见。

一、科普信息化是推动科普创新发展的深刻变革

（一）科普信息化是应用现代信息技术带动科普升级的必然趋势。当今世界，以数字化、网络化、智能化为标志的信息技术革命日新月异，互联网日益成为创新驱动发展的先导力量，深刻改变着人们的生产生活，有力推动着社会发展，对国际政治、经济、文化、社会等领域发展产生深刻影响。信息化和经济全球化相互促进，带来信息的爆炸式增长，以及传播表达方式的多样性，使科学传播变得无比高效、方便快捷和充满乐趣，云计算、大数据等现代信息技术的应用，使泛在、精准、交互式的科普服务成为现实。信息化日益成为科普创新驱动发展的先导力

量,成为引领科普现代化的技术支撑,要做好科普信息化建设,必须弘扬"开放、共享、协作、参与"的互联网精神,充分运用先进信息技术,有效动员社会力量和资源,丰富科普内容,创新表达形式,通过多种网络便捷传播,利用市场机制,建立多元化运营模式,满足公众的个性化需求,提高科普的时效性和覆盖面,这是科普适应信息社会发展的必然要求。

(二)科普信息化是实现全民科学素质跨越提升的强力引擎。我国正处在实施创新驱动发展战略、全面建成小康社会的关键时期和攻坚阶段,正在由要素驱动、投资驱动转向创新驱动,正在经历一场深刻的体制机制和发展方式的变革。创新驱动发展的关键是科技创新,基础在全民科学素质。要支撑"两个一百年"、创新驱动发展战略、全面建成小康社会等目标的实现,到 2020 年我国公民具备基本科学素质的比例必须超过 10%。要实现我国公民科学素质建设的这个发展目标,任务十分艰巨,必须通过加强科普信息化建设,借助信息技术和手段大幅快速提升我国科普服务能力,才能有效满足信息时代公众日益增长和不断变化的科普服务需求,才能为实现全民科学素质的快速提升提供强劲动力。

(三)科普信息化是对传统科普的全面创新。科普信息化不仅体现在技术层面,更关键、更重要的是科普理念到行为方式的彻底转变,即从单向、灌输式的科普行为模式,向平等互动、公众参与式的科普行为模式的彻底转变;从单纯依靠专业人员、长周期的科普创作模式,向专业人员与受众结合、实时性的科普创作模式的彻底转变;从方式单调、呆板的科普表达形态,向内容更加丰富、形式生动的科普表达形态的彻底转变;从科普受众泛化、内容同质化的科普服务模式,向受众细分、个性精准推送的科普服务模式的彻底转变;从政府推动、事业运作的科普工作模式,向政策引导、社会参与、市场运作的科普工作模式的彻底转变。由此,科普信息化建设必须强化互联网思维,坚持需求导向,着力科普信息内容和传播渠道建设、着力科普信息资源的传播应用、着力科普信息化建设社会动员和保障机制的建立完善,融合发展,精准发力。

二、借助信息化技术手段,丰富科普内容,创新传播方式

(四)聚焦科普需求丰富科普内容。运用现代信息化手段,可使科普内容更加丰富、形象、生动,满足不同受众的多样化、个性化的需求,使科普更具观赏性、趣味性和感染力。各级科协及所属学会要把满足公众的科普需求和创新驱动发展对科普的需求作为主要任务。要充分发挥科学传播专家团队等广大科技工作者、科普工作者的作用,借助先进信息技术手段,贴近实际、贴近生活、贴近群众,围绕公众关注的卫生健康、食品安全、低碳生活、心理关怀、应急避险、生态环境、反对愚昧迷信等热点和焦点问题,大力普及科学知识,及时解疑释惑。要把青少年作为科普服务的首要对象,科学传播要把握科技发展脉动,紧盯科技创新趋势,让青少年的目光看到人类进步的最前沿,展开想象的翅膀,树立追求科学、追求进步的志向,点燃中华民族的科学梦想。中国科协将借助大数据,建立公众科普需求报告发布制度。

(五)创新科普表达和传播形式。科普创作、科普创意是实现科普表达的基本方式,各级科协及所属学会要结合区域特点,充分发挥科普作家、科学传播专家团队、社会公众等各方面力量的作用,发挥在科普创作方面的优势,顺应信息社会科学传播视频化、移动化、社交化、游戏化等发展趋势,综合运用图文、动漫、音视频、游戏、虚拟现实等多种形式,实现科普从可读到可视、从静态到动态、从一维到多维、从一屏到多屏、从平面媒体到全媒体的融合转变。强化科普

与艺术、人文融合,充分运用群众喜闻乐见的电影、动漫等形式,充分运用形象化、人格化、故事化、情感化等创作方法,增强科普作品的吸引力。充分动员科普专业机构、科技社团、科研机构、教育机构、企业、网络科学传播意见领袖等生产和上传科普信息资源,推出更多的有知有趣有用的科普精品。

(六)运用多元化手段拓宽科学传播渠道。各级科协及所属学会要牢固树立借助为主、自建为辅的科学传播渠道建设理念,充分利用和借助现有传播渠道开展科学传播。加强与互联网企业等专业机构的合作,充分发挥中国数字科技馆等科普网站的作用,拓宽网络特别是移动互联网科学传播渠道,运用微博、微信、社交网络等开展科学传播,让科学知识在网上流行。加强与电视台、广播电台等大众传媒机构的合作,充分发挥广播、电视等现有覆盖面广、影响力大的传统信息传播渠道作用,建设科普栏目,传播科普内容。积极推动与车站、地铁、机场、电影院线等公共服务场所以及移动服务运营商、移动设备制造商的合作,将科普游戏、科普移动客户端、科普视频等优质科普内容作为公益性的增值服务提供给公众。

(七)强化科普信息的精准推送服务。各级科协及所属学会要依托大数据、云计算等技术手段,采集和挖掘公众需求数据,做好科普需求跟踪分析,针对本地区、本渠道科普受众群体的需求,通过科普电子读本定向分发、手机推送、电视推送、广播推送、电影院线推送、多媒体视窗推送等定制性传播方式,定向、精准地将科普文章、科普视频、科普微电影、科普动漫等科普信息资源送达目标人群,满足公众对科普信息的个性化需求。

三、联合集成,协同推进,推动科普信息化建设机制创新

(八)充分运用市场机制,创新科普运营模式。有效利用市场机制和网络优势,充分利用社会力量和社会资源开展科普创作和传播,是科普运营模式的重大创新。各级科协及所属学会要积极争取将科普信息化建设纳入本地公共服务政府采购范畴,充分发挥市场配置资源的决定性作用,依托社会各方力量,创新和探索建立政府与社会资本合作、互利共赢、良性互动、持续发展的科普服务产品供给新模式。中国科协会同财政部等有关部门、社会各方面大力推动实施科普信息化建设工程,充分依托现有企业和社会机构,借助现有信息服务平台,统筹协调各方力量,融合配置社会资源,建立完善科普信息服务平台和服务机制,细分科普对象,提供精准的科普服务产品,泛在满足公众多样性、个性化获取科普信息的要求,引导和牵动我国科普信息化建设水平的快速提升。

(九)集成创新,大力推动信息化与传统科普的深度融合。各级科协及所属学会要将信息化与传统科普活动紧密结合,大力推动信息技术和手段在科普中的广泛深入应用,积极探索融合创新模式。借助或打造科普活动在线平台,通过二维码等方式引导公众便捷参与,设置科普活动自媒体公众账号,开展微博、微信提问,微视直播,现场访谈线上互动等活动,促进科普活动线上线下结合。积极组织和动员科技类博物馆、科普大篷车、科普教育基地、科普服务站等,积极主动地利用现有科普信息平台获取适合的科普信息资源,加强线上科普信息资源的线下应用,丰富科普内容和形式;同时,推动和支持运用虚拟现实、全息仿真等信息技术手段,实现在线虚拟漫游和互动体验,把科普活动搬上网络。积极推动传统科普媒体与新兴媒体在内容、渠道、平台、经营、管理等方面的深度融合,实现包括纸质出版、互联网平台、手机平台、手持阅

读器等终端在内的多渠道全媒体传播。

（十）建立完善审核把关机制，强化科普传播内容的科学性和权威性。科学性是科普的灵魂，各级科协及所属学会要充分发挥好自身优势，坚持"内容为王"，建立专家审核和公众纠错结合的科学传播内容审查机制，加强对上传和传播科普内容的审核。中国科协将协同社会各方面共同塑造我国科普信息化建设的品牌——"科普中国"，研究制定科普信息化标准规范，加大科普信息产品研发与推荐评介，建立完善科学传播舆情实时监测、快速反应、绩效评价等机制。

（十一）完善社会动员和激励机制，营造大联合大协作的科普局面。各级科协及所属学会要充分调动公众积极性，建立包括认证、考核、监督、评价、奖励为一体的激励机制，通过虚拟动员、荣誉评级、网络微动员等方式，吸引公众通过用户生成内容共同进行信息化科普传播内容创作，形成专家和公众共同参与的信息化科普内容共建机制，推进原创科普内容的产生，让广大公众成为科普内容的受益者、传播者和建设者。要广泛动员社会参与，激发社会机构、企业参与科普信息化建设的积极性，进一步建立完善大联合大协作的科普公共服务机制，最大限度地扩大科学传播的覆盖面，实现科普服务的良性循环和自我发展。

四、加强管理，强化应用，确保科普信息化建设落到实处

（十二）加强领导，统筹协调。各级科协要把科普信息化建设作为科普工作服务创新驱动发展、全面建成小康社会的重要任务，推动将其纳入本地区经济与社会发展长期规划，因地制宜制定本地区科普信息化建设规划。各级学会、科普机构要将科普信息化建设纳入自身科普能力建设的重要议事日程。中国科协建立科普信息化建设领导小组和专家指导委员会，领导和指导推动科普信息化建设，研究决定科普信息化建设的发展战略、宏观规划和重大政策，统筹协调科普信息化的重大问题。

（十三）因地制宜，深度应用。省级以上科协及所属学会在建设科普内容的同时，要充分发挥组织优势，通过自身的传播渠道和科普活动，主动传播和积极使用科普信息资源。省级以下科协及所属学会、各类科普机构要以科普信息资源应用为主，鼓励有条件的组织和单位生产科普信息资源，避免低水平的重复建设，通过信息化与传统科普相结合的方式，动员组织农技协、社区科普大学、社区科普协会、科普小组、科普服务站和科普志愿者组织等主动获取符合当地需求的科普信息资源，面向本地区、本渠道科普受众群体进行广泛传播，促进科普信息资源的广泛深度应用。

（十四）加大投入，强化基础。各级科协及所属学会要加大科普信息资源和传播渠道的统筹整合，积极争取政府和社会各方的支持，加大对科普信息化建设的投入。加强科普信息化专门人才队伍建设，特别是高层次专门人才和基层实用人才的培养，逐步完善人才队伍的培养、管理与保障制度。建立完善以公众关注度为科学传播绩效评价标准的评价体系。加强科普信息化建设理论与实践研究，总结推广经验，对在科普信息化建设工作中的优秀组织和个人进行激励表扬。

中国科学院　科学技术部
关于加强中国科学院科普工作的若干意见

（科发传播字〔2015〕38 号　2015 年 3 月 10 日）

中国科学院院属各单位，各省、自治区、直辖市科技厅（委），计划单列市、副省级城市科技局（科委），新疆生产建设兵团科技局：

为贯彻党的十八大、十八届三中、四中全会精神和习近平总书记系列重要讲话精神，落实创新驱动发展战略，加快创新型国家建设，全面加强中国科学院的科普工作，根据《中华人民共和国科学技术普及法》、《国家中长期科学和技术发展规划纲要（2006—2020 年）》、《全民科学素质行动计划纲要（2006—2010—2020 年）》、《国家科学技术普及"十二五"专项规划》、《中国科学院"率先行动"计划暨全面深化改革纲要》的要求，中国科学院和科学技术部现提出以下意见：

一、指导思想和工作目标

（一）指导思想

科普工作是实施创新驱动发展战略、建设创新型国家的一项基础性任务，也是弘扬社会主义核心价值观、建设和谐社会的有效举措，对提升全民科学素质、增强国家软实力具有重大意义。中国科学院作为国家战略科技力量，在科普工作中应发挥国家队的作用，坚守"高端、引领、有特色、成体系"的科普工作定位，以服务国家、服务社会为宗旨，推动科研机构加强科普工作，承担科普任务，为实现中华民族伟大复兴的中国梦提供科学文化支撑。

（二）工作目标

实施"高端科研资源科普化"计划，促进中国科学院丰富的科研资源转化为科普设施、科普产品、科普人才；推进"'科学与中国'科学教育"计划，使中国科学院丰富的科普资源服务于面向公众的科学教育，促进科教融合；建设科普工作国家队，引领我国科普工作发展。

形成一个创新型科普工作体系，建成一批运行高效的国家科研科普基地，创作一批满足市场需求的优秀科普作品，推出一批进入百姓家庭的科普产品，培育一批科普活动知名品牌，建设一支高素质的专兼职科普队伍，搭建科普工作大平台。

二、主要任务

（一）增强科研设施的科普功能

1. 中国科学院所属科研院所、大学、公共支撑单位要充分发挥适宜开放的重大科技基础设施、天文台、植物园、标本馆、博物馆、野外台站、实验室、图书馆、互联网站等科研设施的科普功能，在保证科研工作需要的前提下，增加开放时间，改善科普展示场馆（厅），丰富互动参与内容；围绕科研设施、科研成果开发系列科普产品，结合重大科学事件、科研成果、社会热点等开展科普活动。

2. 中国科学院各分院要积极推动所在区域科研设施开放共享，鼓励科研院所跨区域、跨专业开展科普工作，举办特色科普活动，形成科普资源优势互补、协同发展的格局。

3. 中国科学院科学传播局与科学技术部政策法规与监督司联合制定"国家科研科普基地"管理办法，启动相应工作，统筹科普资源，开展特色科普活动，发挥国家科学传播的主导作用。

（二）加强科普产品的创作

1. 大力支持科普图书、科普文章创作。中国科学院所属科研院所、大学、专业科普组织、出版社、报社要重点支持创作原创性科普图书、译著、科普文章；鼓励科研人员、科普工作者、专业编辑联合开展科普图书创作和推广，鼓励科研人员针对社会热点和公众疑惑及时撰写科普文章，鼓励翻译国外科普图书和科普文章；大力推进与知名出版机构的战略合作，引导科普图书创作方向。

2. 着力推进科普视频制作。中国科学院所属科研院所、大学、公共支撑单位、专业科普组织要积极与知名媒体开展合作，围绕特色科普资源制作科普专题片、微视频、纪录片、公益广告等；分院要凝聚区域性力量，积极建设示范性科普视频制作基地；专业科普组织要联合相关单位，开展战略性先导科技专项、重大科技基础设施、前沿科学等代表我国科技前沿进展、反映中国科学院科研优势与特色的科普视频创作。

3. 积极加强科普展品、教具研发。中国科学院所属各分院、科研院所、大学、公共支撑单位、专业科普组织、科研企业等要积极探索科普展品、教具研发机制及市场化发展模式，进行科普展品、教具研发；要共同推进中国科学院所属单位与地方政府科技主管部门合作研发科普产品，借助科普博览会、大型科普活动等平台集中展示。

（三）组织开展科普活动

1. 参加重大科普活动。要积极组织院属单位参加科技活动周、文化科技卫生三下乡、科普日等全国性科普活动；开展公众科学日、科技创新年度巡展等全院性科普活动。

2. 组织开展区域性科普活动。中国科学院各分院要发挥区域性科普工作力量的特色与优势，通过"请进来"开展科普活动、探究性科学教育活动；通过"走出去"进行科学图书、视频、教具的推广，帮助教育机构建设实验室、开发制作实验手册等；通过"搬上网"开展实体活动的网络转化，推动线上、线下活动的结合，适应公众的互动需求。

3. 组织开展特色科普活动。中国科学院各专业科普组织要突出自身特色，结合社会需求，继续组织好"名园名花展"、"名馆精品展"、系列天文科普活动等，拓展专题展览、专题报告、科普论坛等系列活动。

(四)培育专兼职结合的科普队伍

1. 调动科研人员参与科普工作积极性。中国科学院所属各单位要通过政策引导、经费支持、激励考核等措施充分调动科研人员参与科普工作的积极性,强化对科普工作的使命感和责任感,为科研人员开展科普工作提供服务。

2. 充分发挥院士在科学普及和知识传播方面的引领示范作用。鼓励院士运用专业特长,针对社会关注问题进行权威解读和普及。采取有力措施,鼓励和支持院士发表科普作品、举办科普讲座、参与科普活动,为院士从事科普活动提供服务和支撑。

3. 重视老科学家科普队伍建设。积极推广中国科学院"老科学家科普演讲团"成功经验,鼓励有条件的分院建立分团,发挥在科普报告演讲中的示范带动作用。

4. 加强科普志愿者队伍建设。鼓励院属单位进一步完善激励措施,改善工作条件,动员科技工作者尤其是青年学生积极加入科普志愿者队伍;定期开展科普志愿活动并做好建档工作;研究制定科普志愿者管理办法,加强对科普志愿者的管理和服务。

5. 发挥专业科普组织的支撑作用。中国科学院各专业科普组织要把握科普工作的发展趋势,凝聚成员单位力量,统筹专业科研资源,组织成员单位开展科普理论研究、举办大型科普活动、进行科普资源网络转化、研发系列科普产品,为"高端科研资源科普化"计划和"'科学与中国'科学教育"计划的组织实施提供有力支撑。

(五)建设科普工作交流展示平台

1. 打造科普期刊知名品牌。中国科学院所属相关单位要进一步明确现有科普期刊发展方向,提高办刊水平,提升期刊质量,形成知名品牌;择优支持条件成熟的单位创办新的科普期刊,推动探索创办科普电子期刊。

2. 加强互联网和新媒体科普平台建设。鼓励院属单位、科研人员通过网络、新媒体等形式开展科普工作;各单位要规范互联网科普平台运行,设立网络科普栏目,科普资源丰富的科研院所要逐步建立专业性科普网站、开设科普微博、微信等新媒体平台;专业科普组织要建立科普网站并保障常态化运行。

三、保障措施

(一)加强规划和领导

中国科学院、科学技术部积极研究制定"十三五"科学传播规划,完善科普政策,加强科普能力建设,引导各方重视和支持科普工作。中国科学院所属单位要确保科普工作有研究、有部署、有措施、有总结,探索设立科普工作专门机构、全职科普工作岗位,建立专兼职结合的科普队伍,为科普工作者职业发展提供支持。

(二)提供支持和保障

中国科学院、科学技术部积极拓展科研机构科普经费筹集渠道,启动国家科技计划项目增加科普任务,逐步增加科普经费;中国科学院院属各相关单位要确保科普经费投入,积极探索通过社会渠道筹集科普经费,促进科普经费持续适度增长,联合社会力量共建科普设施,联办科普活动;地方政府科技主管部门应通过经费支持、政策引导等方式支持科研机构开展科普工作。

（三）重视表彰和奖励

中国科学院、科学技术部通过政策支持、项目牵引、表彰先进等方式激发科研机构开展科普工作的积极性；中国科学院所属单位要为本单位开展科普工作协调资源、搭建平台、提供支持，定期进行表彰和奖励，推荐参加国家、地方表彰奖励工作；地方政府科技主管部门要在先进评选工作中为中国科学院科研机构分配名额，推荐参加国家科学技术进步奖、全国优秀科普作品等评选工作。

（四）做好合作与示范

要积极探索科普工作规律，推广科普工作经验，拓展科普活动、影视、期刊等国际合作交流，凝聚院属单位力量服务地方科普工作；要及时做好宣传推广，推动与港澳台地区开展科普合作，切实发挥科普工作国家队的功能，使中国科学院在全国科研机构科普工作中发挥试点、示范作用，引领全国科研机构全面加强科普工作，提升科普工作实效。

中国科学院　科学技术部

2015 年 3 月 10 日

环境保护部　科技部　中国科协关于进一步加强环境保护科学技术普及工作的意见

（环发〔2015〕66 号　2015 年 6 月 8 日）

各省、自治区、直辖市环境保护厅（局）、科技厅（委、局）、科协，新疆生产建设兵团环境保护局、科技局、科协，解放军环境保护局，辽河凌河保护区管理局，各有关单位：

　　环境保护科学技术普及工作（以下简称环保科普工作）对于提升全民环境科学素质、鼓励公众参与环境保护、落实国家创新驱动发展战略工作具有非常重要的作用。为贯彻党的十八大，十八届三中、四中全会精神，加快推动生态文明建设，根据《中华人民共和国环境保护法》《中华人民共和国科学技术普及法》和国务院印发的《全民科学素质行动计划纲要（2006－2010－2020 年）》等法律和文件要求，对进一步加强环保科普工作提出以下意见。

一、指导思想和工作目标

（一）指导思想

　　以中国特色社会主义理论为指导，紧密围绕生态文明建设和环境保护工作重点，针对社会公众热点需求，坚持"政府主导，协同推进、社会参与、注重实效"的工作原则，以服务环保、服务社会为宗旨，以大幅提升公众环境科学素质为重点，不断增强全社会参与保护环境的自觉性、主动性、科学性，为全面推进生态文明建设提供有力支撑。

（二）工作目标

　　环保科普工作要以改善环境质量、保障公众健康为切入点，大力宣传《中华人民共和国环境保护法》《大气污染防治行动计划》《水污染防治行动计划》等法律和规范性文件，围绕环保工作重点、难点，以及细颗粒物（$PM_{2.5}$）污染、饮用水安全、土壤污染、重金属污染、废弃物处理处置、核与辐射安全、有毒有害化学品风险防范、环境与健康等社会热点和焦点，有针对性地开展科普资源开发、活动设计、知识传播等。

　　建立完善的环保科普体系和工作机制，切实提高环保科普能力；有效整合环保科普资源与传播渠道，实现环保科普资源共建共享；培育和创建品牌环保科普活动，实施重点人群环保科普行动，全面推动环保科普工作发展。

　　到 2020 年，基本建立起政府主导、社会参与的环保科普工作机制，形成联合、联动、共享的环保科普工作格局。创作一批公众喜闻乐见的环保科普作品；打造 3～5 个全国性环保科普品牌活动;创建一批国家级和省级环保科普基地,国家环保科普基地总数达到100家;构建多层次、多形式的全媒体科普传播模式;公民环保意识和科学素质水平明显提高。

二、重点任务

(三)繁荣环保科普作品创作。开展原创性环保科普图书、译著、文章、动画、视频等作品创作;鼓励各级环保、科技、科协部门,以及科研院所、环保监测中心(站)、学会、环保宣教中心等与出版机构合作,创作市场化的、适合不同重点人群阅读、适应不同传播渠道的科普图书、挂图、影视作品;鼓励环保科研人员主动针对公众疑惑撰写科普文章,通过报刊、网络等媒体及时传播。

推动环保科研成果科普化。各级环保、科技、科协部门应在财政支持的、具备条件的科研项目中率先开展科研成果科普化试点,开发创作系列科普产品,增加科普成果产出考核要求,鼓励通过图书、视频、专题片、动画等形式,开展环保科研成果的传播与推广。

鼓励社会力量开展环保科普作品创作。通过资助、政府采购等形式支持和鼓励社会组织以多种形式创作环保科普作品;支持办好"全国环保科普创意大赛"等创作平台,充分调动公众、艺术院校等力量创作高质量的科普动画、漫画、视频等作品。

(四)积极开展科普活动。各级环保、科技、科协部门在科技活动周、全国科普日、"六·五"世界环境日、国际生物多样性日等全国性重大活动期间,应积极开展公众喜闻乐见、环保特色突出的科普活动;鼓励各级环保、科技、科协部门,以及学会、环保宣教中心等举办各类环保主题科技竞赛、讲座、展览、培训和交流等活动。各级环保、科技、科协部门要加强联合,针对各地环保工作重点,因地制宜开展科普下乡、科普进社区、科普进学校系列活动。继续组织好"大学生志愿者千乡万村环保科普行动""环保嘉年华"等全国性品牌活动。

(五)搭建环保科普资源共享平台。以建设中国环保科普资源网为重点,办好科普新闻、科普资讯、科普活动、资源产品、科普知识和科普基地等栏目;积极整合、集成现有环保科普资源,实现共建共享,充分发挥国家级资源平台的作用,实现环保科普资源的上传下载功能,为各地环保科普工作的开展提供高质量的科普资源。定期收集整理环保科普资源,公布资源清单。积极与中国科普网、中国科普博览、中国数字科技馆等科普资源平台进行合作,实现共建共享。支持核与辐射安全科普网络平台建设。

(六)加强环保科普基地建设。完善环保科普基地评估指标体系和机制,指导国家环保科普基地创建工作。进一步加强已命名国家环保科普基地能力建设,加强监管考核,增强基地的主观能动性,充分发挥其功能和作用。国家环保科普基地应进一步突出环保科普特色,利用自身优势,在做好经常性科普工作的同时,积极开展进学校、进社区、进村镇等主题科普活动,办好环保专题网站(页)。省级环保、科技部门可结合本地区经济社会发展情况和环保科普工作需要,创建一批省级环保科普基地。

(七)推进环保科技资源开放。充分发挥各级科研院所、环保监测中心(站)、重点实验室、工程技术中心、野外观测台站、自然保护区,以及城镇污水处理厂、垃圾处理厂、核电站等企事业单位,利用自身科技资源,在环保科学传播、科普活动开展等方面发挥专业优势,面向公众开展形式多样的环保科普活动,通过"请进来"答疑解惑,主动回应公众关切。各级科研院所、环保监测中心(站)等单位要逐步提升环保科普能力,建立和完善面向社会的定期开放制度,重点组织开展面向青少年、城镇社区居民的各类环保科普活动。

(八)利用全媒体传播模式和平台开展环保科普传播。充分研究传统媒体与新媒体在环保科技传播领域的优势和应用特点,探索新老媒体融合互补、相得益彰的环保科普全媒体传播模式。建立健全环保部门与媒体的沟通、协调、交流机制,着力提高环保科学传播的主动性、准确性和权威性;以各级环保部门官方网站科普网页、栏目为核心,通过微信、微博、手机应用程序(APP)等手段,为公众提供丰富、多样、可选、便捷的科普服务;做好环境热点问题和突发环境事件的舆论引导,探索开展应急性环保科普活动的方式、方法;探索建立与门户网站等公共服务平台的合作机制和信息发布联动机制,针对热点问题开设专栏、专版、专题。

(九)加强环保科普人才队伍建设。加强专兼职环保科普人才和环保科普志愿者队伍建设,培养和造就一支规模适度、结构优化、素质优良的环保科普人才队伍;团结和联系一批热心科普工作的科学家、技术和管理专家,为环保科普工作提供咨询。建立动态环保科普专家库,完善环保科技界与媒体界的合作机制,形成快速的科普反应能力。建立环保科普人员培训制度,着力提升环保科普人员的科学素质和业务水平。组织开展环保科普人员、专家与新闻工作者的交流培训,提高环保科普传播水平。完善环保科普人才队伍建设机制。

(十)积极引导社会力量参与环保科普。积极探索环保科普工作市场发展机制,支持引导社会专业机构参与环保科普音像制品、游戏、资源包、展教具等产品的设计、研发和生产。各级环保、科技、科协部门要支持环保社会团体联系、影响一批具备条件的科研机构、高等院校的专家、学者,发表科普作品、举办科普讲座、参与科普活动。

三、重点人群科普工作

(十一)加强青少年环保科普工作。结合青少年特点及社会实践活动,做好中小学环保科普工作。以《中华人民共和国环境保护法》(2014年修订)实施为契机,推动环保意识、环境科学知识进课堂。鼓励开展形式多样的综合实践、参观体验、知识竞赛、专题讲座等活动。支持、推动中小学校与本地区的国家环保科普基地、环保科研院所、监测中心(站)等机构建立相对稳定的联系,充分利用校外科普资源开展教学实践活动。

(十二)持续开展面向农村农民的环保科普工作。针对农村、农民的特点,围绕农村生产生活、村容村貌、致富增收,开发喜闻乐见、通俗易懂的环保科普宣传品。利用好科技列车、科普大篷车、流动科技馆、农家书屋、院士专家西部行等科普载体,大力开展环保科普活动,普及农村环保知识和实用环保技术,提高广大农民的环保意识,促进农民养成环境友好的生产生活方式。

(十三)加强城镇劳动者和社区居民环保科普工作。以各类主题宣传日为载体,重点开展PM$_{2.5}$防控、城镇污水与垃圾处理、电子废物分类回收处理,以及资源节约、节能减排、绿色消费等主题科普活动。在重点核设施周边城镇和社区,加强核与辐射环保科普活动。利用社区科普大学、社区活动室、社区宣传栏、社区书屋等载体,开展形式多样、内容丰富的活动。

(十四)推动领导干部和公务员的环保知识培训。各级环保、科技、科协部门要积极推进将环保纳入各级党校、行政院校、干部学院教学内容,以生态文明建设、可持续发展战略、环境保护规划、环境保护法规等为重点,组织环保专家授课,提高领导干部环保决策能力。结合教学培训需求,积极开展多层次、多渠道、分类别、重实效的环保科技知识培训工作。在公务员培训中,进一步强化环保法规、政策、标准的培训内容,提高环境管理水平和能力。

四、保障措施

(十五)加强领导,明确责任。各级环保、科技、科协部门要提高对环保科普工作重要性的认识,加强沟通与协作,促进资源共享,共同推动落实各项工作任务。各级环保部门要进一步加强对环保科普工作的领导,强化环保科普工作职责和任务,做好环保科普系统设计,将环保科普工作纳入各地环境保护工作规划,制定环保科普工作实施方案,明确任务、落实责任、形成合力、扎实推进,构建内外联合、上下联动、资源共享的工作方式。

(十六)拓宽渠道,增加投入。各级环保、科技、科协部门要按照国家预算管理的规定和现行资金渠道,统筹考虑和安排一定的专项经费用于环保科普工作,在国家相关科技计划中,增加科普任务和经费。要积极创造条件,鼓励引导社会资金投入,逐步建立多层次、多渠道的环保科普投入体系。

(十七)多方参与,共同推进。各级环保、科技、科协部门应以进一步转变政府职能为契机,加大向社会力量购买服务的力度,支持具有条件的学会等环保社会团体和环保宣教中心等事业单位承担环保科普任务,发挥学会等社会团体的环保科普主力军作用。充分调动其他社会组织和企业参与环保科普工作的积极性,形成全社会共同推动环保科普工作的合力。

(十八)绩效考核,表彰激励。将科普工作和科普成果纳入各级环保部门、科研院所、监测中心(站)等单位和个人的绩效考核,调动环保科技工作者开展环保科普工作的积极性。在各级环境保护科学技术奖中增设科普项目,表彰、奖励环保科普成果;各级环保、科技、科协部门,要对在环保科普工作中成绩突出的先进集体和个人给予表彰奖励。

(十九)加强交流,示范推广。搭建与国际、港澳台地区的环保科普交流合作平台,促进科普文化互助发展。加强国内地区间、行业间的环保科普经验交流学习,做好科普基地、品牌项目活动的经验示范和宣传推广,提升环保科普工作实效。

环境保护部　科技部　中国科协
2015 年 6 月 8 日

中国地震局 国家民委 中国科协
关于加强少数民族和民族地区防震减灾
科普工作的若干意见

（中震防发〔2015〕61 号 2015 年 12 月 31 日）

各省、自治区、直辖市地震局、民（宗）委（厅、局）、科协，新疆生产建设兵团地震局、民宗局、科协：

为深入贯彻党的十八大、十八届三中、四中、五中全会精神和中央民族工作会议精神，推动少数民族和民族地区防震减灾科普工作，最大限度地减轻地震灾害损失，促进经济社会全面协调发展，根据国务院《全民科学素质行动计划纲要（2006—2010—2020 年）》，现就当前和今后一个时期加强少数民族和民族地区防震减灾科普工作提出以下意见。

一、充分认识加强少数民族和民族地区防震减灾科普工作的重要意义

国内外防震减灾实践表明，拥有灾害忧患意识、主动做好灾前防御工作，了解地震灾害基本知识，掌握地震灾害逃生避险技能，对从容应对突发地震事件，有效减轻地震灾害损失具有十分重要的作用。我国地震多、强度大、分布广、灾情重，地震灾害对人民群众生命财产造成严重损失。统计表明，我国 960 多万平方公里国土面积中，155 个民族自治地方占 64%，其中，仅内蒙古、广西、西藏、宁夏、新疆等少数民族自治区，以及我国地震多发的南北地震带贯穿的宁夏、青海、甘肃、四川、云南等少数民族聚集区，处于地震烈度七度以上的高烈度区占当地面积的 71%，占全国七度以上总面积的 70%。党和政府历来高度重视少数民族和民族地区的防震减灾科普工作，采取了一系列措施，少数民族和民族地区公众的防灾减灾意识、地震灾害自救互救能力得到提升，有效地减轻了地震灾害损失。但与全国相比，少数民族和民族地区的防震减灾科普工作依然滞后，不能更好地适应公众对地震安全的需要。

当前，我国正处在全面建成小康社会、实现"两个百年目标"的关键时期，也是加快少数民族和民族地区经济社会发展、实现各民族共同团结进步、共同繁荣发展的重要战略机遇期，进一步加强少数民族和民族地区防震减灾科普工作，是贯彻落实主动防灾、科学避灾、有效减灾的理念，践行最大限度地减轻地震灾害损失根本宗旨的重要措施，对于全面提升少数民族的防震减灾科学素养，具有重要意义。

二、指导思想、基本原则和工作目标

指导思想:高举中国特色社会主义伟大旗帜,以邓小平理论、"三个代表"重要思想、科学发展观为指导,深入学习贯彻习近平总书记系列讲话精神,围绕落实党中央、国务院关于防震减灾科普工作部署,按照国务院《全民科学素质行动计划纲要(2006-2010-2020年)》及其实施方案,针对少数民族和民族地区群众防震减灾知识需求,整合资源、突出重点、创新形式、示范引领,深入持久地开展少数民族和民族地区防震减灾科普工作,持续增强防震减灾科普工作能力,形成主动防灾、科学避灾、有效减灾的社会环境,最大限度减轻地震灾害损失,为少数民族和民族地区全面建成小康社会提供地震安全保障。

基本原则:坚持党委领导、政府负责、部门协作、社会参与、法制保障相统一;坚持日常宣传与应急宣传、阵地宣传与流动宣传、知识传播与技能培训相结合;坚持科学普及、示范引领、实践养成相促进;坚持因地制宜、分类指导、政策倾斜、丰富内容相协调。

工作目标:以保护少数民族和民族地区人民生命财产安全为切入点,大力宣传《中华人民共和国防震减灾法》等法律法规,围绕地震科普知识、防震减灾重点工作内容、群众自救互救和应急避险知识等,针对性地开展防震减灾科普资源开发、活动设计、知识传播等。

建立完善少数民族和民族地区防震减灾科普体系和工作机制,切实提高科普能力;有效整合防震减灾科普资源与传播渠道,实现防震减灾科普资源共享;培育和创新品牌防震减灾科普活动,实施重点人群、重点地区科普活动,全面推动防震减灾科普工作发展。

到2020年,政府主导、社会参与的少数民族和民族地区防震减灾科普工作机制进一步完善;创作一批群众喜闻乐见的防震减灾科普作品;在民族地区建成40个国家级防震减灾科普基地,建成400个省级防震减灾科普基地,民族地区防震减灾科普基础设施和服务网点建设得到加强;构建形式多样的全媒体防震减灾科普传播模式,少数民族地区防震减灾科普传播渠道更加广泛,信息化水平进一步提升;多渠道、多方式加强少数民族防震减灾科普工作队伍建设,传播能力进一步提升;少数民族群众防震减灾意识和科学素质水平明显提高。

三、重点任务

(一)丰富和拓宽面向少数民族群众防震减灾科普工作的手段和渠道。

将防震减灾知识普及纳入少数民族和民族地区全民素质教育和精神文明建设体系,推进防震减灾知识进机关、进学校、进社区、进农村、进家庭、进寺院,重点发挥学校、寺院的宣传教育作用。注重将防震减灾科普与各类纪念活动、少数民族传统节日相结合,注重运用民族语言文字,体现民族特色和地域文化,增强科普宣传的吸引力和凝聚力;利用国家防灾减灾日、科技活动周、文化科技卫生三下乡、科普日等重要时段和活动,通过科技咨询服务、发放科普资料、举办知识讲座和开展知识竞赛等多种形式,提高全民防震减灾科学素养。借助现代信息技术手段,围绕公众关注的防震减灾热点问题,通过科普专栏、实时互动栏目等载体,宣传科学知识,解疑释惑。加强与互联网企业等专业机构合作,拓宽网络特别是移动互联网科学传播渠道,充分运用微博、微信、社交网络及动漫等开展防震减灾科学传播。加强与电视台、广播电台等大众传媒机构的合作,开展经常性的防震减灾科普宣传。

（二）加强民族地区公众防震减灾科普传播基地建设。

将民族地区科普基础设施建设纳入防震减灾科普基地建设,优先统筹安排。继续发挥各类科技馆、科普展馆、青少年宫、寺院、农村和社区科普活动站(室)、地震观测台站、地震遗迹遗址的防震减灾科普教育功能。加强民族地区防震减灾流动科普阵地建设,提高科普覆盖水平,促进城乡防震减灾科普服务均等化。鼓励民族地区建设多层次、多功能、多语种、交互式防震减灾科普信息网络,支持少数民族语言文字媒体开设防震减灾科普专栏和科普节目。

（三）开展面向少数民族的防震减灾科普创作。

根据不同需求,坚持"实际、实用、实效"原则,整合少数民族语言防震减灾科普资源,扶持少数民族语言防震减灾科普作品的创作、整理、翻译和出版,创作通俗易懂、内容新颖、贴近实际的少数民族科普作品。开展少数民族优秀防震减灾科普作品的推介、展演、展映、展播和展示活动,支持防震减灾科普资源的区域性合作,共享少数民族防震减灾科普资源。建立应对突发地震事件少数民族语言科普资源库,完善补充更新机制,不断丰富应急科普资源总量,为民族地区社会发展稳定发挥作用。

（四）推进民族地区防震减灾示范工程和活动。

把防震减灾科普作为重要内容纳入民族地区防震减灾示范城市、示范县(区)、示范学校、示范社区、特色村寨等创建活动。充分利用"民族团结创建基地"、"院士专家西部行"、"院士专家科普巡讲"、"科技列车行"、"科学使者校园行"、"科普惠农兴村计划"、"社区科普益民计划"、"农家书屋"等平台,推进少数民族和民族地区防震减灾科普工作深入开展。

（五）强化防震避险和自救互救技能培训。

有计划地组织举办培训班、进修班、经验交流、应急演练等活动,强化风险意识教育,不断提高少数民族和民族地区各级领导干部防灾意识和震后应对处置决策能力。采取现场咨询、田间指导、上门服务等方式,加强对少数民族和民族地区群众的科普宣传,提高广大民众抢险救灾、防震避险、自救互救、心理救治等基本技能,加强民族地区各类学校学生科普知识教育,并经常性地开展应急疏散演练,提升在校师生的应急避险和自救互救能力。通过培训、讲座等方式,对农村工匠进行技术培训,提高少数民族和民族地区农村工匠地震安全农居建造技能。拓宽民族地区与内地的防震减灾科普经验交流渠道,取长补短,不断提高防震减灾知识的普及和传播能力。制定地震应急科普宣传预案,健全完善民族地区突发地震事件应急科普工作机制。

（六）壮大少数民族和民族地区防震减灾科普队伍。

进一步加强少数民族防震减灾科普工作队伍的建设,将防震减灾科普内容纳入各级少数民族科普工作队运行体系,同部署、同行动、同考核。通过面向少数民族和民族地区防震减灾科普项目和任务的带动,吸引和凝聚更多的少数民族和民族院校的防震减灾科普宣教和作品创作人才,为民族地区的防震减灾科普工作服务;建设由少数民族优秀科技人才参加的、专兼结合的防震减灾科普专家队伍;引导和动员民族高校的专家、学者主动投身防震减灾科普宣传工作,积极开展少数民族科普资源的创作和翻译,经常性地参加科普宣传活动;鼓励民族高校大中专在校生,参加防震减灾科普宣传活动,增强科普宣传活动效果;重视少数民族防震减灾科普宣传工作者的继续教育和培训,提升应用现代科技手段和方法开展科普宣传工作的能力。

四、保障措施

（一）建立长效机制。中国地震局、国家民委、中国科协在有效利用自身资源开展工作的基础上，加强部门协同，完善协调机制，形成工作合力，共同推动少数民族和民族地区防震减灾科普工作。要发挥各级民族工作联席会、科普工作联席会和全民科学素质工作联席会的组织协调作用，统筹部署，集成资源，定期制定适合本地区少数民族实际的防震减灾科普工作计划，加强协调、发挥优势、整合力量，密切配合有关部门，抓好贯彻落实工作。

（二）加强经费保障。地震、民（宗）委（厅、局）、科协工作部门要把少数民族和民族地区防震减灾科普工作纳入年度工作计划，安排一定的资金用于少数民族和民族地区的防震减灾科普工作，特别是要加大对少数民族语言科普知识编辑、翻译等工作的资金投入，切实满足工作需求。各地要结合实际，出台相关行业政策和激励制度，开展科普市场化探索，引导社会力量参与少数民族和民族地区防震减灾科普工作。

（三）注重社会参与。地震、民（宗）委（厅、局）、科协工作部门要以进一步转变政府职能为契机，加大向社会力量购买服务的力度，支持有条件的学会、协会等社会团体承担科普任务。通过政策引导、创新机制、搭建平台和共同开展活动等一系列有效措施，充分调动其他社会组织和企业参与的积极性，形成全社会共同推动民族地区防震减灾科普工作的合力。

（四）强化总结评估。地震、民（宗）委（厅、局）、科协工作部门要建立少数民族地区防震减灾科普活动实施效果评价机制，及时总结经验，树立先进典型，形成对科普活动的良好导向，使防震减灾科普工作在少数民族和民族地区扎实有效地推进。

财政部　海关总署　国家税务总局
关于鼓励科普事业发展进口税收政策的通知

（财关税〔2016〕6号　2016年2月4日）

各省、自治区、直辖市、计划单列市财政厅（局）、国家税务局、地方税务局，新疆生产建设兵团财务局，海关总署广东分署、各直属海关：

经国务院批准，自2016年1月1日至2020年12月31日，对公众开放的科技馆、自然博物馆、天文馆（站、台）和气象台（站）、地震台（站）、高校和科研机构对外开放的科普基地，从境外购买自用科普影视作品播映权而进口的拷贝、工作带，免征进口关税，不征进口环节增值税；

对上述科普单位以其他形式进口的自用影视作品，免征进口关税和进口环节增值税，进口科普影视作品的商品名称及税号见附件。

以上科普单位进口的自用科普影视作品，由省、自治区、直辖市、计划单列市财政厅（委、局）认定，经认定享受税收优惠政策的进口科普影视作品，由海关凭相关证明办理免税手续。

附件：科普影视作品的商品名称及税号（2016年版）

财政部　海关总署　国家税务总局

2016年2月4日

附件：

科普影视作品的商品名称及税号（2016年版）

2016年税则号列	商品名称
37.05	已曝光已冲洗的摄影硬片及软片，但电影胶片除外：
3705.1000	—供复制胶版用
	—其他：

续表

2016 年税则号列	商品名称
3705.9010	———教学专用幻灯片
	———缩微胶片：
3705.9021	————书籍、报刊的
3705.9029	————其他
3705.9090	———其他
37.06	已曝光已冲洗的电影胶片，不论是否配有声道或仅有声道：
	—宽度在 35 毫米及以上：
3706.1010	———教学专用
3706.1090	———其他
	—其他：
3706.9010	———教学专用
3706.9090	———其他
85.23	录制声音或其他信息用的圆盘、磁带、固态非易失性数据存储器件、"智能卡"及其他媒体，不论是否已录制，包括供复制圆盘用的母片及母带，但不包括第三十七章的产品：
	—磁性媒体：
	——其他：
	———磁带：
8523.2928	————重放声音或图像信息的磁带
	—光学媒体：
	——其他：
8523.4990	———其他

国务院办公厅关于印发全民科学素质行动计划纲要实施方案(2016—2020年)的通知

(国办发〔2016〕10号 2016年2月25日)

各省、自治区、直辖市人民政府,国务院各部委、各直属机构:

《全民科学素质行动计划纲要实施方案(2016—2020年)》已经国务院同意,现印发给你们,请认真贯彻执行。

国务院办公厅

2016年2月25日

全民科学素质行动计划纲要实施方案(2016—2020年)

根据《中共中央关于制定国民经济和社会发展第十三个五年规划的建议》、《中共中央 国务院关于深化体制机制改革加快实施创新驱动发展战略的若干意见》和《国务院关于印发全民科学素质行动计划纲要(2006—2010—2020年)的通知》(国发〔2006〕7号,以下简称《科学素质纲要》),为实现2020年全民科学素质工作目标,进一步明确"十三五"期间全民科学素质工作的重点任务和保障措施等,制定本实施方案。

一、背景和意义

自2006年国务院颁布实施《科学素质纲要》以来,特别是"十二五"期间,各地各部门围绕党和国家发展大局,联合协作,未成年人、农民、城镇劳动者、领导干部和公务员、社区居民等重点人群科学素质行动扎实推进,带动了全民科学素质水平整体提高;科技教育、传播与普及工作广泛深入开展,科普资源不断丰富,大众传媒特别是新媒体科技传播能力明显增强,基础设施建设持续推进,人才队伍不断壮大,公民科学素质建设的公共服务能力进一步提升;公民科学素质建设共建机制基本建立,大联合大协作的局面进一步形成,为全民科学素质工作顺利开展提供了保障。第九次中国公民科学素质调查显示,2015 年我国公民具备科学素质的比例达到 6.20%,较 2010 年的 3.27% 提高近 90%,超额完成"十二五"我国公民科学素质水平达到 5% 的工作目标,为"十三五"全民科学素质工作奠定坚实基础。

但是,也应清醒地看到,目前我国公民科学素质水平与发达国家相比仍有较大差距,全民科学素质工作发展还不平衡,不能满足全面建成小康社会和建设创新型国家的需要。主要表现在:面向农民、城镇新居民、边远和民族地区群众的全民科学素质工作仍然薄弱,青少年科技教育有待加强;科普技术手段相对落后,均衡化、精准化服务能力亟待提升;科普投入不足,全社会参与的激励机制不完善,市场配置资源的作用发挥不够。"十三五"时期是实施创新驱动发展战略的关键时期,是全面建成小康社会的决胜阶段。科学素质决定公民的思维方式和行为方式,是实现美好生活的前提,是实施创新驱动发展战略的基础,是国家综合国力的体现。进一步加强公民科学素质建设,不断提升人力资源质量,对于增强自主创新能力,推动大众创业、万众创新,引领经济社会发展新常态,注入发展新动能,助力创新型国家建设和全面建成小康社会具有重要战略意义。

二、指导方针和目标

指导方针:

全面贯彻党的十八大、十八届三中、四中、五中全会和习近平总书记系列重要讲话精神,认真落实党中央、国务院决策部署,牢固树立创新、协调、绿色、开放、共享的发展理念,坚持"政府推动、全民参与、提升素质、促进和谐"的工作方针,围绕"节约能源资源、保护生态环境、保障安全健康、促进创新创造"的工作主题,继承创新、拓展提升,开放协同、普惠共享,精准发力、全面跨越,推动科技教育、传播与普及,扎实推进全民科学素质工作,激发大众创业创新的热情和潜力,为创新驱动发展、夺取全面建成小康社会决胜阶段伟大胜利筑牢公民科学素质基础,为实现中华民族伟大复兴的中国梦作出应有贡献。

目标:

到 2020 年,科技教育、传播与普及长足发展,建成适应创新型国家建设需求的现代公民科学素质组织实施、基础设施、条件保障、监测评估等体系,公民科学素质建设的公共服务能力显著增强,公民具备科学素质的比例超过 10%。

——促进创新、协调、绿色、开放、共享的发展理念深入人心。围绕经济社会发展新常态的需求,突出工作主题,弘扬创新创业精神,更加关注保障和改善民生,大力宣传普及高新技术、绿色发展、健康生活等知识和观念,促进在全社会形成崇尚科学的社会氛围和健康文明的生活方式,进一步推动依靠创新驱动,实现更高质量、更有效率、更加公平、更可持续的发展。

——以重点人群科学素质行动带动全民科学素质整体水平跨越提升。青少年的科学兴趣、创新意识、学习实践能力明显提高,领导干部和公务员的科学意识和决策水平不断提升,农民和城镇劳动者的科学生产生活能力快速提高,革命老区、民族地区、边疆地区、集中连片贫困地区公民的科学素质显著提升。

——公民科学素质建设的公共服务能力大幅增强。科技教育与培训体系基本完善,社区科普益民服务机制逐步建立,科普基础设施的保障能力不断增强,科普信息化建设取得突破进展,科普产业快速发展,科普人才队伍不断壮大,公民提升自身科学素质的机会与途径显著增多。

——公民科学素质建设的长效机制不断健全。公民科学素质建设的共建、社会动员、监测评估等机制进一步完善,社会各方面参与公民科学素质建设的积极性明显增强。

三、重点任务

根据指导方针和目标,"十三五"时期重点开展以下工作:

(一)实施青少年科学素质行动。

任务:

——宣传创新、协调、绿色、开放、共享的发展理念,普及科学知识和科学方法,激发青少年科学兴趣,培养青少年科学思想和科学精神。

——完善基础教育阶段的科技教育,增强中小学生的创新意识、学习能力和实践能力,促进中小学科技教育水平大幅提升。

——完善高等教育阶段的科技教育,引导大学生树立科学思想,弘扬科学精神,激发大学生创新创造创业热情,提高大学生开展科学研究和就业创业的能力。

——充分发挥现代信息技术在科技教育和科普活动方面的积极作用,促进学校科技教育和校外科普活动有效衔接。

——巩固农村义务教育普及成果,提高农村中小学科技教育质量,为农村青少年提供更多接受科技教育和参加科普活动的机会。

措施:

——推进义务教育阶段的科技教育。基于学生发展核心素养框架,完善中小学科学课程体系,研究提出中小学科学学科素养,更新中小学科技教育内容,加强对探究性学习的指导。修订小学科学课程标准实验教材。增强中学数学、物理、化学、生物等学科教学的横向配合。重视信息技术的普及应用,加快推进教育信息化,继续加大优质教育资源开发和应用力度。

——推进高中阶段的科技教育。修订普通高中科学与技术领域课程标准,明确对学科素养和学业质量的要求。修订普通高中数学、物理、化学、生物、地理、信息技术、通用技术课程标准实验教材,鼓励普通高中探索开展科学创新与技术实践的跨学科探究活动。规范学生综合素质评价机制,促进学生创新精神和实践能力的发展。积极开展研究性学习与科学实践、社区服务与社会实践活动,提高学生的探究能力。深入实施"中学生英才计划",促进中学教育和大学教育互动衔接,鼓励各地积极探索科技创新和应用人才的培养方式,加强普通高中拔尖创新人才培养基地建设。强化中等职业学校科技教育,发挥课程教学主渠道作用,推动科技教育进课堂、进教材、列入教学计划,系统提升学生科学意识和综合素养。

——推进高等教育阶段科技教育和科普工作。组织开展大学数学、物理、化学、生物学、计算机等课程改革,推进高校科学基础课建设。加强科学史等科学素质类视频公开课建设。深化高校创新创业教育改革,引导大学生转变就业择业观念,支持在校大学生开展创新性实验、创业训练和创业实践项目。推动建立大学生创新创业联盟和创业就业基地,大力开展全国青少年科技创新大赛、"挑战杯"全国大学生课外学术科技作品竞赛、"创青春"全国大学生创业大赛等活动,为青年提供将科技创意转化为实际成果的渠道、平台。深入实施基础学科拔尖学生培养试验计划,完善拔尖创新人才培养机制。

——大力开展校内外结合的科技教育活动。充分发挥非正规教育的促进作用,推动建立校内与校外、正规与非正规相结合的科技教育体系。广泛组织开展学校科技节、科技周、科普日、公众科学日、红领巾科技小社团、"科技之光"青年专家服务团等活动,普及节约资源、保护环境、防灾应急、身心健康等知识,加强珍爱生命、远离毒品和崇尚科学文明、反对愚昧迷信的宣传教育。充分利用重点高校和科研院所开放的科技教育资源,开展全国青少年高校科学营、求真科学营等活动。拓展校外青少年科技教育渠道,鼓励中小学校利用科技馆、青少年宫、科技博物馆、妇女儿童活动中心等各类科技场馆及科普教育基地资源,开展科技学习和实践活动。开展科技场馆、博物馆、科普大篷车进校园工作,探索科技教育校内外有效衔接的模式,推动实现科技教育活动在所有中小学全覆盖。

——充分利用信息技术手段,均衡配置科技教育资源。推进信息技术与科技教育、科普活动融合发展。推进优质科技教育信息资源共建共享。加强信息素养教育,帮助青少年正确合理使用互联网。大力开展线上线下相结合的青少年科普活动,满足青少年对科技、教育信息的个性化需求。面向农村学生特别是农村留守儿童,开展科技辅导、心理疏导、安全健康等方面的志愿服务,帮助他们提高科学素质、丰富生活阅历、增长见识。加强各类家长学校和青少年科普阵地建设,开展科技类亲子体验活动,搭建传播科学家庭教育知识的新平台,提高家长特别是母亲的科学素质。

分工:由教育部、共青团中央、中国科协牵头,中央宣传部、科技部、工业和信息化部、国家民委、民政部、人力资源社会保障部、国土资源部、环境保护部、文化部、卫生计生委、质检总局、新闻出版广电总局、体育总局、食品药品监管总局、林业局、旅游局、中科院、社科院、工程院、地震局、气象局、自然科学基金会、文物局、全国妇联等单位参加。

(二)实施农民科学素质行动。

任务:

——宣传创新、协调、绿色、开放、共享的发展理念,围绕农业现代化、加快转变农业发展方式、粮食安全等,贯彻党和国家强农惠农富农政策,普及高效安全、资源节约、环境友好、乡村文明等知识和观念。

——加强农村科普信息化建设,推动"互联网+农业"的发展,促进农业服务现代化。

——着力培养1000万名具有科学文化素质、掌握现代农业科技、具备一定经营管理能力的新型职业农民,全面提升农民的生活水平。

——进一步加大对革命老区、民族地区、边疆地区、集中连片贫困地区科普工作的支持力度,大力提高农村妇女和农村留守人群的科学素质。

措施:

——大力开展农业科技教育培训。实施新型职业农民培育工程和现代青年农场主计划,全方位、多层次培养各类新型职业农民和农村实用人才。充分发挥党员干部现代远程教育网络、农村社区综合服务设施、农业综合服务站(所)、基层综合性文化服务中心等在农业科技培训中的作用,面向农民开展科技教育培训。深入实施农村青年创业致富"领头雁"培养计划,通过开展技能培训、强化专家和导师辅导、举办农村青年涉农产业创业创富大赛等方式，促进农村青年创新创业。深入实施巾帼科技致富带头人培训计划，着力培养一支综合素质高、生产经营能力强、主体作用发挥明显的新型职业女农民队伍。

——广泛开展形式多样的农村科普活动。深入开展文化科技卫生"三下乡"、科普日、科技周、世界粮食日、健康中国行、千乡万村环保科普行动、农村安居宣传、科普之春（冬）等各类科普活动，大力普及绿色发展、安全健康、耕地保护、防灾减灾、绿色殡葬等科技知识和观念，传播科学理念，反对封建迷信，帮助农民养成科学健康文明的生产生活方式，提高农民健康素养，建设美丽乡村和宜居村庄。

——加强农村科普公共服务建设。将科普设施纳入农村社区综合服务设施、基层综合性文化中心等建设中，提升农村社区科普服务能力。深入实施基层科普行动计划，发挥优秀基层农村专业技术协会、农村科普基地、农村科普带头人和少数民族科普工作队的示范带动作用。开展科普示范县（市、区）等创建活动，提升基层科普公共服务能力。

——加强农村科普信息化建设。积极开展信息技术培训，加大对循环农业、创意农业、精准农业和智慧农业的宣传推广力度，实施农村青年电商培育工程，鼓励和支持农村青年利用电子商务创新创业。建设科普中国乡村e站，大力开展农民科学素质网络知识竞赛、新农民微视频展播等线上线下相结合的科技教育和科普活动。发挥中国智慧农民云、科普中国服务云、中国环保科普资源网、中国兴农网、农业科技网络书屋等作用，帮助农民提高科学素质。

——加强对薄弱地区的科普精准帮扶。实施科普精准扶贫，加强革命老区、民族地区、边疆地区、集中连片贫困地区科普服务能力建设，加大对农村留守儿童、留守妇女和留守老人的科普服务力度。实施科普援藏援疆工作，加大科普资源倾斜力度，加强双语科普创作与传播。大力开展巾帼科技致富工程、巾帼科技特派员、巾帼现代农业科技示范基地建设等工作，组织开展"智爱妈妈"活动，努力提高农村妇女科学素质。

分工：由农业部、中国科协牵头，中央组织部、中央宣传部、教育部、科技部、国家民委、民政部、人力资源社会保障部、国土资源部、环境保护部、文化部、卫生计生委、质检总局、新闻出版广电总局、体育总局、食品药品监管总局、林业局、中科院、工程院、地震局、气象局、文物局、全国总工会、共青团中央、全国妇联等单位参加。

（三）实施城镇劳动者科学素质行动。

任务：

——宣传创新、协调、绿色、开放、共享的发展理念，弘扬创新创业精神，引导更多劳动者积极投身创新创业活动。

——围绕加快建设制造强国、实施"中国制造2025"、推动生产方式转变，以专业技术人才、高技能人才、进城务工人员及失业人员的培养培训为重点，到2020年基本实现有培训愿望的劳动者都有机会参加一次相应的职业培训。

——推动职业技能、安全生产、信息技术等知识和观念的广泛普及，提高城镇劳动者科学生产和健康生活能力，促进城镇劳动者科学素质整体水平提升。

措施：

——加强专业技术人员继续教育工作。完善专业技术人员继续教育制度，深入实施专业技术人才知识更新工程,全面推进高级研修、急需紧缺人才培养、岗位培训、国家级专业技术人员继续教育基地建设等重点项目,开展少数民族专业技术人才特殊培养工作,构建分层分类的专业技术人员继续教育体系。充分发挥科技社团在专业技术人员继续教育中的重要作用,帮助专业技术人员开展技术攻关、解决技术难题,参加跨行业、跨学科的学术研讨和技术交流活动。

——大规模开展职业培训。构建以企业为主体、技工院校为基础,各类培训机构积极参与、公办与民办共举的职业培训和技能人才培养体系。面向城镇全体劳动者,积极开展订单式、定岗、定向等多种形式的就业技能培训、岗位技能提升培训、安全生产培训和创业培训,基本消除劳动者无技能从业现象,提高城镇劳动者安全生产意识,避免由于培训不到位导致的安全事故。组织开展技能就业培训工程暨高校毕业生技能就业和新一轮全国百家城市技能振兴等专项活动,深入实施国家高技能人才振兴计划,开展全国职工职业技能大赛、全国青年职业技能大赛、全国青年岗位能手评选等工作,大力提升职工职业技能。

——广泛开展进城务工人员培训教育。大力开展农民工求学圆梦行动、"春潮行动"——农民工职业技能提升计划、家政培训、城乡妇女岗位建功评选等活动,将绿色发展、安全生产、健康生活、心理疏导、防灾减灾等作为主要内容,发挥企业、科普机构、科普场馆、科普学校、妇女之家等作用,针对进城务工人员广泛组织开展培训,提高进城务工人员在城镇的稳定就业和科学生活能力,促进常住人口有序实现市民化,助力实现城市可持续发展和宜居。

——大力营造崇尚创新创造的社会氛围。深入开展"大国工匠"、"最美青工"、智慧蓝领、巾帼建功等活动,倡导敢为人先、勇于冒尖的创新精神,激发职工创新创造活力,推动大众创业、万众创新,最大程度释放职工创新潜力,形成人人崇尚创新、人人渴望创新、人人皆可创新的社会氛围。

分工:由人力资源社会保障部、全国总工会、安全监管总局牵头,中央宣传部、教育部、科技部、工业和信息化部、民政部、卫生计生委、质检总局、新闻出版广电总局、食品药品监管总局、中科院、工程院、地震局、气象局、共青团中央、全国妇联、中国科协等单位参加。

(四)实施领导干部和公务员科学素质行动。

任务:

——着眼于提高领导干部和公务员的科学执政水平、科学治理能力、科学生活素质,大力加强马克思列宁主义、毛泽东思想和中国特色社会主义理论体系,特别是习近平总书记系列重要讲话精神等科学理论的教育,宣传创新、协调、绿色、开放、共享的发展理念,开展科技革命、产业升级等前沿科技知识的专题教育,充分利用现代信息技术,加强科技知识、科学方法的培训和科学思想、科学精神的培养,使领导干部和公务员的科学素质在各类职业人群中位居前列,推动领导干部和公务员更好地贯彻实施创新驱动发展战略,推进国家治理体系和治理能力现代化。

措施:

——加强规划,把科学素质教育作为领导干部和公务员教育培训的长期任务。认真贯彻落实《2013—2017年全国干部教育培训规划》有关部署要求,严格执行《干部教育培训工作条例》有关规定。在研究制定领导干部和公务员培训规划时,突出科学理论、科学方法和科技知识的学习培训以及科学思想、科学精神的培养,重点加强对市县党政领导干部、各级各部门科技行政管理干部、科研机构负责人和国有企业、高新技术企业技术负责人等的教育培训。

——创新学习渠道和载体,加强领导干部和公务员科学素质教育培训。在党委(党组)中心组学习中,加强对马克思主义基本原理、习近平总书记系列重要讲话精神等内容的学习。把树立科学精神、增强科学素质纳入党校、行政学院和各类干部培训院校教学计划,合理安排课程和班次,引导、帮助领导干部和公务员不断提升科学管理能力和科学决策水平。鼓励领导干部和公务员通过网络培训、自学等方式强化科学素质相关内容的学习。积极利用网络化、智能化、数字化等教育培训手段,扩大优质科普信息覆盖面,满足领导干部和公务员多样化学习需求。在干部培训教材建设中强化新科技内容的编写和使用,编发领导干部和公务员应知必读科普读本。

——在领导干部考核和公务员录用中,体现科学素质的要求。贯彻落实中央关于改进地方党政领导班子和领导干部政绩考核工作的有关要求,不断完善干部考核评价机制。在党政领导干部、企事业单位负责人任职考察、年度考核中,强化与科学素质要求有关的具体内容。在公务员录用考试中,强化科学素质有关内容。制订并不断完善领导干部和公务员科学素质监测、评估标准。

——广泛开展针对领导干部和公务员的各类科普活动。办好院士专家科技讲座、科普报告等各类领导干部和公务员科普活动。继续在党校、行政学院等开设科学思维与决策系列课程。做好心理咨询、心理健康培训等工作,开发系列指导手册,打造网络交流平台。有计划地组织领导干部和公务员到科研场所实地参观学习,鼓励引导领导干部参与科普活动。组织开展院士专家咨询服务活动,着力提升广大基层干部和公务员的科学素质。

——加大宣传力度,为领导干部和公务员提高科学素质营造良好氛围。加强科技宣传,充分发挥新闻媒体的优势,增加科技宣传版面和时段,用好用活新媒体工具,推广发布一批优秀科普作品,大力传播科技知识、科学方法、科学思想、科学精神。围绕科技创新主题,选树一批弘扬科学精神、提倡科学态度、讲究科学方法的先进典型。

分工:由中央组织部、人力资源社会保障部牵头,中央宣传部、科技部、工业和信息化部、国土资源部、环境保护部、文化部、卫生计生委、质检总局、新闻出版广电总局、体育总局、食品药品监管总局、林业局、中科院、社科院、地震局、气象局、文物局、共青团中央、全国妇联、中国科协等单位参加。

(五)实施科技教育与培训基础工程。

任务:

——构建科学教师培训体系,加大培训力度,不断提高教师科学素质和科技教育水平,建成一支优秀科学教师队伍。

——完善科技教育课程教材,特别是加强民族语言教材建设,满足不同对象的科技教育和培训需求。

——充分利用现代信息技术,优化教学方法,不断推动科技教育与教学实践深度融合。

——完善科技教育培训基础设施,不断提高科技教育培训基地、场所的利用效率,保障科技教育与培训有效实施。

措施：

——加强科技教育师资培训和研修。鼓励有条件的高等师范院校开设科技教育等专业或相关课程，培养更多科技教育师资。在"国培计划"中，加强教师科学素质能力培训，培养"种子"教师，推动各地加大对科学教师以及相关学科教师的培训力度，提高教师科技教育的教学能力和水平。实施科学教师和科技辅导员专项培训，建立培训基地，到2020年实现对全国一线科学教师和骨干科技辅导员培训全覆盖。

——加强各类人群科技教育培训的教材建设。结合不同人群特点和需求，不断更新丰富科技教育培训的教材内容，开设专业课程与科技前沿讲座等。将科普工作与素质教育紧密结合，注重培养具有创意、创新、创业能力的高层次创造性人才。将创新、协调、绿色、开放、共享的发展理念以及环境保护、节约资源、防灾减灾、安全健康、应急避险、科学测量等相关科普内容，纳入各级各类科技教育培训教材和教学计划。加强职业教育、成人教育、民族地区双语教育和各类培训中科技教育的教材建设。

——进一步改进科技教育教学方法。发挥基础教育国家级教学成果奖的示范辐射作用，加大科技教育优秀教学成果推广力度。加强学生综合实践活动指导，提高学生探究性学习和动手操作能力。加强中小学科技教育研究，研究建立符合我国青少年特点、有利于推动青少年科学素质提高和创新人才培养的青少年科学素质测评体系。

——加强科技教育与培训的基础设施建设。根据实际需求，因地制宜建设科技教育培训基础设施，重点加强农村边远贫困地区中小学科技教育硬件设施建设。合理规划布局现有科技教育培训基地、场所，不断提高使用效率。调动社会资源积极参与中小学科技教育网络资源建设，发挥现代信息技术的作用，不断丰富网络教育内容，促进优质教学资源广泛共享。鼓励高校、科研院所、科技场馆、职业学校、成人教育培训机构、社区学校等各类公共机构积极参与科技教育和培训工作。

——充分发掘高校和科研院所科技教育资源，健全科教结合、共同推动科技教育的有效模式。推动高等院校、科研院所的科技专家参与科学教师培训、中小学科学课程教材建设和教学方法改革。推动有条件的中学科学教师到高等院校、科研机构和重点实验室参与科研实践。加强高校科学道德和学风建设，推动高校师生广泛树立科学道德和科学精神。推动实施"科学与中国"科学教育计划。

分工：由教育部、人力资源社会保障部、中科院牵头，中央宣传部、科技部、工业和信息化部、国家民委、国土资源部、农业部、新闻出版广电总局、体育总局、林业局、社科院、工程院、地震局、气象局、自然科学基金会、全国总工会、共青团中央、全国妇联、中国科协等单位参加。

（六）实施社区科普益民工程。

任务：

——宣传创新、协调、绿色、开放、共享的发展理念，普及尊重自然、绿色低碳、科学生活、安全健康、应急避险等知识和观念，提升社区居民应用科学知识解决实际问题、参与公共事务的能力，提高居民健康素养，促进社区居民全面形成科学文明健康的生活方式，促进和谐宜居、富有活力、各具特色的现代化城市建设。

——大力提升社区科普公共服务能力，促进基层社区科普服务设施融合发展，推动城镇常住人口科普基本公共服务均等化,全面提升居民科学素质,助力以人为核心的新型城镇化发展。

措施:

——广泛开展社区科技教育、传播与普及活动。围绕"节约能源资源、保护生态环境、保障安全健康、促进创新创造"的工作主题,深入开展科普日、科技周、世界环境日、世界地球日、世界标准日以及科技、文化、卫生、安全、健康、环保进社区等活动。组织开展社区气象、防震减灾、燃气用电安全、电梯安全以及社区居民安全技能、老年人急救技能培训等各类应急安全教育培训活动。面向城镇新居民开展适应城市生活的科技教育、传播与普及活动,帮助新居民融入城市生产生活。

——大力改善社区科普基础条件。推动基层服务中心融合发展,在新建及现有的基层服务中心拓展科普功能。建设科普中国社区 e 站,依托社区综合服务设施,深入推进社区科普益民服务站、科普学校、科普网络建设,进一步加强社区科普组织和人员建设。充分发挥科普基础设施作用,面向基层群众开展党员教育、体育健身、文化宣传、卫生健康、食品药品、防灾减灾等各类科普活动。

——促进形成政府推动、社会支持、居民参与的社区科普新格局。在现代公共文化服务中切实加强社区科普工作,深入实施基层科普行动计划,推动全国科普示范社区蓬勃发展。激发社会主体参与科普的积极性,面向社区提供多样化的科普产品和服务,动员驻区学校、科研院所、企业、科技社团、科普场馆、科普教育基地等相关单位开发开放科普资源,支持和参与社区科普活动。充分发挥社区组织和科普志愿者组织的作用,组织和引导社区居民参与科普活动,发挥党员先锋岗、工人先锋岗、青年文明岗、巾帼文明岗以及在社区有影响和号召力人士的带动作用,加强社区科学文化建设,助力和谐社区、美丽社区建设。

分工:由文化部、民政部、全国妇联、中国科协牵头,中央宣传部、教育部、科技部、国家民委、国土资源部、环境保护部、卫生计生委、质检总局、新闻出版广电总局、体育总局、安全监管总局、食品药品监管总局、中科院、社科院、地震局、气象局、全国总工会、共青团中央等单位参加。

(七)实施科普信息化工程。

任务:

——以科普信息化为核心,推动实现科普理念和科普内容、表达方式、传播方式、组织动员、运行和运营机制等服务模式的全面创新。

——提升优质科普内容资源供给能力,运用群众喜闻乐见的形式,实现科普与艺术、人文有机结合,推出更多有知有趣有用的科普精品,让科学知识在网上和生活中流行。

——提升科技传播能力,推动传统媒体与新兴媒体深度融合,实现多渠道全媒体传播,大幅提升大众传媒的科技传播水平。

——推动科普信息在社区、学校、农村等落地应用,提升科技传播精准服务水平,满足公众泛在化、个性化获取科普信息的需求,定向、精准推送科普信息。

措施:

——实施"互联网＋科普"行动。汇聚各方力量打造科普中国品牌,推动科普领域牢固树立精品意识和质量意识,引导建设众创、众包、众扶、众筹、分享的科普生态圈,打造科普新格局。以科普的内容信息、服务云、传播网络、应用端为核心,形成"两级建设、四级应用"的科普信息化服务体系。以提升科普服务效能为核心、以科普信息汇聚生产与有效利用为目标,建设科普中国服务云,实现科普的信息汇聚、数据分析挖掘、应用服务、即时获取、精准推送、决策支持。建立完善网络科普内容科学性把关、网络科普传播舆情实时监测机制。深入探索利用政府和社会资本合作(PPP)的科普公共服务新模式,进一步把政府与市场、需求与生产、内容与渠道、事业与产业有效连接起来,实现科普的倍增效应。

——繁荣科普创作。支持优秀科普原创作品以及科技成果普及、健康生活等重大选题,支持科普创作人才培养和科普文艺创作。大力开展科幻、动漫、视频、游戏等科普创作,推动制定对科幻创作的扶持政策,推动科普游戏开发,加大科普游戏传播推广力度,加强科普创作的国际交流与合作。

——强化科普传播协作。制定鼓励大众传媒开展科技传播的政策措施。引导中央及地方主要新闻媒体加大科技宣传力度,扶持科技宣传报道做大做强。支持电视台、广播电台制作更多群众喜闻乐见的适合在电视、广播电台和互联网同步传播的科普作品,增加播放时间和传播频次,办好电视科普频道。鼓励报刊和网站增加科普内容或增设科普专栏。举办科技类全国电视大赛,营造全社会学科学的浓厚氛围。创新科普传播形式,推动图书、报刊、音像电子、电视等传统媒体与新兴媒体在科普内容、渠道、平台、经营和管理上深度融合,实现包括纸质出版、网络传播、移动终端传播在内的多渠道全媒体传播。组织开展科技宣传报道编辑记者学习培训,提升大众传媒从业者的科学素质与科技传播能力。

——强化科普信息的落地应用。依托大数据、云计算等信息技术手段,洞察和感知公众科普需求,创新科普的精准化服务模式,定向、精准地将科普信息送达目标人群。通过科普中国服务云、科普中国V视快递、科普中国e站推送等方式,推动科普信息在社区、学校、农村等落地应用。强化移动端科普推送,支持移动端科普融合创作,鼓励科研机构通过微信、微博等新媒体平台建设和运行有影响力的科普公众号,强化科普头条新闻推送,促进科普活动线上线下结合。加大对革命老区、民族地区、边疆地区、集中连片贫困地区群众及青少年等重点人群的科普信息服务定制化推送力度。

分工:由中国科协、中央宣传部、新闻出版广电总局牵头,教育部、科技部、工业和信息化部、国家民委、民政部、国土资源部、环境保护部、农业部、文化部、卫生计生委、质检总局、体育总局、安全监管总局、食品药品监管总局、林业局、旅游局、中科院、社科院、工程院、地震局、气象局、自然科学基金会、文物局、全国总工会、共青团中央等单位参加。

(八)实施科普基础设施工程。

任务:

——增加科普基础设施总量,完善科普基础设施布局,提升科普基础设施的服务能力,实现科普公共服务均衡发展。

——推进优质科普资源开发开放,优化资源配置,拓展公众参与科普的途径和机会。

措施:

——加强对科普基础设施发展的顶层设计和宏观指导。制订实施科普基础设施发展规划,将科普基础设施建设纳入各地基本建设计划。制定完善各类科普基础设施建设与管理的规范标准和运行机制,研究建立科普基础设施的评估体系,开展监测评估工作。

——创新完善现代科技馆体系。突出信息化、时代化、体验化、标准化、体系化、普惠化、社会化,推动由数量与规模增长的外延式发展模式向提升科普能力与水平的内涵式发展模式转变,进一步建立完善以实体科技馆为龙头和基础,流动科技馆、科普大篷车、虚拟现实科技馆、农村中学科技馆、数字科技馆为拓展和延伸,辐射基层科普设施的中国特色现代科技馆体系。发挥自然博物馆和专业行业类科技馆等场馆以及中国数字科技馆的科普资源集散与服务平台作用。大力推动虚拟现实等技术在科技馆展览教育中的应用,以"超现实体验、多感知互动、跨时空创想"为核心理念,研发可复制、可推广的虚拟现实科技馆,生动展现科技前沿。推动中西部地市级科技馆、专题行业科技馆建设。推动建立科普标准化组织,完善科技馆行业国家标准体系以及相关标准规范,开展科技馆评级与分级评估。建立健全科技馆免费开放制度,提高科技馆公共服务质量和水平。

——加强基层科普设施建设。依托现有资源,因地制宜建设一批具备科技教育、培训、展示等多功能的开放性、群众性科普活动场所和科普设施。加快建设农村中学科技馆、乡村学校少年宫等农村青少年科技活动场所。加强科技场馆及基地等与少年宫、文化馆、博物馆、图书馆等公共文化基础设施的联动,拓展科普活动阵地。充分利用线上科普信息,强化现有设施的科普教育功能。

——加强科普教育基地建设。依托现有资源,建设国土资源、环境保护、安全生产、食品药品、质量监督、检验检疫、林业、地震、气象等行业类、科研类科普教育基地。制定完善科普教育基地的管理制度,加强工作考核和动态管理,提升服务能力。推动青少年宫、妇女儿童活动中心、各类培训基地和文化场所等增加科技教育内容,引导海洋馆、主题公园、自然保护区、森林公园、湿地公园、地质公园、动植物园、旅游景区、地震台站、地震遗址遗迹等公共设施增强科普功能。

——推动优质科普资源开发开放。推动高校、科研机构、工程中心(实验室)、科技社团向公众开放实验室、陈列室和其他科技类设施,推动高端科研资源科普化,充分发挥天文台、野外台站、重点实验室和重大科技基础设施等高端科研设施的科普功能。鼓励高新技术企业对公众开放研发机构、生产设施(流程、车间)或展览馆等,推动建设专门科普场所。充分发挥高校、科研院所、企业等科技人才和资源优势,积极组织开展科普活动。

分工:由中国科协、发展改革委、科技部牵头,中央宣传部、教育部、工业和信息化部、国家民委、民政部、财政部、人力资源社会保障部、国土资源部、环境保护部、农业部、文化部、卫生计生委、质检总局、体育总局、食品药品监管总局、林业局、旅游局、中科院、地震局、气象局、文物局、全国总工会、共青团中央、全国妇联等单位参加。

(九)实施科普产业助力工程。

任务:

——研究制定科普产业发展的宏观政策以及技术标准、规范。

——促进科普产业健康发展,大幅提升科普产品和服务供给能力,有效支撑科普事业发展。

措施：

——完善科普产业发展的支持政策。开展科普产品和服务发展相关政策研究，推动制定科普产业发展的相关政策，将科普产业纳入高新技术产业、创意产业和文化产业的相关优惠政策范围，充分发挥市场机制配置科普社会资源的功能。

——推动科普产品研发与创新。成立全国科普服务标准化技术委员会，组织制定科普相关标准，建立完善科普产品和服务的技术规范。依托科普机构、科研机构、产学研中心等建立科普产品研发中心，开展科普产品和服务的基础研究、应用研究、研发推广，增强科普产品和服务的原始创新能力，提升市场竞争力。开展科普创作和产品研发示范团队建设，推动科技创新成果向科普产品转化，探索科技创新和科普产业结合的有效机制。

——加强科普产业市场培育。利用科普活动、科普教育基地、科普场馆、科普机构等有利条件，发挥集成效应，通过竞赛、线上线下相结合等方式，搭建科普创客空间，支持创客参与科普产品的创新、创造、创业。鼓励建立科普产业园区和产业基地，组建中国科学文化出版传媒集团等科普龙头企业，形成科普产业集群，实现集约发展。搭建科普产品和服务交易平台，加大政府购买科普产品和服务的力度。

分工：由科技部、中国科协牵头，发展改革委、教育部、工业和信息化部、国家民委、财政部、人力资源社会保障部、国土资源部、环境保护部、农业部、文化部、卫生计生委、质检总局、新闻出版广电总局、体育总局、安全监管总局、林业局、旅游局、中科院、社科院、工程院、地震局、气象局、文物局、全国总工会、共青团中央、全国妇联等单位参加。

（十）实施科普人才建设工程。

任务：

——加强科普人才队伍建设，培养和选拔一批高水平科普人才，壮大专兼职科普人才队伍，推动科普志愿者队伍建设，优化科普人才结构。

——建立完善科普人才激励机制，推动科普人才知识更新和能力培养，增强适应现代科普发展的能力。

措施：

——完善科普人才培养、使用和评价制度。落实国家中长期科技、教育、人才发展规划纲要，加强科普人才培养、使用和评价的政策研究，推动制定科普学科发展、科普专业设置、科普人才评价标准、技术职务等相关制度，建立激励机制，充分调动科普人员积极性。

——加强科普人才培养和继续教育。深入推进高层次科普专门人才培养试点工作，总结推广经验，加强教学大纲、教材、课程和师资队伍建设，加大高层次科普专门人才培养力度。依托高等院校、科研院所、科普组织、企业与相关机构建立完善科普人才继续教育基地，以科普组织管理、科技教育、科技传播、科普活动组织、科普经营管理等从业者为重点，围绕科普的新理论、新方法、新手段等，及时更新补充新知识、扩展新视野、提升创新能力，以适应科技发展、社会进步和现代科普发展的新形势新要求。

——加强科普专业队伍建设。充分发挥科技社团、高等院校、科研机构等作用，搭建科学传播服务平台，发展壮大科学传播专家团队，深入开展科学传播活动。结合科技教育和课外科普活动，重点在中小学校、科普场馆、青少年宫等建立专职青少年科技辅导员队伍。依托基层各类组织,动员科技特派员、大学生村官、农村致富带头人、气象信息员、中小学教师和科普志愿者等担任科普宣传员,实现乡村社区科普宣传员全覆盖。发挥民族院校的作用,加强双语科普人才培养。结合各类社区科普设施和活动,发展壮大社区科普队伍。充分发挥企业科协、企业团委、职工技协、研发中心等作用,结合职工技能培训、继续教育和各类科普活动,培养和造就企业实用科普人才。

——大力发展科普志愿者队伍。建立完善科普志愿者组织管理制度,推动各级各类科普志愿者队伍建设,推动建立科普志愿者社团组织,开展科普志愿者交流、培训、经验推广等工作。搭建科普志愿活动服务平台,充分发挥科普志愿者在各类科普活动中不可替代的作用,规范记录科普志愿者的服务信息,建立完善科普志愿服务激励机制。鼓励老科技工作者、高校师生、中学生、传媒从业者参与科普志愿服务。建立健全应对重大突发事件的科普志愿者动员机制,发展应急科普志愿者队伍。

分工:由中国科协、科技部、人力资源社会保障部牵头,中央组织部、中央宣传部、教育部、工业和信息化部、国家民委、民政部、国土资源部、环境保护部、农业部、文化部、卫生计生委、质检总局、新闻出版广电总局、体育总局、食品药品监管总局、安全监管总局、林业局、旅游局、中科院、社科院、工程院、地震局、气象局、自然科学基金会、文物局、全国总工会、共青团中央、全国妇联等单位参加。

四、组织实施和保障条件

(一)组织领导。

——国务院负责领导《科学素质纲要》实施工作。各有关部门按照《科学素质纲要》的要求和本实施方案的分工安排,将有关任务纳入本部门本系统的相关工作规划和计划,充分履行工作职责,发挥各自优势,密切配合,形成合力。中国科协要发挥综合协调作用,做好日常沟通联络工作,会同有关方面共同推进公民科学素质建设。

——地方各级政府负责领导当地的《科学素质纲要》实施工作。要把公民科学素质建设作为推动地区经济社会发展的一项重要工作,纳入本地区经济社会发展总体规划,把实施《科学素质纲要》的重点任务列入年度工作计划,纳入目标管理考核。要因地制宜,制定本地区"十三五"全民科学素质行动的实施方案。要完善公民科学素质建设工作机制,加大政策支持和投入,为实施《科学素质纲要》提供保障,全面推进本地区公民科学素质建设。

——加强《科学素质纲要》实施的督促检查,推动各项工作任务和目标的落实。

(二)长效机制。

——建立完善共建机制。全民科学素质纲要实施工作办公室与地方政府建立公民科学素质建设共建机制,形成一级带一级、层层抓落实的工作局面。

——建立科研与科普相结合的机制。继续落实在符合条件的国家科技计划项目中增加科普任务,将科普工作作为国家科技创新工作的有机组成部分,提高科普成果在科技考核指标中所占比重。完善国家科技报告制度,推动重大科技成果实时普及。中科院、工程院的院士专家带头面向公众开展科普活动。

——建立完善监测评估机制。完善公民科学素质调查体系,定期开展中国公民科学素质调查和全国科普统计工作,客观反映公民科学素质建设情况,为《科学素质纲要》实施和监测评估提供依据。加强公民科学素质建设的理论研究,把握公民科学素质建设的基本规律和国际发展趋势,建立符合我国国情的科学素质发展监测指标体系,创新公民科学素质建设的评估方法,适时开展公民科学素质建设第三方评估。

——建立完善社会动员机制。深入开展全国文明城市、国家卫生城市、全国科普示范县(市、区)、全国科普教育基地等创建活动,进一步形成政府推动、社会参与的良性机制。按照国家有关规定,对在公民科学素质建设中作出突出贡献的集体和个人给予奖励和表彰,大力宣传先进人物和典型经验。加强科普的国际交流与合作,用好国际国内两种资源,提高我国公民科学素质建设的国际影响力。

(三)保障条件。

——政策法规。在国家和地方的国民经济和社会发展规划、相关专项规划以及有关科技教育、传播与普及的法律法规中,体现公民科学素质建设的目标和要求。完善促进公民科学素质建设的政策法规,推进《中华人民共和国科学技术普及法》实施条例和地方科普条例的研究制定工作,落实有关鼓励科普事业发展的税收优惠等相关政策,研究制定全民科学素质行动长远发展规划,为提高全民科学素质提供政策保障。

——经费投入。各级政府根据财力情况和公民科学素质建设发展的实际需要,逐步提高教育、科普经费的投入水平,并将科普经费列入同级财政预算,国家、省、地市、县四级合理分担科普财政投入。中央财政根据财政状况,继续支持对地方公民科学素质建设相关的转移支付。地方各级政府安排一定的经费用于公民科学素质建设。各有关部门根据承担的《科学素质纲要》实施任务,按照国家预算管理的规定和现行资金渠道,统筹考虑和落实公民科学素质建设所需经费。加强对科普经费、公民科学素质建设经费等专项经费使用情况的绩效考评,确保专款专用和使用效果。通过众筹众包、项目共建、捐款捐赠、政府购买服务等方式,鼓励和吸引社会资本投入公民科学素质建设。

(四)进度安排。

——启动实施。2016年,推动和指导各地制定本地"十三五"全民科学素质工作实施方案并启动实施工作。做好"十三五"《科学素质纲要》实施动员和宣传工作。

——深入实施。2017—2020年,针对薄弱环节,继续完善工作机制,解决突出问题,全面推进各项重点任务的实施。深入开展调查研究,启动我国全民科学素质行动长远发展战略研究工作。

——总结评估。2020年,组织开展督查,对"十三五"期间和《科学素质纲要》颁布实施以来的全民科学素质工作进行总结和全面评估,按照国家有关规定开展表彰奖励。

国务院关于印发"十三五"国家科技创新规划的通知

(国发〔2016〕43 号　2016 年 7 月 28 日)

各省、自治区、直辖市人民政府,国务院各部委、各直属机构:

现将《"十三五"国家科技创新规划》印发给你们,请认真贯彻执行。

国务院

2016 年 7 月 28 日

"十三五"国家科技创新规划(节选)

"十三五"国家科技创新规划,依据《中华人民共和国国民经济和社会发展第十三个五年规划纲要》、《国家创新驱动发展战略纲要》和《国家中长期科学和技术发展规划纲要(2006—2020年)》编制,主要明确"十三五"时期科技创新的总体思路、发展目标、主要任务和重大举措,是国家在科技创新领域的重点专项规划,是我国迈进创新型国家行列的行动指南。

第一篇　迈进创新型国家行列

"十三五"时期是全面建成小康社会和进入创新型国家行列的决胜阶段,是深入实施创新驱动发展战略、全面深化科技体制改革的关键时期,必须认真贯彻落实党中央、国务院决策部署,面向全球、立足全局,深刻认识并准确把握经济发展新常态的新要求和国内外科技创新的新趋势,系统谋划创新发展新路径,以科技创新为引领开拓发展新境界,加速迈进创新型国家行列,加快建设世界科技强国。

第一章　把握科技创新发展新态势

"十二五"以来特别是党的十八大以来,党中央、国务院高度重视科技创新,作出深入实施创新驱动发展战略的重大决策部署。我国科技创新步入以跟踪为主转向跟踪和并跑、领跑并存的新阶段,正处于从量的积累向质的飞跃、从点的突破向系统能力提升的重要时期,在国家发展全局中的核心位置更加凸显,在全球创新版图中的位势进一步提升,已成为具有重要影响力的科技大国。

……

第二章　确立科技创新发展新蓝图

一、指导思想

"十三五"时期科技创新的指导思想是:高举中国特色社会主义伟大旗帜,全面贯彻党的十八大和十八届三中、四中、五中全会精神,以马克思列宁主义、毛泽东思想、邓小平理论、"三个代表"重要思想、科学发展观为指导,深入贯彻习近平总书记系列重要讲话精神,认真落实党中央、国务院决策部署,坚持"五位一体"总体布局和"四个全面"战略布局,坚持创新、协调、绿色、开放、共享发展理念,坚持自主创新、重点跨越、支撑发展、引领未来的指导方针,坚持创新是引领发展的第一动力,把创新摆在国家发展全局的核心位置,以深入实施创新驱动发展战略、支撑供给侧结构性改革为主线,全面深化科技体制改革,大力推进以科技创新为核心的全面创新,着力增强自主创新能力,着力建设创新型人才队伍,着力扩大科技开放合作,着力推进大众创业万众创新,塑造更多依靠创新驱动、更多发挥先发优势的引领型发展,确保如期进入创新型国家行列,为建成世界科技强国奠定坚实基础,为实现"两个一百年"奋斗目标和中华民族伟大复兴中国梦提供强大动力。

……

四、总体部署

未来五年,我国科技创新工作将紧紧围绕深入实施国家"十三五"规划纲要和创新驱动发展战略纲要,有力支撑"中国制造2025"、"互联网+"、网络强国、海洋强国、航天强国、健康中国建设、军民融合发展、"一带一路"建设、京津冀协同发展、长江经济带发展等国家战略实施,充分发挥科技创新在推动产业迈向中高端、增添发展新动能、拓展发展新空间、提高发展质量和效益中的核心引领作用。

一是围绕构筑国家先发优势,加强兼顾当前和长远的重大战略布局。加快实施国家科技重大专项,启动"科技创新2030—重大项目";构建具有国际竞争力的产业技术体系,加强现代农业、新一代信息技术、智能制造、能源等领域一体化部署,推进颠覆性技术创新,加速引领产业变革;健全支撑民生改善和可持续发展的技术体系,突破资源环境、人口健康、公共安全等领域的瓶颈制约;建立保障国家安全和战略利益的技术体系,发展深海、深地、深空、深蓝等领域的战略高技术。

二是围绕增强原始创新能力,培育重要战略创新力量。持续加强基础研究,全面布局、前瞻部署,聚焦重大科学问题,提出并牵头组织国际大科学计划和大科学工程,力争在更多基础前沿领域引领世界科学方向,在更多战略性领域实现率先突破;完善以国家实验室为引领的创新基地建设,按功能定位分类推进科研基地的优化整合。培育造就一批世界水平的科学家、科技领军人才、高技能人才和高水平创新团队,支持青年科技人才脱颖而出,壮大创新型企业家队伍。

三是围绕拓展创新发展空间,统筹国内国际两个大局。支持北京、上海建设具有全球影响力的科技创新中心,建设一批具有重大带动作用的创新型省市和区域创新中心,推动国家自主创新示范区和高新区创新发展,系统推进全面创新改革试验;完善区域协同创新机制,加大科技扶贫力度,激发基层创新活力;打造"一带一路"协同创新共同体,提高全球配置创新资源的能力,深度参与全球创新治理,促进创新资源双向开放和流动。

四是围绕推进大众创业万众创新,构建良好创新创业生态。大力发展科技服务业,建立统一开放的技术交易市场体系,提升面向创新全链条的服务能力;加强创新创业综合载体建设,发展众创空间,支持众创众包众扶众筹,服务实体经济转型升级;深入实施知识产权和技术标准战略。完善科技与金融结合机制,大力发展创业投资和多层次资本市场。

五是围绕破除束缚创新和成果转化的制度障碍,全面深化科技体制改革。加快中央财政科技计划(专项、基金等)管理改革,强化科技资源的统筹协调;深入实施国家技术创新工程,建设国家技术创新中心,提高企业创新能力;推动健全现代大学制度和科研院所制度,培育面向市场的新型研发机构,构建更加高效的科研组织体系;实施促进科技成果转移转化行动,完善科技成果转移转化机制,大力推进军民融合科技创新。

六是围绕夯实创新的群众和社会基础,加强科普和创新文化建设。深入实施全民科学素质行动,全面推进全民科学素质整体水平的提升;加强科普基础设施建设,大力推动科普信息化,培育发展科普产业;推动高等学校、科研院所和企业的各类科研设施向社会公众开放;弘扬科学精神,加强科研诚信建设,增强与公众的互动交流,培育尊重知识、崇尚创造、追求卓越的企业家精神和创新文化。

......

第四篇　拓展创新发展空间

统筹国内国际两个大局,促进创新资源集聚和高效流动。以打造区域创新高地为重点带动提升区域创新发展整体水平,深度融入和布局全球创新网络,全方位提升科技创新的国际化水平。

......

第十三章　打造"一带一路"协同创新共同体

发挥科技创新合作对共建"一带一路"的先导作用,围绕沿线国家科技创新合作需求,全面提升科技创新合作层次和水平,打造发展理念相通、要素流动畅通、科技设施联通、创新链条融通、人员交流顺通的创新共同体。

一、密切科技沟通和人文交流

加强与"一带一路"沿线国家人文交流,扩大人员往来。与沿线国家共同培养科技人才,扩大杰出青年科学家来华工作计划规模,广泛开展先进适用技术、科技管理与政策、科技创业等培训。鼓励我国科技人员赴沿线国家开展科技志愿服务,解决技术问题,满足技术需求。合作开展科普活动,促进青少年科普交流。密切与沿线国家科技政策的交流与沟通,形成科技创新政策协作网络。

二、加强联合研发和技术转移中心建设

结合沿线国家的重大科技需求,鼓励我国科研机构、高等学校和企业与沿线国家相关机构合作,围绕重点领域共建联合实验室(联合研究中心),联合推进高水平科学研究,开展科技人才的交流与培养,促进适用技术转移和成果转化,构建长期、稳定的合作关系。充分发挥我国面向东盟、中亚、南亚和阿拉伯国家的国际技术转移中心,以及中国—以色列创新合作中心等的作用,共建一批先进适用技术示范与推广基地,促进与沿线国家技术交流合作与转移。合作建设一批特色鲜明的科技园区,探索多元化建设模式,搭建企业走出去平台。鼓励科技型企业在沿线国家创新创业,推动移动互联网、云计算、大数据、物联网等行业企业与沿线国家传统产业结合,促进新技术、新业态和新商业模式合作。

三、促进科技基础设施互联互通

加强适应性关键技术研发和技术标准对接,支撑铁路、公路联运联通,以及电网、信息通信网络互联互通,保障海上丝绸之路运输大通道建设。加快数据共享平台与信息服务设施建设,促进大型科研基础设施、科研数据和科技资源互联互通。持续推进大型科研基础设施国际开放,优先在"一带一路"沿线国家建立平台服务站点。建立地球观测与科学数据共享服务平台,实现亚太主要地球观测数据中心互联。搭建生物技术信息网络,促进沿线国家生物资源和技术成果数据库的共建共享。

四、加强与"一带一路"沿线国家的合作研究

积极开展重大科学问题和应对共同挑战的合作研究。加强在农业、人口健康、水治理、荒漠化与盐渍化治理、环境污染监控、海水淡化与综合利用、海洋和地质灾害监测、生态系统保护、生物多样性保护、世界遗产保护等重大公益性科技领域的实质性合作,推动在中医药、民族医药等领域开展生物资源联合开发、健康服务推广。在航空航天、装备制造、节水农业、生物医药、节能环保、新能源、信息、海洋等领域加强合作开发与产业示范,提升我国重点产业创新能力。加强"一带一路"区域创新中心建设,支持新疆建设丝绸之路经济带创新驱动发展试验区,支持福建建设 21 世纪海上丝绸之路核心区。

第十四章　全方位融入和布局全球创新网络

坚持以全球视野谋划和推动创新,实施科技创新国际化战略,积极融入和主动布局全球创新网络,探索科技开放合作新模式、新路径、新体制,深度参与全球创新治理,促进创新资源双向开放和流动,全方位提升科技创新的国际化水平。

一、完善科技创新开放合作机制

加强国家科技外交和科技合作的系统设计。深化政府间科技合作,分类制定国别战略,丰富新型大国关系的科技内涵,推进与科技发达国家建立创新战略伙伴关系,与周边国家打造互利合作的创新共同体,拓展对发展中国家科技伙伴计划框架。创新国际科技人文交流机制,丰富和深化创新对话机制,扩大对话范围,围绕研发合作、创新政策、技术标准、知识产权、跨国并购等开展深度沟通。加强与非洲、拉美等地区的科技合作。扩大科技援助规模,创新援助方式,支持发展中国家加强科技创新能力建设。

加大国家科技计划开放力度,支持海外专家牵头或参与国家科技计划项目,参与国家科技计划与专项的战略研究、指南制定和项目评审等工作。与国外共设创新基金或合作计划。实施更加积极的人才引进政策,加快推进签证制度改革,围绕国家重大需求面向全球引进首席科学家等高层次科技创新人才,健全对外创新合作的促进政策和服务体系。

专栏 27　科技创新开放合作机制

1. 创新对话。加强与主要国家、重要国际组织和多边机制围绕政策制定、科学合作和技术交流平台、重大国际研发任务等内容开展对话合作。鼓励和支持产业界深度参与,增进创新政策和实践交流,加深与高级别人文交流的有机衔接,拓展双边外交的新形态。

2. 科技伙伴计划。继续拓展中国—非洲科技伙伴计划、中国—东盟科技伙伴计划、中国—南亚科技伙伴计划、中国—上合组织科技伙伴计划、中国—金砖国家科技创新合作框架计划及中国—拉美科技伙伴计划,筹备启动中国—阿拉伯国家科技伙伴计划,打造与相关国家务实高效、充满活力的新型科技伙伴关系,重点加强科技人才培养、共建联合实验室(联合研究中心)、共建科技园区、共建技术示范推广基地、共建技术转移中心、推动科技资源共享、科技政策规划与咨询等方面的合作。

二、促进创新资源双向开放和流动

围绕国家重大科技需求,与相关领域具有创新优势的国家合作建设一批联合研究中心和国际技术转移中心。提升企业发展的国际化水平,鼓励有实力的企业采取多种方式开展国际科技创新合作,支持企业在海外设立研发中心、参与国际标准制定,推动装备、技术、标准、服务走出去。鼓励外商投资战略性新兴产业、高新技术产业、现代服务业,鼓励国外跨国公司、研发机构、研究型大学在华设立或合作设立高水平研发机构和技术转移中心。充分发挥国际科技合作基地的作用,与优势国家在相关领域合作建设高层次联合研究中心。推动我国科研机构和企业采取与国际知名科研机构、跨国公司联合组建等多种方式设立海外研发机构。发挥区域创新优势,推动地方建立国际科技创新合作中心。加强创新创业国际合作,深化科技人员国际交流,吸引海外杰出青年科学家来华工作、交流,开展国际青少年科普活动等。

> **专栏 28　科技资源双向流动和开放**
>
> 　　1. 政府间科技合作。完善政府间科技合作机制，落实双多边科技合作协定及涵盖科技合作的各类协议。分类部署与大国、周边国家、其他发达和发展中国家、国际组织和多边机制的科技合作。开展重大政府间合作。共同资助开展联合研发。支持科技人员交流。
>
> 　　2. 重大国际科技创新合作。重点推动农业农村、城镇化及城市发展、清洁能源和可再生能源、新一代电子信息及网络技术、地球观测与导航、新材料、先进制造、交通运输、资源环境、生物技术、海洋与极地、人口与健康、公共安全等领域的重大国际合作。促进在环保、气象预测、种质资源等领域的技术和设备引进，解决重大、核心和关键技术问题。　　　3. 国家国际科技合作基地。加强国际科技合作基地联盟建设。支持基地开展联合研究。开展国际培训、人才培养和信息服务。优化合作平台的集群建设。建立以国际科技与创新合作成果为导向的国际科技合作基地评估动态调整和重点资助机制。

三、加强与港澳台的科技创新合作

发挥港澳地区的独特科技优势和开放平台作用，利用港澳科技合作委员会机制，促进内地与港澳科技合作机制化与制度化。组织实施高水平科技创新合作项目，共建研发基地。推进科研设施向港澳台开放，支持港澳台青年科学家到内地开展短期合作研究，以互利共赢方式深化科技交流。充分发挥海峡西岸经济区、中国（福建）自由贸易试验区、平潭综合实验区、福厦泉国家自主创新示范区、昆山深化两岸产业合作试验区等的先行先试作用，打造科技创新合作平台。加快构建大陆与台湾、内地与港澳联合研发、人文交流、知识产权、技术转移转化等综合性合作平台。以高新区和大学科技园等为载体，深化和拓展与港澳台地区高等学校、科研院所、企业间科技研发和创新创业的合作。

> **专栏 29　与港澳台科技创新合作重点**
>
> 　　加强内地与港澳、大陆与台湾青年人创新创业及科技园区合作；出台优惠政策，为港澳台地区青年人来内地创新创业提供便利条件；鼓励和组织港澳台青年参加各类创新创业大赛和训练营活动；推动内地科技园区、众创空间与港澳台地区相关机构合作，扩大北京、天津、上海、广东与香港科技园的合作空间；支持内地大学与港澳大学合办大学科技园。

四、深度参与全球创新治理

积极参与重大国际科技合作规则制定，围绕各国重大关切和全球性挑战，创制国际科技合作公共产品，加快推动全球大型科研基础设施共享，主动设置全球性议题，提升对国际科技创新的影响力和制度性话语权。加强和优化驻外科技机构和科技外交官的全球布局。发挥民间组织在促进国际科技创新合作中的作用。争取和吸引国际组织在我国落户，鼓励设立新的国际组织，支持和推荐更多的科学家等优秀人才到国际科技组织交流和任职。

第五篇　推动大众创业万众创新

顺应大众创业、万众创新的新趋势,构建支撑科技创新创业全链条的服务网络,激发亿万群众创造活力,增强实体经济发展的新动能。

第十五章　全面提升科技服务业发展水平

以满足科技创新需求和促进创新创业为导向,建立健全科技服务体系,全面提升科技服务业的专业化、网络化、规模化、国际化发展水平。

一、提升全链条科技服务能力

围绕创新链完善服务链,大力发展专业科技服务和综合科技服务。重点发展研究开发、技术转移、检验检测认证、创业孵化、知识产权、科技咨询等业态,基本形成覆盖科技创新全链条的科技服务体系。充分运用现代信息和网络技术,依托各类科技创新载体,整合科技服务资源,推动技术集成创新和商业模式创新,积极培育科技服务新业态。优化科技服务业区域和行业布局,促进各类科技服务机构优势互补和信息共享,提升面向创新主体的协同服务能力。建立健全科技服务的标准体系,促进科技服务业规范化发展。壮大科技服务市场主体,培育一批拥有知名品牌的科技服务机构和龙头企业,形成一批科技服务产业集群。采取多种方式对符合条件的科技服务企业予以支持,以政府购买服务、后补助等方式支持公共科技服务发展,鼓励有条件的地方采用创业券、创新券等方式引导科技服务机构为创新创业企业和团队提供高质量服务。

二、建立统一开放的技术交易市场体系

加强全国技术市场一体化布局,探索建立统一的技术交易规范和流程。发展多层次技术交易市场体系,推进国家技术转移区域中心建设,加快形成国家技术交易网络平台;鼓励地方完善区域技术交易服务平台,突出区域和产业发展特色,统筹区域技术交易平台资源。支持技术交易机构探索基于互联网的在线技术交易模式,加强各类创新资源集成,提供信息发布、融资并购、公开挂牌、竞价拍卖、咨询辅导等线上线下相结合的专业化服务。鼓励技术交易机构创新服务模式,发展技术交易信息增值服务,为企业提供跨领域、跨区域、全过程的集成服务。大力培育技术经纪人,引导技术交易机构向专业化、市场化、国际化发展。

三、促进科技服务业国际化发展

强化科技服务机构全球资源链接能力,支持科技服务机构"走出去",通过海外并购、联合经营、设立分支机构等方式开拓国际市场。推动科技服务机构牵头组建以技术、专利、标准为纽带的国际化科技服务联盟。支持科技服务机构开展技术、人才等方面的国际交流合作,积极吸引国际科技服务人才来华工作、短期交流或举办培训。鼓励国外知名科技服务机构在我国设立分支机构或开展科技服务合作。支持国内科技服务机构与国外同行开展深层次合作,形

成信息共享、资源分享、互联互通的国际科技服务协作网络。

　　……

第七篇　加强科普和创新文化建设

　　全面提升公民科学素质,加强科普基础设施建设,加快科学精神和创新文化的传播塑造,使公众能够更好地理解、掌握、运用和参与科技创新,进一步夯实创新发展的群众和社会基础。

第二十二章　全面提升公民科学素质

　　深入实施全民科学素质行动计划纲要,以青少年、农民、城镇劳动者、领导干部和公务员等为重点人群,按照中国公民科学素质基准,以到 2020 年我国公民具备科学素质比例超过 10％为目标,广泛开展科技教育、传播与普及,提升全民科学素质整体水平。

一、加强面向青少年的科技教育

　　以增强科学兴趣、创新意识和学习实践能力为主,完善基础教育阶段的科学教育。拓展校外青少年科技教育渠道,鼓励青少年广泛参加科技活动,推动高等学校、科研院所、科技型企业等面向青少年开放实验室等教学、科研设施。巩固农村义务教育普及成果,提高农村中小学科技教育质量,为农村青少年提供更多接受科技教育和参加科普活动的机会。以培养劳动技能为主,加强中等职业学校科技教育,推动科技教育与创新创业实践进课堂进教材。完善高等教育阶段的科技教育,支持在校大学生开展创新性实验、创业训练和创业实践项目。广泛开展各类科技创新类竞赛等活动。

二、提升劳动者科学文化素质

　　大力开展农业科技教育培训,全方位、多层次培养各类新型职业农民和农村实用技术人才。广泛开展形式多样的农村科普活动,大力普及绿色发展、安全健康、耕地保护、防灾减灾等科技知识和观念,传播科学理念,反对封建迷信,帮助农民养成科学健康文明的生产生活方式。加强农村科普公共服务建设,提升乡镇村寨科普服务能力。完善专业技术人员继续教育制度,加强专业技术人员继续教育工作。构建以企业为主体、职业院校为基础,各类培训机构积极参与、公办与民办并举的职业培训和技能人才培养体系。广泛开展进城务工人员培训教育,推动职业技能、安全生产、信息技术等知识和观念的广泛普及。强化社区科普公共服务,广泛开展社区科技教育、传播与普及活动。开展老年人科技传播与科普服务,促进健康养老、科学养老。

三、提高领导干部科学决策和管理水平

　　把科技教育作为领导干部和公务员培训的重要内容,突出科技知识和科学方法的学习培训以及科学思想、科学精神的培养。丰富学习渠道和载体,引导领导干部和公务员不断提升科学管理能力和科学决策水平。积极利用网络化、智能化、数字化等教育培训方式,扩大优质科普信息覆盖面,满足领导干部和公务员多样化学习需求。不断完善领导干部考核评价机制,在

领导干部考核和公务员录用中体现科学素质的要求。制定并不断完善领导干部和公务员科学素质监测、评估标准。提高领导干部和公务员的科技意识、科学决策能力、科学治理水平和科学生活素质。广泛开展针对领导干部和公务员的院士专家科技讲座、科普报告等各类科普活动。

第二十三章　加强国家科普能力建设

完善国家科普基础设施体系,大力推进科普信息化,推动科普产业发展,促进创新创业与科普相结合,提高科普基础服务能力和水平。

一、强化科普基础设施和科普信息化建设

加强科普基础设施的系统布局,推进国家科普示范基地和国家特色科普基地建设,提升科普基础设施服务能力,实现科普公共服务均衡发展。进一步建立完善以实体科技馆为基础,科普大篷车、流动科技馆、学校科技馆、数字科技馆为延伸,辐射基层科普设施的中国特色现代科技馆体系。加强基层科普设施建设,因地制宜建设一批具备科技教育、培训、展示等多功能的开放性、群众性科普活动场所和科普设施。提高各级各类科普基地的服务能力和水平,提高中小科技场馆的科普业务水平。研究制定科普基础设施标准和评估体系,加强运行和服务监测评估。推动中西部地区和地市级科普基础设施建设。

大力推进科普信息化。推进信息技术与科技教育、科普活动融合发展,推动实现科普理念和科普内容、传播方式、运行和运营机制等服务模式的不断创新。以科普的内容信息、服务云、传播网络、应用端为核心,构建科普信息化服务体系。加大传统媒体的科技传播力度,发挥新兴媒体的优势,提高科普创作水平,创新科普传播形式,推动报刊、电视等传统媒体与新兴媒体在科普内容、渠道、平台、经营和管理上的深度融合,实现包括纸质出版、网络传播、移动终端传播在内的多渠道全媒体传播。推动科普信息应用,提升大众传媒的科学传播质量,满足公众科普信息需求。适应现代科普发展需求,壮大专兼职科普人才队伍,加强科普志愿者队伍建设,推动科普人才知识更新和能力培养。

二、提升科普创作能力与产业化发展水平

加强优秀科普作品的创作,推动产生一批水平高、社会影响力大的原创科普精品。开展全国优秀科普作品、微视频评选推介等活动,加强对优秀科普作品的表彰、奖励。创新科普讲解方式,提升科普讲解水平,增强科学体验效果。鼓励和引导科研机构、科普机构、企业等提高科普产品研发能力,推动科技创新成果向科普产品转化。以多元化投资和市场化运作的方式,推动科普展览、科普展教品、科普图书、科普影视、科普玩具、科普旅游、科普网络与信息等科普产业的发展。鼓励建立科普园区和产业基地,培育一批具有较强实力和较大规模的科普设计制作、展览、服务企业,形成一批具有较高知名度的科普品牌。

三、促进创新创业与科普结合

推进科研与科普的结合。在国家科技计划项目实施中进一步明确科普义务和要求,项目

承担单位和科研人员要主动面向社会开展科普服务。推动高等学校、科研机构、企业向公众开放实验室、陈列室和其他科技类设施,充分发挥天文台、野外台站、重点实验室和重大科技基础设施等高端科研设施的科普功能,鼓励高新技术企业对公众开放研发设施、生产设施或展览馆等,推动建设专门科普场所。

促进创业与科普的结合。鼓励和引导众创空间等创新创业服务平台面向创业者和社会公众开展科普活动。推动科普场馆、科普机构等面向创新创业者开展科普服务。鼓励科研人员积极参与创新创业服务平台和孵化器的科普活动,支持创客参与科普产品的设计、研发和推广。结合重点科普活动,加强创新创业代表性人物和事迹的宣传。

第二十四章　营造激励创新的社会文化氛围

营造崇尚创新的文化环境,加快科学精神和创新价值的传播塑造,动员全社会更好理解和投身科技创新。营造鼓励探索、宽容失败和尊重人才、尊重创造的氛围,加强科研诚信、科研道德、科研伦理建设和社会监督,培育尊重知识、崇尚创造、追求卓越的创新文化。

一、大力弘扬科学精神

把弘扬科学精神作为社会主义先进文化建设的重要内容。大力弘扬求真务实、勇于创新、追求卓越、团结协作、无私奉献的科学精神。鼓励学术争鸣,激发批判思维,提倡富有生气、不受约束、敢于发明和创造的学术自由。引导科技界和科技工作者强化社会责任,报效祖国,造福人民,在践行社会主义核心价值观、引领社会良好风尚中率先垂范。

坚持制度规范和道德自律并举原则,建设教育、自律、监督、惩治于一体的科研诚信体系。积极开展科研诚信教育和宣传。完善科研诚信的承诺和报告制度等,明确学术不端行为监督调查惩治主体和程序,加强监督和对科研不端行为的查处力度和曝光力度。实施科研严重失信行为记录制度,对于纳入严重失信记录的责任主体,在项目申报、职位晋升、奖励评定等方面采取限制措施。发挥科研机构和学术团体的自律功能,引导科技人员加强自我约束、自我管理。加强对科研诚信、科研道德的社会监督,扩大公众对科研活动的知情权和监督权。倡导负责任的研究与创新,加强科研伦理建设,强化科研伦理教育,提高科技工作者科研伦理规范意识,引导企业在技术创新活动中重视和承担保护生态、保障安全等社会责任。

二、增进科技界与公众的互动互信

加强科技界与公众的沟通交流,塑造科技界在社会公众中的良好形象。在科技规划、技术预测、科技评估以及科技计划任务部署等科技管理活动中扩大公众参与力度,拓展有序参与渠道。围绕重点热点领域积极开展科学家与公众对话,通过开放论坛、科学沙龙和展览展示等形式,创造更多科技界与公众交流的机会。加强科技舆情引导和动态监测,建立重大科技事件应急响应机制,抵制伪科学和歪曲、不实、不严谨的科技报道。

三、培育企业家精神与创新文化

大力培育中国特色创新文化,增强创新自信,积极倡导敢为人先、勇于冒尖、宽容失败的创新文化,形成鼓励创新的科学文化氛围,树立崇尚创新、创业致富的价值导向,大力培育企业家精神和创客文化,形成吸引更多人才从事创新活动和创业行为的社会导向,使谋划创新、推动创新、落实创新成为自觉行动。引导创新创业组织建设开放、平等、合作、民主的组织文化,尊重不同见解,承认差异,促进不同知识、文化背景人才的融合。鼓励创新创业组织建立有效激励机制,为不同知识层次、不同文化背景的创新创业者提供平等的机会,实现创新价值的最大化。鼓励建立组织内部众创空间等非正式交流平台,为创新创业提供适宜的软环境。加强科技创新宣传力度,报道创新创业先进事迹,树立创新创业典型人物,进一步形成尊重劳动、尊重知识、尊重人才、尊重创造的良好风尚。加快完善包容创新的文化环境,形成人人崇尚创新、人人渴望创新、人人皆可创新的社会氛围。

第八篇　强化规划实施保障

强化各级政府部门在规划实施中的职责,充分调动科技界和社会各界的积极性和创造性,从政策法规、资源配置、监督评估等方面完善任务落实机制,确保规划实施取得明显成效。

第二十五章　落实和完善创新政策法规

围绕营造良好创新生态,强化创新的法治保障,加大普惠性政策落实力度,加强创新链各环节政策的协调和衔接,形成有利于创新发展的政策导向。

一、强化创新法治保障

健全保护创新的法治环境,加快薄弱环节和领域的立法进程,修改不符合创新导向的法规文件,废除制约创新的制度规定,构建综合配套法治保障体系。研究起草规范和管理政府科研机构、科技类民办非企业单位等的法规,合理调整和规范科技创新领域各类主体的权利义务关系。推动科技资源共享立法,研究起草科学数据保护与共享等法规,强化财政资助形成的科技资源开放共享义务。研究制定规范和管理科研活动的法规制度,完善科学共同体、企业、社会公众等共同参与科技创新管理的规范。加强生物安全等特定领域立法,加快制定《人类遗传资源管理条例》,加快修订《国家科学技术奖励条例》、《实验动物管理条例》等,研究制定天使投资管理相关法规,完善和落实政府采购扶持中小企业发展的相关法规政策。深入推进《中华人民共和国科学技术进步法》、《中华人民共和国促进科技成果转化法》、《中华人民共和国科学技术普及法》等的落实,加大宣传普及力度,加强法规落实的监督评估。鼓励地方结合实际,修订制定相关科技创新法规。

二、完善支持创新的普惠性政策体系

发挥市场竞争激励创新的根本性作用,营造公平、开放、透明的市场环境,强化产业政策对创新的引导,促进优胜劣汰,增强市场主体创新动力。坚持结构性减税方向,逐步将国家对企业技术创新的投入方式转变为以普惠性财税政策为主。加大研发费用加计扣除、高新技术企业税收优惠、固定资产加速折旧等政策的落实力度,推动设备更新和新技术利用。对包括天使

投资在内的投向种子期、初创期等创新活动的投资,统筹研究相关税收支持政策。研究扩大促进创业投资企业发展的税收优惠政策,适当放宽创业投资企业投资高新技术企业的条件限制。

通过落实税收优惠、保险、价格补贴和消费者补贴等,促进新产品、新技术的市场化规模化应用。加强新兴产业、新兴业态相关政策研究。强化政策培训,完善政策实施程序,切实扩大政策覆盖面。落实引进技术的消化吸收和再创新政策。及时总结区域创新改革试点政策,加大推广力度。加强政策落实的部门协调机制,加强对政策实施的监测评估。

三、深入实施知识产权战略

加快建设知识产权强国,加强知识产权创造、运用、管理、保护和服务。完善知识产权法律法规,加强知识产权保护,加大对知识产权侵权行为的惩处力度,提高侵权损害赔偿标准,探索实施惩罚性赔偿制度,降低维权成本。研究商业模式等新形态创新成果的知识产权保护办法。健全知识产权侵权查处机制,强化行政执法与司法保护衔接,加强知识产权综合行政执法,将侵权行为信息纳入社会信用记录。建立知识产权海外维权援助机制。建立专利审批绿色通道。引导支持市场主体创造和运用知识产权,以知识产权利益分享机制为纽带,促进创新成果的知识产权化。实施中央财政科技计划(专项、基金等)的全流程知识产权管理,建立知识产权目标评估制度。构建服务主体多元化的知识产权服务体系,培育一批知识产权服务品牌机构。

四、持续推进技术标准战略

健全技术标准体系,统筹推进科技、标准、产业协同创新,健全科技成果转化为技术标准机制。加强基础通用和产业共性技术标准研制,加快新兴和融合领域技术标准研制,健全科技创新、专利保护与标准互动支撑机制。发挥标准在技术创新中的引导作用,及时更新标准,强化强制性标准制定与实施,逐步提高生产环节和市场准入的环保、节能、节水、节材、安全指标及相关标准,形成支撑产业升级的技术标准体系。开展军民通用标准的制定和整合,推动军用标准和民用标准双向转化,促进军用标准和民用标准兼容发展。充分发挥行业协会等的作用,大力培育发展团体标准,推行标准"领跑者"制度,培育发展标准化服务业,提升市场主体技术标准研制能力。促进标准体系的公开、开放和兼容,加强公平执法和严格执法。支持我国企业、联盟和社会组织参与或主导国际标准研制,推动中国标准"走出去",提升中国标准国际影响力。

五、强化政策统筹协调

建立创新政策协调审查机制,组织开展创新政策清理,及时废止有违创新规律、阻碍新兴产业和新兴业态发展的政策条款,对新制定政策是否制约创新进行审查。加强科技体制改革与经济体制改革协调,强化顶层设计,加强科技政策与财税、金融、贸易、投资、产业、教育、知识产权、社会保障、社会治理等政策的协同,形成目标一致、部门协作配合的政策合力,提高政策的系统性、可操作性。加强中央和地方的政策协调,保证中央、地方政策相互支持和配合。建立创新政策调查和评价制度,广泛听取企业和社会公众意见,定期对政策落实情况进行跟踪分析,并及时调整完善。

第二十六章　完善科技创新投入机制

发挥好财政科技投入的引导激励作用和市场配置各类创新要素的导向作用,优化创新资源配置,引导社会资源投入创新,形成财政资金、金融资本、社会资本多方投入的新格局。

一、加强规划任务与资源配置衔接

改革国家科技创新战略规划和资源配置体制机制,围绕产业链部署创新链、围绕创新链完善资金链,聚焦国家战略目标,集中资源、形成合力,突破关系国计民生和经济命脉的重大关键科技问题。把规划作为科技任务部署的重要依据,形成规划引导资源配置的机制。

二、建立多元化科技投入体系

切实加大对基础性、战略性和公益性研究支持力度,完善稳定支持和竞争性支持相协调的机制。加强中央财政投入和地方创新发展需求衔接,引导地方政府加大科技投入力度。创新财政科技投入方式,加强财政资金和金融手段的协调配合,综合运用创业投资、风险补偿、贷款贴息等多种方式,充分发挥财政资金的杠杆作用,引导金融资金和民间资本进入创新领域,完善多元化、多渠道、多层次的科技投入体系。

三、提高科技投入配置效率

加强科技创新战略规划、科技计划布局设置、科技创新优先领域、重点任务、重大项目和年度计划安排的统筹衔接,加强科技资金的综合平衡。按照新五类中央财政科技计划(专项、基金等)布局,加强各类科技计划、各研发阶段衔接,优化科技资源在各类科技计划(专项、基金等)中的配置,按照各类科技计划(专项、基金等)定位和内涵配置科技资源。加强科研资金监管与绩效管理,建立科研资金信用管理制度,逐步建立财政科技资金的预算绩效评价体系,建立健全相应的绩效评价和监督管理机制。

第二十七章　加强规划实施与管理

加强组织领导,明确分工责任,强化规划实施中的协调管理,形成规划实施的强大合力与制度保障。

一、健全组织领导机制

在国家科技体制改革和创新体系建设领导小组的领导下,建立各部门、各地方协同推进的规划实施机制。各部门、各地方要依据本规划,结合实际,强化本部门、本地方科技创新部署,做好与规划总体思路和主要目标的衔接,做好重大任务分解和落实。充分调动和激发科技界、产业界、企业界等社会各界的积极性,最大限度地凝聚共识,广泛动员各方力量,共同推动规划顺利实施。

二、强化规划协调管理

编制一批科技创新专项规划,细化落实本规划提出的主要目标和重点任务,形成以"十三五"国家科技创新规划为统领、专项规划为支撑的国家科技创新规划体系。建立规划符合性审查机制,科技重大任务、重大项目、重大措施的部署实施,要与规划任务内容对标并进行审查。健全部门之间、中央与地方之间的工作会商与沟通协调机制,加强不同规划间的有机衔接。加强年度计划与规划的衔接,确保规划提出的各项任务落到实处。建立规划滚动编制机制,适时启动新一轮中长期科技创新规划战略研究与编制工作,加强世界科技强国重大问题研究。

三、加强规划实施监测评估

开展规划实施情况的动态监测和第三方评估,把监测和评估结果作为改进政府科技创新管理工作的重要依据。开展规划实施中期评估和期末总结评估,对规划实施效果作出综合评价,为规划调整和制定新一轮规划提供依据。在监测评估的基础上,根据科技创新最新进展和经济社会需求新变化,对规划指标和任务部署进行及时、动态调整。加强宣传引导,调动和增强社会各方面落实规划的主动性、积极性。

科技部 中央宣传部
关于印发《中国公民科学素质基准》的通知

（国科发政〔2016〕112 号　2016 年 4 月 18 日）

各省、自治区、直辖市、计划单列市、副省级城市科技厅（委、局）、党委宣传部，新疆生产建设兵团科技局、党委宣传部，中央、国务院各部门、直属机构，中央军委科学技术委员会，各人民团体：

为实施《中华人民共和国科学技术普及法》，落实《国家中长期科学和技术发展规划纲要（2006—2020 年）》、《全民科学素质行动计划纲要（2006—2010—2020 年）》（以下简称《科学素质纲要》）等确定的科普工作任务，国务院办公厅确定科技部、财政部、中央宣传部牵头，中央组织部等 20 个部门参加制定《中国公民科学素质基准》（以下简称《基准》），建立《科学素质纲要》实施的监测指标体系，定期开展中国公民科学素质调查和全国科普统计工作，为公民提高自身科学素质提供衡量尺度和指导。

经组织专家研究，在部分省（市）试点测评，并广泛征求部门、地方和社会各界意见，在形成广泛共识的基础上，制定了《基准》（电子版可从科技部门户网站等下载），现予印发。请各地各部门认真组织党政机关干部、工人、农民、科技、教育工作者、城乡劳动者、部队官兵、学生、社会各界人士等学习；各级党政机关、科研机构、企业、事业单位、学校、部队、社会团体等要组织《基准》学习和培训活动；新闻媒体、网站要对《基准》进行广泛宣传，在全社会大力弘扬科学精神、普及科学知识，提高全民科技意识和科学素养，形成鼓励大众创业、万众创新的良好氛围，为实施创新驱动发展战略，建设创新型国家和实现全面建成小康社会的目标奠定坚实的社会基础。

科技部 中央宣传部

2016 年 4 月 18 日

附件

中国公民科学素质基准

《中国公民科学素质基准》（以下简称《基准》）是指中国公民应具备的基本科学技术知识和

能力的标准。公民具备基本科学素质一般指了解必要的科学技术知识,掌握基本的科学方法,树立科学思想,崇尚科学精神,并具有一定的应用它们处理实际问题、参与公共事务的能力。制定《基准》是健全监测评估公民科学素质体系的重要内容,将为公民提高自身科学素质提供衡量尺度和指导。《基准》共有 26 条基准、132 个基准点,基本涵盖公民需要具有的科学精神、掌握或了解的知识、具备的能力,每条基准下列出了相应的基准点,对基准进行了解释和说明。

《基准》适用范围为 18 周岁以上,具有行为能力的中华人民共和国公民。

测评时从 132 个基准点中随机选取 50 个基准点进行考察,50 个基准点需覆盖全部 26 条基准。根据每条基准点设计题目,形成调查题库。测评时,从 500 道题库中随机选取 50 道题目(必须覆盖 26 条基准)进行测试,形式为判断题或选择题,每题 2 分。正确率达到 60% 视为具备基本科学素质。

《中国公民科学素质基准》结构表

序号	基准内容	基准点序号	基准点
1	知道世界是可被认知的,能以科学的态度认识世界。	1～5	5 个
2	知道用系统的方法分析问题、解决问题。	6～9	4 个
3	具有基本的科学精神,了解科学技术研究的基本过程。	10～12	3 个
4	具有创新意识,理解和支持科技创新。	13～18	6 个
5	了解科学、技术与社会的关系,认识到技术产生的影响具有两面性。	19～23	5 个
6	树立生态文明理念,与自然和谐相处。	24～27	4 个
7	树立可持续发展理念,有效利用资源。	28～31	4 个
8	崇尚科学,具有辨别信息真伪的基本能力。	32～34	3 个
9	掌握获取知识或信息的科学方法。	35～38	4 个
10	掌握基本的数学运算和逻辑思维能力。	39～44	6 个
11	掌握基本的物理知识。	45～52	8 个
12	掌握基本的化学知识。	53～58	6 个
13	掌握基本的天文知识。	59～61	3 个
14	掌握基本的地球科学和地理知识。	62～67	6 个
15	了解生命现象、生物多样性与进化的基本知识。	68～74	7 个
16	了解人体生理知识。	75～78	4 个
17	知道常见疾病和安全用药的常识。	79～88	10 个
18	掌握饮食、营养的基本知识,养成良好生活习惯。	89～95	7 个
19	掌握安全出行基本知识,能正确使用交通工具。	96～98	3 个
20	掌握安全用电、用气等常识,能正确使用家用电器和电子产品。	99～101	3 个
21	了解农业生产的基本知识和方法。	102～106	5 个
22	具备基本劳动技能,能正确使用相关工具与设备。	107～111	5 个

续表

序号	基准内容	基准点序号	基准点
23	具有安全生产意识,遵守生产规章制度和操作规程。	112~117	6 个
24	掌握常见事故的救援知识和急救方法。	118~122	5 个
25	掌握自然灾害的防御和应急避险的基本方法。	123~125	3 个
26	了解环境污染的危害及其应对措施,合理利用土地资源和水资源。	126~132	7 个

基准点(132 个)

1. 知道世界是可被认知的,能以科学的态度认识世界。

(1)树立科学世界观,知道世界是物质的,是能够被认知的,但人类对世界的认知是有限的。

(2)尊重客观规律能够让我们与世界和谐相处。

(3)科学技术是在不断发展的,科学知识本身需要不断深化和拓展。

(4)知道哲学社会科学同自然科学一样,是人们认识世界和改造世界的重要工具。

(5)了解中华优秀传统文化对认识自然和社会、发展科学和技术具有重要作用。

2. 知道用系统的方法分析问题、解决问题。

(6)知道世界是普遍联系的,事物是运动变化发展的、对立统一的;能用普遍联系的、发展的观点认识问题和解决问题。

(7)知道系统内的各部分是相互联系、相互作用的,复杂的结构可能是由很多简单的结构构成的;认识到整体具备各部分之和所不具备的功能。

(8)知道可能有多种方法分析和解决问题,知道解决一个问题可能会引发其他的问题。

(9)知道阴阳五行、天人合一、格物致知等中国传统哲学思想观念,是中国古代朴素的唯物论和整体系统的方法论,并具有现实意义。

3. 具有基本的科学精神,了解科学技术研究的基本过程。

(10)具备求真、质疑、实证的科学精神,知道科学技术研究应具备好奇心、善于观察、诚实的基本要素。

(11)了解科学技术研究的基本过程和方法。

(12)对拟成为实验对象的人,要充分告知本人或其利益相关者实验可能存在的风险。

4. 具有创新意识,理解和支持科技创新。

(13)知道创新对个人和社会发展的重要性,具有求新意识,崇尚用新知识、新方法解决问题。

(14)知道技术创新是提升个人和单位核心竞争力的保证。

(15)尊重知识产权,具有专利、商标、著作权保护意识;知道知识产权保护制度对促进技术创新的重要作用。

(16)了解技术标准和品牌在市场竞争中的重要作用,知道技术创新对标准和品牌的引领和支撑作用,具有品牌保护意识。

(17)关注与自己的生活和工作相关的新知识、新技术。

(18)关注科学技术发展。知道"基因工程"、"干细胞"、"纳米材料"、"热核聚变"、"大数据"、"云计算"、"互联网＋"等高新技术。

5. 了解科学、技术与社会的关系,认识到技术产生的影响具有两面性。

(19)知道解决技术问题经常需要新的科学知识,新技术的应用常常会促进科学的进步和社会的发展。

(20)了解中国古代四大发明、农医天算以及近代科技成就及其对世界的贡献。

(21)知道技术产生的影响具有两面性,而且常常超过了设计的初衷,既能造福人类,也可能产生负面作用。

(22)知道技术的价值对于不同的人群或者在不同的时间,都可能是不同的。

(23)对于与科学技术相关的决策能进行客观公正地分析,并理性表达意见。

6. 树立生态文明理念,与自然和谐相处。

(24)知道人是自然界的一部分,热爱自然,尊重自然,顺应自然,保护自然。

(25)知道我们生活在一个相互依存的地球上,不仅全球的生态环境相互依存,经济社会等其他因素也是相互关联的。

(26)知道气候变化、海平面上升、土地荒漠化、大气臭氧层损耗等全球性环境问题及其危害。

(27)知道生态系统一旦被破坏很难恢复,恢复被破坏或退化的生态系统成本高、难度大、周期长。

7. 树立可持续发展理念,有效利用资源。

(28)知道发展既要满足当代人的需求,又不损害后代人满足其需求的能力。

(29)知道地球的人口承载力是有限的;了解可再生资源和不可再生资源,知道矿产资源、化石能源等是不可再生的,具有资源短缺的危机意识和节约物质资源、能源意识。

(30)知道开发和利用水能、风能、太阳能、海洋能和核能等清洁能源是解决能源短缺的重要途径;知道核电站事故、核废料的放射性等危害是可控的。

(31)了解材料的再生利用可以节省资源,做到生活垃圾分类堆放,以及可再生资源的回收利用,减少排放;节约使用各种材料,少用一次性用品;了解建筑节能的基本措施和方法。

8. 崇尚科学,具有辨别信息真伪的基本能力。

(32)知道实践是检验真理的唯一标准,实验是检验科学真伪的重要手段。

(33)知道解释自然现象要依靠科学理论,尊重客观规律,实事求是,对尚不能用科学理论解释的自然现象不迷信、不盲从。

(34)知道信息可能受发布者的背景和意图影响,具有初步辨识信息真伪的能力,不轻信未经核实的信息。

9. 掌握获取知识或信息的科学方法。

(35)关注与生活和工作相关知识和信息,具有通过图书、报刊和网络等途径检索、收集所需知识和信息的能力。

(36)知道原始信息与二手信息的区别,知道通过调查、访谈和查阅原始文献等方式可以获取原始信息。

(37)具有初步加工整理所获的信息,将新信息整合到已有的知识中的能力。

(38)具有利用多种学习途径终身学习的意识。

10. 掌握基本的数学运算和逻辑思维能力。

(39)掌握加、减、乘、除四则运算,能借助数量的计算或估算来处理日常生活和工作中的问题。

(40)掌握米、千克、秒等基本国际计量单位及其与常用计量单位的换算。

(41)掌握概率的基本知识,并能用概率知识解决实际问题。

(42)能根据统计数据和图表进行相关分析,做出判断。

(43)具有一定的逻辑思维的能力,掌握基本的逻辑推理方法。

(44)知道自然界存在着必然现象和偶然现象,解决问题讲究规律性,避免盲目性。

11. 掌握基本的物理知识。

(45)知道分子、原子是构成物质的微粒,所有物质都是由原子组成,原子可以结合成分子。

(46)区分物质主要的物理性质,如密度、熔点、沸点、导电性等,并能用它们解释自然界和生活中的简单现象;知道常见物质固、液、气三态变化的条件。

(47)了解生活中常见的力,如重力、弹力、摩擦力、电磁力等;知道大气压的变化及其对生活的影响。

(48)知道力是自然界万物运动的原因;能描述牛顿力学定律,能用它解释生活中常见的运动现象。

(49)知道太阳光由七种不同的单色光组成,认识太阳光是地球生命活动所需能量的最主要来源;知道无线电波、微波、红外线、可见光、紫外线、X射线都是电磁波。

(50)掌握光的反射和折射的基本知识,了解成像原理。

(51)掌握电压、电流、功率的基本知识,知道电路的基本组成和连接方法。

(52)知道能量守恒定律,能量既不会凭空产生,也不会凭空消灭,只会从一种形式转化为另一种形式,或者从一个物体转移到其他物体,而总量保持不变。

12. 掌握基本的化学知识。

(53)知道水的组成和主要性质,举例说出水对生命体的影响。

(54)知道空气的主要成分。知道氧气、二氧化碳等气体的主要性质,并能列举其用途。

(55)知道自然界存在的基本元素及分类。

(56)知道质量守恒定律,化学反应只改变物质的原有形态或结构,质量总和保持不变。

(57)能识别金属和非金属,知道常见金属的主要化学性质和用途。知道金属腐蚀的条件和防止金属腐蚀常用的方法。

(58)能说出一些重要的酸、碱和盐的性质,能说明酸、碱和盐在日常生活中的用途,并能用它们解释自然界和生活中的有关简单现象。

13. 掌握基本的天文知识。

(59)知道地球是太阳系中的一颗行星,太阳是银河系内的一颗恒星,宇宙由大量星系构成的;了解"宇宙大爆炸"理论。

(60)知道地球自西向东自转一周为一日,形成昼夜交替;地球绕太阳公转一周为一年,形成四季更迭;月球绕地球公转一周为一月,伴有月圆月缺。

(61)能够识别北斗七星,了解日食月食、彗星流星等天文现象。

14. 掌握基本的地球科学和地理知识。

(62)知道固体地球由地壳、地幔和地核组成,地球的运动和地球内部的各向异性产生各种力,造成自然灾害。

(63)知道地球表层是地球大气圈、岩石圈、水圈、生物圈相互交接的层面,它构成与人类密切相关的地球环境。

(64)知道地球总面积中陆地面积和海洋面积的百分比,能说出七大洲、四大洋。

(65)知道我国主要地貌特点、人口分布、民族构成、行政区划及主要邻国,能说出主要山脉和水系。

(66)知道天气是指短时段内的冷热、干湿、晴雨等大气状态,气候是指多年气温、降水等大气的一般状态;看懂天气预报及气象灾害预警信号。

(67)知道地球上的水在太阳能和重力作用下,以蒸发、水汽输送、降水和径流等方式不断运动,形成水循环;知道在水循环过程中,水的时空分布不均造成洪涝、干旱等灾害。

15. 了解生命现象、生物多样性与进化的基本知识。

(68)知道细胞是生命体的基本单位。

(69)知道生物可分为动物、植物与微生物,识别常见的动物和植物。

(70)知道地球上的物种是由早期物种进化而来,人是由古猿进化而来的。

(71)知道光合作用的重要意义,知道地球上的氧气主要来源于植物的光合作用。

(72)了解遗传物质的作用,知道 DNA、基因和染色体。

(73)了解各种生物通过食物链相互联系,抵制捕杀、销售和食用珍稀野生动物的行为。

(74)知道生物多样性是生物长期进化的结果,保护生物多样性有利于维护生态系统平衡。

16. 了解人体生理知识。

(75)了解人体的生理结构和生理现象,知道心、肝、肺、胃、肾等主要器官的位置和生理功能。

(76)知道人体体温、心率、血压等指标的正常值范围,知道自己的血型。

(77)了解人体的发育过程和各发育阶段的生理特点。

(78)知道每个人的身体状况随性别、体重、活动以及生活习惯而不同。

17. 知道常见疾病和安全用药的常识。

(79)具有对疾病以预防为主、及时就医的意识。

(80)能正确使用体温计、体重计、血压计等家用医疗器具,了解自己的健康状况。

(81)知道蚊虫叮咬对人体的危害及预防、治疗措施;知道病毒、细菌、真菌和寄生虫可能感染人体,导致疾病;知道污水和粪便处理、动植物检疫等公共卫生防疫和检测措施对控制疾病的重要性。

(82)知道常见传染病(如传染性肝炎、肺结核病、艾滋病、流行性感冒等)、慢性病(如高血压、糖尿病等)、突发性疾病(如脑梗塞、心肌梗塞等)的特点及相关预防、急救措施。

(83)了解常见职业病的基本知识,能采取基本的预防措施。

(84)知道心理健康的重要性,了解心理疾病、精神疾病基本特征,知道预防、调适的基本方法。

(85)知道遵医嘱或按药品说明书服药,了解安全用药、合理用药以及药物不良反应常识。

(86)知道处方药和非处方药的区别,知道对自身有过敏性的药物。

(87)了解中医药是中国传统医疗手段,与西医相比各有优势。

(88)知道常见毒品的种类和危害,远离毒品。

18. 掌握饮食、营养的基本知识,养成良好生活习惯。

(89)选择有益于健康的食物,做到合理营养、均衡膳食。

(90)掌握饮用水、食品卫生与安全知识,有一定的鉴别日常食品卫生质量的能力。

(91)知道食物中毒的特点和预防食物中毒的方法。

(92)知道吸烟、过量饮酒对健康的危害。

(93)知道适当运动有益于身体健康。

(94)知道保护眼睛、爱护牙齿等的重要性,养成爱牙护眼的好习惯。

(95)知道作息不规律等对健康的危害,养成良好的作息习惯。

19. 掌握安全出行基本知识,能正确使用交通工具。

(96)了解基本交通规则和常见交通标志的含义,以及交通事故的救援方法。

(97)能正确使用自行车等日常家用交通工具,定期对交通工具进行维修和保养。

(98)了解乘坐各类公共交通工具(汽车、轨道交通、火车、飞机、轮船等)的安全规则。

20. 掌握安全用电、用气等常识,能正确使用家用电器和电子产品。

(99)了解安全用电常识,初步掌握触电的防范和急救的基本技能。

(100)安全使用燃气器具,初步掌握一氧化碳中毒的急救方法。

(101)能正确使用家用电器和电子产品,如电磁炉、微波炉、热水器、洗衣机、电风扇、空调、冰箱、收音机、电视机、计算机、手机、照相机等。

21. 了解农业生产的基本知识和方法。

(102)能分辨和选择食用常见农产品。

(103)知道农作物生长的基本条件、规律与相关知识。

(104)知道土壤是地球陆地表面能生长植物的疏松表层,是人类从事农业生产活动的基础。

(105)农业生产者应掌握正确使用农药、合理使用化肥的基本知识与方法。

(106)了解农药残留的相关知识,知道去除水果、蔬菜残留农药的方法。

22. 具备基本劳动技能,能正确使用相关工具与设备。

(107)在本职工作中遵循行业中关于生产或服务的技术标准或规范。

(108)能正确操作或使用本职工作有关的工具或设备。

(109)注意生产工具的使用年限,知道保养可以使生产工具保持良好的工作状态和延长使用年限,能根据用户手册规定的程序,对生产工具进行诸如清洗、加油、调节等保养。

(110)能使用常用工具来诊断生产中出现的简单故障,并能及时维修。

(111)能尝试通过工作方法和流程的优化与改进来缩短工作周期,提高劳动效率。

23. 具有安全生产意识,遵守生产规章制度和操作规程。

(112)生产者在生产经营活动中,应树立安全生产意识,自觉履行岗位职责。

(113)在劳动中严格遵守安全生产规定和操作手册。

(114)了解工作环境与场所潜在的危险因素,以及预防和处理事故的应急措施,自觉佩戴和使用劳动防护用品。

(115)知道有毒物质、放射性物质、易燃或爆炸品、激光等安全标志。

(116)知道生产中爆炸、工伤等意外事故的预防措施,一旦事故发生,能自我保护,并及时报警。

(117)了解生产活动对生态环境的影响,知道清洁生产标准和相关措施,具有监督污染环境、安全生产、运输等的社会责任。

24. 掌握常见事故的救援知识和急救方法。

(118)了解燃烧的条件,知道灭火的原理,掌握常见消防工具的使用和在火灾中逃生自救的一般方法。

(119)了解溺水、异物堵塞气管等紧急事件的基本急救方法。

(120)选择环保建筑材料和装饰材料,减少和避免苯、甲醛、放射性物质等对人体的危害。

(121)了解有害气体泄漏的应对措施和急救方法。

(122)了解犬、猫、蛇等动物咬伤的基本急救方法。

25. 掌握自然灾害的防御和应急避险的基本方法。

(123)了解我国主要自然灾害的分布情况,知道本地区常见自然灾害。

(124)了解地震、滑坡、泥石流、洪涝、台风、雷电、沙尘暴、海啸等主要自然灾害的特征及应急避险方法。

(125)能够应对主要自然灾害引发的次生灾害。

26. 了解环境污染的危害及其应对措施,合理利用土地资源和水资源。

(126)知道大气和海洋等水体容纳废物和环境自净的能力有限,知道人类污染物排放速度不能超过环境的自净速度。

(127)知道大气污染的类型、污染源与污染物的种类,以及控制大气污染的主要技术手段。能看懂空气质量报告。知道清洁生产和绿色产品的含义。

(128)自觉地保护所在地的饮用水源地。知道污水必须经过适当处理达标后才能排入水体。不往水体中丢弃、倾倒废弃物。

(129)知道工业、农业生产和生活的污染物进入土壤,会造成土壤污染,不乱倒垃圾。

(130)保护耕地,节约利用土地资源,懂得合理利用草场、林场资源,防止过度放牧,知道应该合理开发荒山荒坡等未利用土地。

(131)知道过量开采地下水会造成地面沉降、地下水位降低、沿海地区海水倒灌;选用节水生产技术和生活器具,知道合理利用雨水、中水,关注公共场合用水的查漏塞流。

(132)具有保护海洋的意识,知道合理开发利用海洋资源的重要意义。

中国科学院"十三五"科学传播发展规划纲要

（科发传播字〔2016〕142 号　2016 年 11 月 26 日）

本规划纲要依据《中国科学院"十三五"发展规划编制工作方案》编制,目的是研判科学传播形势,明确目标任务,确定基本思路,提出重点举措,引导和推动全院共同做好科学传播、服务创新跨越、保障"率先行动"计划。

本规划纲要是指导我院未来五年科学传播工作的行动纲领。

一、形势与机遇

未来五年,是"两个一百年"的历史性交点,也是"四个全面"战略指导下的第一个五年,将迎来中华人民共和国建国 70 周年、中国科学院建院 70 周年的重要历史时刻。

未来五年,树立和落实"五大发展"理念,推动创新驱动发展战略和"双创"战略实施,对提升全民科学素质提出了新的更高要求;技术发展和传播理念的升级,推动人类社会进入"众媒"及"智媒"时代,对提升文化软实力、增强国际话语权形成了新的挑战。

未来五年,科学传播作为科研机构软实力的重要承载,国际主要科研机构均加强了科学传播系统性谋划和推进,要求我们适应新常态,把握宝贵契机,切实履行职责。

（一）科学传播面临的新形势

1. 科学传播渐成科学与社会互动的核心渠道

社会科学化和科学社会化的时代特征日渐突显。科学传播具有有效连接知识创新和知识应用的功能,通过将高端科研过程和成果有效地传播给公众,提高广大群众科学素养,并同时反向促进和监督科研的发展,最终实现良性互动循环,将有力地支撑"大众创业、万众创新",有力地促进公众与政府的互信互动,有力地保障重大决策的科学化水平,有力地提升社会和谐水平。

2. 科学传播渐成国家创新体系政策的重点举措

国际竞争逐渐体现为国家创新能力的竞争,各国政府纷纷加大了国家创新体系的建设力度,并深刻意识到社会公众整体的科学素养水平在很大程度上影响着国家创新体系的产出质量和效率。相应地,各国政府均制定科学传播政策,努力提升公众科学素养和科学参与度,推动科学传播工作规范化和常规化,甚至有一些国家通过立法使科学传播工作法治化。

3. 科学传播渐成国际科技外交的重要手段

经济、社会和科技自身发展的需要不断推动着科技全球化的进程。在科技全球化大潮中,国际科技合作已经成为各国政府和企业的必然选择。国际科技合作,既要"引进来",也需"走出去",科技发展已经处于外交工作的最前沿,科技与外交的关系正由"为了外交的科技"发展为与"为了科技的外交"并重。在科技外交中占得先机,除了依靠日渐提升的科技发展实力,也越来越倚重成功、高效的科学传播。讲好中国故事,传播好中国声音。

4. 科学传播已成为我院改革发展的当然举措

人类社会发展进入信息社会的新阶段,信息全方位渗透、包围、"淹没"着各行各业和每个个体;而传播在很大程度上决定着一个行业、机构及个体的发展环境和机遇。对我院而言,要保持"国家队"的领先位置,既有赖于自身努力,也有赖于外部支持。唯有讲好我院故事,传播好我院声音,才能更充分地发挥国家科技智库的功能,引领和促进我国创新事业取得新进展。

(二)我院新时期科学传播宝贵机遇

1. 党和国家高度重视科学传播

创新驱动发展战略全面实施,科技事业已成实现"中国梦"的重要引擎,坚持自主创新、加快科技发展的重要性和紧迫性越发凸显。党的十八大报告明确提出"构建和发展现代传播体系,提高传播能力"。相应地,科学传播作为科技与经济发展的重要软环境要素和新时期科技事业持续健康发展的重要保障,受到党中央、国务院的高度重视。

2. 院党组做出科学传播战略部署

科学传播是我院作为国立科研机构必须履行的社会责任。院党组明确要求要高度重视、深入研究当前复杂的媒体环境对宣传思想工作和科学传播工作带来的机遇和挑战,将科学传播放在与科学研究同等重要的位置,努力掌握现代新媒体传播规律,认真做好舆情研判和舆论引导工作,把握好时、度、效。

3. 媒体融合提供科学传播新阵地

信息技术革命带来了"众媒时代",日渐丰富的阵地、渠道和平台提高了科学传播工作的自主性。中央深改领导小组发布《关于推动传统媒体和新兴媒体融合发展的指导意见》指出,要坚持传统媒体和新兴媒体优势互补、一体发展,坚持以先进技术为支撑、内容建设为根本,推动传统媒体和新兴媒体在内容、渠道、平台、经营、管理等方面的深度融合。今后一个时期,我院现有优质新闻媒体、网络平台、新媒体和科技期刊等将迎来宝贵的发展机遇。

4. 高端科研资源社会化潜力巨大

我院有丰富的高端科研资源,拥有几代科学家积淀下来的权威度和公信力。这些资源既是开展科研工作的基础条件,也应该面向公众充分共享。我院前期科学传播实践,业已形成相当规模的各级各类科学传播基地、平台、产品、品牌等。作为国家的科学院、人民的科学院,我院高端科研资源社会化时机日渐成熟。

(三)进展与差距

过去5年,院党组审时度势,进一步加强了全院科学传播的组织工作,我院科学传播事业取得了长足进步。主要表现在院科学传播总体发展思路日渐明晰,科学传播工作的体系化和制度化水平显著提升,全院科学传播工作人员传播意识继续提高,院所两级科学传播渠道、平台和品牌不断完善,基本实现了"树立良好形象、传播科学文化、促进效能提升"的目标,为建设科学传播国家队夯实了基础。

随着工作进展和形势发展,院所两级对科学传播的期望越来越高,要求越来越高,目标设定越来越高。相较而言,科学传播工作还有较大的差距。一是,对科学传播工作的关键要素及要素关联、科学传播实践的内在规律、科学传播工作目的与意义的认识仍有待进一步深化;二是,面对科学传播这项专业性工作,我院科学传播机构和队伍的专业化水平仍需不断提升,全院上下科学传播素养亟待进一步提高;三是,全院科学传播体系建设尚处初级阶段,从工作"量"与"质"提升向服务中心工作"效"的实现仍有很大的努力空间。

二、目标与思路

(一)指导思想和基本思路

深入学习贯彻党的十八大、十八届三中四中五中六中全会、全国宣传思想工作会议和习近平总书记系列重要讲话精神,以新时期办院方针为指导,坚持"围绕中心、服务大局",坚持"树立良好形象,传播科学文化,促进效能提升"职责定位,紧紧围绕"率先行动"计划的顺利实施和战略目标的实现,积极开展各项科学传播工作;加强全院科学传播能力建设,探索构建我院形象资产的建设和管理体系,持续提升我院支撑国家科技、文化及科普战略的水平,服务我院创新跨越发展,在全社会彰显我院作为国家战略科技力量的责任、担当和贡献。

(二)总体目标

显著提升我院在社会公众中的美誉度和知名度,显著提升我院高端科研资源社会化程度,显著提升科学传播支撑"率先行动"计划的能力和效率,基本建成院所两级科学传播体制机制和基本工作格局,基本形成科学高效的科学传播各项工作有机融合的运行模式,初步构建全院形象资产建设和管理体系的基本架构,基本建成院级科学文化传播基地,使我院成为我国一支特色鲜明、体系完备、理念领先、视野前瞻、与我院科技国家队地位相匹配的、社会各界公认的科学传播国家队。

三、重点任务和举措

(一)深入推动"全传播"理念的宣贯与落实

坚持"全传播"理念,遵循"大局下思考、全局中实施",实施"全员、全面、全程、全方位、全媒体"传播,推进科学传播"八项工作"的融合发展。

遵循传播学基本规律,全面梳理和优化科学传播"八项工作",加强总体统筹和业务链再造,构建各项工作互相支撑、相互促进的良性运行机制,推动不同工作多点"互动",实现"1+1＞2"的倍增效应。

加强对科学传播实践的内部规律研究,探索"八项工作"有机融合的发展模式,建立信息充分循环和共享的工作机制,发挥不同工作优势和特点,准确把握时机,围绕同一个主题策划实施全方位立体传播,有效提高关注度和影响力。

依托院所两级科学传播工作体系,推动"八项工作"的健康协调发展:进一步加强新闻联络工作效能建设和对党建工作的宣传支撑,切实发挥政务信息服务科学决策和效能提升作用,持续提升科学普及工作影响力和科技期刊服务科技创新的能力,网络宣传中充分发挥自媒体集群效应,全面提升舆情应对工作研判和处理能力,建立健全信息公开体制机制。院属单位应统筹规划科学传播工作专门机构、人员和资源,发挥学科特色优势,不断优化区域布局。

顺应信息化趋势,树立科学传播国际视野;认真研判国家传播议程,前瞻设计、统筹整合我院传播话题,积极推动我院声音与国家传播议程的协同,有效提高传播效率。

(二)认真实施"率先行动"立体传播计划

围绕"率先行动"计划,通过主动策划、资源统筹和工作整合,组织实施及时、全面、多角度、立体化的传播,为"率先行动"计划的深入实施营造良好的内外部舆论环境。

深度融入国家主流新闻传播体系,持续拓展与媒体的合作,建立新型媒体合作关系,充分发挥中央主流媒体及其客户端、网络媒体的宣传作用,依托完善的宣传网络,讲好我院改革创新故事。分院应加强所在区域院属单位改革信息的整合力度,探索实施深度宣传策划;研究所应系统加强对"一三五"和"率先行动"计划指导下个性化改革经验、重要成果及显著成效的宣传。

及时组织政务信息渠道,向中办、国办和中央深改办上报"率先行动"计划相关举措、成效等动态信息,向院内单位推送各单位"率先行动"计划的实施情况,对上谋求支持、对内凝聚共识。引导院属单位加强对区域实施情况、成功经验、综述性研究和特色改革情况、经验、成效信息的总结报送。

充分利用院网站群、"中科院之声"系列新媒体和院属新闻、出版机构等院属媒体平台,综合发挥科普、出版、信息公开等力量,多角度、多形式、多层次地传播我院改革创新发展举措和成就;响应"众媒"特点,发挥全院人员既是信息创造者,又是信息接受者和传播者的作用,实现传播实效的倍增。

重点围绕我院在改革创新中的重要举措、先进经验、典型人物、经典案例、重大成果及显著成效等,加强统筹策划和系统宣传,突出"率先行动"计划实施进程中的感人事迹、动人故事,彰显科学院人勇于创新、拼搏进取、攻坚克难的精神特质。

(三)认真实施"精准传播"计划

顺应分众化、差异化传播趋势,面向不同受众群体,综合发挥"八项工作"整体优势,实施基于大数据的精准传播,不断提高传播效率和效益,为院内外各类不同人群提供精准的科学信息服务。

开展面向公众,特别是青少年和高校学生的科学传播,鼓励和引导院属单位拓展与院外科普、教育部门的深入合作,加强科学知识的普及、科学方法的倡导、科学思想的传播、科学精神的弘扬;增进与人文社科界的联系,在聚焦科技界的同时,彰显我院的人文情怀和"温度";进一步加强信息公开,依法依规保障公民、法人和其他组织对我院工作的知情权、参与权和监督权。

开展面向科教界,特别是一线科研骨干和高校科研人员的科学传播,推动研究所和院属高校加强对学科所在领域重点专家学者的联络服务和传播支撑,促进我院学术成果的传播,推动我院科研成果的社会化。

开展面向领导干部、公务员人群的重点科学传播,加强以"科学思维与决策"为核心的针对性科技宣传、科普及心理健康服务;立足科学"思想库"建设重要成果,为科学决策提供咨询建议信息;及时有效地传递我院与科学国家队相匹配的政策、规划及科研实践信息;推动分院建立面向地方领导干部、公务员群体的公共联络服务机制。

围绕国家"双创"战略,以大型国有企业、高科技创业人群为核心,推动院、分院从全国和地方两个层面入手,组织实施有效的科研成果信息、人才计划、成功案例及客观贡献传播等,促进我院"面向国民经济主战场"的战略实施。

(四)深入推动院所两级传播平台建设

综合运用多种传播手段和方式,打造具有广泛影响力且独具特色的科学传播活动和新媒体品牌,联合多方资源,加强战略协作,逐步打造覆盖多平台、多业态的科学传播"合唱团"。

打造具有广泛影响力的院所两级新闻宣传、科普传播活动:有针对性地拓展和提升"走进中国科学院"活动的广度和深度,扩展品牌覆盖面和影响力;推动"公众科学日"在全国范围内的深入开展,进一步赢得国家级关注度;不断创新"科技创新年度巡展"、"科学与中国"院士专家巡讲团的内容和形式,积极扩大"求真科学营"的活动范围。院属单位应提高各类科学传播活动的参与度,开展有地域和学科特色的系列精品活动,共同构建我院科学传播活动集群。

团结凝聚科学传播外围力量,加强与科技宣传工作相关部门和机构的战略合作,探索推动科学传播跨部门联动机制的建设;推进院友联络与服务工作,依托广大院友做好科学传播的二次传播;探索建设科学传播记者联谊组织,依托记者加强深度科学传播。

进一步加强院网站群建设,发挥官方网站作用;组织院属单位继续管好、用好院网站群本单位子站。不断加强院属媒体和院所两级新媒体平台建设,及时发布我院工作进展、科技成果和各类科技人文等信息;加快推进科学传播网络联盟建设,逐步打通各传播平台间的业务与数据关联,鼓励以院属单位为单元,联合建立若干新媒体联盟,逐步形成相互支撑的新媒体联盟网络,充分发挥集群效应。

(五)深入推动科普核心能力建设

坚持"高端、引领、有特色、成体系"的定位和"服务国家、服务社会、服务中心工作"的使命任务,推进科普工作理念和模式创新,系统加强全院科普基地、科普队伍、科普活动、科普产品和科普平台建设,有效激发科研人员参与科普工作的积极性,持续深化院内外联合协作,加快提升科普工作的核心能力和社会影响力。

统筹整合全院科普资源,着力实施"高端科研资源科普化"计划,继续推进科研实验室的科普功能开发,充分发挥分院在区域性科普基地、场馆、活动及科普交流中的统筹功能,鼓励和指导研究所加强科普队伍建设,增强科普活动的参与度,针对自身优势和特点,深入挖掘特色科普资源,开发特色科普展品和活动。

依托学部科普活动载体,鼓励和支持院士参与科普工作,不断强化智库思维,加强面向党政机关进行科普的组织力度,充分发挥院士群体在科普方面的高端引领作用。

探索科学教育新模式,着力实施"科学与中国"科学教育计划,支持院属单位联合各级教育部门和社会力量,持续推进特色科学营、科学探究等科学教育实践活动组织和科学教育系列教材创作,组织开发科学素质教育精品课程,发挥我院在科学教育领域中的引领示范作用。

系统加强科普资源信息化和科普新媒体建设,针对公众关心的热点问题和重大科学问题,积极探索全院参与科普解读的系统化工作模式和机制,不断提高对社会关切的响应能力。

（六）认真实施科技期刊提升计划

按照"率先行动"计划的要求，组织实施科技期刊提升计划，探索提升期刊行业竞争力的有效路径及模式，推动科技期刊精品化、集群化、市场化发展，建设我院期刊学术传播的知识服务平台体系，不断提升我院期刊支撑服务科技创新的能力。

大力推动研究所落实办刊主体责任，引导研究所打破所属期刊编辑部的壁垒，推进人员、财务、业务方面的实质性整合；鼓励研究所按照自愿原则，大力推动院内优秀期刊在院属机构多模式集中办刊，充分调动编辑人员的积极性，营造更加适合期刊国际化发展的体制机制环境。

鼓励我院具有学科优势的研究所设定更高的办刊目标，大力推动英文学术期刊持续提升国际影响力；按照"明确定位、服务需求，分类分级、规范引导"的思路，积极推动中文学术期刊可持续发展。

推进知识服务平台期刊平台建设；联合社会力量，合作共建我院论文预发表平台；支持我院有实力的出版单位，研发具有自主知识产权的高水平期刊采编系统。

四、保障和实施

（一）着力加强形象资产建设和管理体系构建

在全院树立"形象是我院重要资产"、"形象资产需要共同建设和维护"的理念，充分发挥形象资产建设和管理与我院各项工作的双向促进作用，促进形象资产保值增值。

围绕我院新时期办院方针，确立以"党和人民可以依靠、可以信赖的国家战略科技力量"为核心、以"国家队、火车头、先行者、思想库和大学校"为内容的我院整体社会形象，系统梳理我院形象资源，加快形成形象资产清单，通过科学分类逐步实现要素量化管理。

将"形象资产建设与管理"有机融入到各项中心工作中去，强化各项工作与形象资产建设和管理"一盘棋"观念，逐步明确各类机构、各类人员在形象资产建设和管理体系中所承担的责任与使命，全方位推动院所两级形象资产管理实践。

开展形象资产的监测与评估，逐步明确我院形象资产监测与评估指标体系，对我院形象传播的信源、信息、信道受众的反应和反馈、干扰的出现和排除等情况开展定期检查；面向公众定期收集他们对我院的印象和评价，对照定位和传播目标寻找差距，分析原因，并据此改进完善科学传播各项工作。

（二）着力加强传播内容与信息化建设

应对人人传播、多向传播、海量传播形势，不断丰富科学传播信息采集内容，推动信息资源库和信息化平台建设，满足不同人群的个性化需求，对位支撑"精准传播"计划。

培养全院信息采集和报送意识，院层面积极了解我院重大战略部署及工作信息，主动沟通各职能局重大部署及工作举措。院属单位层面根据自身特点及优势，加强区域统筹和深度发掘，全面采集具有内部交流和对外传播价值的信息，建立健全覆盖本单位的信息采集报送机制。加强对国内外相关科教信息，尤其是科技工作重大改革举措等信息的采集；激励和调动一线科研人员、期刊杂志编辑部等院内人员和队伍创作、报送信息，有效汇总各渠道信息资源，逐步建立院所两级信息采集和报送体系。

全院上下树立"精品传播"意识,及时组织制作拍摄并动态更新具有鲜明科学特征和科学文化内涵的院形象视频宣传片;设计制作体现我院特点的科学传播系列文化产品;联合国家优秀作家创作体现时代精神的"创新报国70年"系列报告文学作品;定期高质量出版《中国科学院年鉴》;逐步形成体现我院科学传播理念的、有系统设计的科学传播系列图书;集中资源、整体策划,组织摄制一批高水平的科技题材纪录片,在重要媒体集中展映。

协同实施现代化科学传播立体服务网络平台及"智慧科学传播:中科院在你身边"系列项目,探索实施"科普云"项目,服务我院科研管理人群、公共媒体、社会公众,提升我院对境内外科技信息感知广度、深度和速度,构建面向院属单位和新闻媒体的科学传播立体服务网络,为营造有利我院改革发展的舆论环境提供必要的信息化支撑。

(三)着力加强政策沟通与资源整合能力建设

把握我院新时期科学传播工作宝贵机遇,积极谋划良好的外部发展环境,最大限度地争取各方政策支持,进一步拓展科学传播经费渠道,统筹推动全院资源整合。

加强与科学传播主管部门的联系与沟通,主动争取国家重点科学传播任务,推动高效率、常态化的内外沟通协作机制建设,谋求科学传播工作良好环境。院属单位应积极争取地方传播主管部门政策支持,发挥自身优势及特色,共同策划和参与区域性、有特色的科学传播活动,支持地方科学传播事业发展,搭建科学传播工作良好平台。

梳理现有科学传播项目争取渠道,理顺国家级文化、出版、科普等领域项目争取流程,实现规范化、体系化管理;积极谋划拓展项目来源渠道,加强院内统筹、院外沟通,稳妥推进科学传播产业化,逐步探索争取其他外部经费来源。

进一步规范和整合院内科学传播资源,丰富和完善科学传播信息、人才、数据库等存量资源管理手段和方法。激发院属单位挖掘资源的意识和能力,加强院属单位间相互合作意识,形成资源共享机制;鼓励院属单位主动争取、深度融入院相关支持项目,最大化利用已有科学传播资源。

(四)着力加强组织机构与人才队伍建设

遵循体系化思路,切实落实科学传播工作主体责任,调动科研人员从事科学传播工作的积极性,持续提升从业人员传播素养,打造一支专兼结合的高水平科学传播队伍。

以构建形象资产建设和管理体系为导向,建立健全以"科学传播工作领导小组"为核心的组织管理体系,进一步明确全院各级科学传播队伍在科学传播体系中的定位、职能与工作任务等,不断提升院属单位科学传播责任感和使命感。

充分发挥支撑队伍力量,持续加强对科学新闻中心、科学传播研究中心、声像中心、自然科学期刊编辑研究会及相关科普联盟组织的支持和指导力度,适时建设或整合新的支撑队伍力量;推广"老科学家科普演讲团"成功经验,鼓励有条件的分院建立分团;动员科技工作者尤其是青年学生加入科学传播志愿者队伍,支持志愿者组织发挥作用。

建立健全我院科学传播工作的岗位职责、工作机制和联动机制,积极推动科学传播组织机构与人员队伍专业化、职业化发展,逐步完善科学传播工作人员的职业生涯设计;组织评选"科学传播奖",发挥典型的示范作用;认真实施科学传播专业高端人才引进、培养计划;针对科学传播工作人员开展系列专项培训,稳步提升传播素养。

院属单位应充分调动科研人员参与科学传播工作的积极性,充分发挥引领示范作用,为科学传播工作提供服务和支撑,对社会关注问题进行及时的权威解读。

(五)着力加强科学传播阵地建设

积极谋划条件,加强院内外协调统筹,不断加强和改进科学传播阵地建设,充分发挥科学传播阵地软硬件资源,为全院科学传播工作提供基础性支撑。

以院史馆拓展建设为契机,系统加强对院史研究与传播工作的支持力度,积极推动院级科学传播物理展示空间建设,大力推动院级科学文化传播基地建设,充分运用各种多媒体技术及现代展示技术,更好地支撑社会各界对科学文化、科学传播的旺盛需求。大力支持院属单位建设和完善科学传播物理展示空间。

充分调动院内国家实验室、各级重点实验室、大科学装置、野外台站等优质阵地科研资源,适度履行科学传播职能,以稳妥方式向公众开放,及时宣传最新科学发展动态,使科学技术在国民经济、社会进步和国家安全中的支撑与引领作用得到充分发挥。

在院属单位陆续建成若干国家科研科普基地,基本实现院内单位科普展厅全覆盖;依托各级各类科普基地开展丰富多彩的科学普及和科学教育活动,增进沟通交流,探索合作机制,进一步统筹全院科普基地资源,努力建设一批国内一流、国际知名的科学传播基地。

着力支持和推动院属各新闻媒体、出版单位、期刊编辑部等提升传播能力和传播水平,实现经济效益社会效益双丰收,探索传统模式向现代模式的融合转型。

(六)着力加强机制体制建设

在科学传播量、质稳步提升的基础上,大力推动科学传播管理模式升级改造和制度体系优化完善,提升科学传播服务中心工作的能力。

转变院所两级科学传播工作模式,探索和完善"抓大放小、重点委托"的工作模式,持续提升全院科学传播任务项目化力度,逐步打造出一批有强大科学传播支撑能力的工作协作单元。着力推动院属单位建设与院级科学传播机构布局相匹配的组织架构,不断提升院属单位针对不同人群,采用不同信息内容开展科学传播工作推进实施的能力,保障"率先行动"立体传播计划顺利实施。

以《中国科学院科学传播管理办法》为统领,进一步完善科学传播工作制度体系,持续完善科学传播工作指南类工具集。院属单位应结合本地区、本学科领域工作实际,制定有针对性的科学传播配套制度,通过宏观调控、激励机制、资源配置与综合评价等措施,加强区域、研究所和阵地之间的科学传播合作与交流。

院属各单位共同做好本规划的实施工作,研究制定本单位的具体实施方案和年度计划。科学传播局应跟踪分析规划实施情况,掌握主要目标和任务完成进度;需要对本规划调整时,及时研究提出调整方案,按程序审批后实施。

国土资源部　科技部关于印发《国土资源"十三五"科学技术普及实施方案》的通知

（国土资发〔2016〕186 号　2016 年 12 月 8 日）

各省、自治区、直辖市国土资源主管部门、科学技术厅（委），中国地质调查局及国土资源部其他直属单位，各派驻地方的土地督察局，国土资源部部机关各司局：

　　为进一步做好国土资源科学技术普及工作，国土资源部与科学技术部共同制定了《国土资源"十三五"科学技术普及实施方案》，现印发给你们，请结合实际，认真贯彻执行。

国土资源部　科技部

2016 年 12 月 8 日

附件

国土资源"十三五"科学技术普及实施方案

　　依据《中华人民共和国科学技术普及法》和《全民科学素质行动计划纲要（2006－2010－2020 年）》，按照《国土资源"十三五"规划纲要》和《国土资源"十三五"科技创新发展规划》，制定《国土资源"十三五"科学技术普及实施方案》。

一、现状和形势

　　科技创新和科学普及是实现创新发展的两翼。"十二五"期间，国土资源部与科学技术部高度重视国土资源科普工作，共同印发了《国土资源"十二五"科学技术普及行动纲要》，深入推进科普基础设施建设，广泛开展特色科普活动，不断完善科普激励机制，充分发挥了国土资源行业特点和特色资源，普及了国土资源知识，增强了公众节约集约利用资源、保护资源的意识，有效服务和支撑了国土资源事业可持续发展。

　　科普工作正面临重要的发展机遇期。习近平总书记指出"科技创新、科学普及是实现创新发展的两翼，要把科学普及放在与科技创新同等重要的位置"。"十三五"时期是我国全面建成小康社会的决胜阶段，深入贯彻落实创新、协调、绿色、开放、共享的新发展理念，实施创新驱动发展战略，必须大力提高公民素质。科学素质是公民素质的重要组成部分。加强科学技术普及，提高公民科学素质，对于增强自主创新能力，推动大众创业、万众创新，引领经济社会发展新常态，注入发展新动能，助力创新型国家建设具有重要战略意义。

公众对国土资源科普需求日益增长。一方面，"十三五"期间，我国基本资源国情没有变、资源在发展大局中的地位和作用没有变、资源环境约束趋紧的总体态势没有变，要求我们必须依靠科技进步，加快转变经济增长方式，建设生态文明。大力推进国土资源科技进步，不断提高公众国土资源科学素质，是社会发展的必然趋势和要求。另一方面，随着社会发展和科技进步，公众对提高科学素质的需求越来越多，对科普产品的内容、形式和趣味性的要求越来越高。普及地球科学知识、宣传资源国情，凝聚公众对国土资源管理保护和合理利用共识有巨大的社会需求；全面提升国土资源科普能力，构建国土资源科普体系，满足日益增长的公众需求是国土资源工作义不容辞的责任。

国土资源科普工作亟待加强。尽管"十二五"期间国土资源科普工作取得长足进展，但面对新形势、新要求，还存在一些薄弱环节，如丰富的国土资源科普资源未得到充分的发掘和利用；新技术手段和新传播方式的应用不足；科普基地建设、发展不均衡；科研实验机构开放日制度尚不健全；高层次科普人才紧缺；经费投入渠道不顺畅，国土资源科普工作任重道远。

二、指导思想和发展目标

(一)指导思想

全面贯彻党的十八大和十八届三中、四中、五中、六中全会精神，认真学习贯彻习近平总书记系列重要讲话精神，扎实推进创新驱动发展战略，树立创新、协调、绿色、开放、共享的发展理念，统筹推进"四个全面"战略布局，围绕"尽职尽责保护国土资源，节约集约利用国土资源，尽心尽力维护群众权益"的国土资源中心工作，坚持政府引导、社会参与、市场运作，突出国土资源科普工作特点，创新科普工作方式，提高科普工作效果，以逐步提高全民国土资源科学技术素养为目标，以加强国土资源科普能力为主线，完善和发展国土资源科普体系，全面推进国土资源科普事业。

(二)发展目标

到 2020 年，青少年、农民、社区居民、公务员等重点人群国土资源科学素质得到较大提升；国土资源科普基地结构更加合理，发展更加均衡，示范效应更加显著；国土资源科研机构向社会开放成为常态；国土资源品牌科普活动更具影响力；国土资源科普人才队伍得到加强；具有广泛社会影响力科普作品层出不穷，科普作品奖励激励制度更加完善；国土资源科普产业交流平台初步形成，国土资源科普产品和服务更加市场化和产业化。

三、重点任务

(一)着力提升重点人群国土资源科学素质

1. 引导青少年学习国土资源科学知识。加强与教育部门合作，将国土资源科学知识纳入大中小学教材和教学计划。鼓励有条件的单位与大中小学科普合作，共同开展国土资源知识竞赛、地学夏令营等活动。充分利用国土资源科普场馆的展览资源与专家资源,通过向青少年免费或优惠开放、开展李四光少年儿童科技奖评选、少年儿童地质勘探队、国土资源科普大讲堂、离退休科技工作者与青少年手拉手等活动,吸引和激发青少年学习国土资源科学知识的兴趣。

进一步推进中国大学生地学科普联盟工作,开展大学生社会实践、就业见习基地建设,组织学生校际交流、高端地学人才论坛和学术交流等活动。

2. 面向农民需求开展科普活动。与中国科协、农业部共同开展"全国农民科学素质网络竞赛",将耕地保护、地质灾害应急避险等与农民切身利益相关的政策、知识纳入题库,提升农民保护耕地和地质灾害应急避险意识。

发挥科研单位、学会协会和科普基地作用,开展科普列车行、科普大篷车、科普巡展等形式多样的"科普下乡"活动。结合农村实际拍摄制作农民喜闻乐见的国土资源法律法规情景剧、地质灾害防治科教片及国土资源惠民政策专题片。

3. 培养社区居民节约利用资源意识。鼓励学会协会、科普基地等单位深入社区开展科普活动,宣传国土资源国情国策,普及保护国土资源、地质灾害防治等方面的科学常识,增强公众资源忧患意识,引导公众积极参与节约、集约、高效、持续利用国土资源实践。

4. 开展公务员国土资源科学素质提升行动。围绕学习型机关建设、国土资源大讲堂、国土资源全国党员干部现代远程教育、以及县(市)、乡(镇)国土资源管理干部培训等工作,普及国土资源调查评价、规划、管理、合理利用的新理念新技术,宣传深地探测、深海探测、深空对地观测、土地科技创新"三深一土"国土资源科技创新战略。

(二)广泛开展系列国土资源科普活动

1. 做好重点领域科普活动。围绕耕地保护、节约集约利用土地、地质调查、矿产资源勘查开发、地质环境保护、地质灾害防治等国土资源中心工作开展科普活动,提高公众对国土资源工作的认知度,为优化国土资源开发与保护格局,提升国土资源利用质量和效益奠定良好群众基础。

2. 打造国土资源品牌科普活动。利用"世界地球日"、"防灾减灾日"、"科技活动周"、"全国土地日"、"全国科普日"等平台,创新形式,扩大影响,打造一批影响力大、示范性强的国土资源品牌科普活动。

(三)深入推进国土资源科普基础设施建设

1. 继续开展国土资源科普基地建设工作。新建一批国土资源科普基地,优化国土资源科普基地结构。均衡科技场馆类、资源保护类、科研实验类三类型的科普基地发展。平衡土地、地质矿产、地质环境与灾害各领域的科普基地发展,注重土地领域及综合性国土资源科普基地建设。探索建设国家国土资源科普基地。

2. 发挥国土资源科普基地示范作用。完善《国土资源科普基地推荐及命名暂行办法》,完善科普基地网站,展示、共享优质科普资源。开展专业培训、研讨和比赛,推广先进管理制度和工作模式,提升科普基地科普能力。

3. 推动国土资源科学场所开展科普工作。国土资源重点实验室、野外科学观测研究基地、地质资料馆等具有科普资源和条件的场所要科研与科普并重,建立"科普开放日"制度,年开放天数不少于 15 天,并举办科普讲座、现场参观、科学实验演示、专题展览等科普活动,突出社会效益。

4. 充分发挥地质公园、矿山公园等资源保护类科普基地作用。鼓励资源保护类科普基地加强与研究机构的合作,完善地质遗迹、矿业遗迹科学解说和标识标牌,增建扩建科普场所,充实科普内容,举办科普讲座;加强对导游的培训,提升导游科学素质,通过导游讲解传播科学知识。

(四)强化国土资源科普人才培养

1. 加强国土资源专业科普队伍建设。加大对国土资源专业科普人员的培训力度,提升科普水平。举办国土资源科普讲解大赛,推荐优秀选手参加全国科普讲解大赛,提升国土资源科普讲解水平。发展壮大科学传播专家团队,建立"国土资源首席科学传播专家"制度。培育国土资源科普创作和产品研发示范团队。探索与高等院校合作开展国土资源科普学历教育,培养高层次科普人才。

2. 发挥国土资源科普志愿者队伍作用。推动"李四光中队讲师团"等国土资源科普志愿者队伍建设,发展大学生国土资源科普志愿者队伍。使大学生成为普及国土资源知识、宣传国土资源国情的有生力量。

3. 建立"国土资源科普使者"制度。鼓励离退休科技工作者、高等院校在校学生利用业余时间在国土资源科普场所承担义务讲解工作,开展国土资源科普宣传。加强对国土资源科普志愿者队伍的培训,提高科普服务能力。

(五)大力提高国土资源科普创作传播能力

1. 繁荣国土资源科普作品创作。推动产生一批水平高、社会影响力大的国土资源原创科普作品。鼓励开展电影、动漫、微视频、游戏等形式新颖的国土资源科普作品创作。探索应用虚拟现实(VR)、增强现实(AR)等新技术手段创作、制作国土资源科普作品。开展国土资源优秀科普作品、微视频评选、推介活动,在国土资源科学技术奖励中加大对科普作品的奖励力度,增加奖励数量,提升奖励级别。

2. 强化国土资源科普传播协作。整合、建设好现有科普传播平台,切实发挥各级国土资源部门、各国土资源科普基地科普网站、数字地质博物馆、中国国土资源报社等传播资源的宣传作用。加强与知名科普网站、栏目及核心媒体的合作,扩大宣传效果。

3. 创新国土资源科普传播方式。推动报刊、杂志、图书、展览等传统媒体与微博、微信、移动 APP 新兴媒体深度融合,实现包括纸质出版、网络传播、移动终端传播在内的多渠道全媒体传播,满足公众对国土资源科普信息的需求。

(六)大力促进国土资源科技创新与科普结合

1. 推动国土资源科研成果科普化。在组织实施国家重点研发计划、国家自然科学基金等科技创新计划和地质调查计划、土地整治工程等重大工作性计划(工程)时,要明确各项目提交科普化成果,如发表科普文章,编写公众版研究报告等。梳理总结具有转化应用前景的国土资源科技成果,编制《国土资源科技成果系列丛书》。

2. 发挥科研人员在科普工作中的作用。围绕"三深一土"国土资源科技创新战略,积极开展科研人员与公众对话,通过开放论坛、科学沙龙和展览展示等形式,创造更多科研人员与公众交流的机会,塑造国土资源科研人员良好形象。

(七)积极推动国土资源科普产业发展

1. 促进国土资源科普产业多元化发展。以多元化投资和市场化运作方式,推动国土资源科普展览、图书、影视、旅游等产业发展。探索建立国土资源科普产品创新联盟,鼓励和引导科研机构、科普机构、企业等提高国土资源科普产品研发能力。参与全国科普服务标准化技术委员会建设和相关标准的制定。宣传落实国家鼓励科普产业发展相关政策。

2. 促进创业与科普的结合。推动国土资源科普基础设施面向创新创业者开展科普服务。鼓励国土资源科研人员积极参与创新创业服务平台和孵化器的科普活动并创作科普作品,支持创客参与国土资源科普产品的设计、研发和推广。结合国土资源重大科普活动,加强国土资源创新创业代表性人物和事迹的宣传。

(八)扎实推进国土资源科普统计等基础工作

1. 做好科普统计工作。科普统计是客观反映科普工作状况的重要途径,是经国家统计部门批准的年度基础性工作。各单位要按照国家科技主管部门的要求,重视科普统计工作调查表,如实反映科普基本情况。

2. 制定公民国土资源科学素质基准及评价体系。结合全国公民素质基准调查等工作,开展公民国土资源科学素质基准及评价体系研究和公民国土资源科学素质调查评估,为科普工作决策提供客观依据。

四、保障措施

(一)加强科普工作组织领导

充分发挥各级科普工作联席会议的作用。加强各级国土资源主管部门与科技主管部门的合作,整合科普资源,联合开展国土资源科普工作。

充分发挥国土资源科技领导小组、国土资源科技专家咨询委员会的决策、咨询作用,做好国土资源科普工作的统筹协调和宏观指导工作。

充分发挥学会、协会、基金会、科研院所、有关事业单位等的主体作用,显著提升其他社会组织、企业在国土资源科普事业中的作用和影响力。

(二)完善科普工作机制

探索科普联动机制。加强与环境保护、旅游等部门以及科学技术协会等组织的合作联动,共同开展重大科普活动。积极探索,联合多家国土资源科普基地,共同开展重大科普活动,定期组织交流巡展。

完善科普考核和激励机制。将科普工作纳入科研事业单位年度重点工作和考评体系。通过指定期刊或报纸发表的科普文章,在考核评估时与在学术性期刊发表的专业论文同等对待。对学会、协会、基金会建立相应的科普激励机制,对科普工作成绩突出的单位及个人给予表扬。

(三)加强科普对外交流合作

支持科研院所、科普基地加强与境外相关机构的合作,共同实施科普项目,创作高水平科普作品。支持优秀科普工作人员到境外相关机构培训,借鉴国际先进经验,提高国土资源科普工作能力。

（四）建立科普经费投入渠道

加大科普工作的投入力度。各级国土资源主管部门将科普经费纳入各级国土资源行政管理部门及有关事业单位预算，积极支持科普基地建设、科普活动支出、科普作品创作、科普人才培养、重点科普项目、科普基础工作等，引导和加强科普能力建设。用好国家鼓励科普事业发展的税收优惠政策。积极引导社会多元化资金投入国土资源科普事业，营造鼓励企业、个人投入国土资源科普的良好氛围。

中国地震局关于进一步加强防震减灾科普工作的指导意见

（中震防发〔2016〕68 号　　2016 年 12 月 8 日）

各省、自治区、直辖市地震局，新疆生产建设兵团地震局，各直属单位：

为全面贯彻习近平总书记关于加强科普工作的系列重要讲话精神，落实《全民科学素质行动计划纲要实施方案（2016—2020 年）》和《国家防震减灾规划（2016—2020 年）》等确定的科普工作目标任务，切实提高全民防震减灾科学素质，现就进一步加强防震减灾科普工作提出如下意见：

一、指导思想

全面贯彻党的十八大和十八届三中、四中、五中、六中全会精神，以邓小平理论、"三个代表"重要思想、科学发展观为指导，深入贯彻习近平总书记系列重要讲话精神，牢固树立创新、协调、绿色、开放、共享发展理念，坚持把抓科普工作放在与抓科技创新同等重要的位置，坚持以防为主，防抗救相结合，紧密围绕实施《全民科学素质计划纲要实施方案（2016—2020 年）》和《国家防震减灾规划（2016—2020 年）》，进一步加大各级地震部门对防震减灾科普工作的指导力度，加强防震减灾科普工作的供给侧改革，健全政府社会合力防震减灾科普工作机制，在切实提高防震减灾科普教育能力上综合施策，在全面提升防震减灾科普教育覆盖面和实效性上精准发力，促进防震减灾传统科普创新与科普信息化相结合、常态科普与应急期科普相结合、科普成果转化与科普产业发展相结合、科普人才队伍建设与繁荣防震减灾先进文化相结合，实现到 2020 年我国防震减灾科普发展和全民防震减灾科学素质达到创新型国家水平，全面提高国家防震减灾软实力。

二、工作理念

（一）依法科普。全面贯彻落实《中华人民共和国科学技术普及法》、《中华人民共和国防震减灾法》等法律法规要求，按照《国家防震减灾规划（2016—2020 年）》、《中国科协科普发展规划（2016—2020 年）》和《全民科学素质行动计划纲要实施方案（2016—2020 年）》等工作部署，全面推进防震减灾科普工作创新发展。

（二）创新科普。坚持创新理念、创新发展，要在继承中创新，在创新中提升，大幅提高防震减灾科普的呈现效果和传播水平,扩大防震减灾科普的参与面和受益面,增强防震减灾科普的针对性和实效性,推进防震减灾科普工作机制、内容创作、表达方式、传播手段、评估体系等的全方位创新。

(三)协同科普。坚持防震减灾科普协力、协同发展,各级地震部门要主动会同宣传、教育、科技、科协、文化、民族宗教、新闻出版广电等部门,广泛动员学校、企业、基层组织和社会组织等各方面,形成政府社会合力推进防震减灾"大科普"局面。

(四)全面科普。坚持全面发展、均等发展、普惠发展。进一步健全防震减灾科普教育基地和科普传播体系,针对城市农村、民族区域等公众的不同需求和特点,通过创新防震减灾科普作品和传播方式,实现防震减灾科普教育均等覆盖,防震减灾科普成果全民共享。

(五)精准科普。进一步强化地震科技成果的应用转化,研发制作适应不同受众群体和符合不同媒体传播的防震减灾科普作品。在地震高风险地区和高风险场所重点开展针对性的科普宣传。逐步使公众理性认知地震灾害,认识到震前防御对减轻地震灾害风险的重要意义。

三、主要任务

着力实施《全民科学素质行动计划纲要实施方案(2016—2020年)》《国家防震减灾规划(2016—2020年)》和2016年全国科技创新大会确定的目标任务,促进防震减灾科普和全民防震减灾科学素质整体水平显著提升。

(一)推进防震减灾科普教育"六进",实现全民防震减灾科普全覆盖。深入开展防震减灾科普"进机关"活动,着力提升行政事业单位领导干部和管理人员的防震减灾科学意识与决策水平;深入开展防震减灾科普"进学校"活动,着力提升广大教职工和青少年的地震应急避险意识、技能和防震减灾学习实践能力;深入开展防震减灾科普"进企业"、"进社区"、"进农村"、"进家庭"活动,着力提升企业员工、城镇劳动者、社区居民、农牧民等群体的主动防灾、科学避灾、有效减灾和地震自防、自救、互救及抢险救灾能力。到2020年,具备防震减灾科学素质的公民比例超过10%,各级防震减灾示范学校学生的防震减灾科普率达到100%。

(二)提升防震减灾科普基础设施服务能力。加强对防震减灾科普基础设施发展的顶层设计与指导,充分发挥地震科普馆、地震博物馆、抗震纪念馆、地震遗址遗迹、地震应急救援培训基地、地震科研院所、地震台站等科普教育和传播作用,加强防震减灾流动科普馆建设。充分发挥地震安全示范(社区、企业、城市)建设工程、农村民居地震安全工程和防震减灾科普示范学校的科普作用。推动青少年宫、妇女儿童活动中心、文化场所、科技场馆、博物馆、农村科普基地等增加防震减灾科普教育内容。引导主题公园、自然保护区、地质公园、旅游景区等公共设施增强防震减灾科普功能。加强革命老区、民族地区、边疆地区、集中连片贫困地区等防震减灾科普基础设施建设。促进各类科普基础设施与防震减灾科普相融合。到2020年,创建国家防震减灾科普示范学校不少于200所,省市级防震减灾科普示范学校不少于5000所;创建国家防震减灾科普教育基地不少于150个,省市级防震减灾科普教育基地不少于500个。

(三)大力推动防震减灾科普信息化。建设'互联网+防震减灾科普'的公共服务体系,加强虚拟现实技术等新技术手段在防震减灾科普宣传中的应用。注重将中国地震科普网和各级地震部门门户网站、政务微博、官方微信及《国家防震减灾》、《防灾博览》、《城市与减灾》、《国际地震动态》等打造成权威性强、影响力大的防震减灾科普平台。建设内容丰富、形式多样、方便实用等防震减灾数字科普馆和网络科普大超市,参与科普中国服务云、科普中国乡村e站、社区e站等建设,开发运行防震减灾科普系列APP,不断提升防震减灾科普精准推送服务的品质和水平。建立完善网络防震减灾科普内容的科学性把关和传播舆情的实时监测,实现防震减灾科普的信息汇聚、精准推送和应用服务。

(四)大力支持防震减灾科普创作及展教品制作领域的大众创业和万众创新,繁荣先进防震减灾文化。鼓励和支持优秀防震减灾科普原创作品,推进防震减灾优秀科技成果转化。支持科研人员、青少年和群众性组织开展防震减灾科普创作和科普文艺作品创作,形成适应领导干部和公务员、城镇劳动者、青少年和儿童、社区居民、农牧民等不同群体需求,满足科学防震、科学避震、科学减灾要求的防震减灾科普系列作品。健全防震减灾科普产业市场化机制,推动防震减灾科普产品交易平台建设,支持优秀科普作品的产业转化,加大对重点防震减灾科普企业产品的政府购买服务力度。加强防震减灾科普创作的国际交流与合作,扩大我国防震减灾科普作品的国际影响力,增强对国际一流防震减灾科普作品的引进消化吸收和再创新能力。

(五)创新防震减灾科普传播方式,促进常态科普与重点时段科普相结合。紧密结合每年的国家防灾减灾日、唐山大地震纪念日、科技活动周、科普日等重点时段,做好防震减灾科普教育,每年重要时段,各省大型应急演练活动不少于1次,省以下地区不少于2次。充分利用"平安中国"防灾宣导系列公益活动、"院士专家科普巡讲"、"科技列车行"、"科学使者校园行"等平台,推进常态下防震减灾科普工作广泛深入开展。充分利用新媒体和传统媒体渠道,围绕社会公众防震减灾关切,解疑释惑,每年各省在省级主要媒体播出防震减灾科普教育节目不少于1次。组织开展主题性、全民性、群众性防震减灾科普活动,每年各省防震减灾科普教育大型讲座不少于1场,省以下地区不少于2场。充分利用现代科技手段,建立具备实时、动态、交互等特点的网络科普咨询平台,提高社会公众参与防震减灾科普的主动性和积极性。储备应对突发地震事件的科普资源,实现地震应急科普资源全国共享。通过培训、演练等方式,提高各族群众应急避险和自救互救能力。强化地震应急期地震科普工作,增强地震灾区公众防范余震及次生灾害的意识和能力。

(六)促进防震减灾科普产业发展,形成政府主导、部门合作、企业主体、市场运作、社会参与的新局面。以公众防震减灾科普需求为导向,以多元化投资和市场化运作的方式,推动科普展教品、科普图书出版、科普影视、科普动漫、科普玩具、科普游戏、科普旅游等防震减灾科普产业的发展。扶持一批具有较强实力和较大规模的企业,鼓励多渠道创作防震减灾科普精品,形成一批具有较高知名度的科普品牌。开展科普产业试点示范工作。探索科普产业化发展的新机制和政策措施,研究制定防震减灾科普产业相关技术标准和规范,建设一批科普动漫、科普影视、科普出版、科普会展、科普创意等防震减灾科普产业试点示范基地,发挥示范带动作用。

(七)加强防震减灾科普人才队伍建设。充分调动地震系统内外科技人员、老科技工作者、教育工作者、志愿者等从事防震减灾科普工作的积极性,每年对防震减灾科普志愿者培训不少于1次,充分发挥各级地震部门科普工作者的骨干作用,形成高水平的防震减灾科普创作队伍、科普展教品研发队伍、科普教育管理运行队伍、科普宣讲队伍等,引领和保障防震减灾科普工作可持续发展。加大对地震系统防震减灾科普从业人员、新闻媒体科普宣传采编人员、大众传媒科普人员、中小学校科普教师、防震减灾科普基地讲解人员和防震减灾科普志愿者的培训力度,不断提高防震减灾科普从业者的综合素质。逐步树立防震减灾科普服务社会公众意识,逐步将科普工作纳入防震减灾业务与科研工作考核范畴。打造防震减灾科普智库,汇集地震系统内外高端科普人才,集成科普工作者专业智慧,充分发挥好智库在防震减灾科普战略研究、重大选题、组织策划、专家队伍建设等方面的核心引领作用。

四、保障措施

(一)加强领导,落实责任。各级地震部门要充分认识加强防震减灾科普工作的重要性和必要性,把防震减灾科普教育列入重要议程,纳入法治管理,纳入发展规划和年度计划。积极争取本级党委、政府支持,将防震减灾科普纳入政府年度目标责任考核体系和年度公共财政预算。加大资金投入,扶持防震减灾科普基地、科普场馆的建设和维护,扶持防震减灾科普作品创作。健全防震减灾科普多部门协同工作机制,明确目标、分解任务、落实责任、形成合力,切实做好防震减灾科普工作的组织协调和检查指导,充分发挥科普宣传的作用。

(二)健全机构,完善制度。各省(区、市)地震局和直属事业单位,都应明确负责防震减灾宣传教育工作的机构。完善防震减灾科普工作激励考核制度。建立以公众满意度为核心的防震减灾科普工作评价体系,将科普纳入防震减灾优秀成果奖励,对在防震减灾科普工作中涌现的优秀组织和个人进行表彰。健全面向科普研究、科普创作、科普宣传人员的激励机制,在科技人员职称评定和晋升等环节设立科普考核要素。

(三)创新管理,强化监督。建立健全依法履责、多元共治、合力推进的防震减灾科普工作治理体系,进一步强化各级地震部门指导防震减灾科普创新发展的工作力度。完善公民防震减灾科学素质调查体系,定期开展公民防震减灾科学素质调查和统计工作,客观反映公民防震减灾科学素质建设情况,为防震减灾科普工作监测评估提供依据。创新公民防震减灾科学素质建设评估方法,适时开展公民防震减灾科学素质建设第三方评估。

中国地震局

2016 年 12 月 8 日

中国地震局关于印发《国家防震减灾科普教育基地认定管理办法》的通知

（中震防发〔2016〕69 号　2016 年 12 月 9 日）

各省、自治区、直辖市地震局，新疆生产建设兵团地震局，各直属单位：

为全面贯彻习近平总书记关于加强科普工作的系列重要讲话和全国科技创新大会精神，充分调动社会各方面的积极性和发挥现有社会资源的作用，加强防震减灾科普宣教基础能力建设，进一步普及防震减灾知识，提高公众防震减灾意识，深化防震减灾宣传，中国地震局制定了《国家防震减灾科普教育基地认定管理办法》，现印发给你们，请结合本地区实际，认真贯彻执行，组织好申报工作。

2004 年颁布的《国家防震减灾科普教育基地申报和认定管理办法》同时废止。

附件：国家防震减灾科普教育基地申报表（略）

中国地震局

2016 年 12 月 9 日

国家防震减灾科普教育基地认定管理办法

第一章　总　则

第一条　为了规范国家防震减灾科普教育基地（以下简称国家防震科普基地）认定管理，促进防震减灾科普教育工作，根据《中华人民共和国防震减灾法》和《中华人民共和国科学技术普及法》等有关法律法规规定，制定本办法。

第二条　国家防震科普基地应具有示范引领作用，是面向社会公众开放，弘扬防震减灾文化，传播防震减灾理念，普及防震减灾知识，提升防震避险技能的场所。

第三条　中国地震局负责国家防震科普基地的认定管理工作。

各省、自治区、直辖市地震局负责本行政区内国家防震科普基地认定的组织申报工作,并对基地的创建进行业务指导。

第四条　国家防震科普基地的建设、运行和维护工作由其所属机构负责。

第五条　建设国家防震科普基地,可利用科教文化场馆(基地)、公园风景区、地震遗迹遗址及地震监测、演练等场所。

第六条　国家防震科普基地以最大限度减轻地震灾害损失为根本宗旨,按照有效管理、有序开放、正确引导的要求,具有社会性、群众性、经常性和公益性,遵循主动、稳妥、科学、有效的原则。

第七条　鼓励国家防震科普基地开展科普教育产品或展品的研发与创作。

鼓励企事业单位和其他社会组织创建国家防震科普基地。

第二章　申　报

第八条　申报国家防震科普基地,应具备以下基本条件:

(一)具有法人资格或受法人委托、授权开展科普活动的机构。

(二)获得省级防震减灾科普教育基地认定一年以上(含一年)。

(三)具有固定的防震减灾科普活动场所,拥有开展防震减灾相关科学知识宣传教育的条件、设施和器材,场所内安全与应急疏散标志和设施齐全。

(四)具备展板、实物、模型、多媒体等多种展示手段,总展项不少于 15 个(展板只作为 1 个展项),互动、体验展项不少于 8 项,应注重科学性、趣味性、互动性和参与性,并符合国家相关环保、安全标准。

(五)展区面积不得小于 400 平方米。在地震监测、演练等场所附设的科普教育基地,展区面积不得小于 200 平方米。

(六)有稳定的日常运维经费。

(七)有健全的管理制度。

(八)建有展示科普教育基地整体情况和科普内容的网站或者网页,并适时更新。

(九)建有流动科普馆。

第九条　申报国家防震科普基地,应具备以下开放和接待条件:

(一)有专(兼)职的讲解员,其中专职讲解员不少于 2 人。讲解员受过防震减灾科普知识培训,具备科学规范讲解地震知识的能力。

(二)在场所显著位置布设专门提示设施,公布开放时间、活动内容、接待办法、联系方式等信息。

(三)每年向社会开放天数不少于 180 天。附设的科普教育基地每年向社会开放天数不少于 100 天。

(四)具有日接待台帐,记录讲解员、志愿者等上岗情况和接待参观状况以及专题科普活动等信息。

第十条　申报国家防震科普基地,须提交以下材料:

(一)《国家防震减灾科普教育基地申报表》(见附件,略)。

(二)两年的防震减灾科普教育工作总结及工作规划。

(三)主要管理制度名录及汇编。

(四)时长 5 分钟的基本概况视频。

第十一条　申报程序。

(一)符合申报条件的单位,向所在地的市级地震主管部门提出申请。

(二)市级地震主管部门开展实地考察,对申报条件进行初步评判,认可后向省、自治区、直辖市地震局提交申报材料。

(三)省、自治区、直辖市地震局对申报条件进行初步审核,审核同意后报中国地震局。

第十二条　在申报过程中弄虚作假的,取消其申报资格。

第三章　认　定

第十三条　中国地震局组织相关领域人员组成专家组,对国家防震科普基地的申报材料进行评审。

第十四条　专家组通过审阅申报材料后给出评审结果。对申报材料存在异议的,通过书面质询或实地考察核实。

第十五条　中国地震局根据专家组的评审结果,确定拟认定的单位名单,并通过中国地震局门户网站和中国地震科普网予以公示。公示期间,对拟认定单位持有异议的,可以提交书面质询意见。中国地震局应对质询意见进行调查核实并予以答复。

第十六条　公示期满后,中国地震局对通过认定的单位命名为"国家防震减灾科普教育基地",有效期五年,通过中国地震局门户网站和中国地震科普网向社会公告。

第十七条　中国地震局对国家防震科普基地每两年组织一次认定工作。

第四章　管理监督

第十八条　国家防震科普基地应制定年度工作计划。在每年的国家防灾减灾日、7.28 唐山大地震纪念日、科技活动周、科普日等重点时段,应当开展专题防震减灾科普活动。

第十九条　国家防震科普基地应当适时更新调整相关科普内容。

第二十条　国家防震科普基地应当在每年底向省、自治区、直辖市地震局报送本年度的科普活动工作总结和下一年度的科普工作计划。

第二十一条　国家防震科普基地在有效期内有违反国家法律法规的情况,或不能履行国家防震科普基地义务的,由中国地震局作出限期整改或取消命名的决定。

第五章　附　则

第二十二条　本办法由中国地震局负责解释。

第二十三条　本办法自公布之日起实施,《国家防震减灾科普教育基地申报和认定管理办法》(中震发防〔2004〕122 号)同时废止。

中国地震局关于印发《国家防震减灾科普示范学校建设指南》的通知

（中震防发〔2016〕70号　2016年12月9日）

各省、自治区、直辖市地震局，新疆生产建设兵团地震局，各直属单位：

为认真总结全国防震减灾科普示范学校建设经验，规范防震减灾科普示范学校创建工作，扩大其示范引领作用，进一步提升中小学学生地震基本知识和防震避震、自救互救常识，增强自我保护和自救互救能力，切实减轻地震灾害对学生的人身伤害，中国地震局制定了《国家防震减灾科普示范学校建设指南》（以下简称《建设指南》）。为做好《建设指南》的宣传贯彻和实施工作，现就有关事项通知如下：

一、充分认识《建设指南》的重要性。《建设指南》对进一步科学规范全国各级各类中小学校防震减灾科普示范学校创建、评价认定工作，不断增升防震减灾科普示范学校的建设质量和示范效应的辐射力、影响力，切实增强全国各级各类中小学师生防震减灾意识，提升防震避震、自救互救能力，带动全社会防震减灾意识的提升都具有指导作用。

二、认真组织《建设指南》的学习宣传。各省、自治区、直辖市地震主管部门要高度重视《建设指南》的学习宣传，会同教育部门，制定具体的学习宣传工作计划，积极调动各方面力量，采取多种形式，对中小学开展有秩序、有效率地学习宣传活动。

三、切实做好《建设指南》的贯彻落实。《建设指南》从目的意义、建设目标、建设范围、建设标准、认定程序等五个方面对国家防震减灾科普示范学校的建设内容进行了明确的规定，各省、自治区、直辖市地震主管部门要高度重视，认真组织做好国家防震减灾科普示范学校创建、推选、申报等工作，树立示范样板，推进整体进步，切实增强中小学师生防震减灾意识，带动全社会防震减灾意识的不断提升。

中国地震局
2016年12月9日

国家防震减灾科普示范学校建设指南

一、目的意义

我国地震多、分布广、强度大、灾害重。开展防震减灾科普示范学校建设,加强中小学生防震减灾知识教育,增强广大师生防震减灾意识,提升中小学生安全教育素质,是落实《中华人民共和国防震减灾法》的重要举措,是落实《中小学公共安全教育指导纲要》的具体行动。

二、建设目标

以"教育一个孩子,影响一个家庭,带动整个社会"为重点,通过国家防震减灾科普示范学校创建活动,树立示范样板,推进整体进步,使我国中小学校师生掌握基本的防震避险和自救互救技能,带动全社会防震减灾意识的不断提升,最大限度地减轻地震灾害损失。到2020年,全国创建国家防震减灾科普示范学校不少于200所。

三、建设范围

本指南适用于全国中小学校防震减灾科普示范学校建设。

四、建设标准

(一)学校的建设工程应当高于当地房屋建筑的抗震设防要求。

(二)防震减灾知识教育工作有专职校领导分管,具有相对稳定的防震减灾知识专职或兼职教师,有经费保障,工作开展有计划、有步骤,纳入学校年度考评(考核)内容。

(三)学校应当制定地震应急预案并适时进行修订,校内设有紧急疏散路线标识清晰的地震应急避险场地。每学期至少组织一次由全校师生参加的地震应急演练。

(四)学校应有相对固定的防震减灾知识宣传教育场所,并配有地震安全教育的展教具。

(五)利用多媒体教室、宣传栏、校园网、校办刊物和新媒体等媒介(或手段),学习并传播地震安全知识,学校图书馆(室)收藏有一定数量的防震减灾科普图书及声像制品供学生阅览。

(六)学校地震安全教学内容形式丰富。每学期至少安排2课时专门讲授地震安全知识,并通过社会实践、宣传教育、参观考察、兴趣学习等活动,把地震相关科普知识列为专题教学内容。在校学生防震减灾科普知识普及率达到100%。

(七)利用每年的国家防灾减灾日、7.28唐山大地震纪念日、科技活动周、科普日等重点时段,充分利用校园网、广播、橱窗、讲座、影视、校办刊物和新媒体等媒介(或手段),组织学生在校内外开展防震减灾知识教育活动。

(八)组织师生成立地震科普知识兴趣小组、开展防震减灾知识竞赛等活动,形成良好的防震减灾科普环境与氛围。

五、认定程序

（一）在省级防震减灾科普示范学校（地震安全教育示范学校）自愿申请的基础上，由各省地震部门于每年 10 月底前推荐，报中国地震局。

（二）中国地震局组成专家组进行评审，评审通过后命名为"国家防震减灾科普示范学校"。

（三）国家和省地震部门每三年对国家防震减灾科普示范学校进行抽查复核，对不符合条件的责令限期整改，整改仍不合格的取消命名，并向社会公告。

中共中央宣传部　科技部　国家卫生计生委 中国科学院　中国科协关于丰富和完善科普 宣传载体进一步加强科普宣传工作的通知

（中宣发〔2017〕4号　2017年1月22日）

各省、自治区、直辖市党委宣传部、科技厅（委、局）、卫生计生委、科协,中央各主要新闻单位:

科技是国之利器,是推动人类文明进步的巨大力量。科技创新和科学普及是实现创新发展的两翼。大力开展科学普及工作,全面提升全民科学素质,是深入实施科教兴国战略和人才强国战略,深入实施创新驱动发展战略,建设世界科技强国、实现中华民族伟大复兴中国梦的关键举措和根本途径。为贯彻落实习近平总书记在全国科技创新大会、全国卫生与健康大会上的重要讲话精神,丰富和完善科普宣传载体,进一步加强科普宣传工作,特通知如下。

一、指导思想

全面贯彻党的十八大和十八届三中、四中、五中、六中全会精神,以邓小平理论、"三个代表"重要思想、科学发展观为指导,深入贯彻习近平总书记系列重要讲话精神和治国理政新理念新思想新战略,以社会主义核心价值观为引领,以提升公民科学素质、加强创新文化建设为重点,坚持政府引导、社会参与、市场运作,普及科学知识、弘扬科学精神、传播科学思想、倡导科学方法,进一步形成讲科学、爱科学、学科学、用科学的社会风尚,为全面建成小康社会、建设创新型国家和世界科技强国奠定坚实的社会基础。

二、工作重点

1. 进一步加强科普宣传机制建设。贯彻落实《关于加强科普宣传工作的意见》,完善全国科普工作联席会议制度和科技宣传联席会议制度,深入实施《全民科学素质行动计划纲要》,统筹协调科普宣传工作。加强对科普报道的审核把关,避免传播不实信息误导群众。加大对科普宣传工作的考核评价力度和科普宣传效果的评估工作力度,建立科普宣传工作和效果的考核评价体系,扶持科普宣传做大做强。

2. 打造主流媒体科普宣传新亮点。广播电视、报纸杂志要加大科普宣传投入和支持力度,确保科普报道版面时段,打造一批知名度高、影响力大的科普宣传专题专栏专版,及时向公众普及最新科技发现和创新成果,主流媒体要积极探索融媒体创新模式,努力在权威内容建设、热点话题追踪等方面发挥科普宣传作用。加强科技、卫生计生部门与新闻媒体的协作,加强《中国公民科学素质基准》的宣传,吸引更多受众关注科学技术。指导媒体办好《加油!向未来》《最强大脑》《探索发现》《新闻大求真》《少年爱迪生》《中国青少年科学素质大会》等科普栏目节目,着力增强科学性、权威性。采取多种方式,加大对品牌科普栏目和优秀科普作品的宣传推广力度。

3. 强化网络科普宣传。研究开发网络科普新形式,培育有影响力的品牌科普网站、客户端、微博、微信公众号,充分发挥中国科普网、中国科普博览、锐科技、科学大院等科普网站、微信公众号的重要作用。广泛推动数字科技馆、科学技术类博物馆、健康馆建设,打造科普宣传新平台,实施"互联网+科普"行动计划,办好网络科普栏目。推动各级宣传、科技部门继续办好各类科普栏目,加强对民间科普栏目的支持和指导。采取线上线下结合、应用包分发等方式,加大对革命老区、民族地区、边疆地区、集中连片贫困地区的科普信息定制化推送服务。

4. 加强科普阵地建设。继续推动中国特色现代科技馆体系创新提升,进一步建立完善以实体科技馆为龙头和基础,流动科技馆、科普大篷车、数字科技馆为拓展和延伸,辐射基层科普设施的现代科技馆体系,探索智慧科技馆建设。推进实体科技馆建设,优化大中城市科技馆建设布局和结构,加强对中西部地区和地市县级科技馆建设的支持。加强实体健康馆建设,支持各地创造条件建设健康馆,普及健康科普知识和技能。发挥科学技术类博物馆等场馆的作用。建设一批国家级科普示范基地和特色科普基地,充实拓展专业、特色科普场馆和基层科普基础设施,支持和推动有条件的科研机构、科研设施,高等学校和企业向公众开放,提高科普基础服务能力和水平。推动有条件的企事业单位、社会团体因地制宜建设一批具有产业、领域或学科特色的专题科普设施。加强中小学科普实验室建设。加强街道(乡镇)、行政村、社区科技创新(操作)室、科普活动站(室、中心)、青少年科学工作室、科技图书馆、科普画廊等基层科普基地建设。引导海洋馆、野生动物园、主题公园、自然保护区、森林公园、地质公园、动植物园等增强科普和服务功能。继续推进有条件的各级各类科普场馆向公众免费开放。

5. 广泛开展主题科普活动。继续办好文化科技卫生"三下乡"、科技活动周、全国科普日、科普文化进万家、健康中国行、公众科学日、中国航天日、院士专家科普巡讲、科技列车行、科学使者校园行、大学生志愿者千乡万村环保科普行动、林业科技活动周等品牌科普活动。结合世界地球日、世界环境日、世界气象日、防灾减灾日、文化和自然遗产日等,围绕社会热点和公众焦点,进农村、进校园、进社区、进机关、进企业、进军营开展主题科普活动。广泛开展农技协、科技特派员、科技入户、科技110、科技专家和致富能手下乡等农村科普活动。

6. 加强科普宣传人才队伍建设。加强科普记者队伍建设,把更多知科学、会科学、懂科学的专业人员吸纳到记者队伍之中,让更多有专业背景的科普记者进行涉及科学问题的新闻报道。开展科普宣传新闻从业人员科学素质培训,组织各学科专家为记者进行相关学科的讲座和培训,提升新闻媒体记者科学素质与科学传播能力。组建科普专家库,引导鼓励广大科学家、科技工作者发挥自身专业优势,面向社会开展科普创作和传播。实施"高端科研资源科普化"计划。加大对科普宣传优秀工作者的宣传、表彰和奖励力度。

7. 着力提升青少年科学素质。以培养学生的社会责任、创新意识和实践能力为主,完善基础教育阶段科学教育。鼓励中小学建立跨学科的科学技术实践创新中心,积极开展研究性学习与科学实践、社会服务和社会实践活动。加强中等职业学校科技教育,推动科技教育与创新创业实践进课堂进教材。支持在校大学生开展创新性实验、创业训练和创业实践项目。实施"'科学与中国'科学教育"计划,发挥校外教育的促进作用,充分利用综合实践基地、青少年活动中心、少年宫和科普场馆设施,促进学校科学课和校外科技活动的有效衔接。

8. 加强健康科普工作力度。以中国公民健康素养基本知识和技能为主体内容,运用并推广《健康科普信息生成与传播技术指南(试行)》,鼓励开发权威健康科普核心知识。充分发挥卫生计生机构和医务人员在健康科普中的主要作用,组建健康科普专家队伍,打造国家级权威健康科普信息发布台。开发媒体健康科普技术指南,开展媒体健康科普培训,提高媒体健康科普能力。建设依托卫生计生机构、学校、社区、机关、企事业单位的健康科普基地,培育基层健康科普阵地和队伍。开发、评选各类优秀健康科普作品,加大优秀作品传播推广力度。严格规范养生节目的制作播出,严禁夸大宣传、虚假宣传等各类违法违规行为,加强引导,推动打造精品养生节目。严格执行《广告法》等法律法规,规范医药广告内容,结合年度核验工作,进一步加强管理,及时发现和处理发布虚假违法医药广告问题。

三、工作要求

1. 摆上重要位置。要从实施科教兴国、人才强国战略和实施创新驱动发展战略、建设创新型国家和世界科技强国的高度,充分认识加强科普宣传的重要性和必要性,把科学普及放在与科技创新同等重要的位置,摆上重要议事日程,既要做好阶段性安排,又要制定长期规划,着力提升科普宣传水平。

2. 突出价值导向。要把社会主义核心价值观的要求贯穿融入到科普宣传中,在介绍科技发展前沿和创新成果、普及科学知识、传播科学思想的同时,大力弘扬求真务实、勇于创新、追求卓越、团结协作、无私奉献的科学精神。要引导科技界和科技工作者自觉践行社会主义核心价值观,强化社会责任,报效祖国,造福人民。

3. 形成工作合力。要加强沟通,密切配合,统筹各类科普宣传载体和渠道,及时指导新闻媒体做好科普宣传报道,主动为记者采访报道提供便利和服务。要充分调动科技专家和民间科普力量的积极性,支持和鼓励他们参与科普报道选题策划,在新闻媒体发表科普作品。推进高端科技创新智库与媒体智库联动,开展高端科普宣传,强化宣传产品的源头供给能力。

4. 着力改进创新。要处理好普及与提高、知识性与趣味性的关系,兼顾不同地域的文化特色,针对不同受众的接受习惯,充分运用各种文化样式和表现形式,大力推动科普影视、科普动漫、科普游戏、科普讲解、科普表演,注入现代气息和时尚元素,推出更多接地气、有人气的科普栏目节目和科普作品。要积极运用现代科技手段开展科普宣传,增强吸引力感染力。

中共中央宣传部　科技部
国家卫生计生委　中国科学院
中国科协
2017 年 1 月 22 日

环境保护部办公厅关于印发
《"十三五"环保科普工作实施方案》的通知

（环办科技〔2017〕23 号　2017 年 3 月 30 日）

各省、自治区、直辖市环境保护厅（局），新疆生产建设兵团环境保护局，各直属单位，各国家环保科普基地：

为贯彻落实国务院《全民科学素质行动计划纲要（2006—2010—2020 年）》和《"十三五"国家科技创新规划》，切实加强环保科普工作，按照《关于进一步加强环境保护科学技术普及工作的意见》（环发〔2015〕66 号）的要求，我部组织编制了《"十三五"环保科普工作实施方案》。现印发给你们，请结合实际贯彻执行。

附件

"十三五"环保科普工作实施方案

根据党中央、国务院关于推进生态文明建设、加强环境保护的要求，为贯彻落实《中华人民共和国环境保护法》《中华人民共和国科学技术普及法》以及《全民科学素质行动计划纲要（2006—2010—2020 年）》（以下简称《科学素质纲要》）和《"十三五"国家科技创新规划》，切实加强环境保护科学技术普及（以下简称环保科普）工作，按照《关于进一步加强环境保护科学技术普及工作的意见》（环发〔2015〕66 号，以下简称《科普意见》）的总体安排，特制定本实施方案。

一、背景

（一）"十二五"期间环保科普工作取得的主要成绩

"十二五"期间，环保科普工作围绕生态文明建设，针对环境保护的阶段性特征和趋势性变化，始终坚持"政府主导、全民参与、提升素质、服务环保"的原则，以提高全民环境意识、科学素质和公民保护环境的自觉性为目标，以加强环保科普能力建设为主线，以环保工作重点、热点和公众需求为导向，实施重点人群环保科普行动，培育、创建一批有影响力的品牌环保科普活动,加强环保科普基础能力建设,推动环保科普资源共建共享,充分发挥和体现了环保科普工作在环境保护管理战略转型和生态文明建设中的保驾护航作用,各项工作取得了新进展和新成效。

1. 管理保障到位。重视对环保科普工作的统筹管理,先后发布《落实国务院〈全民科学素质行动计划纲要〉"十二五"环保科普工作方案》和《科普意见》,强化顶层设计和指导。深化"全民科学素质环保工作联席会"工作制度建设,健全科普工作交流机制,逐步形成大协作、大联合的工作局面,确保了环保科普工作的顺利开展。

2. 主题环保科普活动实效凸显。积极在环境日、生物多样性日、科技活动周、全国科普日期间开展大型环保科普活动,围绕环保重点工作开展的大气环境、生物多样性、核安全等大型主题科普活动效果明显,示范带动的倍增效应日益显著。针对未成年人、农村居民、社区居民、领导干部和公务员开展各类活动和培训,极大促进了重点人群环保科学素质的提升。

3. 基础服务能力显著增强。新创建命名两批国家环保科普基地,国家环保科普基地总数已达 51 个,规模进一步壮大,类型更加全面,布局更加合理。探索建立环保科普基地联动开展科普活动的机制和模式,引导环保科普基地定期向周边学校、社区、农村和企事业单位开展环保科普宣传。

4. 资源开发与共享取得新进展。重点推动了环保科普系列图书、漫画、挂图和宣传册等的创作与开发,自主创作一批适宜网络传播的动画、微电影和科教片。通过环境保护科学技术奖(科普类)和全国环保科普创意大赛等,激发科技工作者参与科普创作的热情,极大地丰富环保科普资源。

5. 信息传播平台不断丰富。在报纸、杂志开设环保科普专版(专栏),实现热点深度解读。建设"中国环保科普资源网"、环保科普资源数据库、"核与辐射安全公众沟通"等多媒体信息平台,开通"环保科普 365"微博、微信公众号,探索精准信息推送服务。线上线下互动,信息互联互通,初步实现了环保科普传播新平台与新模式全覆盖。

6. 积极开展基础理论研究。组织开展"环保科普共建共享关键技术与示范研究",重点解决环保科普工作中存在的一些共性问题和关键技术,为环保科普工作开展提供理论指导和技术保障。

虽然环保科普工作成果丰硕、基础较好,但面对新形势,尤其是公众日益高涨的环保科普需求,仍然任重道远,存在短板和不足。主要表现在:一是环保科普资源储备不足,内容覆盖不够全面,形式较为单一,缺少科普资源的众创激励机制和参与模式。成熟资源的分享与传播渠道不畅,远远不能满足环保科普工作的日常需求和突发事件的特定需求。二是活动形式多为老套路,策划水平低,缺乏全国性环保科普活动集中参与和展示平台。三是环保科普基地体系不够完善,国家环保科普基地的示范效果明显,但带动作用不足,导致基层环保科普基地建设缓慢,不能充分调动和发挥不同层级环保基础设施的作用。四是科普信息化建设步伐较慢,网络动员能力较弱,对新媒体的传播作用发挥不够。五是针对热点问题的环保科普稍显滞后,应对突发事件准备不足。六是环保科普人才数量不足,专业技能较弱,环保科普专家和创作人员紧缺,队伍结构不合理。七是环保科普工作参与机制仍需完善。

(二)环保科普工作面临的新形势和新挑战

1. 科学普及是实现创新发展的重要内容。习近平总书记在全国科技创新大会、中国科学院和中国工程院院士大会、中国科协第九次全国代表大会上强调,科技创新、科学普及是实现创新发展的两翼,要把科学普及放在与科技创新同等重要的位置,普及科学知识、弘扬科学精神、传播科学思想、倡导科学方法,在全社会推动形成讲科学、爱科学、学科学、用科学的良好氛围,使蕴藏在亿万人民中间的创新智慧充分释放、创新力量充分涌流。科普不仅为创新提供良好氛围和文化基础,而且为创新提供广阔的市场和源源不断的动力。科技创新与科学普及齐头并进,才能广播创新的种子,放大创新的力量,才能形成推动社会发展的新引擎,才能对创新发展起到长远的引领作用,推动中国向着世界科技强国不断前进。

2. 环保科普是加强生态文明建设的重要手段。"十三五"是我国全面深化改革、实现"两个一百年"目标的关键时期,《中华人民共和国国民经济和社会发展第十三个五年规划纲要》将生态文明建设内容列入我国五年规划。环保科普是生态文明建设的重要保障,有助于党政领导干部和人民群众树立生态环保意识,积极推进生态文明建设,服从服务于全面建成小康社会、实现中华民族伟大复兴中国梦的奋斗目标。

3. 环保工作转型为环保科普提出新目标。新修订的《中华人民共和国环境保护法》要求:"各级人民政府应当加强环境保护宣传和普及工作,鼓励基层群众性自治组织、社会组织、环境保护志愿者开展环境保护法律法规和环境保护知识的宣传,营造保护环境的良好风气"。当前我国经济步入新常态,环保工作面临转型的关键时期,改善环境质量的复杂性、艰巨性、长期性,环境保护优化经济发展的紧迫性、必要性,需要得到公众的理解和支持,需要环保科普工作积极跟进,形成全社会支持环保工作合力。

4. "邻避效应"等环保热点事件频发,公众环保科普需求激增。当前,生态环境保护形势依然严峻,"邻避效应"等环保热点事件频发和公众对美好生活环境追求之间还存在明显反差。加强环保科普工作,满足公众日益增长的环保科普需求,促进公众建立科学、文明、健康的生活方式,不仅能够为公众的全面发展提供服务,而且能够提高公众参与环境保护的积极性和主动性。

5. 互联网为环保科普提供了新的机遇。随着互联网的快速增长,网络科普正在成为越来越重要的科普方式。中国互联网络信息中心(CNNIC)第38次《中国互联网络发展状况统计报告》显示,截至2016年6月,中国网民规模达7.10亿,互联网普及率达到51.7%。据2015年中国公民科学素质调查显示,我国公民通过互联网获取科技信息的比例由2010年的26.6%增长到2015年的53.4%。环保科普工作面临着互联网下的新媒体时代和环保大时代,要抓住互联网发展的契机,推动环保科普工作更上新台阶。

二、指导思想和工作原则

(一)指导思想

高举中国特色社会主义伟大旗帜,全面贯彻党的十八大和十八届三中、四中、五中、六中全会精神,以邓小平理论、"三个代表"重要思想、科学发展观为指导,深入贯彻习近平总书记系列重要讲话精神和治国理政新理念新思想新战略,统筹推进"五位一体"总体布局和协调推进"四个全面"战略布局,以五大发展理念为引领,实施创新驱动发展战略,全面深入落实《科学素质纲要》和《科普意见》,服务于国家经济社会发展需要,服务于环保工作需要,服务于新形势下公众需求,紧密围绕生态文明建设和环境保护工作重点,针对社会公众热点需求,加强环保科普活动创新和品质提升,加强优质环保科普资源建设和共享,加强环保科普信息化建设和信息传播,探索环保科普市场化和产业化发展,推动环保科普服务能力的全面提升,大幅提高公众环保科学素质,为全面推进环境保护工作和生态文明建设提供有力支撑。

(二)工作原则

围绕中心,服务大局。环保科普工作要服务生态文明建设和环境保护中心工作,围绕保护生态、节约资源、防治污染、绿色消费、环境健康、核与辐射安全等开展环保科普传播。

统筹规划,形成合力。发挥各级环保部门在环保科普工作中的主导作用,发挥好环境科学学会、环境保护宣传教育中心等科普主力军作用,广泛联系和动员媒体、科研、企业等各界力量,形成联合协作的环保科普工作格局。

点面结合,突出重点。围绕发展目标,立足现有基础,聚焦重点任务和重点人群,凝练一批重点项目和活动,强化其对整体工作的拉动和牵引,依靠点面结合,联动发力,推动环保科普能力的整体提升。

需求为先,创新形式。从公众需求和社会热点出发,提高环保科普的针对性和时效性。以互联网发展为契机,创新活动形式和内容。

三、发展目标

到2020年,公民的环保科学素质显著提高,不断增强环境保护和生态文明建设的内在动力和良好氛围,形成全民参与环境保护的格局。环保科普工作体系和工作机制更加完善,形成联合、联动、共享的环保科普工作局面。环保科普信息化建设、资源开发、活动开展、基础建设、媒体传播、人才队伍等方面的水平进一步提升,环保科普工作能力显著增强。

四、重点任务

(一)繁荣环保科普创作

丰富环保科普创作内容。完善环保科普基础知识体系,夯实环保科普资源创作基础。构建科技成果知识转化体系,鼓励和支持环保科技工作者参与以环保科技成果知识转化为核心的科普资源创作。

加强环保科普资源开发。围绕环保工作重点、难点和热点,开发适宜不同人群"悦读"的系列科普动画30部、电影短片15部、科普挂图5套。

加大科技成果科普化力度。在现有环保科研任务中,增加科普工作任务和内容,加大科技成果向科普资源的转化力度,向社会提供更多优质、高品位的环保科普资源。

促进环保科普资源传播和共享。以中国环保科普资源网为基础,不断丰富和完善公益环保科普资源库建设,进一步加强环保科普资源传播和共享水平。鼓励和支持环保科普资源通过市场等价交换、资源互换等方式传播和共享,促进和规范环保科普市场形成,探索通过市场机制促进环保科普资源创作。

（二）开展环保科普活动

搭建大型环保科普公益活动基础平台。充分利用网络、微信等新媒体的功能，发挥各级环保部门、社会组织的能动性，集中开展全国性环保科普公益活动。发挥"大学生志愿者千乡万村环保科普行动""环保嘉年华"等活动的带动和辐射作用，带动城乡群众性环保科普活动开展。开展"全国环保科普创意大赛"等品牌赛事，鼓励环保科普作品与流行文化结合，拓展环保科普的社会化众创渠道。

培育环保科研院所开放日活动。组织全国环保科研院所、监测中心（站）开展成果展示、科技讲座、参观体验、技术咨询等环保科普活动，逐步形成以环保科研院所、监测中心（站）为核心，其他科研机构、社会组织广泛参与的环保科研院所开放工作机制。鼓励环保科研院所、监测中心（站）积极同学校、社区、机关、乡村建立联系，发挥优质环保科普资源作用，形成长效环保科普工作机制。

开展面向重点人群的环保科普活动。面向青少年，重点开展以知识普及、竞赛为主的环保科普活动，激发青少年爱环保、讲环保的热情；针对农村居民，重点围绕农村环境污染综合整治开展科普宣传，推动农村居民形成绿色的生产和生活方式；针对城镇劳动者，围绕大气、水、土壤、核与辐射等环保热点话题开展环保科普宣传，推动居民形成节能环保的生活行为；针对领导干部和公务员，积极开展生态文明、绿色发展等课程培训，培养领导干部在科学管理、科学决策中树立环境优先、生态优先的理念。

加强环保科普活动线上线下结合。借助信息化的技术手段，将线下活动转移到线上，打造集活动报名、交流、总结、分享和评比为一体的网络化工作平台，提高活动的吸引力和生命力。

（三）建设环保科普基地

构建环保科普基地管理体系。继续开展国家环保科普基地的创建工作，支持地方环境保护部门、科技部门结合各地经济社会发展情况和环保科普工作需要，开展地方环保科普基地创建工作，逐步建立和完善环保科普基地管理体系。"十三五"期间，国家环保科普基地总数达100个，新创建地方科普基地100个，形成"国家级基地引领、地方基地重点发挥作用"的环保科普基地管理工作新常态。

加强对已命名国家环保科普基地管理。发挥现有国家环保科普基地带动引领辐射作用，增强基地的主观能动性，组织开展国家环保科普基地开放活动，积极开展进学校、进社区、进村镇主题科普活动。鼓励有条件的环保科普基地积极承担环保业务培训。强化监管考核，健全环保科普基地评价和评估指标体系，进一步加强已命名国家环保科普基地能力建设。

（四）打造环保科普传播平台

构建立体化的环保科普传播模式。积极构建"环保科普＋互联网"的传播模式，以环保系统内部传媒平台为主，社会传媒平台为辅，构建相互合作、良性互动的环保科普传媒工作模式。充分利用《中国环境报》《环境与生活》《环境教育》《世界环境》等报刊和"科普中国""中国环保科普资源网"等网络平台以及各类环保科普微信订阅号等渠道，强化环保科普的全方位传播。

整合各级环保部门传播力量。以各级环保部门官方网站科普网页、栏目为核心，以微信、微博、手机应用程序（APP）为基础，形成环保系统主要媒体平台科普信息发布联动机制和应急科普信息集中发布机制，提高环保系统科普信息专业水平，保证环保系统科普信息口径一致，扩大环保科普信息发布的传播影响力。

充分利用社会化传媒平台。以社会关注热点、焦点为核心,探索建立与中央和地方主流核心媒体的动态合作机制。通过开设专栏、专版、专题,明确合作模式和合作重点,共同建立以科学性为基础、答疑解惑为目标、涵盖日常科普和应急科普的环保科普信息合作发布方式,提高社会化媒体环保科普信息发布的及时性、准确性和针对性。

(五)提升针对热点环境问题的科普水平

构建针对热点环境问题的科普工作体系。结合环保重点工作,从服务公众需要的角度,梳理总结环境热点问题,提前做好知识资源准备。研究针对热点环境问题的科普模式,广泛联系专家和媒体,面对热点问题及时发声。

构建热点环境问题资源库和专家库。以疏导、疏通和缓解矛盾为出发点,建设以科学答疑为主要内容的热点环境问题资源库和专家库,组织环保科技工作者开展环保科普工作。

(六)加强人才队伍建设

建设环保科普专业队伍。发挥各级环保部门科普专职人员核心作用,培养环保科普骨干100名;鼓励和支持各级环保科研机构、监测中心(站)兼职科普人员队伍建设,编制环保科普兼职人员工作指南,指导环保科普兼职工作队伍建设。市级以上环保科研机构、监测中心(站)至少有1~2名环保科普兼职工作人员。

建设环保科普专家队伍。以"中国环境科学学会科学传播专家团队"为基础,聚集和培养一批专业有建树、科普有热心的中青年专家,建立10~15个涵盖主要环保科普热点领域的科普专家团队,组织团队专家开展环保科普创作、参与环保科普活动,逐步树立科研人员参与环保科普工作的样板。

建设环保科普志愿者队伍。以大学生志愿者为主,广泛吸纳社会组织中热心环保科普事业的人士,规范环保科普志愿者的登记、管理、活动参与、培训和表彰等工作内容,形成规模稳定、素质较高、活动能力较强、遍及全国的环保科普志愿者队伍。

主动开展环保科普培训。针对各级各类环保科普工作者,围绕科普活动策划、科普管理、科普资源开发、科普技巧等内容开展培训,提升环保科普工作水平。

(七)引导社会力量参与

发挥各级环境科学学会和环境保护宣传教育中心的科普作用。支持和鼓励环境科学学会和环境保护宣传教育中心开展科普项目的策划与实施、科普资源的开发与传播、科普奖励的评审与推荐;优先支持其参与环境日、生物多样性日、科技活动周、科普日等社会化科普活动。

引导社会机构参与环保科普。鼓励科研机构、高等院校、环保社团、企业等利用自身的技术优势,独立或联合开展各类科普活动。引导专业机构参与环保科普音像、游戏、资源包、展教具等产品的设计、研发和生产。

五、保障措施

(一)加强组织领导

各级环保部门要切实加强对环保科普工作的组织领导,加强与各级科技、科协部门的沟通合作,整合环保科普资源,明确环保科普发展目标、任务和要求,保障环保科普工作顺利实施。

各级环境科学学会等环保社会团体要积极承接各级环保、科技、科协部门的工作任务,抓住机遇,推动环保科普工作上新台阶。

(二)加大科普投入

各级环保部门应在符合国家和地方预算管理规定的前提下,将科普基地建设、科普活动举办、科普作品创作、科普人才培养等经费纳入预算,加大环保科普工作经费的财政投入。拓宽环保科普社会资金投入渠道,鼓励并吸纳各类公益资金、企业资助和个人捐赠等投入环保科普工作。

(三)完善保障机制

各级环保部门应将环保科普纳入环保科技工作规划,鼓励科技工作者积极参与环保科普作品创作和开发,调动环保科技工作者参与科普工作积极性。建立环保科普激励机制,逐步扩大环境保护科学技术奖(科普类)评审范围,拓宽推荐渠道。

(四)注重国际交流

推进各级环保部门、环境科学学会、环境保护宣传教育中心及民间机构对外环保科普交流,开展形式多样、内容丰富的环保科普交流活动。研究和吸收先进的环保科普理念和经验,以积极、科学的态度促进环保科普文化交融,促进环保科普事业的发展。

科技部　中央宣传部关于印发《"十三五"国家科普与创新文化建设规划》的通知

（国科发政〔2017〕136 号　2017 年 5 月 8 日）

各省、自治区、直辖市及计划单列市、副省级城市科技厅（委、局）、党委宣传部，新疆生产建设兵团科技局、党委宣传部，中央、国务院各有关部门，中央军委科技委：

为贯彻落实《国家创新驱动发展战略纲要》、《"十三五"国家科技创新规划》，全面贯彻党的十八大和十八届三中、四中、五中、六中全会精神，认真学习贯彻习近平总书记系列重要讲话精神和治国理政新理念新思想新战略，树立和贯彻创新、协调、绿色、开放、共享发展理念和"四个全面"战略布局，扎实推进创新驱动发展战略，坚持政府引导、社会参与、市场运作，以提升公民科学素质、加强科普能力和创新文化建设为重点，大力推动科普工作的多元化投入、常态化发展，切实提升科普产品、科普服务的精准、有效供给能力和信息化水平，进一步完善科普政策法规体系，着力培育创新文化生态环境，充分激发全社会创新创业活力，为全面建成小康社会、建设创新型国家和世界科技强国奠定坚实的社会基础，科技部、中央宣传部制定了《"十三五"国家科普与创新文化建设规划》，现印发给你们，请结合本部门、本地区的实际贯彻落实。

科技部　中央宣传部

2017 年 5 月 8 日

"十三五"国家科普和创新文化建设规划

《"十三五"国家科普和创新文化建设规划》依据《中华人民共和国国民经济和社会发展第十三个五年规划纲要》、《国家创新驱动发展战略纲要》，实施《中华人民共和国科学技术普及法》，完成《国家中长期科学和技术发展规划纲要（2006—2020 年）》、《全民科学素质行动计划纲要（2006—2010—2020 年）》、《"十三五"国家科技创新规划》确定的科学普及和创新文化建设的相关任务编制，主要明确"十三五"时期科普和创新文化建设的指导思想、发展目标、重点任务和主要措施，是国家在科普和创新文化建设领域的专项规划，是指导我国科普和创新文化建设的行动指南。

一、形势与需求

科技创新和科学普及是实现创新发展的两翼。"十二五"期间,党和国家高度重视科学技术普及和创新文化建设工作,政府科普工作协调机制发挥积极作用,社会各界广泛参与,科普活动广泛开展,创新文化建设深入推进,我国科普事业和创新文化建设取得了显著成效。

(一)科普和创新文化建设成效显著

一是公众科学素质和创新文化意识不断提升,据测算,我国公众具备基本科学素质的比例达到 6.2%,实现了"十二五"科普规划确定的超过 5% 的目标。二是科普人才队伍持续增长,全国共有科普人员 205.38 万人,每万人口拥有科普人员 14.94 人,分别比 2010 年增长 17.27% 和 14.40%。三是科普经费投入稳定提高,科普经费来源渠道仍以政府为主。全社会科普经费筹集额 141.2 亿元,比 2010 年增长 41.88%;政府拨款占 75.54%,比 2010 年的 68.42% 提高了近 7 个百分点。全国人均年科普专项经费 4.63 元,比 2010 年增长 77.39%。四是科普场馆建设力度加强,全国共有科技馆和科学技术类博物馆 1258 个,比 2010 年增长 41.35%;参观人数共计 15206.21 万人次,比 2010 年增长 61.15%。每万人拥有科普场馆面积 74.8 平方米,比 2010 年增长 101%。五是科普传播形式日趋多样,科普图书、科普期刊、广播电视科普栏目等传统传播形式保持稳定,以移动互联为代表的新媒体迅猛增长,成为科学传播的重要平台,全国科普网站达到 2612 个,比 2010 年增长了 22.80%。六是群众性科技活动成效显著,公众年度参与科普活动人数超过 6.22 亿人次,向公众开放开展科普活动的科研机构和大学数量超过 7241 个,比 2010 年增长 43.81%。七是创新文化环境正在形成,营造鼓励创新、宽容失败、开放包容的创新文化成为社会共识;关注创新、服务创新、支持创新、参与创新的良好社会风尚初步树立,大众创新创业渐成潮流。

科普工作和创新文化建设虽然取得了显著成效,但仍然存在一些突出问题和不足。科技创新与科学普及"一体两翼"不平衡,各级政府对科普工作重视不够,重科研、轻科普,科普与科研脱节现象仍然存在。公民科学素质总体水平较低,城乡和区域差别较大,难以适应经济社会快速发展的需要。科普产品研发能力弱,科普作品创作水平不高,基础设施建设不均衡,科普服务能力不强,展陈和传播内容同质化、单一化现象较为突出,科普供给侧未能满足公众快速增长的多元化、差异化需求,特别是面向劳动者和老年人的科普成效不高。对公众关注的热点问题和前沿科学技术最新进展快速响应不足,权威发声不够,应急科普机制不健全。运用市场化手段广泛调动社会力量参与科普的机制亟待完善,社会化、市场化、常态化、泛在化的科普工作局面尚未形成。全社会的创新文化氛围尚不浓厚,崇尚创新的价值取向仍未牢固确立,质疑探究、勇于创新的风气尚未全面形成,鼓励创新、宽容失败的体制机制保障尚未到位,评价激励制度滞后于创新发展的要求,科技人才创新创业活力亟待充分激发,企业创新的内在动力不足。

(二)科普和创新文化建设面临新需求

"十三五"是全面建成小康社会的决胜阶段,也是进入创新型国家行列的冲刺阶段,对科普工作和创新文化建设提出了新的更高要求。实施创新驱动发展战略,适应和引领经济发展新常态,实现经济发展动力转换、结构优化、速度变化,不仅需要提升科技创新能力,还需要强化创新文化氛围,推进大众创业、万众创新,把科技创新的成果和知识为全社会所掌握、所应用;普遍提高人民生活水平和质量,实现贫困人口全面脱贫,提升社会文明程度,改善生态环境质量,需要进一步在全社会弘扬科学精神、普及科学知识,大幅度提升公民科技意识和科学素质,提高公民解决实际问题和参与公共事务的能力。

面对新形势新需求,"十三五"科普和创新文化建设工作要与时俱进、开拓创新,努力实现以下转变:在科普工作对象上,由重点面向青少年群体向面向包含劳动者、老年人和贫困落后地区群众的全体公众转变;在科普产品供给上,由增加数量规模向更加注重结构优化、质量提升转变;在科普内容上,由"低幼化"的一般科学技术知识向更加注重弘扬科学精神、掌握科学方法、传承中华优秀传统文化,普及新技术新成果转变;在传播方式上,由传统媒体传播、场馆展示为主向传统媒体和新媒体融合和互动转变;在科普工作方式上,由政府主导抓重大科普示范活动向政府引导、全社会参与的常态化、经常性科普转变;在科普工作发展上,由重点开展公益性事业科普向统筹做好公益性科普事业与经营性科普产业转变;在创新文化建设上,由重点优化科研环境为主向营造全社会的创新创业环境和建立健全创新激励政策体系转变。

二、指导思想与发展目标

(一)指导思想

全面贯彻党的十八大和十八届三中、四中、五中、六中全会精神,认真学习贯彻习近平总书记系列重要讲话精神和治国理政新理念新思想新战略,树立和贯彻创新、协调、绿色、开放、共享发展理念和"四个全面"战略布局,扎实推进创新驱动发展战略,坚持政府引导、社会参与、市场运作,以提升公民科学素质、加强科普能力和创新文化建设为重点,大力推动科普工作的多元化投入、常态化发展,切实提升科普产品、科普服务的精准、有效供给能力和信息化水平,进一步完善科普政策法规体系,着力培育创新文化生态环境,充分激发全社会创新创业活力,为全面建成小康社会、建设创新型国家和世界科技强国奠定坚实的社会基础。

(二)发展目标

到 2020 年,科学精神进一步弘扬,创新创业文化氛围更加浓厚,以青少年、农民、城镇劳动者、领导干部和公务员、部队官兵等为重点人群,按照中国公民科学素质基准,以到 2020 年我国公民具备科学素质比例超过 10% 为目标,广泛开展科技教育、传播与普及,提升全民科学素质整体水平。国家科普研发、创作能力和科学传播水平显著提高,科普基础设施体系基本形成,科普基地布局更加合理,科普体制机制进一步优化,公益性科普事业和经营性科普产业统筹协调发展,关注创新、服务创新、支持创新、参与创新的良好社会氛围基本形成。具体目标为:

——公民具备科学素质的比例超过 10%,力争比"十二五"提高 5 个百分点。

——科普投入显著提高。完善多元化投入机制,企业、社会团体、个人等成为科普投入的重要组成。

——科普作品的原创能力、传播水平和科普展教品研发能力达到中等发达国家水平。

——形成门类齐全、布局合理、特色鲜明的科普基础设施体系,力争达到每 60 万人拥有一个科普场馆。建设一批国家科普示范基地,国家特色科普基地形成体系。

——创新文化氛围基本形成。公众创新意识明显增强,面向公众传播科学精神和培育创新文化的机制基本建成,在全社会形成科学、理性、求实、创新的价值导向。

三、重点任务

根据指导思想和发展目标,"十三五"期间重点开展以下任务:

(一)提升重点人群科学素质

加快实施全民科学素质行动计划,以青少年、农民、城镇劳动者、领导干部和公务员、部队官兵等为重点人群,以青少年、城乡劳动者科学素质提升为着力点,开展《中国公民科学素质基准》的宣贯实施,全面推进公民科学素质整体水平的跨越提升,特别关注少数民族、贫穷、边远、落后地区群众科学素质的提升,缩小城乡和区域差别,提高公民解决实际问题和参与公共事务的能力,保障全面建成小康社会。

1. 提高青少年科学素质。结合普及义务教育,以增强创新意识、学习能力和实践能力为主,完善基础教育阶段的科学教育。鼓励中小学建立跨学科的科学技术实践创新中心,积极开展研究性学习与科学实践、社会服务与社会实践活动。以培养劳动技能为主,加强中等职业学校科技教育,推动科技教育与创新创业实践进课堂进教材,系统提高学生科学意识、创新精神和实践能力;以提升创新创业能力为主,完善高等教育阶段的科技教育,鼓励在校大学生开展创新性实验、创业训练和创业实践。充分发挥现代信息技术在科技教育和科普活动方面的积极作用,大力开展线上线下相结合的青少年科普活动。发挥非正规教育的促进作用,促进学校科技教育和校外科普活动的有效衔接。

2. 提高劳动者科学文化素质。大力开展农业科技教育培训,全方位、多层次培养新型职业农民和农村实用技术人才。广泛开展形式多样的农村科普活动,大力普及绿色发展、安全健康、节约资源、耕地保护、防灾减灾等科技知识和观念,传播科学理念,反对封建迷信,帮助农民养成科学健康文明的生产生活方式。加强农村科普公共服务体系建设,提升乡镇村寨科普服务能力。创新教育渠道和载体,推动建立公益性培训制度。将普及实用技术与提高农民科学素质结合起来,加强农村科普信息建设,探索培养新型职业农民的多种途径,开展针对性强、务实有效的农业科技培训,鼓励和支持农民创新创业。加大对革命老区、少数民族地区、边疆地区和贫困地区科普工作的精准帮扶,大力提高农村妇女和留守人群的科学素质。继续实施农业从业人员培训,鼓励职业院校,根据就业市场需求和企业岗位实际要求,参与开展对进城务工人员、农村转移就业劳动者的订单式或定岗培训,提高其职业技能水平和适应城市生活的能力。开展各种形式的职业培训、继续教育、技能竞赛和经常性科普活动,提高城镇劳动者科学素质和职业技能,更好地适应经济社会和自身发展的要求。依托街道、社区公共服务场所和设施,建立创新创业场所,提升社区科普能力和创业服务水平,提升居民应用科学知识解决实际问题、改善生活质量、应对突发事件的应变能力,促进居民形成科学文明健康的生活方式。开展老年人科技传播与科普服务,促进健康养老、科学养老。

3. 提高领导干部科学决策和管理水平。把科技教育作为领导干部和公务员培训的重要内容,突出科技知识和科学方法的学习培训,注重科学思想、科学精神的培养。引导领导干部和公务员不断提升科学管理能力和科学决策水平。积极利用网络化、智能化、数字化等教育培训方式,扩大优质科普信息覆盖面,满足领导干部和公务员多样化学习需求。提高领导干部和公务员的科技意识、科学决策能力、科学治理水平和科学生活素质。不断完善领导干部考核评价机制,在领导干部考核和公务员录用中体现科学素质的要求。制定并不断完善领导干部和公务员科学素质监测、评估标准。广泛开展针对领导干部和公务员的科技讲座、科普报告等各类科普活动。

4. 提高部队官兵科学素质。着眼科技强军目标,完善军队科普工作体系,加强军队科普能力建设。开展适合官兵特点的科普活动,传播科技知识,培养科学思想和科学精神。针对使命任务需求,培训科学理论和科学方法,提升官兵打赢信息化战争能力。

(二)加强科普基础设施建设

完善国家科普基础设施体系,大力推进科普信息化,实施科普基础设施建设工程,依托现有资源,因地制宜建设一批国家科普示范基地和国家特色科普基地,充实拓展专业特色科普场馆和基层科普基础设施,提高科普基地的教育、服务能力和水平,支持和推动有条件的科研机构、科研设施、高等学校和企业向公众开放,开展科普活动,提高科普基本服务能力和水平,建立国家科普基地评估评价机制和指标体系。

1. 加强科普场馆设施建设。推进科普基础设施的系统布局,建立以实体科技馆(科技类博物馆)为基础,流动科技馆(科技类博物馆)、学校科技馆、数字科技馆、科普大篷车为延伸,辐射基层科普设施的中国特色现代科技馆体系。支持部门、地方建设适应需求、各具特色的科普基地。进一步优化布局和结构,推动中西部地区和地市级科普基础设施的建设,缩小地区差距。推动有条件的企事业单位、社会团体因地制宜建设一批具有产业、领域或学科特色的专题科普设施。结合基层公共服务设施,统筹建设街道(乡镇)、行政村、社区科技创新(操作)室、科普活动站(室、中心)、科技图书室、科普画廊等基层科普场所。

2. 推进国家科普基地建设。按照需求导向、合理布局、特色鲜明的原则,推进国家科普示范基地和国家特色科普基地建设。依托大科学工程、大科学装置、国家(重点)实验室、重大科研试验场所等现有国家高端科技资源,以及部门、地方和企业带动性、示范性强的科普场所,选择条件成熟的建立国家科普示范基地和特色科普基地,面向公众或特定群体开展科普活动,提升其科技教育与科普服务的示范、带动作用。新建国家重大科研设施要充分考虑科普功能,同步规划、同步设计、同步建设。

3. 提升科普基本服务能力。加强基层科普服务能力建设的内容,着力提高各级各类科普基地、机构的服务能力、水平和成效,推动青少年宫、妇女儿童活动中心、文化宫、图书馆、实体书店、农家书屋、社区阅读中心等增加科普与服务功能;引导海洋馆、野生动物园、主题公园、自然保护区、森林公园、地质公园、动植物园等增强科普与服务功能;支持中小科普场馆充实展教内容,为中小科普场馆提供技术支持和人员培训服务,提高其业务水平;鼓励和支持科普基地结合自身优势,开展进农村、进校园、进社区、进企业、进军营科普活动。加强"流动科技馆(科技类博物馆)"建设,为乡镇学校、特别是边远贫困地区、革命老区、少数民族地区提供科普服务。

(三)提高科普创作研发传播能力

实施科普创作研发提升工程,综合运用政府鼓励、市场激励等手段,激发创作研发活力,推出一批高水平、高品质、多元化的科普作品和产品。实施科技传播能力提升工程,加强科技传播体系建设,充分激发传统媒体的科技传播活力,大力推进新媒体、自媒体等基于移动互联的"互联网＋科普"新技术、新形式的运用,拓展科学技术普及速度、广度、深度,满足社会、公众对生产、生活中相关知识的迫切需求。

1. 提升科普原创能力。加强科普创作人才培养,推动科研人员和文艺工作者的跨界合作。以多元化投资和市场化运作的方式,加大对优秀科普原创作品以及科普创作重要选题的资助,产生一批水平高、社会影响力大的国产原创科普精品。制定科幻创作支持措施,推动我国科幻作品创作与生产进入国际一流水平。支持科普游戏开发,加大传播推广力度。开展全国优秀科普作品、影视、微视频、微电影、动漫的评选推介等活动,推动优秀作品在广播电台、电视台、院线、科普场馆、门户网站等进行播放,扩大科普作品的影响力。以作品征集、推介、评奖等方式,加大对优秀原创科普作品的扶持、奖励力度,激发社会各界人士从事科普作品创作的热情。

2. 增强展品研发能力。鼓励科普机构、科研机构、产学研中心等建立科普产品研发中心,提高科普产品的原始创新能力。建设一批科普影视、科普出版、科普动漫、科普创意等科普创作、研发示范试点。着力增强产品研发团队的能力建设,推动最新科技创新成果向科普产品的转化,支持科普展品(展教具)的研究开发,引导社会力量投身科普展教品研发工作。

3. 提升传统媒体传播力度。引导中央及地方主要新闻媒体加大科普宣传力度,加强科普宣传载体建设,继续发挥好广播电视的传播作用,制作播出贴近生活、丰富多彩、形式多样的科普节目,打造吸引力强、参与度高、受众面广的科普品牌栏目。促进出版单位增加各类科普出版物的品种,提高质量,扩大发行量,综合类和行业类报纸、期刊杂志增加科普栏目的数量和版面。推动各类大众传播机构参与科普作品的创作与制作,加大对重大科技成果、事件、人物及社会热点的宣传力度。

4. 推进科普信息化建设。促进信息技术与科技教育、科普活动融合发展,实现科普理念、科普内容、传播方式、运行和运营等服务模式的不断创新。重视"互联网＋科普"科技传播,以科普的内容信息、服务云、传播网络、应用端为核心,构建科普信息化服务体系。创新基于互联网的科普传播方式和载体,充分发挥微博、微信、移动客户端 APP 等新媒体即时、快速、便捷的传播优势,提高科学传播的吸引力和渗透力。开发一批内容健康、形式活泼、高科技含量的网络科普产品,大力发展网络虚拟科普、数字科普。鼓励和支持重点门户网站、政府网站和新闻网站开设科普专栏,建设网上科普展厅,培育和扶植若干吸引力强的品牌科普网站,促进网站之间开展科技传播交流与合作,提升网络科学传播广度和深度。

5. 创新科学传播方式。创新科普讲解方式,提升科普讲解水平,增强科学体验效果。借助信息技术、特别是互联网技术的发展,实现科学传播方式的创新,推进科普讲解的规范化、标准化,开展科普讲解竞技活动,提高讲解能力和技巧。促进科普展览内容和展览形式的创新,倡导快乐科普理念,增强参与、互动、体验内容。大力应用 VR(虚拟现实)、AR(增强现实)、MR(混合现实)技术,开发科普互动展品、产品,丰富科普内容和传播方式。

(四)加强重点领域科普工作

建立起经常性与应急性相结合的科普工作机制,做好重点领域常态化科普工作,加强社会热点和突发事件的应急科普工作。

1. 做好重点领域科普。围绕信息技术、生物、航天、航空、核、海洋、高端装备制造、新能源、新材料、健康等高新技术产业和战略新兴产业开展形式多样的科普工作,提高公众对战略性新兴产业的认知水平,为产业转型升级,促进经济保持中高速增长奠定良好群众基础。

2. 及时开展应急科普。普及绿色低碳、生态环保、防灾减灾、科学生活、安全健康、节约资源、应急避险、网络安全等知识,针对环境污染、重大灾害、气候变化、食品安全、传染病、重大公众安全等群众关注的社会热点问题和突发事件,及时解读,释疑解惑,做好舆论引导工作。结合重大热点科技事件,组织传媒与科学家共同解读相关领域科学知识,引导公众正确理解和科学认识社会热点事件。对涉及公众健康和安全的工程项目,建立面向公众的科学听证制度,扩大公众对重大科技决策的知情权和参与能力。

3. 发挥品牌活动示范。继续组织实施好"科技活动周"、文化科技卫生"三下乡"、"公众科学日"、"中国航天日"、"科普日"、"院士专家科普巡讲"、"科技列车行"、"科学使者校园行"、"航海日"等品牌科普活动。针对新时期群众性科技活动特点,创新活动手段、丰富活动内容、提升活动效果,使这些活动在时间上延续、在空间上拓展。结合世界地球日、环境日、海洋日、气象日、国际博物馆日等国际纪念日,我国传统节日、防灾减灾日、安全生产月、文化和自然遗产日等,组织开展形式多样、各具特色的主题科普活动。针对新时期农民对科技的需求,创新科普服务的载体和方式,拓展服务的渠道和范围,提升科普服务的水平和质量,深入广泛开展科技特派员、科技入户、科技110、科技专家和致富能手下乡等农村科普活动。鼓励有条件的农村职业学校、成人教育机构、中小学建立科普实验室、科技创新(操作)室、创新屋,使科技人员、科技活动常下乡、常在乡。

4. 提升科普服务能力。推动科技馆、博物馆、少年宫、图书馆、文化馆、基层综合性文化服务中心、公园、动植物园、自然风景区等面向公众开展贴近生产、生活的经常性科普活动,增强科技吸引力,提升科普服务效果。及时通过科普讲座、科普讲解、科学实验演示等方式向社会宣传前沿科技知识,实现高端科技资源科普化。推动高新技术企业、军工企业对公众或特定人员开放研发机构、生产设施,组织开展各种观摩体验活动,让公众近距离感受现代制造业和现代服务业的科技含量。充分利用科普活动站(室)、科普宣传栏、流动科技馆等多种载体,采用群众喜闻乐见的形式,以普及知识、更新观念和传授技能为重点,切实加强对基层,特别是贫困、边远地区群众的科普服务能力。

5. 加强少数民族科普。针对少数民族地区特点,根据少数民族群众对科技的需求,开展适合少数民族特点的双语科普活动,创作、编印制作少数民族文字或双语科普作品。加强流动科普服务队、科普大篷车、流动科技馆建设,将科普服务延伸到少数民族集聚点、流动居住地等。结合少数民族传统节日开展科普志愿服务活动。

(五)推动科普产业发展

1. 促进科普产业发展。以公众科普需求为导向,以多元化投资和市场化运作的方式,推动科普展览、科技教育、科普展教品、科普影视、科普书刊、科普音像电子出版物、科普玩具、科普旅游、科普网络与信息等科普产业的发展。鼓励建立科普园区和产业基地,研究制定科普产业相关技术标准和规范,培育一批具有较强实力和较大规模的科普设计制作、展览、服务企业,形成一批具有较高知名度的科普品牌。

2. 培育科普产品市场。打造科普产品研发、生产、推广、金融全链条对接平台,大力培育科普企业,开发科普新产品,促进科普产业聚集,增强市场竞争力。鼓励举办科普产品博览会、交易会,建设科普产品市场和交易平台,加大对重点科普企业产品的政府采购力度。

3. 开发科普旅游资源。科普场馆、科普机构等加强与旅游部门的合作,提升旅游服务业的科技含量,开发新型科普旅游服务,推荐精品科普旅游线路,推进科普旅游市场的发展。旅游服务设施要发挥科普功能,开发和充实旅游景区(点)、乡村旅游点等旅游开放场所的科普内容,制定科普旅游设施与服务标准与规范。探索新型的科普旅游形式,满足公众对科普旅游日益增长的社会需求。

4. 促进创新创业与科普结合。推进科研与科普的结合,在国家科技计划项目实施中进一步明确科普义务和要求,项目承担单位和科研人员要主动面向社会开展科普服务。促进创业与科普的结合,鼓励和引导众创空间等创新创业服务平台面向创业者和公众开展科普活动。推动科普场馆、科普机构等面向创新创业者开展科普服务。鼓励科研人员积极参与创新创业服务平台和孵化器的科普活动,支持创客参与科普产品的设计、研发和推广。

(六)营造鼓励创新的文化环境

营造崇尚创新的文化环境,加快科学精神和创新价值的传播塑造,动员全社会更好理解和投身科技创新。营造鼓励探索、宽容失败和尊重人才、尊重创造的氛围,加强科研诚信、科研道德、科研伦理建设和社会监督,培育尊重知识、崇尚创造、追求卓越的创新文化。

1. 大力弘扬科学精神。紧紧围绕培育弘扬社会主义核心价值观,把弘扬科学精神作为社会主义先进文化建设的重要内容。大力弘扬求真务实、勇于创新、追求卓越、团结协作、无私奉献的科学精神。鼓励学术争鸣,激发批判思维,提倡富有生气、不受约束、敢于发明和创造的学术自由。引导科技界和科技工作者强化社会责任,报效祖国,造福人民,在践行社会主义核心价值观、引领社会良好风尚中率先垂范。

坚持制度规范和道德自律并举原则,建设教育、自律、监督、惩治于一体的科研诚信体系。积极开展科研诚信教育和宣传。完善科研诚信的承诺和报告制度等,明确学术不端行为监督调查惩治主体和程序,加强监督和对科研不端行为的查处和曝光力度。实施科研严重失信行为记录制度,对于纳入严重失信记录的责任主体,在项目申报、职位晋升、奖励评定等方面采取限制措施。发挥科研机构和学术团体的自律功能,引导科技人员加强自我约束、自我管理。加强对科研诚信、科研道德的社会监督,扩大公众对科研活动的知情权和监督权。倡导负责任的研究与创新,加强科研伦理建设,强化科研伦理教育,提高科技工作者科研伦理规范意识,引导企业在技术创新活动中重视和承担保护生态、保障安全等社会责任。

2. 增进科技界与公众互动互信。加强科技界与公众的沟通交流,塑造科技界在公众中的良好形象。在科技规划、技术预测、科技评估以及科技计划任务部署等科技管理活动中扩大公众参与力度,拓展有序参与渠道。围绕重点热点领域积极开展科学家与公众对话,通过开放论坛、科学沙龙、科学咖啡馆、科学之夜和展览展示等形式,创造更多科技界与公众交流的机会。加强科技舆情引导和动态监测,建立重大科技事件应急响应机制,抵制伪科学和歪曲、不实、不严谨的科技报道。

3. 培育企业家精神与创新文化。大力培育中国特色创新文化,增强创新自信,积极倡导敢为人先、勇于冒尖、宽容失败的创新文化,形成鼓励创新的科学文化氛围,树立崇尚创新、创业致富的价值导向,大力培育企业家精神和创客文化,形成吸引更多人才从事创新活动和创业行为的社会导向,使谋划创新、推动创新、落实创新成为自觉行动。引导创新创业组织建设开放、平等、合作、民主的组织文化,尊重不同见解,承认差异,促进不同知识、文化背景人才的融合。鼓励创新创业组织建立有效激励机制,为不同知识层次、不同文化背景的创新创业者提供平等的机会,实现创新价值的最大化。鼓励建立组织内部众创空间等非正式交流平台,为创新创业提供适宜的软环境。加强科技创新宣传力度,报道创新创业先进事迹,树立创新创业典型人物,进一步形成尊重劳动、尊重知识、尊重人才、尊重创造的良好风尚。

4. 优化有利于创新的科研环境。改进高校、科研院所评价标准,实行科技人才分类评价,对从事不同科研活动的人员采取不同的评价指标与方法。倡导百家争鸣、百花齐放的学术研究氛围,学术研究中要尊重科学家个性,鼓励敢于冒尖,质疑探索。加强批判性思维和创新创业教育,在全社会形成鼓励创造、追求卓越的价值导向,推动创新成为民族精神的重要内涵。营造宽松包容的科研氛围,保障科研人员学术自由。充分发挥学术共同体的作用,鼓励不同领域和组织的学者合作创新。促进公众了解创新环境和创业历程,承认创新价值。创新投资意识和投融资手段,健全适合创新创业特点的收益分配、风险投资和社会保障体系,发展众创空间、创新工场、创业咖啡、创业集训营等多种形式的创业辅导场所。引导创业组织加强内部创新文化建设,形成开放、平等、民主的组织文化。

(七)积极开展国际交流与合作

加强科普和创新文化的国际交流与合作。学习国外先进科普理念,引进先进的展教用品等优质科普资源;支持优秀的科普展品、作品走出去。搭建科普和创新文化的国际交流合作平台,合作举办国际或区域性科普和创新文化活动。

1. 加强国家科普资源合作共享。拓展与发达国家科普交流与合作的渠道和领域,在国际科技合作交流中增加科普内容。鼓励学会、协会、研究会等与国外深入开展科普交流与合作。引进国外先进的科普展教用品、优秀的图书、音像电子出版物等科普资源,支持与国际知名科普研发机构合作。支持优秀科普展品、作品走向世界。加强创新文化、多元文化融合等相关主题的合作交流。借鉴发达国家科普和创新文化建设成功经验。

2. 促进"一带一路"沿线国家交流合作。合作举办科技竞赛、青少年科普交流考察活动。开展"一带一路"沿线国家科普人员的交流和培训合作,促进科普展品互展活动。加强创新文化建设交流,相互借鉴创新文化建设的成功经验和做法。推进举办"一带一路"国际科学节等活动。

3. 深化"海峡两岸及香港、澳门"科普和创新文化合作。加强内地与港澳台地区的科普展教具交流与互展活动,合作开展各种主题的科技活动周、科学节等群众性科技活动,继续支持澳门特别行政区办好科技活动周。开展科普夏令营、冬令营、科普乐园等青少年科普交流活动。

(八)加强国防科普能力建设

加强国防科普力量体系建设,完善政策法规和工作机制;加强军地协调配合,提高国防科普创作、研发和传播能力;发挥国防科普资源、科普作品作用,普及国防科技知识,提高国防观念和科学素质,更好地为国防和军队现代化建设服务。

1. 面向全民普及国防科技知识。弘扬国防精神和科学精神,提高公众国防观念和科学素质,激发爱国热情,使其关心和支持国防建设,更好地为国防和军队现代化建设服务。

2. 开展科普进军营等各类活动。组织部队官兵参观科研机构、科普场馆、科普基地,组织科普工作者、流动科普设施进军营,开展多种形式的科普活动,提高部队官兵科学素质。

四、主要措施

加强组织领导,明确分工责任,强化规划实施中的协调管理,形成规划实施的合力与相关制度保障。

(一)健全组织领导协调机制

在全国科普工作联席会议制度的组织协调下,建立相关部门、各地方协同推进的规划实施机制。建立健全部门联席、军民融合、省市联动、媒体合作、专家协作的常态化科普协调机制和应急科普工作机制,统筹协调科技传播与科普服务工作。相关部门、各地方应依据本规划,结合实际,强化相关部门、地方科普和创新文化规划部署,做好与规划主要目标的衔接。充分调动和激发社会各界的积极性,广泛动员各方力量,共同推动规划顺利实施。

(二)完善科普发展政策法规

落实支持科普发展的税收优惠政策,制定加强科普能力建设的具体措施,提高科普场馆研发和展教水平。研究制定国家科普基地建设管理办法,规范评价评估标准,加强对科普基地建设的引导和规范管理。研究制定科普产业相关技术标准,推动科普产业享受高新技术产业、创意产业和文化产业的相关优惠政策。各地政府应完善财政投入机制,为科普和创新文化建设目标的实现提供支撑。广泛吸纳境内外企业、机构、个人的资金和物资,支持科普和创新文化活动。建立政府公共科普服务平台,培育创新文化环境。

(三)落实重点任务分工

细化落实本规划提出的主要目标和重点任务,建立规划重点任务、主要措施的分工实施方案,与规划任务内容对标并进行审查。健全部门之间、中央与地方之间、军地之间的科普工作沟通协调机制,加强不同任务间的有机衔接,确保规划提出的各项任务落到实处。

(四)加强规划实施监测评估

开展《科普法》执法检查,强化政府部门科普工作的责任和义务,依据《中国公民科学素质基准》开展公民科学素质测评工作。开展规划实施情况的动态监测和第三方评估,把监测和评估结果作为改进政府科普和创新文化管理工作的重要依据。将科普绩效纳入科研人员职称评定、国家科技计划项目考核。推进区域科普发展指数评价,实现政府对科普事业发展及公民科学素质的有效监测。建立创新文化评价考核体系,引导创新文化持续健康发展。定期发布国家科普和创新文化相关统计数据,为科普能力建设和创新文化培养提供权威大数据平台。加强宣传引导,调动和增强社会各方面落实规划的主动性、积极性。加快完善包容创新的文化环境,形成人人崇尚创新、人人渴望创新、人人皆可创新的社会氛围。

中国科协　财政部印发《关于进一步加强基层科普服务能力建设的意见》的通知

(科协发普字〔2017〕45 号　2017 年 7 月 11 日)

各省(自治区、直辖市)科协、财政厅(局),新疆生产建设兵团科协、财务局:

为深入贯彻落实《国家创新驱动发展战略纲要》和《全民科学素质行动计划纲要(2006—2010—2020 年)》,创新基层科普服务理念和服务方式,提升基层科普服务的覆盖面、实效性和获得感,深入实施基层科普行动计划,中国科协、财政部研究制定了《关于进一步加强基层科普服务能力建设的意见》,现印发给你们,请结合实际,做好贯彻落实。

中国科协　财政部
2017 年 7 月 11 日

关于进一步加强基层科普服务能力建设的意见

为深入贯彻落实《国家创新驱动发展战略纲要》和《全民科学素质行动计划纲要(2006—2010—2020 年)》,创新基层科普服务理念和服务方式,提升基层科普服务的覆盖面、实效性和获得感,深入实施基层科普行动计划,增加科普公共服务产品供给,促进科普公平普惠,实现我国公民科学素质建设目标,为全面建成小康社会和建设创新型国家厚植公民科学素质基础,现就进一步规范基层科普行动计划,充分发挥中央和地方两个积极性,进一步加强基层科普服务能力建设提出如下意见。

一、深入推进基层科普行动计划实施。基层科普行动计划启动实施以来,中央财政采用"以奖代补、奖补结合"的方式,充分调动各地科普组织和社会各方开展基层科普公共服务的积极性,在示范引领广大农民依靠科技增收致富,助力农业现代化发展,带动城乡居民提高科学素质,建立科学、文明、健康的生产和生活方式等方面取得显著成效。第九次中国公民科学素质抽样调查显示:2015 年我国具备科学素质的公民比例达到 6.20%,比 2010 年的 3.27%提高近90%,比 2005 年的 1.60%提升近 3 倍。目前,我国正处在全面建成小康社会攻坚拔寨的关键阶段,国家已将到 2020 年公民具备科学素质的比例超过 10％纳入《中华人民共和国国民经济和社会发展第十三个五年规划纲要》。公民科学素质事关全面建成小康社会的群众基础,迫切需要解决不同地区间、不同人群间科普公共服务机会不均等、基层科普公共服务薄弱等问题。

2017 年,随着基层科普公共服务长效机制的建立和完善,基层科普行动计划由专项行动转变为一项提升公民科学素质的常规性工作。各级科协和财政部门要积极主动适应基层科普行动计划实施方式的改革,坚持创新、提升、协同、普惠的科普服务理念,以增加公民科学素质建设薄弱地区和基层的科普服务供给为重点,紧密结合各地实际,继承丰富内涵,创新工作抓手,强化政策指导,合理安排基层科普行动计划投入,为基层科普公共服务产品供给注入新动能。

二、全面提升公民科学素质薄弱地区科普公共服务供给能力。坚持"保基本、补短板",以革命老区、民族地区、边疆地区、集中连片贫困地区等公民科学素质薄弱地区为重点,加大优质科普公共资源的倾斜。大力加强基层科普组织和科普人才队伍建设,大力推动农民专业技术合作组织创新升级,加强少数民族科普工作队伍建设。充分发挥现有设施资源和线上科普信息作用,建设完善科技场馆、科普示范基地、科普中国 e 站等基层科普新阵地,拓展和发挥科普功能。深入组织开展全国科普日、"科普文化进万家"等科普活动。鼓励经济发达地区对口支援公民科学素质薄弱地区科普服务能力建设。

三、大力加强"科普中国"信息服务应用。遵循"两级建设、四级应用"原则,充分利用科普中国云,精细分类信息内容,充分利用电视台、广播电台、网络传播、移动终端传播等多渠道传播途径,建立以科普员为主体的科普大社群传播圈,充分利用微信、微博等新媒体平台和运行有影响力的科普公众号,按照需求定向实时精准地将科普信息送达基层群众。开展"科普中国? 百城千校万村行动",加大对公民科学素质薄弱地区群众及青少年等重点人群的科普信息服务定制化推送力度。

四、创新基层科普投入和工作保障机制。基层科普公共服务能力建设是事关全面建成小康社会,增进人民福祉,让人民群众有更多获得感的大事。各级科协和财政部门要在党委和政府的领导下,把基层科普服务能力建设纳入重要议事日程,立足各地实际,创新基层科普的支持方式,加大资金统筹,合理保障基层科普公共服务投入。有需要的地方可设立科普工作专项,支持基层科普服务能力建设。推动整合基层公共文化资源,支持开展科普公共服务,增加科普公共服务产品供给。做好政府向社会力量购买科普服务工作,推动基层科普公共服务社会化发展,提高科普公共服务效能。鼓励发展"互联网＋基层科普服务",探索创新众筹、众包、众扶等基层科普服务新模式,探索政府和社会资本合作(PPP)的基层科普公共服务供给新模式,吸引社会资本参与提供基层科普公共服务产品。各级科协组织要充分发挥开放型、枢纽型、平台型的组织优势,进一步完善基层公民科学素质建设联合协作机制,形成社会广泛参与基层科普服务的生动局面。

五、组织开展基层科普服务工作考核。各省级科协和财政部门要加强对本辖区基层科普行动计划实施工作的监督,加大基层科普公共服务供给。推动基层科普服务供给与群众科普需求有效对接,建立群众科普需求反馈机制。中国科协将制定工作考核细则,对各地实施基层科普行动计划工作绩效进行考核。探索建立基层科普行动计划实施工作实时反馈机制,并对各地基层科普服务能力建设工作的典型经验和先进事迹进行宣传和推广。

财政部 税务总局关于延续宣传文化增值税优惠政策的通知

（财税〔2018〕53号 2018年6月5日）

各省、自治区、直辖市、计划单列市财政厅（局）、国家税务局，新疆生产建设兵团财政局，财政部驻各省、自治区、直辖市、计划单列市财政监察专员办事处：

为促进我国宣传文化事业的发展，继续实施宣传文化增值税优惠政策。现将有关事项通知如下：

一、自2018年1月1日起至2020年12月31日，执行下列增值税先征后退政策。

（一）对下列出版物在出版环节执行增值税100％先征后退的政策：

1. 中国共产党和各民主党派的各级组织的机关报纸和机关期刊，各级人大、政协、政府、工会、共青团、妇联、残联、科协的机关报纸和机关期刊，新华社的机关报纸和机关期刊，军事部门的机关报纸和机关期刊。

上述各级组织不含其所属部门。机关报纸和机关期刊增值税先征后退范围掌握在一个单位一份报纸和一份期刊以内。

2. 专为少年儿童出版发行的报纸和期刊，中小学的学生课本。

3. 专为老年人出版发行的报纸和期刊。

4. 少数民族文字出版物。

5. 盲文图书和盲文期刊。

6. 经批准在内蒙古、广西、西藏、宁夏、新疆五个自治区内注册的出版单位出版的出版物。

7. 列入本通知附件1的图书、报纸和期刊。

（二）对下列出版物在出版环节执行增值税先征后退50％的政策：

1. 各类图书、期刊、音像制品、电子出版物，但本通知第一条第（一）项规定执行增值税100％先征后退的出版物除外。

2. 列入本通知附件2的报纸。

（三）对下列印刷、制作业务执行增值税100％先征后退的政策：

1. 对少数民族文字出版物的印刷或制作业务。

2. 列入本通知附件3的新疆维吾尔自治区印刷企业的印刷业务。

二、自2018年1月1日起至2020年12月31日，免征图书批发、零售环节增值税。

三、自 2018 年 1 月 1 日起至 2020 年 12 月 31 日,对科普单位的门票收入,以及县级及以上党政部门和科协开展科普活动的门票收入免征增值税。

四、享受本通知第一条第(一)项、第(二)项规定的增值税先征后退政策的纳税人,必须是具有相关出版物出版许可证的出版单位(含以"租型"方式取得专有出版权进行出版物印刷发行的出版单位)。承担省级及以上出版行政主管部门指定出版、发行任务的单位,因进行重组改制等原因尚未办理出版、发行许可证变更的单位,经财政部驻各地财政监察专员办事处(以下简称财政监察专员办事处)商省级出版行政主管部门核准,可以享受相应的增值税先征后退政策。

纳税人应将享受上述税收优惠政策的出版物在财务上实行单独核算,不进行单独核算的不得享受本通知规定的优惠政策。违规出版物、多次出现违规的出版单位及图书批发零售单位不得享受本通知规定的优惠政策,上述违规出版物、出版单位及图书批发零售单位的具体名单由省级及以上出版行政主管部门及时通知相应财政监察专员办事处和主管税务机关。

五、已按软件产品享受增值税退税政策的电子出版物不得再按本通知申请增值税先征后退政策。

六、本通知规定的各项增值税先征后退政策由财政监察专员办事处根据财政部、国家税务总局、中国人民银行《关于税制改革后对某些企业实行"先征后退"有关预算管理问题的暂行规定的通知》(〔94〕财预字第 55 号)的规定办理。

七、本通知的有关定义:

(一)本通知所述"出版物",是指根据国务院出版行政主管部门的有关规定出版的图书、报纸、期刊、音像制品和电子出版物。所述图书、报纸和期刊,包括随同图书、报纸、期刊销售并难以分离的光盘、软盘和磁带等信息载体。

(二)图书、报纸、期刊(即杂志)的范围,仍然按照《国家税务总局关于印发〈增值税部分货物征税范围注释〉的通知》(国税发〔1993〕151 号)的规定执行;音像制品、电子出版物的范围,按照《财政部 国家税务总局关于简并增值税税率有关政策的通知》(财税〔2017〕37 号)的规定执行。

(三)本通知所述"专为少年儿童出版发行的报纸和期刊",是指以初中及初中以下少年儿童为主要对象的报纸和期刊。

(四)本通知所述"中小学的学生课本",是指普通中小学学生课本和中等职业教育课本。普通中小学学生课本是指根据教育部中、小学教学大纲的要求,由经国务院教育行政主管部门审定,并取得国务院出版行政主管部门批准的教科书出版、发行资质的单位提供的中、小学学生上课使用的正式课本,具体操作时按国家和省级教育行政部门每年春、秋两季下达的"中小学教学用书目录"中所列的"课本"的范围掌握;中等职业教育课本是指经国家和省级教育、人力资源社会保障行政部门审定,供中等专业学校、职业高中和成人专业学校学生使用的课本,具体操作时按国家和省级教育、人力资源社会保障行政部门每年下达的教学用书目录认定。中小学的学生课本不包括各种形式的教学参考书、图册、自读课本、课外读物、练习册以及其他各类辅助性教材和辅导读物。

(五)本通知所述"专为老年人出版发行的报纸和期刊",是指以老年人为主要对象的报纸和期刊,具体范围详见附件 4。

(六)本通知第一条第(一)项和第(二)项规定的图书包括"租型"出版的图书。

(七)本通知所述"科普单位",是指科技馆、自然博物馆,对公众开放的天文馆(站、台)、气象台(站)、地震台(站),以及高等院校、科研机构对公众开放的科普基地。

本通知所述"科普活动",是指利用各种传媒以浅显的、让公众易于理解、接受和参与的方式,向普通大众介绍自然科学和社会科学知识,推广科学技术的应用,倡导科学方法,传播科学思想,弘扬科学精神的活动。

八、本通知自 2018 年 1 月 1 日起执行。《财政部 国家税务总局关于延续宣传文化增值税和营业税优惠政策的通知》(财税〔2013〕87 号)同时废止。

按照本通知第二条和第三条规定应予免征的增值税,凡在接到本通知以前已经征收入库的,可抵减纳税人以后月份应缴纳的增值税税款或者办理税款退库。纳税人如果已向购买方开具了增值税专用发票,应将专用发票追回后方可申请办理免税。凡专用发票无法追回的,一律照章征收增值税。

附件:
1. 适用增值税 100% 先征后退政策的特定图书、报纸和期刊名单
2. 适用增值税 50% 先征后退政策的报纸名单
3. 适用增值税 100% 先征后退政策的新疆维吾尔自治区印刷企业名单
4. 专为老年人出版发行的报纸和期刊名单

财政部 税务总局
2018 年 6 月 5 日

附件 1:

适用增值税 100％先征后退政策的
特定图书、报纸和期刊名单

1.《半月谈》(CN11－1271/D)和《半月谈内部版》(CN11－1599/D)

2. 新华通讯社的刊号为 CN11－1363/D、CN11－4165/D、CN11－4166/D、CN11－4164/D、CN11－4139/D 和 CN11－4140/D 的期刊

3.《法制日报》(CN11－0080)

4.《检察日报》(CN11－0187)

5.《人民法院报》(CN11－0194)

6.《中国日报》(CN11－0091)

7.《中国纪检监察报》(CN11－0176)

8.《光明日报》(CN11－0026)

9.《经济日报》(CN11－0014)

10.《农民日报》(CN11－0055)

11.《人民公安报》(CN11－0090)

12.《中国妇女》[CN11－1245/C,CN11－1704/C(英文)]

13.《长安》(CN11－3295/D)

14.《中国火炬》(CN11－3316/C)

15.《中国纪检监察》(CN10－1269/D)

16.《环球时报》[CN11－0215,CN11－0272(英文版)]

17.《中共中央办公厅通讯》[CN11－4129/D]

18.《科技日报》[CN11－0078]

19. 国务院侨办组织编写的背面印有"本书国务院侨办推展海外华文教育免费赠送"字样的华文教材(含多媒体教材)。

附件 2：

适用增值税 50％先征后退政策的报纸名单

类别	享受政策的报纸	代码
一、综合类报纸	1. 国际时政类报纸	133
	2. 外宣类报纸	134
	3. 其他类报纸	135
二、行业专业类报纸	1. 经济类报纸	201
	2. 工业产业类报纸	202
	3. 农业类报纸	203
	4. 文化艺术类报纸	206
	5. 法制公安类报纸	207
	6. 科技类报纸	208
	7. 教育类报纸	209
	8. 新闻出版类报纸	214
	9. 信息技术类报纸	215
	10. 其他类报纸	216

说明：1. 根据《新闻出版署关于印发〈报纸期刊年度核验办法〉的通知》（新出报刊〔2006〕181 号），报纸类别由各省出版行政主管部门根据报纸审批、变更时所认定的类别或根据报纸办报宗旨确定。具体类别或代码以出版行政主管部门出具的《报纸出版许可证》中"类别"栏标明的内容为准。

2. 对 2008 年底以前颁发的《报纸出版许可证》，如果没有标明相应报纸类别或代码的，应在报经国务院出版行政主管部门确认并出具证明后，再根据相应类别确定是否适用退税政策。

附件 3：

适用增值税 100％先征后退政策的
新疆维吾尔自治区印刷企业名单

序号	企业名称
1	新疆新华印刷厂
2	新疆新华印刷二厂
3	新疆八艺印刷厂

序号	企业名称
4	新疆日报社印务中心
5	新疆生产建设兵团印刷厂
6	新疆蓝天铁路印务有限公司
7	新疆维吾尔自治区地矿彩印厂
8	乌鲁木齐隆益达印务有限公司
9	乌鲁木齐市海洋彩印有限公司
10	乌鲁木齐市大陆桥教育印刷厂
11	乌鲁木齐八家户彩印有限公司
12	乌鲁木齐晚报社印务中心
13	新疆金版印务有限公司
14	哈密日报社印务中心(有限公司)
15	新疆伊犁日报印刷厂
16	新疆大众彩印有限责任公司
17	克拉玛依市独山子天利人印务有限公司
18	新疆巴音郭楞日报社印刷厂
19	巴州好彩彩印有限责任公司
20	阿克苏飞达印务有限责任公司
21	喀什日报社印刷厂
22	喀什维吾尔文出版社彩印厂
23	新疆晨新印务有限责任公司
24	石河子报社印刷厂
25	博尔塔拉报社印刷厂
26	阿勒泰地区报社印刷厂
27	新疆阿克苏新华印务有限责任公司
28	克孜勒苏日报社印刷厂
29	新疆和田日报社印刷厂
30	新疆塔城中信天成印刷有限责任公司
31	新疆新华华龙印务有限责任公司
32	新疆一龙印刷有限公司
33	新疆恒远中汇彩印包装股份有限公司
34	新疆兴华夏彩印有限公司
35	新疆朝阳印刷有限责任公司

序号	企业名称
36	乌鲁木齐红色印务包装有限公司
37	新疆八百印务有限公司
38	新疆翼百丰印务有限公司
39	乌鲁木齐市冠雄印刷有限公司
40	新疆统计印刷厂
41	伊犁伊力特印务有限责任公司
42	乌鲁木齐精彩阳光印刷包装有限公司
43	新疆准东顶佳工贸有限责任公司
44	新疆维吾尔自治区财政厅印刷厂
45	新疆兴东印刷包装有限公司
46	新疆育人教育招生考试印务有限公司
47	乌鲁木齐大金马印务有限责任公司
48	新疆超亚印刷有限公司
49	新疆金新印刷厂
50	新疆新七彩印刷有限公司
51	乌鲁木齐网典方正多媒体制作有限公司
52	乌鲁木齐旭鸿工贸有限公司
53	乌鲁木齐昊坤彩印有限公司
54	乌鲁木齐市科恒彩印有限公司
55	昌吉州升华印刷有限责任公司
56	乌鲁木齐松瑞印刷有限公司
57	乌鲁木齐光大印刷有限公司
58	乌鲁木齐市博文印务有限公司
59	新疆双星彩印有限责任公司
60	乌鲁木齐新盾印务有限公司
61	乌鲁木齐大路印务有限公司
62	新疆日报社南疆印务中心

附件 4：

专为老年人出版发行的报纸和期刊名单

类别	序号	名称	刊号
一、报纸	1	中国老年报	CN11－0031
	2	中老年时报	CN12－0024
	3	燕赵老年报	CN13－0027
	4	老友导报	CN14－0064
	5	辽宁老年报	CN21－0023
	6	晚晴报	CN21－0025
	7	老年日报	CN23－0018
	8	上海老年报	CN31－0026
	9	老年周报	CN32－0004
	10	浙江老年报	CN33－0097
	11	安徽老年报	CN34－0051
	12	福建老年报	CN35－0008
	13	老年生活报	CN37－0099
	14	老年文汇报	CN42－0074
	15	广州市老人报	CN44－0099
	16	广西老年报	CN45－0058
	17	晚霞报	CN51－0056
	18	贵州老年报	CN52－0033
	19	云南老年报	CN53－0035
	20	陕西老年报	CN61－0041
	21	老年康乐报	CN65－0064
	22	老年康乐报（维文版）	CN65－0064/－W
	23	益寿文摘	CN34－0042
	24	老年文摘报	CN15－0062
	25	快乐老人报	CN43－0024
	26	生活晚报	CN65－0023
二、期刊	27	中国老年	CN11－1146/C
	28	老人世界	CN13－1123/C

类别	序号	名称	刊号
	29	山西老年	CN14－1009/C
	30	老年世界	CN15－1013/C
	31	老同志之友	CN21－1006/C
	32	夕阳红	CN22－1325/C
	33	退休生活	CN23－1003/C
	34	老年学习生活	CN23－1090/C
	35	银潮	CN32－1385/C
	36	老友	CN36－1240/C
	37	老年教育	CN37－1007/G4
	38	老人春秋	CN41－1217/C
二、期刊	39	当代老年	CN42－1297/D
	40	老年人	CN43－1261/C
	41	秋光	CN44－1493/C
	42	老年知音	CN45－1252/G0
	43	晚霞	CN51－1449/C
	44	晚晴	CN52－1006/C
	45	金秋	CN61－1385/C
	46	老年博览	CN62－1174/C
	47	金色年代	CN31－1994/C
	48	老干部之家	CN37－1507/C
	49	新天地	CN11－5523/C
	50	乐活老年	CN21－1595/C

应急管理部　教育部　科技部　中国科协
中国地震局关于印发《加强新时代防震
减灾科普工作的意见》的通知

（应急〔2018〕57 号　2018 年 7 月 25 日）

各省、自治区、直辖市应急管理部门、地震局、教育厅（教委）、科技厅（委）、科协、中国地震局各直属单位：

为深入贯彻党的十九大和十九届三中全会精神，全面贯彻习近平总书记关于防灾减灾救灾重要论述，进一步提高全社会防御地震灾害的知识和能力，促进全社会共同减轻地震风险，全面提升抵御地震灾害综合防范能力，应急管理部、教育部、科技部、中国科协、中国地震局制定了《加强新时代防震减灾科普工作的意见》。现印发给你们，请结合实际强化协同配合，认真贯彻落实。

应急管理部　教育部　科学技术部
中国科学技术协会　中国地震局
2018 年 7 月 25 日

加强新时代防震减灾科普工作的意见

为深入贯彻习近平新时代中国特色社会主义思想和党的十九大精神，全面落实习近平总书记防灾减灾救灾重要论述，进一步做好新时代防震减灾科学普及工作，提升全民防震减灾科学素质，提高全社会防震减灾综合能力，现就加强新时代防震减灾科普工作提出如下意见：

一、深刻认识加强新时代防震减灾科普工作的重要意义

（一）加强防震减灾科普是落实习近平总书记防灾减灾救灾重要论述的必然要求。习近平总书记强调，同自然灾害抗争是人类生存发展的永恒课题。要更加自觉地处理好人和自然的关系,正确处理防灾减灾救灾和经济社会发展的关系,不断从抵御各种自然灾害的实践中总结经验、落实责任、完善体系、整合资源、统筹力量,提高全民防灾抗灾意识,全面提高国家综合防灾减灾救灾能力。做好新时代防震减灾科普工作,必须以习近平总书记防灾减灾救灾重要论述为指导,坚持以人民为中心的发展思想,全面增强公众的防震减灾知识和风险防范意识,切实提升应急避险和自救互救能力。

(二)加强防震减灾科普工作是提高全民科学素质的现实需求。我国地震多、强度大、分布广、灾害重的国情,迫切需要提高社会公众自身科学素质。防震减灾科普工作是提升防震减灾科普软实力、促进全民科学素质提高的重要途径。做好防震减灾科普工作,必须以习近平总书记科学普及重要论述为统领,大力普及防震减灾科学知识,弘扬防震减灾科学精神,传播防震减灾科学思想,倡导防震减灾科学方法,掀起防震减灾科普热潮,提升公众科学素质,为全面提升防震减灾综合能力奠定坚实基础,为实现建设世界科技强国和"两个一百年"奋斗目标筑牢群众基础和社会基础。

(三)加强防震减灾科普工作是更有效保障人民群众生命财产安全的重要支撑。习近平总书记强调,科技创新、科学普及是实现创新发展的两翼,要把科学普及放在与科技创新同等重要的位置。地震安全是人民安全需求的重要方面,是人民美好生活需要的重要组成部分。中国特色社会主义进入新时代,党中央、国务院对防震减灾提出更高要求,人民群众对地震安全的期待更加迫切,人民日益增长的美好生活需要与防震减灾事业不平衡不充分的发展之间的矛盾已经成为防震减灾事业发展的主要矛盾。作为防震减灾工作的重要基础环节,防震减灾科普必须紧密围绕经济社会发展和人民群众需求,不断丰富工作内涵,创新科普方式,挖掘科普资源,打造科普精品,构建科普新格局,提高科普服务能力,更有效保障人民群众生命财产安全。

二、加强新时代防震减灾科普工作的总体思路和主要目标

加强新时代防震减灾科普工作,就是要以习近平新时代中国特色社会主义思想为指导,深入贯彻党的十九大精神,全面落实习近平总书记防灾减灾救灾重要论述,坚持以人民为中心的发展思想,大力普及防震减灾科学技术知识、弘扬科学精神、传播科学思想、倡导科学方法、培育减灾文化,增强应对重大地震灾害风险的社会动员能力,提升公众防震减灾科学素质和参与防震减灾活动的意识和主动性以及应急避险技能,更有效保障人民群众生命财产安全。

2025年,建成政府推动、部门协作、社会参与的防震减灾科普工作格局,实现防震减灾科普创新化、协同化、社会化、精准化。

——防震减灾科普主题更加突出。坚持以人民为中心的发展思想,以提升公众防震减灾科学素质为主线,更加关注和保障人民生命财产安全,深入普及地震灾害"防的知识、抗的方法、救的技能",倡导与地震风险共处的理念,促进人与自然和谐相处。

——防震减灾科普产品更加丰富。综合运用政府推动、市场参与等手段,激发防震减灾科普创作活力。加强资源开放共享,探索建立防震减灾科普项目化管理模式,形成适应城镇劳动者、青少年和儿童、社区居民、农牧民等不同群体需求,满足科学防震、科学避震、科学减灾要求,集科学性、权威性、趣味性于一体的更加丰富的防震减灾科普系列作品。

——防震减灾科普能力大幅提升。加大防震减灾科普基地建设,推进防震减灾纳入科技场馆建设,发挥地震遗址遗迹科普作用,推动科技设施向公众开放。推进防震减灾科普信息化,建设防震减灾科普资源库和新媒体传播平台,拓宽互联网传播渠道,提高防震减灾科普传播覆盖面。加强人才队伍建设,培养专兼结合的防震减灾科普创作队伍和专家队伍,提升防震减灾科普的服务能力和水平。

——防震减灾科普工作机制更加健全。有效利用全社会科普资源,加快完善开放合作、资源共享的防震减灾科普工作机制。不断健全科普工作激励和社会力量参与机制,防震减灾科普社会化工作格局基本形成,部门联合协作的工作机制不断完善,防震减灾科普工作的合力不断增强。

三、全力打造防震减灾科普精品

加强防震减灾科普作品创作。大力提高科普作品供给能力,综合运用政府推动、市场参与等手段,激发创作研发活力,加强资源开放共享,探索建立防震减灾科普项目化管理模式,创作一批适应不同对象的多元化防震减灾科普作品。实施防震减灾科普精品创作计划,加大对国产防震减灾原创科普精品的扶持力度,鼓励应用虚拟现实、增强现实、混合现实等新技术,丰富科普作品的内容和表现形式,打造一批集科学性、权威性、趣味性于一体的高品质科普精品。

强化防震减灾科普阵地建设。建设一批集研学、参观、体验和训练等功能于一体的高品质防震减灾科普基地,充分发挥地震遗址遗迹的科学教育作用,推动实验室、工程研究中心等科技平台向公众开放。统筹利用社会资源,采取自建与社会共建相结合的机制,建设一批防震减灾专业科普场馆,推进防震减灾科普纳入各级各类科技场馆、数字科技馆、教育培训基地,形成以实体科普馆、流动科普馆、科普大篷车和数字科普馆等为依托的具有地域特色的现代防震减灾科普场馆体系,提高防震减灾科普服务能力和水平。

四、努力创新防震减灾科普方式

推进防震减灾科普"互联网+"。推进防震减灾科普全媒体中心建设,加强新媒体科普资源创作与开发,打造权威防震减灾科普网站和新媒体传播平台,建立新媒体传播矩阵。加强与各主流网络平台合作,鼓励开展防震减灾科普增值服务,推进防震减灾科普内容建设,拓宽移动互联网科学传播渠道,实现防震减灾科普分众传播和精准推送,提升防震减灾科普传播方式现代化水平。

创新科普活动方式。进一步创新防震减灾科普进学校、进机关、进企事业单位、进社区、进农村、进家庭活动方式,继续打造"平安中国"防灾宣导系列品牌活动。全面推进防震减灾知识竞赛、科普大讲堂、作品大赛、科普讲解比赛等活动,推动防震减灾专项科普活动。集中做好中小学安全教育日、全国防灾减灾日、全国科技活动周、全国科普日等重要时段科普活动和地震应急避险演练。拓展社会公众参与、互动、体验渠道,创新活动手段,丰富活动内容,扩大活动的影响力和覆盖面,营造全社会参与防震减灾科普活动的浓厚氛围。

五、着力构建防震减灾科普新格局

加强部门合作。各级应急管理、地震、教育、科技、科协等部门要加强协调,在作品创作、资源共享、师资培训、重大活动等方面密切合作,合力推进防震减灾科普工作。将防震减灾科普纳入学校安全教育教学活动,推进学校常态化开展地震等应急疏散演练。推动防震减灾科普基地联盟建设,加强科普人才队伍建设和科普作品创作与推广,加强民族地区和少数民族防震减灾科普工作。积极推进防震减灾知识纳入各级党校(行政学院)培训内容。加强与广播电视等主流媒体合作,开设防震减灾专题专栏。

调动社会力量参与。研究制定和完善社会力量参与防震减灾科普的相关政策、标准和准则,搭建协调服务平台,加大政府购买防震减灾科普服务力度,挖掘社会资源和市场主体潜力,广泛动员社会力量参与防震减灾科普活动。充分利用财税、金融等政策推进防震减灾科普产业发展,创新防震减灾科普市场化运作模式,利用众创空间等创新创业服务平台,培育一批具有较强实力的防震减灾科普企业,参与防震减灾科普产品的研发、生产和推广,形成防震减灾科普产业链。

六、加强防震减灾科普工作组织保障

加强组织领导。各级应急管理、地震、教育、科技、科协等部门要按照党中央、国务院对科普工作的部署要求,依法履行职责,加强组织领导,完善工作机制,细化工作措施,强化科学统筹,科学把握防震减灾科普特征规律,进一步形成部门齐抓共管的防震减灾科普新局面。

强化政策保障。落实国家支持科普发展的政策措施,积极引导各方开展防震减灾科普工作。建立科技成果科普转化机制,着力推动最新地震科技创新成果向科普产品的转化;建立防震减灾科普评价机制,定期开展公民防震减灾科学素质调查评估;建立防震减灾科普激励机制,将防震减灾科普纳入防震减灾工作表彰奖励范围;建立防震减灾科普多元投入机制,调动社会资源积极参与防震减灾科普。

整合人才资源。加强防震减灾科普人才建设,鼓励和支持院士、知名学者、科研技术人员参与科普工作,有针对性地培养防震减灾科普领军人才,引导社会志愿者投身防震减灾科普社会实践,建立专兼结合的防震减灾科普队伍。加大防震减灾科普队伍交流培训力度,提升科普队伍服务能力。推进防震减灾科普研究机构建设,开展防震减灾科普理论研究、重大活动策划和科普效果调查评估。

科技部办公厅关于转发《财政部 税务总局关于延续宣传文化增值税优惠政策的通知》的通知

(国科办政〔2018〕56号 2018年8月9日)

各省、自治区、直辖市、计划单列市及副省级城市科技厅(委、局),新疆生产建设兵团科技局,中央、国务院有关部门、直属机构办公厅(室),中央军委政治工作部办公厅:

2018年6月5日,《财政部 税务总局关于延续宣传文化增值税优惠政策的通知》(财税〔2018〕53号)正式印发(以下简称《通知》),决定"自2018年1月1日起至2020年12月31日,对科普单位的门票收入,以及县级及以上党政部门和科协开展科普活动的门票收入免征增值税"。

该《通知》所述的"'科普单位',是指科技馆、自然博物馆、对公众开放的天文馆(站、台)、气象台(站)、地震台(站),以及高校、科研机构对公众开放的科普基地"。

该《通知》所述的"'科普活动',是指利用各种传媒以浅显的、让公众易于理解、接受和参与的方式,向普通大众介绍自然科学和社会科学知识,推广科学技术的应用,倡导科学方法,传播科学思想,弘扬科学精神的活动"。

有关科普基地、科普活动等的具体认定工作,请参照科技部、财政部、国家税务总局、海关总署、新闻出版总署印发的《科普税收优惠政策实施办法》(国科发政字〔2003〕416号)施行。

上述科普税收优惠政策的延续实施,充分体现了党中央、国务院对我国科普事业发展的高度重视和大力支持,是贯彻落实《中华人民共和国科学技术普及法》的有力举措,是对实施《"十三五"国家科普和创新文化建设规划》、推进我国科普基地建设和向公众开放、推动科普产业发展的有力支持,对推动我国科普事业发展具有重要意义。现将《财政部 税务总局关于延续宣传文化增值税优惠政策的通知》转发你们,请协助做好科普税收优惠政策的实施工作。

附件:《财政部 税务总局关于延续宣传文化增值税优惠政策的通知》(略)

科技部办公厅
2018年8月9日